KB072932

월인천강 新사주학

종합편

월인천강 新사주학 종합편

초판 1쇄 발행 2016년 4월 28일
3쇄 발행 2019년 7월 5일

지은이 서해[西海]스님
펴낸이 이기봉
편집 좋은땅 편집팀
펴낸곳 도서출판 좋은땅
주소 서울 마포구 성지길 25 보광빌딩 2층
전화 02)374-8616~7
팩스 02)374-8614
이메일 gworldbook@naver.com
홈페이지 www.g-world.co.kr

ISBN 979-11-5982-072-4 (03180)

이 도서의 국립중앙도서관 출판예정도서목록(CIP)은 서지정보유통지원시스템 홈페이지(http://seoji.nl.go.kr)와 국가자료공동목록시스템(http://www.nl.go.kr/kolisnet)에서 이용하실 수 있습니다. (CIP제어번호: CIP2016009339)

|서해[西海]스님 지음|

좋은땅

머리말

오랜 기간 동안 사주학을 공부해도 발전이 없어서 고민하는 학인들이 많은데 그 이유나 원인을 정확하게 알고 있는 학인들은 그리 많지 않다. 먼저 정확한 원인을 규명하지 않고서는 대책이나 해결책을 찾기는 어려울 것이다. 필자 또한 수십 년간 사주공부를 하였으나 정확한 통변이 되지 않는 이유를 알지 못해서 많은 시간을 고민해 왔다. 그러던 중에 나름대로 원인과 해결책을 찾았고 이것을 세상에 알리기 위해서 이렇게 글을 쓰게 되었다. 지금도 답을 찾아 헤매고 있는 수많은 학인들에게 조금이나마 도움이 되었으면 하는 바람이다.

1. 사주학은 시대변화에 적응하지 못하고 있다.

사주학이 처음 만들어졌던 시대와 현재의 시대는 참으로 많은 변화가 있었고 사주학 또한 시대의 변화에 따라서 많은 발전이 있었다. 하지만 수천 년 동안의 사회적 구조변화보다도 최근 약 100여년 사이에 훨씬 더 많은 변화가 있었는데 그것은 아마도 신분사회의 붕괴라고 할 수 있다. 옛날 사주를 이용하던 사람들의 신분과 현재 사주를 이용하는 사람들의 신분에는 분명한 차이가 있다는 것이다. 옛날에 사주학을 이용하던 사람들은 대부분 지배층 인사들이었다는 사실은 우리가 짐작할 수 있을 것이고 평민들이나 천민들은 감히 사주학의 혜택을 입지 못했을 것으로 짐작할 수가 있다. 그래서 그 당시에는 격국용신론이라는 감명법으로 사주를 보아도 보통 10정격 안에 드는 사주가 많아서 감명에 어려움이 없었을 것이라고 생각한다.

하지만 지금은 시대가 변하여 옛날에 평민이나 천민들 같이 사주학의 혜택을 받지 못하던 사람들이 사주를 보는 경우가 많아져서 정격이나 입격이 되지 못하는 일명 파격사주가 많아짐으로 인하여 사주감명에 어려움이 생겼다는 것이다. 현재 시중에 나와 있는 거의 모든 사주학 책들이 격국용신론을 채택하고 있는 것이 현실이기 때문에 공부를 아무리 많이 해도 실제 감명에 적용이 안 된다는 것이다. 다시 말하면 격국용신론이 이제 더 이상 사주감명법으로서 통하지 않는 시대가 왔다는 것이다. 그러나 지금까지 다른 대안이 없어서 할 수 없이 격용론에 매달려 왔었다. 하지만 이제 새로운 감명법들이 서서히 등장하고 있다. 그것을 가리켜 사람들은 일명 "간지론"이라고 부른다. 무엇이라고 이름을 붙이든 격용론을 대신하여 새로운 감명법이 출현했다는 것은 환영할 만한 일이다. 이 감명법은 새로 만들어낸 학문은 아니고 고서에서 별로 중요하게 여기지 않던 몇 가지 방법들을 조합하여 사주풀이를 하는 것이다. 필자도 현실에 맞는 새로운 감명법을 나름대로 정리하고 연구하여 이미 세상에 내놓았다. 이번 개정판이 이 시대에 맞는 새로운 감명법 "간지론"의 교과서로 자리 잡기를 바란다.

2. 사주학을 공부하는 방법은 다르다.

사주학은 자연학이며 모든 자연의 변화나 움직임에서 힌트를 얻어서 그것을 문자로 표시를 한 것이다. 한 공간에서 낮과 밤이라는 시간이 지나가면 하루가 되는데 이것을 양(陽)과 음(陰)이라 이름 붙이고 이 둘은 하나이면서 둘이고 둘이면서 하나라고 한다. 낮과 밤은 분명히 다른 운동이면서 또한 따로 존재할 수 없는 운동으로 하나로 모여야만 하루가 완성이 된다는 뜻이다. 이런 음양운동을 정확하게 이해하고 해석하지 못하고 무조건 문자에 빠져서 암기하려고만 하니 자연의 움직임은 감지하지 못하고 글자에만 집착하게 되는 것이다. 이렇게 공부하는 이유는 우리가 학교에서 주입식 공부를 해오던 습관이 그대로 반영이 된 것이라고 본다. 하지만 사주학이라는 학문은 특수성이 있기 때문에 이런 식으로 공부를 하면 아무것도 얻을 수가 없다. 자연의 운동을 정확히 이해를 해야만 발전이 있는 공부로서 일반 학문과는 공부 하는 방식자체가 다르다는 것이다. 문자에 빠져서 자연을 보지 못한다면 사주학은 영원히 알 수 없는 학문이 될 것이다.

3. 오행과 육친에 빠지면 안 된다.

오행과 육친은 상생과 상극이라는 법칙에 적용을 받는데 천간지지는 '합, 충, 형'이라는 법칙을 따른다. 오행에서는 木이 火를 생하고 木이 土를 극한다는 논리이다. 육친에서는 재성은 관성을 생하고 재성은 인성을 극한다는 논리이다. 하지만 이런 논리는 오행이나 육친에서만 통하는 이론으로 절대적이지 않으며 실제 감명에서는 올바른 해석을 바라기 힘들다. 우선 木이라는 오행에는 천간 甲(木)과 乙(木) 그리고 지지 寅(木)과 卯(木)로 나누어지고 이들은 상생상극의 법칙을 따르지 않는다. 결론부터 말하자면 오행과 육친의 상생과 상극의 법칙은 사주감명에 적용하지 말고 천간지지에서 사용되는 합, 충, 형의 법칙을 따르라는 것이다. 천간 합으로 甲 己 (合) 土가 있는데 이것을 오행으로 해석 한다면 甲(木)이 己(土)를 극해야 하는데 합을 하는 것이다. 육친으로는 木일간이라면 비견이 정재를 극해야 하는데 합을 한다는 것이다.

합(合)이라는 것은 상극 개념 보다는 상생개념에 가깝다고 할 수 있어서 실제 감명에서 사용되는 60갑자에서는 통용되지 못한다는 것이다. 이렇게 대치되는 해석이 나오게 되는데 오행과 육친의 상생과 상극 법칙보다는 천간과 지지끼리 합, 충, 형의 법칙을 적용하는 것이 옳다는 것이다.

저자는 2008년 '월인천강 新사주학' 간지론 감명법을 완성하고 2009년 최초로 책으로 인쇄하여 후학들을 가르치는 교재로 사용을 하였고, 그해에 뜻을 같이하는 분들과 함께 비영리법인 '대한역술인협회'를 설립하였다. 더 많은 학인들과의 소통을 위하여 다음카페와 네이버카페에 월인천강신사주학을 만들어서 현재 운영 중이며 2010년 간지론 이론을 재정립하여 2011년 3월 정식으로 『월인천강 新사주학』을 출판하여 세상에 내놓게 되었다. 그 뒤로 2012년에 「왕초보 입문편」과 2013년에 「강의록」을 출판하였다. 현재 전국에 교육원을 개설하여 활발하게 학문을 전파하고 있다. 2016년 이제 새롭게 『월인천강 新사주학』, 「종합편」을 선보이게 되었고 앞으로 간지론의 교과서로 자리매김 하기를 바란다.

카페명 : 월인천강신사주학

다음카페 주소 : http://cafe.daum.net/92301998

네이버카페 주소 : https://cafe.naver.com/93074180

카페지기 : 서 해[西海]

저자가 현재 운영중인 카페로

이곳에서 많은 회원들과 소통하고 있다.

목차

제 4 부 사주분석의 연구

제 5 부 건 강 론

제 1 부

사주학 기초

제 1 장

역학(易學)

1. 역학의 종류

역학이라는 것은 바꿀 역(易), 배울 학(學)으로써 이미 결정지어진 것을 미리 보거나 배우는 것이 아니고, 앞으로 일어날 변화나 사건들을 미리 알아서 바꾸거나 고치는 방법을 배우는 학문이라고 하겠다. 인간의 운명을 예측하는 방법을 주로 역학이라고 부르는데 역학은 크게 두 가지 종류로 나눌 수 있다. 그것은 명학(命學)과 점학(占學)이다. 명학은 대자연의 일정한 법칙에 근거해서 논리적인 방법으로 미래를 예측하는 학문이고 점학은 개인의 직관(直觀)이나 영적(靈的)능력 또는 초자연적인 힘에 의해 미래를 예측하는 방법이 있다. 그중에서도 동양 술학(術學) 분야의 대표적인 명학(命學)이 사주학 또는 명리학이라고 하겠다.

동양철학의 근본을 이루는 역학을 다섯 가지의 동양오술(東洋五術)로 구분해 볼 수가 있는데 첫째는 명(命)으로 자연의 순환하는 일정한 법칙을 인간의 운명에 대입하여 논리적인 방법으로 미래를 예측하는 학문인 명리학(命理學)과 자미두수(紫微斗數)가 있다. 둘째는 복(卜)으로 영적능력이나 직관으로 점을 치는 분야가 있는데 주역(周易), 기문둔갑(奇門遁甲), 태을(太乙), 육효(六爻), 육임(六壬) 등이 있다. 셋째는 의(醫)로 경락과 혈의 순환원리를 이용하여 질병을 치료하는 동양전통의학인 한의학과 중의학 등이 있다. 넷째는 상(相)으로 생김새나 형상 또는 형태를 살펴서 앞날을 예측하는 관상, 손금, 풍수지리 등이 있다. 다섯째는 산(山)으로 조용한 곳에서 수련을 통해 인간완성을 이루는 높은 경지에 도달하고자 수행을 하여 얻은 능력을 말하며 도가(道家), 방술, 양생법 등이 있다.

2. 사주학의 유래

고대 중국에서 주역(周易)에 음양(陰陽)의 학설이 먼저 존재하였고 그 후로 우리가 현재 사용하고 있는 사주학을 하나의 학문으로 체계를 세운 사람은 중국 송나라의 서자평이라는 사람이다. 사람이 태어난 년, 월, 일, 시를 사주(四柱)라고 하는데 그중에서 일간(日干)을 중심으로 오행의 상생과 상극을 살펴서 팔자를 감명하는 방법을 처음으로 창시 하였다. 사주학이 우리나라에 들어온 시기는 조선시대 성종 16년 잡과 시험에 정식과목으로 채택될 때인데 완성된 경국대전에 음양과 사주학 고시과목이 나열되어 있다.

사주팔자(四柱八字)를 글자 그대로 풀이를 하자면 넉 사(四), 기둥 주(柱), 여덟 팔(八), 글자 자(字)로써 사주(四柱)는 네 기둥 생년, 월, 일, 시를 뜻하고 한 개의 주(柱)가 천간과 지지로 구성되어 있어서 모든 글자의 수를 합하면 여덟 글자가 되므로 사주팔자라고 부른다.

3. 운명(運命)

운명의 뜻은 운전할 운(運), 목숨 명(命)으로 풀이 할 수 있는데 글에서 의미하는 것처럼 운명은 정해져 있는 것이 아니고 만들어 나가는 것이다. 일반적으로 알려져 있는 내용은 운명이나 팔자는 이미 정해져 있고 인간은 그것이 궁금해서 미리 사주학을 통해서 살펴본다고 생각하는 사람들이 많다. 인간의 힘으로는 바꾸기 힘든 것이 운명이라는 운명론에 빠져 있는 사람들이 의외로 많은 것을 알 수가 있다. 사주학적 측면에서 보면 운명은 운(運)과 명(命)을 나누어 볼 수 있다. 여기서 타고난 사주(四柱)를 명(命)이라고 보는데 그것은 바꿀 수가 없지만, 운(運)은 대운(大運)이나 세운(歲運)으로 보아서 변수가 있기 때문에 얼마든지 이에 따라 운명을 바꿀 수가 있다고 본다. 운명이란 선천적으로 타고난 사주인 명(命)이 세월의 흐름에 따라서 운(運)과 만나고 그로 인해서 길흉화복(吉凶禍福)이 발생하는 것이다. 사주와 운은 따로 나누어 볼 수 없는 관계로 이 둘을 합쳐서 운명(運命)이라고 부르는 것이다.

명(命)으로는 그 사람의 적성이나 진로를 알 수가 있고 운(運)으로는 그 사람이 지금 어떠한 상황에 처해 있는가를 살필 수 있는 것이라 하겠다. 사람이 물러날 때와 나설 때를 안다면 크게 실패할 일도 작은 실수로 줄일 수가 있고 작은 발전도 큰 성공으로 만들 수 있지 않겠는가 말이다. 만약에 운명이 이미 결정지어져 아무것도 바꿀 수 없다면 사주를 공부해야 할 아무런 이유가 없게 된다. 운명을 미리 알아도 바꿀 수 없고 결정지어졌다면 미래의 일들을 안다고 해서 무슨 소용이 있다는 말인가. 한치 앞도 내다 볼 수 없는 인간의 삶 속에서 아무런 대책도 없이 어둠속을 헤매는 수많은 사람들에게 상담을 통해서 작은 등불을 선물 한다는 마음으로 사주공부에 임한다면 이 또한 기쁘지 아니한가.

제 2 장
음양(陰陽)

1. 음양의 의미

글자 그대로 보면 그늘 음(陰)과 볕 양(陽)을 뜻하는 글자이고 음양의 생성 의미로 살펴보면 "우주에는 태초에 하나의 기운인 무극이 있었고 이것이 태극으로 분화하여 고요할 정(靜)과 움직일 동(動)이 만들어졌다."고 한다. 세상에 모든 생각이나 행동 그리고 물상까지도 모두 음양으로 구분 지을 수가 있으며 음양이 아닌 것이 없다고 하겠다. 음양의 논리를 너무 간단하게 생각하여 반대적인 기운이나 운동으로 생각하고 넘어가는 경우가 많은데 그것은 옳지 않은 공부방법이다. 음양이라는 구분을 책에서 배우려고 하지 말고 본인이 직접 나누어 보는 것이 가장 좋은 공부방법일 것이다.

그러자면 어떤 기준이 필요한데 그 기준을 3가지로 잡아 볼 수가 있다. 첫째는 그늘과 양지라고 하는 글자의 뜻에서 찾을 수가 있다. 어둠과 밝음이 대표적인 구분이 되겠다. 두 번째로는 고요함과 움직임이라는 의미로 찾아 볼 수가 있다. 움직임이 없는 고요함은 죽음을 의미하고 살아 움직인다는 것은 삶을 의미하는 것으로 구분이 되겠다. 세 번째는 가까운 우리 주변 생활에서 찾아보기로 하자. 먼저 우리가 매일 만나는 밤과 낮이라는 시간이 있다. 우리는 그것을 하나로 모아서 하루라고 부른다. 우리가 흔히 착각하기 쉬운 것은 음양을 반대적인 개념으로 생각하는 경우가 많은데 사실은 상대적이라고 해야 옳은 말이다. 그 이유는 서로 적대관계가 아니고 서로 다르면서 짝이 되어 하나가 되어야하는 이유 때문이다. 밤과 낮은 상대적으로 반대기운이지만 어느 하나만으로는 존재할 수가 없기 때문에 상대적이라는 표현을 사용한다. 우리가 매일 만나는 하루가 음양운동이라는 사실을 기본으로 출발하여 이 세상 모든 운동과 물상을 구분 지어서 설명을 할 수 있어야 음양을 바로 안다고 할 것이다. 정확히 말하자면 밤과 낮이 음양이 아니고 밤에 일어나는 모든 운동이 음이고 낮에 일어나는 모든 운동이 양이라고 해야 할 것이다. 이처럼 음양운동은 규정지어진 물상을 말하는 것이 아니고 한 공간에서 시간의 흐름에 따라서 변화하는 운기를 말하는 것이라고 이해하면 될 것이다. 대자연은 이렇게 음양운동을 끊임없이 하면서 모든 만물을 살아 움직이게 할 수가 있는 것이다.

2. 음양의 분류

음양은 하나이면서 둘이고 둘이면서 하나이다. 음양은 혼자 따로 존재할 수가 없으며 결코 하나가 될 수 없는 관계라고 한다. 음양은 두 가지 형태의 운동성으로 나타나는데 첫째는 운동이나 기운으로 이해하여 분류해야 하고 그 다음 편의상 물상이나 동작으로 분류를 해야 한다. 음양은 사주학을 공부하는 첫걸음인데 시작부터 공부하는 방법을 정확하게 알고 시작을 해야 하기 때문에 사주학 공부 방법을 알려주고자 한다. 사주학은 책에 나와 있는 내용들을 암기한다고 해서 되는 학문이 아니다. 일반적인 학문은 암기식으로 하면 되는데 사주공부는 그렇지가 않다. 불교에서 깨달음 공부를 대도(大道)라고 하고 역학에서 사주공부를 소도(小道)라고 하는데 그 이유는 문자로써 전달할 수 없는 학문이기 때문이다. 다시 말하면 직접 체험식 공부가 필요하다는 말이다. 머리로 하는 것이 아니고 몸으로 하는 공부가 도(道) 공부이다. 음양을 똑바로 알기 위해서는 책에서 남이 구분 지어 놓은 것을 암기하지 말고 본인이 음양의 이치나 원리를 정확히 이해하고 직접 나누고 구분해 보아야 한다. 그렇게 하려면 기준이 필요하기에 앞에서 세 가지 기준을 마련해 주었다. 아래에 구분해 놓은 내용을 참고로 본인이 직접 나누어 보기를 권한다. 앞으로 오행이나 천간지지 모두 같은 방식으로 공부를 해야만 제대로 된 공부를 할 수 있다는 점을 잊지 말기 바란다.

(1) 정신적 분류

음(陰): 작다, 악함, 불행, 나쁨, 고통, 낮음, 구속

양(陽): 크다, 선함, 행복, 좋음, 환희, 높음, 자유

(2) 물질적 분류

음(陰): 여자, 겨울, 가늘다, 가난, 받다, 달, 도착

양(陽): 남자, 여름, 두껍다, 부자, 주다, 해, 출발

(3) 운동성 분류

음(陰): 북쪽, 약함, 가벼움, 멈춤, 뒤, 곡선, 들숨

양(陽): 남쪽, 강함, 무거움, 동작, 앞, 직선, 날숨

3. 음양의 상대성(相對性)

음양을 바르게 이해를 하려면 반대개념과 상대개념을 우선 정확하고 확실하게 이해를 해야만 하는데 반대라는 개념은 대립이나 적대관계로 상대의 뜻이나 행동에 반대하고 거스르는 행동을 말한다. 그리고 상대라는 개념은 서로 떨어져 있는 것처럼 보이지만 서로 상대에 의지 하거나 제약을 받는 관계로 서로의 역할이 뚜렷한 것이다. 음양의 개념을 반대적 개념이 아닌 상대적 개념으로 이해를 하고 우리 주변에 가장 가까이서 찾아 볼 수 있는 음양운동을 밤과 낮의 운동인 하루로 보고 관찰을 해 보아야 한다. 우리가 살고 있는 주변의 모든 사물이나 운동 그리고 기운들은 모두 음양오행이 아닌 것이 없다. 사주학이 자연학이라고 하는 데는 이유가 있는데 그것은 우리가 생활하고 있는 모든 시간과 공간이 자연의 이치에 따라서 운영 되고 있고 그 법칙이 바로 음양오행과 연관이 있다는 것이다. 우리가 날마다 만나는 하루라는 시간은 음양운동이고 하루가 봄, 여름, 가을, 겨울 사계절을 지나가는 것이 오행이라는 운동인 것이다. 이렇게 주변의 모든 것들이 음양과 오행 운동이 아닌 것이 없다고 할 것이다.

밤과 낮은 동시에 존재하지 않고 서로의 역할을 시간의 흐름에 따라서 충실이 하기에 펼치고 수렴하는 대자연의 역동성을 펼쳐 보일 수 있는 것이다. 낮의 역동적으로 펼치는 기운만 존재한다면 대자연은 존재할 수 없으며 수렴하고 쉬는 밤의 기운만 존재한다 해도 문제가 되는 것이 사실이다. 밤과 낮은 반대적 기운이 아니고 상대적 기운으로 서로에게 꼭 필요한 짝으로서 존재 해야만 한다는 것이다. 여자와 남자의 관계에서도 여자만 존재하고 남자가 없다면 인류는 멸종하게 될 것이고 반대로 남자만 존재하고 여자가 없어도 멸종하게 되는 것이다. 이것을 어찌 반대적이고 적대적 운동이라고 하겠는가. 각자 따로 존재할 수 없고 서로 보완관계에 있으며 서로의 역할에 충실할 때 대자연은 역동적인 모습으로 생명운동을 연출해 나갈 것이다. 음양은 시간의 흐름에 따라서 변화하는 운동성을 기준으로 분류하고 그것을 다시 물상으로 분류하는 방식으로 공부를 해 나가야만 문자에 빠지지 않고 정확한 자연학을 공부할 수 있다는 사실을 명심하기 바란다.

제 3 장

오행(五行)

1. 오행의 의미

다섯 오(五)자에 갈 행(行)으로 오행(五行)은 다섯 가지의 모습으로 자연의 기운이 순환하는 것을 뜻한다고 볼 수 있다. 음양(陰陽)이 분화되어 사상으로 나뉘는데 음(陰)이 다시 음양으로 분화하여 소음과 태음이 되고 양(陽)이 다시 음양으로 분화하여 소양과 태양으로 분화 된다.

태음은 수(水)가 되고 소음은 금(金)이 되며 태양은 화(火)가 되고 소양은 목(木)이 된다. 토(土)는 음(金, 水)과 양(木, 火) 기운을 연결시켜 주는 역할을 한다. 그래서 음양이라는 하루가 오행이라는 사계절을 지나가는 시간적인 흐름에 따른 변화를 보여주는 것이 음양오행 이론이라고 하겠다. 모든 만물이 그러하듯이 한 알의 씨앗이 땅위에 떨어지면 봄과 여름동안 자라다가 가을이 되면 성장을 멈추고 열매를 맺고 겨울에는 모든 생명활동을 멈추고 땅속의 뿌리로 생명을 감추듯이 사람도 자연의 사계절 운동처럼 태어나고 자라는 봄이 소년기요, 여름인 청년기를 거쳐서, 가을인 장년기를 맞으며, 겨울인 노년기를 맞이하게 되는 것이다. 여기서 토(土)는 변화과정의 마디에 존재하면서 수축과 팽창하는 운동을 순조롭게 할 수 있도록 도와서 대자연의 운동이 어느 한쪽으로 치우치거나 끊이지 않게 만들어 주는 역할을 한다. 토(土)가 있어 순환의 고리가 이어져 나아갈 수 있으며 토(土)가 내포하고 있는 의미가 매우 깊은 관계로 앞으로 많은 연구가 필요하다고 본다.

2. 오행의 본질

오행은 목(木), 화(火), 토(土), 금(金), 수(水) 다섯 가지로 나눌 수 있다. 목(木)은 소양으로 봄의 기운을 뜻하고 화(火)는 태양으로 여름의 기운을 뜻하며 토(土)는 양의 운동을 멈추고 음의 운동으로 연결해 주는 작용을 하고 금(金)은 소음으로 가을의 기운을 뜻하고 수(水)는 태음으로 겨울의 기운을 뜻한다. 오행을 단순히 문자로 보아서 목(木)을 나무라고 보고 화(火)를 불이라고 보며 토(土)를 흙이라고 보고 금(金)을 쇠나 바위로 보고 수(水)를 물이라고 해석하는 것은 옳지 않다. 그것은 문자에 빠져서 기운을 보지 못하는 경우와 같다. 아직도 오행을 이런 시각으로 설명하는 책들이 많은 것으로 안다. 이런 해석으로 인해서 오행의 본질을 왜곡하여 사주공부에 방해가 되는 경우가 많으니 반드시 수정 되어야 한다고 본다.

봄이라는 계절에 겨우내 얼었던 대지에서 새싹이 솟아오르는 모습 또는 나뭇가지에서 새싹이 움트는 모습을 보고 봄을 가장 잘 표현할 수 있는 글자가 목(木)이라고 생각하여 봄을 목(木)이라고 표현 했다고 하겠다. 봄에 새로운 생명이 시작되는 기운을 표현한 것이 목(木)이라고 보는 것이 가장 알맞은 표현일 것이다. 여름이라는 계절은 봄에 솟아오르던 식물들이 여름을 맞이하여 사방으로 펼쳐지려는 운동을 보여주는 것이 마치 불길이 번지는 것과 같다고 하여 화(火)라고 표현했다. 봄과 여름의 양(陽)운동을 마치고 가을과 겨울의 음(陰)운동으로 변환되는 과정에서 연결 작용을 하는 것이 토(土)의 작용이라고 하겠다. 가을이라는 계절에 모든 만물이 성장을 멈추고 결실을 맺는 모습을 가장 잘 보여주는 것이 금(金)이라고 하겠다. 겨울이라는 계절에 모든 만물이 수렴작용을 통해서 씨앗으로 생명력을 응축시키는 작용과 나뭇가지와 줄기에 있던 생명력을 뿌리로 내리는 상황을 가장 잘 표현한 것이 수(水)라고 하겠다. 이렇듯 오행을 볼 때는 문자나 물상으로 이해하지 말고 계절이나 기운으로 보는 것이 합당하다고 하겠다.

3. 오행의 분류

목(木)은 봄에 모든 만물이 음기를 뚫고 일직선으로 위로 솟아오르는 기운을 말하고, 화(火)는 여름에 사방으로 다양하게 퍼져 나가며 확산되는 기운을 말하며, 토(土)는 발산하려는 양(陽)의 기운을 멈추고 수렴하려는 음(陰)의 운동으로 전환시키는 기운을 말하고, 금(金)은 모든 성장을 멈추고 열매를 맺고 결실을 맺는 기운을 말하며, 수(水)는 씨앗 상태로 저장하고 수렴하는 기운을 말하고 외부적인 움직임이 없는 휴식상태를 말한다.

나무에 쭉 뻗은 가지는 봄에 기운인 목(木)에 해당하고 다양하게 퍼져 나가는 잎들은 여름에 기운인 화(火)에 해당하며 화려한 꽃들이 만개하는 과정이 토(土)에 해당하고 모든 성장을 멈추고 열매를 맺는 활동은 가을의 기운인 금(金)에 해당하며 수렴의 결정체인 열매 속에 단단한 씨앗은 겨울에 기운인 수

(水)에 해당한다.

시간적인 시각으로 오행을 분류해 본다면 목(木)은 하루로 보면 해가 뜨는 아침을 의미하고 일 년으로 보면 첫 출발인 봄이며 사람의 인생으로 보면 소년기로 볼 수 있다. 화(火)는 하루로 보면 한낮의 정오를 의미하고 일 년으로 보면 여름으로 화려한 꽃들을 상징하며 사람의 인생으로 보면 청년기의 정열을 볼 수 있다. 토(土)는 한문 글자 모양에서 보듯이 양(+)과 음(-)을 함께 갖춘 음양의 통일체로 음양의 결합체라고 할 수 있고 중화작용으로 모든 내용을 수용하는 작용을 한다. 금(金)은 하루로 보면 저녁 무렵을 의미하고 일 년으로 보면 가을로 열매 맺고 떨어지는 작용을 하며 사람으로 보면 장년기로서 원숙함을 볼 수 있다. 수(水)는 하루로 보면 밤 시간대로 수면상태를 말하고 일 년으로 보면 겨울로 씨앗 상태로 저장되어 있는 모습이며 사람으로 보면 노년기로 볼 수 있다.

4. 오행의 상생(相生)

글자 풀이는 서로 상(相), 날 생(生)으로 서로 돕는다는 뜻이다. 오행의 상생을 계절의 기운변화로 관찰하면 다음과 같은 해석을 할 수 있다.

봄(木)이 지나면 여름(火)이 오고 여름이 지나면 가을(金)이 오고 가을이 지나면 겨울(水)이 온다. 토(土)는 봄과 여름의 양(陽) 운동에서 가을과 겨울의 음(陰) 운동으로 변화하는 과정을 연결시켜 주는 역할을 한다고 본다.

*** 오행의 상생표 ***

목(木) --> 화(火) --> 토(土) --> 금(金) --> 수(水)

오행의 상생은 '목-생-화, 화-생-토, 토-생-금, 금-생-수, 수-생-목'으로 순환 상생한다. 사계절의 순환운동으로 오행상생을 설명할 수 있으며 한 공간에서 시간의 흐름에 따라서 자연환경이 변해가는 과정을 관찰하여 이것을 문자화 했다. 사주학에서 사용하는 음양오행은 모두 대자연이 시간의 흐름에 따른 변화를 문자로 표기한 것이며 차례로 분화 되는 과정을 설명하는 것으로써 일상생활과 밀접한 관계가 있는 생활 속의 학문이라고 하겠다.

"목–생–화: 나무가 불을 피우고, 화–생–토: 불이 흙을 만들고, 토–생–금: 흙이 바위를 만들고, 금–생–수: 바위가 물을 만든다." 이렇게 오행상생을 해석을 하는 책들이 거의 대부분이라고 해도 과언이 아닌 것이 현실이다. 이것은 대표적으로 문자에 빠져서 자연의 변화와 기운을 보지 못하는 커다란 실수라고 생각한다. 사주공부를 처음부터 이렇게 잘못된 지식으로 시작을 하니까 "사주공부는 죽을 때까지 공부해도 끝이 없는 공부다"라는 말이 나오게 된 것이다. 이렇게 잘못된 방법으로 공부를 한다면 아무리 많은 시간이 흐른다 해도 결코 학문적 발전은 얻을 수 없을 것이라고 필자는 확신한다.

처음부터 사주공부를 시간적인 시각으로 대자연의 기운과 운동성을 관찰하고 몸으로 느끼며 공부하기 바란다. 모든 공부는 기초가 가장 중요함은 새삼스럽게 말하지 않아도 잘 알고 있을 것으로 믿는다.

5. 오행의 상극(相剋)

글자 풀이는 서로 상(相), 이길 극(剋)이다. 오행의 상극을 계절의 기운적인 변화로 관찰하면 다음과 같은 해석을 할 수 있다. 봄(木)의 솟아오르려는 상승운동을 가을(金)의 결실과 하강운동이 억제하고 제어한다는 뜻으로 풀이할 수 있다. 여름(火)의 번지고 확산하려는 운동을 겨울(水)의 응집하고 수렴하려는 운동이 억제하고 제어한다는 뜻으로 풀이할 수 있다. 여기서 상극의 의미는 서로간의 억제나 조절의 의미로 생각하는 것이 좋으며 단순한 문자의 극(剋)이 아님을 명심해야 한다.

*** 오행의 상극표 ***

목(木) ---〉 토(土) ---〉 수(水) ---〉 화(火) ---〉 금(金)

오행의 상극은 '목-극-토, 토-극-수, 수-극-화, 화-극-금, 금-극-목'으로 순환 상극한다. 음양에서도 그랬듯이 오행의 운동에서도 서로 상대성에 의한 반대운동으로 역동적으로 생명활동을 유지하는 자연의 운동이다. 상생이나 상극은 서로 돕고 조절하며 생명력을 유지하는 자연의 존재방식이라고 하겠다.

오행의 상극에서도 토(土)의 작용이 문제가 되는데 엄밀히 따지면 오행의 상극작용은 목(木)과 금(金) 봄과 가을의 기운 그리고 겨울과 여름인 수(水)와 화(火)에서만 강하게 일어나며 토와 연관된 상극은 큰 의미가 없다고 본다. 그것은 앞으로 배울 충(沖)에서 다시 설명하겠다.

가장 안타까운 해석법은 오행을 문자로만 보고 설명을 하는 것인데 오행이 우주를 구성하는 기본 물질로 생각하는 사람들이 많은 것 같다. 그래서 나온 해석이 "오행상극은 나무가 흙을 파고(木-극-土), 흙이 물을 막고(土-극-水), 물이 불을 끄고(水-극-火), 불이 쇠를 녹이고(火-극-金), 쇠가 나무를 자른다(金-극-木)." 이런 식의 유아적인 발상은 음양오행의 깊은 뜻을 이해하지 못한 사람들이 저지른 명백한 잘못이기는 하지만 안타깝게도 시중에 있는 사주서적 대부분이 이런 해석을 하고 있다는 사실이다. 이런 방법으로 기초이론을 배운다면 문자에 빠져서 자연학으로서 사주학을 절대 이해할 수 없을 것이다. 이러한 착각은 아마도 불교에서 지(地), 수(水), 화(火), 풍(風)이 우주를 구성하는 기본물질로 이야기 하는 것을 잘못 이해하여 사주학에 대입한 것 같다.

사주공부가 어려운 이유가 몇 가지 있다. 첫째는 사주학이 공간의 학문이 아니라 시간의 학문이기 때문이다. 공간의 학문이란 고정된 실체나 문자를 공부하는 것이고 시간의 학문이란 시간의 흐름에 따라서 변화하는 기운이나 환경을 관찰해야 하는 학문이다. 둘째는 외워서 되는 학문이 아니고 이해를 해야 하는 학문이기 때문이다. 암기식 학습법에 길들여지고 단순히 문자를 암기하는 공부 방법으로 사주공부를 한다면 결코 사주학을 알 수 있는 방법이 없게 될 것이다. 셋째는 사주공부는 지식의 학문이 아니고 지혜의 학문이기 때문이다. 불교경전을 일반인이 수백 번, 수천 번을 읽고 쓴다고 해도 그 뜻을 알기가 어려울 것이다. 그것은 경전내용에 깊은 뜻이 담겨져 있기 때문이다. 그것을 올바로 해석할 줄 아는 지혜가 필요하다는 것이다. 사주학의 올바른 의미를 제대로 알기 위해서는 본인이 그 지혜를 갖든지 아니면 지혜를 가진 선지식을 만나야 한다. 기초과정에서부터 사주공부를 글자에 매여서 기운을 보지 못하는 공부를 한다면 사주학은 영원히 풀지 못하는 수수께끼가 될 것이라는 사실을 명심하고 모든 시선을 대자연의 움직임과 변화에 집중하기 바란다.

오행의 상생과 상극은 실제 사주풀이에서는 그다지 중요하지는 않고 많이 사용 되지는 않으나 원리는 충분히 이해를 하고 넘어가야 나중에 성명학이나 기타, 다른 역학을 접할 때 사용할 수가 있을 것이다. 오행의 상생과 상극법칙은 오행에서만 적용이 되고 10천간과 12지지에서는 통용되지 않으며 천간지지에서는 합(合), 충(沖), 형(刑)이라는 새로운 규칙이 등장한다. 사주팔자는 천간과 지지의 조합인 60갑자로 만들어지며 천간과 지지에 통용되는 법칙에 따라서 사주를 분석해야 된다.

제 4 장

천간(天干)과 지지(地支)

1. 천간(天干)이란 무엇인가?

글자를 풀이하면 천(天)은 하늘이고 간(干)은 가르다를 뜻하며 천간은 하늘에 있는 것을 말하고 지지(地支) 위에 위치하며 개수가 10개이므로 10천간이라고 한다. 천간을 부르는 용어는 십간(十干) 또는 간(干)이라고 한다. 천간(天干)은 오행(五行)이 분화하여 10개의 천간이 되는데, 목(木)이 음양으로 분화하여 양목 甲과 음목 乙로 분화하고, 화(火)가 음양으로 분화하여 양화 丙과 음화 丁으로 분화되며, 토(土)가 음양으로 분화하여 양토 戊와 음토 己로 분화되고, 금(金)이 음양으로 분화하여 양금 庚과 음금 辛으로 분화되고, 수(水)가 분화하여 양수 壬과 음수 癸로 분화된다.

甲	乙	丙	丁	戊	己	庚	辛	壬	癸
갑	을	병	정	무	기	경	신	임	계

2. 지지(地支)란 무엇인가?

글자를 풀이하면 지(地)는 '땅 지'이고 지(支)는 '가를 지'를 뜻하며 땅은 하늘 아래에 위치하므로 천간 아래에 지지가 있다. 지지의 개수는 12개이므로 12지지라고 하며 지지를 부르는 용어로 지(支) 또는 12지(十二支)라고 부른다. 우리가 일상적으로 사용하는 것으로는 1년 12개월을 사용하고 있으며 12가지의 띠를 말하기도 하고 시간으로는 12시간으로 하루를 구분하기도 한다.

12지지는 천간이 지지로 분화된 것으로 천간 甲이 지지 寅으로 분화되고, 乙이 卯로 분화되며, 丙이 巳로 분화되고, 丁은 午로 분화되며, 戊는 辰과 戌로 분화되고, 己는 丑과 未로 분화되며, 庚은 申으로 분화되고, 辛은 酉로 분화되며, 壬은 亥로 분화되고, 癸는 子로 분화된다. 음과 양을 연결하던 戊와 己는 지지에서는 각 계절을 연결하는 역할을 하게 되어 각 계절의 끝에 위치하게 된다.

子	丑	寅	卯	辰	巳	午	未	申	酉	戌	亥
자	축	인	묘	진	사	오	미	신	유	술	해

3. 간지(干支)의 음양구분

천간(天干)과 지지(地支)는 각각 음양(陰陽)으로 구분 된다.

(1) 천간(天干)의 음양구분

양간(陽干) ----- 甲 丙 戊 庚 壬

음간(陰干) ----- 乙 丁 己 辛 癸

甲	乙	丙	丁	戊	己	庚	辛	壬	癸
+	−	+	−	+	−	+	−	+	−

10천간 甲 乙 丙 丁 戊 己 庚 辛 壬 癸 가운데에서 甲 丙 戊 庚 壬은 양간(陽干)이라고 하고 乙 丁 己 辛 癸는 음간(陰干)이라고 한다.

(2) 지지(地支)의 음양구분

양지(陽支) ----- 子 寅 辰 午 申 戌

음지(陰支) ----- 丑 卯 巳 未 酉 亥

子	丑	寅	卯	辰	巳	午	未	申	酉	戌	亥
+	−	+	−	+	−	+	−	+	−	+	−

12지지 子 丑 寅 卯 辰 巳 午 未 申 酉 戌 亥 중에서 子 寅 辰 午 申 戌은 양지(陽支)라고 하고 丑 卯 巳 未 酉 亥는 음지(陰支)라고 한다.

4. 천간과 지지의 의미

(1) 천간의 의미

오행이 분화하여 10개의 천간이 만들어졌는데 오행을 사계절의 운동성으로 관찰을 하였던바 천간 또한 좀 더 세분화 된 사계절의 운동으로 보는 것이 합당 하다고 하겠다. 봄을 목(木)이라고 하였고 봄이 음양으로 분화하여 초봄과 늦봄으로 나뉘었으니 갑(甲)과 을(乙)이라고 하였다. 여름을 화(火)라고 하였고 여름이 음양으로 분화하여 초여름과 늦여름으로 나뉘었으니 병(丙)과 정(丁)이라고 하였다. 양과 음을 연결해 주던 토(土)가 음양으로 분화하여 무(戊)와 기(己)가 되었다. 가을을 금(金)이라고 하였고 가을이 음양으로 분화하여 초가을과 늦가을로 나뉘었으니 경(庚)과 신(辛)이라고 하였다. 겨울을 수(水)라고 하였고 겨울이 음양으로 분화하여 초겨울과 늦겨울로 나뉘었으니 임(壬)과 계(癸)라고 하였다.

10천간 甲은 초봄에 솟아오르는 기운을 말하고 乙은 늦봄에 펼치는 기운을 뜻한다. 丙은 초여름에 번져 나가는 기운을 말하고 丁은 늦여름의 발산하는 기운을 뜻한다. 戊는 양 운동의 극단으로 성장을 멈추게 하는 기운을 말하고 己는 음 운동의 시작으로 결실을 준비하는 기운을 뜻한다. 庚은 초가을에 결실을 맺는 기운을 말하고 辛은 늦가을에 떨어뜨리는 기운을 뜻한다. 壬은 초겨울에 응집하고 모으려는 기운을 말하고 癸는 늦겨울에 저장과 수렴하려는 기운을 뜻한다.

*** 천간 분류표 ***

천 간	甲	乙	丙	丁	戊	己	庚	辛	壬	癸
음 양	陽	陰	陽	陰	陽	陰	陽	陰	陽	陰
오 행	木		火		土		金		水	
계 절	春		夏		中		秋		冬	
방 위	東		南		中央		西		北	

천 간	甲	乙	丙	丁	戊	己	庚	辛	壬	癸
색 상	靑		赤		黃		白		黑	
의 미	仁		禮		信		義		智	

(2) 지지의 의미

지지는 천간의 기운이 땅으로 내려와 그 기운을 펼치는 운동을 설명한 것이고 토(土)의 기운은 각 계절의 끝으로 배치되었다.

가. 사계절로 분류

목(木) --- 봄 --- 甲 乙 --- 인(寅) 묘(卯) 진(辰)

화(火) --- 여름 --- 丙 丁 --- 사(巳) 오(午) 미(未)

금(金) --- 가을 --- 庚 辛 --- 신(申) 유(酉) 술(戌)

수(水) --- 겨울 --- 壬 癸 --- 해(亥) 자(子) 축(丑)

음력으로 1월은 寅월이고 2월은 卯월, 3월은 辰월, 4월은 巳월, 5월은 午월, 6월은 未월, 7월은 申월, 8월은 酉월, 9월은 戌월, 10월은 亥월, 11월은 子월, 12월은 丑월이다. 천간이 기운이라면 지지는 운동으로 실제로 지상에서 일어나는 변화를 내포하고 있는 것으로 해석하면 된다. 寅월은 음력 1월에 지상에서 일어나는 모든 변화와 운동을 포함하고 있다고 이해를 하면 되겠다. 초봄인 寅월부터 늦겨울인 丑월까지 지상에서 일어나는 모든 변화와 운동을 한 달 간격으로 분류하여 문자로 표시했다고 이해하면 되겠다.

나. 12시간으로 분류

자시(子時): 밤 11시~새벽 1시

축시(丑時): 새벽 1시~새벽 3시
인시(寅時): 새벽 3시~새벽 5시
묘시(卯時): 새벽 5시~아침 7시
진시(辰時): 아침 7시~아침 9시
사시(巳時): 아침 9시~낮 11시
오시(午時): 낮 11시~오후 1시
미시(未時): 오후 1시~오후 3시
신시(申時): 오후 3시~오후 5시
유시(酉時): 오후 5시~저녁 7시
술시(戌時): 저녁 7시~저녁 9시
해시(亥時): 저녁 9시~밤 11시

子시는 밤 11시부터 새벽 1시까지의 시간을 말하며 그 시간에 일어나는 모든 변화와 운동을 포함하고 있다고 이해를 하면 된다. 12지지는 계절적인 운동과 시간적인 운동 외에도 우리생활 주변에서 일어나는 모든 운동으로 구분 지어서 생각을 할 수가 있는 것이다. 기초를 배우는 단계이므로 여기서는 우선 천간과 지지의 기본 개념을 인지하고 암기 하는데 중점을 두고 학습을 하고 앞으로 여러 차례에 걸쳐서 더 깊은 의미를 배워 나가게 될 것이다. 우선 사주학이라는 학문은 시간의 학문임을 기억하기 바란다.

*** 지지 분류표 ***

지지	동물	천간	계절	방위	음양	월	인체
子	쥐	癸	冬	北	陽	11	머리
丑	소	己			陰	12	비장
寅	범	甲	春	東	陽	1	사지
卯	토끼	乙			陰	2	신경
辰	용	戊			陽	3	생식기
巳	뱀	丙	夏	南	陰	4	심장
午	말	丁			陽	5	정신
未	양	己			陰	6	다리
申	원숭이	庚	秋	西	陽	7	대장
酉	닭	辛			陰	8	폐
戌	개	戊			陽	9	뼈
亥	돼지	壬	冬	北	陰	10	신장

5. 육십갑자(六十甲子)

10천간과 12지지를 일정한 방법으로 결합 시키면 60개의 간지(干支)가 만들어지는데 이것을 육십갑자라고 한다. 육십갑자를 통해서 납음(納音)과 공망(空亡)이 산출 되는데 납음은 사주학에서 사용하지 않고 공망만 사용하므로 뒤에 공망은 따로 설명하겠다. 여기서 우선 천간과 지지의 조합으로 나오는 60개의 간지가 있다는 것을 알고 이렇게 만들어진 간지를 가지고 사주풀이를 한다는 사실을 기억해 두도록 하자.

* 육십갑자표(六十甲子表) *

甲 子	丙 子	戊 子	庚 子	壬 子
乙 丑	丁 丑	己 丑	辛 丑	癸 丑
丙 寅	戊 寅	庚 寅	壬 寅	甲 寅
丁 卯	己 卯	辛 卯	癸 卯	乙 卯
戊 辰	庚 辰	壬 辰	甲 辰	丙 辰
己 巳	辛 巳	癸 巳	乙 巳	丁 巳
庚 午	壬 午	甲 午	丙 午	戊 午
辛 未	癸 未	乙 未	丁 未	己 未
壬 申	甲 申	丙 申	戊 申	庚 申
癸 酉	乙 酉	丁 酉	己 酉	辛 酉
甲 戌	丙 戌	戊 戌	庚 戌	壬 戌
乙 亥	丁 亥	己 亥	辛 亥	癸 亥

제 5 장

합(合)

합(合)이라는 글자의 뜻은 "합하다" "여럿이 모여 하나가 되다" "만나다" "맞다" "틀리거나 어긋남이 없다"라는 의미를 지니고 있다.

1. 천간 합(天干 合)

천간은 지지와는 달리 지상에 물상이나 실제현상이 아닌 정신적인 것 또는 기운을 뜻한다. 천간 합은 간합(干合)이라고도 부르고 가장 이상적인 합이며 부부 합이고 정신적 끌림을 말한다. 천간 합을 부부 합으로 부르는 이유는 서로 합하는 두 글자가 상대적으로 정관과 정재가 되기 때문이다. 천간 합은 정신적인 합이므로 서로 합을 탐하여 역량을 떨어뜨리는 것으로 판단하여 천간은 합을 꺼린다. 십간(十干) 중에 다섯 개의 양간(陽干)은 각각 다섯 단계 아래의 음간(陰干)과 합을 이룬다. 모두 5쌍으로 이루어져 있으며 음양 합 또는 남녀의 부부 합이라고 한다.

甲과 己가 合하여 土가 되는데 己 입장에서 보면 육친(六親)으로 甲 은 정관에 해당하고 甲 입장에서 보면 己는 정재가 되어 부부 또는 남녀 합으로 가장 이상적인 합이라고 부른다. 천간 합은 양(陽)과 음(陰)의 비례 합으로 펼치려는 양의 기운과 수렴하려는 음의 기운이 같은 것끼리 합을 이룬다.

양의 기운: 甲 +1. 乙 +2. 丙 +3. 丁 +4. 戊 +5.
음의 기운: 己 −1. 庚 −2. 辛 −3. 壬 −4. 癸 −5.

천간 합은 양의 기운이 +1인 甲과 음의 기운이 −1인 己와 합을 하고, 양의 기운이 +2인 乙과 음의 기운이 −2인 庚이 합을 하며, 양의 기운이 +3인 丙과 음의 기운이 −3인 辛이 합을 하고, 양의 기운이 +4인 丁과 음의 기운이 −4인 壬과 합을 하며, 양의 기운이 +5인 戊와 음의 기운이 −5인 癸가 합을 한다.

*** 천간 합 도표 ***

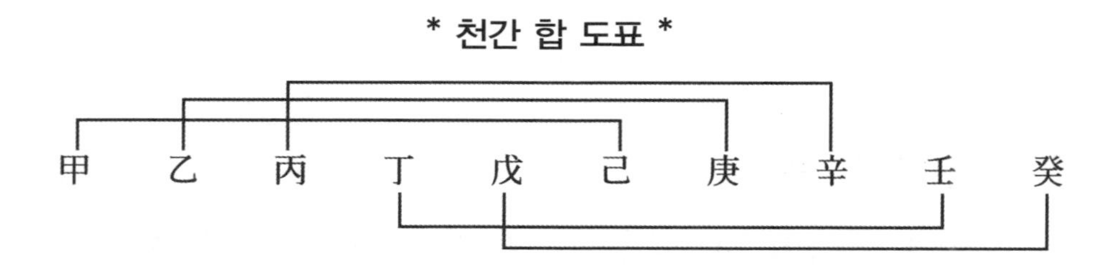

(1) 甲己(合)土

甲은 천간 즉 하늘에서는 번개를 의미하고 己는 하늘에 먹구름을 의미하므로 구름에 번개 치니 비가 되어 땅을 적시는 자연의 현상을 문자로 표현한 것이라 할 수 있다. 또 다른 해석으로는 甲의 솟아오르는 양의 기운을 음의 기운인 己가 성장을 멈추고 결실을 맺게 하여 열매를 땅에 떨어뜨리는 모습으로도 설명을 할 수가 있다.

(2) 乙庚(合)金

乙은 하늘에서는 바람을 의미하고 庚은 달을 의미하니 밤바람이 불어오며 열매가 맺어지는 자연의 현상을 문자로 표현한 것이라고 할 수 있다. 또 다른 해석으로는 펼치려는 乙의 기세를 庚이 가두어 담는 모습으로도 설명할 수 있다.

(3) 丙辛(合)水

丙은 하늘에서 태양을 의미하고 辛은 하늘에서 가을에 내리는 서리를 의미하니 가을 서리에 태양이 비추자 이슬방울이 맺히는 자연의 현상을 문자로 표현한 것이라 할 수 있다. 또 다른 해석으로는 가까이 하기에 너무나 멀리 있는 태양(丙)을 그리워하는 서리(辛)의 슬픔을 水로 설명할 수도 있다.

(4) 丁壬(合)木

丁은 하늘에서 별을 의미하고 壬은 하늘에서 이슬을 의미하니 별빛과 이슬이 음의 작용으로 산천초목을 푸르게 하는 현상을 문자로 표현한 것이라 할 수 있다. 또 다른 해석으로는 壬을 정액으로 보고 丁을 따듯한 자궁으로도 보는바 정액이 자궁을 만나서 생명이 잉태되는 모습으로 설명할 수도 있다.

(5) 戊癸(合)火

戊는 하늘에서 양의 끝으로 저녁노을을 의미하고 癸는 하늘에서 비를 의미하니 석양에 비 내리니 무지개가 뜨는 현상을 문자로 표현한 것이라 할 수 있다. 또 다른 해석으로는 양기의 극단인 戊가 음기의 극인 癸를 발화 시켜 위로 끌어 올리는 모습으로도 설명할 수가 있다.

시중에 나와 있는 거의 대부분의 책들에서는 찾아 볼 수가 없는 필자만의 독특한 천간 합 해석을 본 학인들은 약간 의아한 생각이 들지도 모른다. 그 어디서도 듣도 보도 못한 해석을 하고 있기 때문일 것이다.

일반적인 해석으로는 甲(木)은 큰 나무이고 乙(木)은 화초라는 해석을 하는 경우가 많아서 천간과 지지를 구분 못하는 어리석은 해석의 문제점을 지적하고 싶다. 이는 사주학의 깊이를 전혀 이해하지 못한 수준 낮은 해석법이라고 하겠다. 과연 어떤 해석이 올바른 해석이고 깊이 있는 이해를 하는 것인가를 판단하는 것은 학인들의 몫이다. 천간 합을 이처럼 자연의 현상을 문자로 표현했다고 생각하는 필자의 해석법을 한편의 시로 표현 한다면 아래와 같다.

구름에 번개 치니 비가 되어 대지를 적시고 --- 甲己(合)土
달빛에 바람 불어오니 열매 맺는구나 --- 乙庚(合)金
가을서리에 태양이 비추니 이슬 맺히고 --- 丙辛(合)水
별빛과 이슬은 산천초목을 푸르게 하고 --- 丁壬(合)木
석양에 비 내리니 무지개 뜨는구나 --- 戊癸(合)火

일반적으로 전해오는 고서에서 천간 합을 해석하는 방법은 대체적으로 똑같은 방식으로 해석하고 있는데 그 내용은 아래와 같다.

(1) 甲己(合)土 --- 중정지합(中正之合)

가장 바람직한 합으로서 본 합이 있으면 마음이 넓고 타인과 다투지 않고 바른 길을 간다.

(2) 乙庚(合)金 --- 인의지합(仁義之合)

어질고 의리가 있다는 뜻으로 본 합이 있으면 강직한 성품을 갖는다고 해석한다.

(3) 丙辛(合)水 --- 위엄지합(威嚴之合)

권위가 있고 엄격하다는 뜻으로 본 합이 있으면 태양과 서리가 멀리 떨어져 있는 모습으로 그리움을 갖는다.

(4) 丁壬(合)木 --- 인수지합(仁壽之合)

어질 인, 목숨 수의 뜻으로 본 합이 있으면 어진 성품이지만 감정에 치우치기 쉽다.

(5) 戊癸(合)火 --- 무정지합(無情之合)

정이 없다는 뜻으로 본 합이 있으면 "이유가 없다."로 해석한다.

단, 천간 합은 음간의 기세(지지의 기운)에 따라서 합을 이루지 못할 수도 있는데 그 이유는 양간은 명분을 따르지만 음간은 세력을 따르는 성향이 있어서 세력이 강한 음간은 양간과 합하지 않는다. 그리고 천간 합에서 중요한 점은 오행에서 상극관계로 해석하던 것을 서로 음양이 다르면 합을 한다는 점이다. 천간과 지지에서는 더 이상 오행에서의 상생과 상극의 법칙이 통하지 않으며 천간은 합과 충 그리고 지지는 삼합과 방합 그리고 형이라는 법칙이 추가로 적용이 되는 것이다.

2. 지지육합(地支六合)

지지(地支) 합은 긍정적 의미의 합으로 지혜, 생산, 총명, 활달의 인자로 보며 오행에서의 상생작용을 대신하여 적용되는 상호작용이라고 보면 가장 잘 이해를 한 것이라고 본다. 지지의 육합은 양기와 음기가 합하여 9성수를 채우는 합이다. 子와 丑은 미약한 양기가 가까이서 3으로 합한 것이고 午와 未는 미약한 음기가 가까이서 3으로 합한 것이다. 나머지 글자들은 합하여 9가 되는 숫자의 합으로 보면 된다.

子 +1, 丑 +2, 寅 +3, 卯 +4, 辰 +5, 巳 +6
午 −1, 未 −2, 申 −3, 酉 −4, 戌 −5, 亥 −6

*** 지지육합 도표 ***

午
巳
未
辰
申
卯
酉
寅
戌
丑
亥
子

(1) 子丑(合)土

어둠 속에서 어린 양기들끼리 가깝게 합을 하는 모습으로 가까운 관계나 비밀스러운 관계를 말한다. 북쪽을 나타내는 子(水)가 丑(土)을 만나서 土로 변한다고 하지만, 이것은 방합(方合)의 관점에서 보거나 주변세력 또는 계절을 참작하여 보는 것이 합당하며 오히려 水로 변할 경우도 있음을 알아야 한다. 시간 개념으로 보더라도 子, 丑월은 모든 만물이 씨앗(水)의 형태로 있을 시기라는 것이다.

(2) 寅亥(合)木

역마의 합으로 멀리서 통신으로 합을 하는 모습이다. 寅, 亥 합은 12운성으로 보면 木의 장생지인 亥(水)와 건록지 寅(木)이 합한 것으로 亥(水)가 삼합 木국의 본체로 돌아가서 木을 양육하는 형태로 합력이 매우 강하다. 寅, 亥합은 생합(生合)으로 육합 중에서 합력과 합화된 오행의 세력이 가장 강하다고 볼 수 있다.

(3) 卯戌(合)火

재주나 예술성이 탁월하고 신분이나 나이 차이가 많은 모습이다. 동방의 卯(木)가 12운성으로 火의 묘지(墓地)인 戌(土)과 합하여 火가 되었으나 합화된 火의 작용력은 강하지 못하다. 木이 土를 극하는 형태로 극합(剋合)이라고 하는데 여기서 火의 작용력은 불이 아니라 열기(熱氣) 정도로 판단한다.

(4) 辰酉(合)金

봄과 가을의 합, 무예의 합으로 강압적인 모습이다. 辰(土)이 酉(金)를 도와서 金으로 변화하는 것으로 역시 생합의 영향으로 합화된 오행인 金의 작용력이 강하다고 판단한다. 일부에서 辰이 辛(金)의 묘지이므로 辰, 酉 합을 토(土)라고 하는데 그 이론은 약간 무리가 있다고 본다.

(5) 巳申(合)金

역마와 망신의 합으로 오래가면 서로에게 망신을 가져온다. 巳, 申 합화 水라는 주장이 있는데 그것은 이치에 어긋난다고 본다. 巳(火)는 12운성으로 볼 때 庚(金)의 장생지라고 한다면 申(金)과 합하여 金으로 변화 하는 것이 옳다고 하겠다.

(6) 午未(合)火

어린 음기들이 가까이서 합하는 모습으로 공적, 사회적인 합이다. 남쪽을 나타내는 午, 未 합은 주변의 환경과 세력에 따라서 변화 가능성이 높고 火로서의 능률이나 작용력이 미약하다고 이해하면 되겠다.

지지 합에서 중요한 점은 천간 합에서도 설명을 하였듯이 오행의 상생과 상극의 법칙이 통용되지 않고 천간과 지지에서는 합과 충 그리고 형의 법칙이 사용 된다는 것이다. 그리고 합의 결과물이 중요한 것이 아니고 무엇이 간섭인자로 작용을 하고 어느 글자 또는 어느 육친이 합으로 관여를 하는가를 잘 알아야 하는 것이다.

3. 지지방합(地支方合)

지지 방합은 방위와 계절의 합으로 친척끼리의 합으로 볼 수 있다. 방합은 형제의 합으로 어려울 때 강하게 모이는 힘이 있고 오행의 강약을 구분할 때 적용 된다. 방합을 이룰 때 합을 구성하는 3支 중에서 필히 한자라도 월지에 자리하고 있어야만 합으로 인정을 하고 두 글자만 있으면 반합으로 인정을 한다.

* 지지방합 도표 *

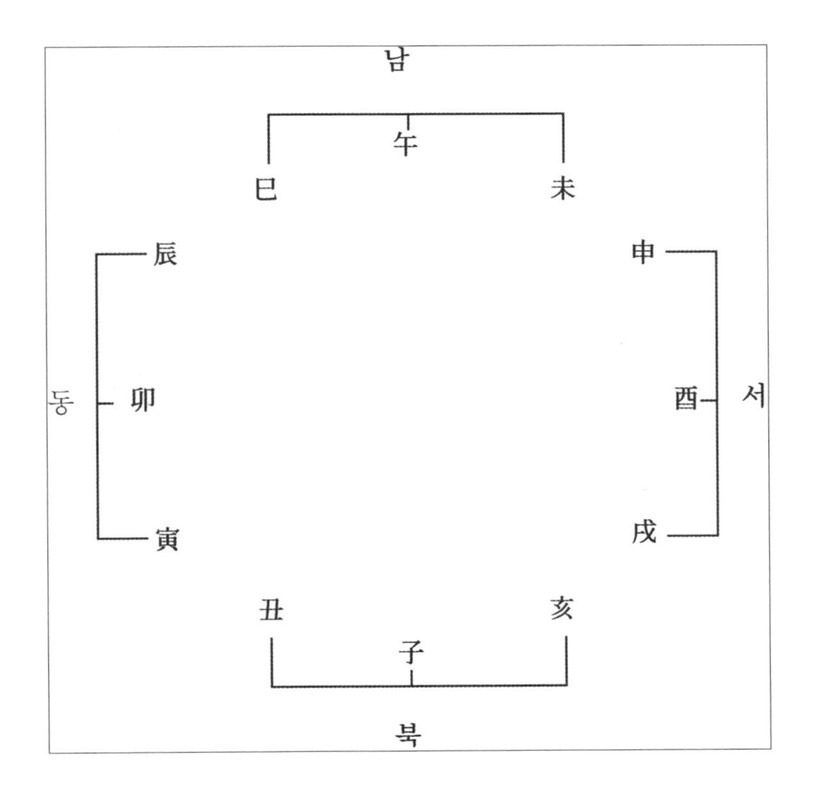

* 지지방합 구분 *

寅 卯 辰 (合) ―――― 木 . 봄 . 동쪽
巳 午 未 (合) ―――― 火 . 여름 . 남쪽
申 酉 戌 (合) ―――― 金 . 가을 . 서쪽
亥 子 丑 (合) ―――― 水 . 겨울 . 북쪽

방합의 작용력은 크게 작용하지 않고 오행이 무리지어 있으므로 사주팔자에 강한 오행을 알아 볼 때 사용한다.

4. 지지삼합(地支三合)

삼합은 사회적인 합으로 같은 생각을 가진 친목단체로 시간이 나면 자주 모이는 취미가 같아서 친화력이 강한 모임의 성격을 가진다. 삼합은 각 지지가 순서대로 3칸을 지나서 만나게 된다. 火국을 예로 들어서 설명을 하자면, 12운성을 기준으로 火의 장생지인 寅에서 卯, 辰, 巳의 3지지를 지나서 火의 왕(旺)지인 午를 만나고, 다시 午에서 未, 申, 酉 3지지를 지나서 火의 묘(墓)지인 戌과 만나서 寅, 午, 戌 삼합을 이루는데 그 중심을 이루는 午의 속성을 따라서 화국(火局)이라고 한다. 만물이 탄생하고 기운을 펼치고 사라지는 시간적 의미를 지니고 있으며 대자연의 생로병사(生老病死)의 모습을 보여주는 깊은 뜻이 담겨져 있다고 하겠다. 지지의 성향을 분석하거나 분류할 때 가장 많이 사용 되는 것이 삼합이고 앞으로 삼합을 이용한 많은 응용 방법들을 공부하게 될 것이니 삼합을 잘 기억해 두기 바란다.

*** 지지삼합 도표 ***

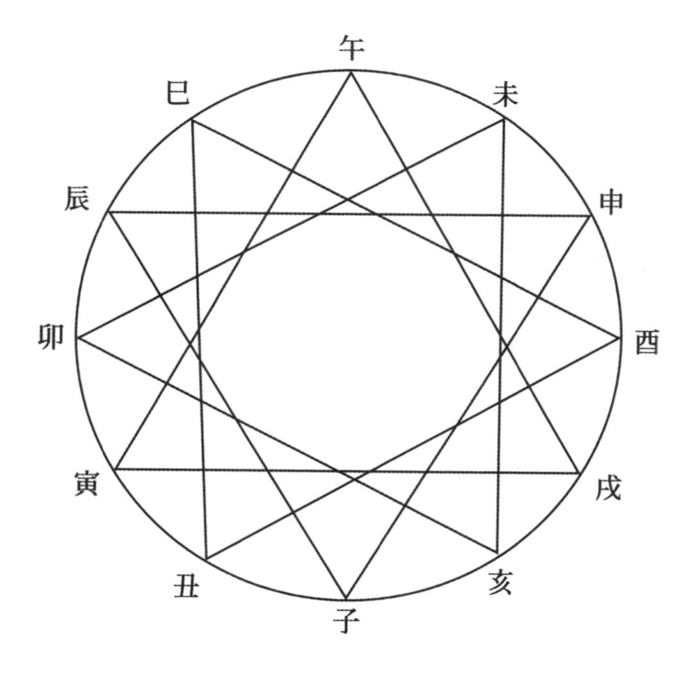

＊ 지지삼합 구분 ＊

申 子 辰 --- 三 合 --- 수국 (水局)

亥 卯 未 --- 三 合 --- 목국 (木局)

寅 午 戌 --- 三 合 --- 화국 (火局)

巳 酉 丑 --- 三 合 --- 금국 (金局)

삼합은 중간글자의 오행을 따르며 첫 글자와 마지막 글자의 월령용사중기에 국(局)을 이루는 오행의 성질을 내포하고 있다. 삼합은 충(沖)을 만나면 해체되거나 용도를 상실한다. 삼합의 중심 글자인 제왕(子, 午, 卯, 酉)을 중심으로 앞의 글자는 12운성으로 장생지가 되고 뒤에 글자는 묘지(墓支)가 된다. 삼합은 木, 火, 土, 金, 水 오행이 12운성으로 장생과 제왕 그리고 입묘지가 모여서 이루는 가장 강력한 합이라는 것을 기억해 두기 바란다.

5. 준 삼합(準三合)

삼합은 오행의 속성상 글자 중에서 2개의 지지만 있는 경우에도 합으로 간주 한다. 반합도 운에서 만나면 글자의 성질을 변하게 만드는 작용을 한다. 그 종류는 준 삼합과 반합(半合) 그리고 가합(假合)으로 분류할 수 있다.

(예) 寅 午 戌 三合 (火局)

(1) 寅, 午만 있고 戌이 없는 경우 (준 삼합)

(2) 午, 戌만 있고 寅이 없는 경우 (반합)

(3) 寅, 戌만 있고 午가 없는 경우 (가합)

작용력의 강약도 위의 순서대로인데 그것은 지지삼합이 子, 午, 卯, 酉의 4왕(四旺) 지지가 중심이 되어 이루어지기 때문이다.

6. 암합(暗合)

암합이란 어두울 암과 합할 합으로 겉으로 드러나지 않은 지지에 내포 되어 있는 지장간끼리의 합을 말하는 것이다. 예를 들면 申과 卯가 만나서 申(戊, 壬, 庚) 중에 庚이, 卯(乙) 중에 乙을 만나서 乙, 庚 合을 이루는 것이 암합의 형태이다. 子, 午, 卯, 酉 4왕(四旺) 지지나 寅, 申, 巳, 亥 4생지(四生支)는 지장간의 합을 이용해서 암합을 관찰하는데 辰, 戌, 丑, 未 4고지(四庫支)는 형, 충(刑沖) 등으로 개고(開庫)가 되어야만 암합을 할 수 있다고 한다. 예를 들면 戌과 亥가 있는데 辰을 만나 戌을 형, 충을 해줘서 문이 열려야만 戌중에 丁과 亥중에 壬이 만나서 丁, 壬(合)木이라는 암합을 이루게 된다는 것이다. 하지만 실제로 암합의 작용력은 크지 않고, 많이 활용 하지 않는다. 가끔은 숨어서 작용하는 암합을 해석할 필요가 있을 때도 있겠지만 쓰임새가 별로 중요하지 않다고 하겠다.

제 6 장
충, 형, 파, 해 (沖, 刑, 破, 害)

충은 역마작용이 크며 서로의 역량을 강화 시키는 작용을 한다. 충전, 재생, 경쟁, 투쟁작용을 하며 조건에 따라서 적대적 파괴 작용도 한다.

충을 서로 충돌하여 깨진다는 개념으로만 생각하면 안 되고 천간 충은 생각을 일깨우는 작용으로 오히려 반기는 경향이 많다. 지지 충은 역마작용이 많아서 한 곳에 머무르지 않고 많이 이동을 하거나 역마성 직업이나 장사를 한다고 해석하는 것이 좋겠다. 형은 적당히 깎고 맞추어 용도를 달성하는 모습으로 수술, 형벌, 조정 작용을 의미하며 주로 의료, 법무, 세무 등으로 특수한 직업구성을 한다. 형살이 있는 사주는 제조나 생산은 아니어도 조립이나 수선, 변형 등 유사한 일들을 가능하게 해준다. 파와 해는 충과 형에 겹치는 것도 많고 작용력도 미비하여 사용하지 않으니 참고만 하기 바란다.

1. 천간 충(天干 沖)

천간 충이란 방위나 운동성이 반대되는 천간끼리 충돌하여 발생하는 현상이다. 방위는 동(東)과 서(西)가 충하고 남(南)과 북(北)이 충 한다.

[기존의 천간 충]

천간의 충은 천간을 배열하였을 때 일곱 번째 만나는 천간끼리 충이 된다고 하여 이를 두고 칠충(七沖) 또는 칠살(七殺)이라고도 한다.

*** 천간 충 도표 ***

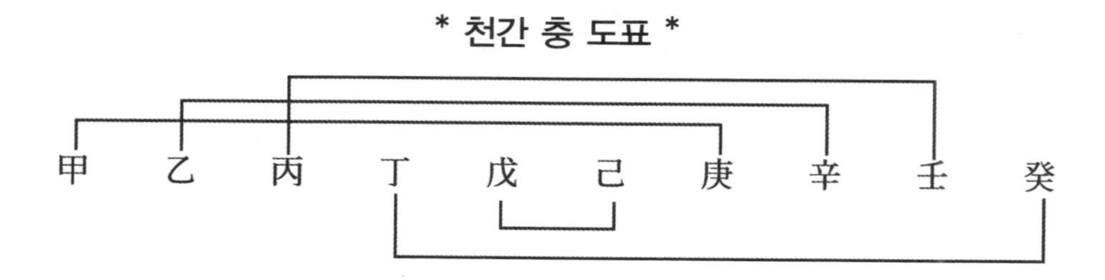

甲庚, 乙辛, 丙壬, 丁癸, 戊甲, 乙己, 庚丙, 辛丁, 壬戊, 癸己

칠충이라고 전해지지만 실제로는 그렇지 않고 정확한 기준이 없는 것 같다. 천간 충 10개중에서 丙壬, 戊甲, 庚丙 3개는 충으로 사용하지 않는다고 한다. 그래서 나머지 7개만 아래에 나열하였다.

甲 – 庚, 乙 – 辛, 丁 – 癸, 乙 – 己, 丁 – 辛, 壬 – 戊, 癸 – 己

천간 충을 살펴보면 양간은 양간끼리 그리고 음간은 음간끼리 충(沖)하는 것을 볼 수가 있다. 비록 반대기운이지만 음양이 다르면 짝이 된다는 것은 앞에 천간 합에서 확인하였을 것이다.

[새로운 천간 충]

필자가 생각하는 천간 충은 기존의 천간 충과는 다르다. 천간 충을 칠충(七沖)이라고 하는데 실제로는 규칙이 정확하게 적용이 되고 있지 않다. 그리고 戊와 己는 양과 음 사이에서 연결작용을 하는 관계로 충이 있을 수 없으며 또한 甲과 庚이 충을 하고 다시 甲과 戊가 충이 된다는 이중적인 충은 있을 수 없다고 본다. 방위적인 측면에서도 중앙에 있는 土가 충이 될 수 없다는 것이다. 칠충이라는 것은 지지 충을 설명할 때 사용하는 것인데 이것을 천간에서도 적용하여 설명한 것 같다. 이러한 이론이 전해진 이유는 사주학이 일본에 전해졌다가 국내로 들어오는 과정에서 생긴 실수라고 보는 견해가 많다. 그리고 10개의 천간 충에서 3개를 제외한 이유도 분명하지 않아서 끼워 맞추기를 하기 위한 모습인 것 같다. 그래서 필자는 동서남북의 대립이고 반대적 운동성끼리의 천간 충을 새롭게 받아들여 사용하기로 하였다. 후학들의 많은 연구가 있기를 바란다.

동방 (甲 . 乙) 〈------〉 서방 (庚 . 辛)　　甲庚.乙辛
남방 (丙 . 丁) 〈------〉 북방 (壬 . 癸)　　丙壬.丁癸

천간 충은 지지 충에 비해 직접적인 생활이나 환경에 변화를 주는 것은 아니지만 천간의 특성상 생각이나 작용력이 빠르고 심리적 갈등이나 대인관계의 변화 또는 정신적인 이상의 변화를 일으킨다. 천간 충은 파괴나 충돌의 개념이 아니고 서로에게 자극을 주어 활발하게 움직이는 작용을 만드는 긍정적인 작용을 하므로 천간은 충을 두려워하지 않으며 오히려 충전이나 자극을 주어서 재생작용을 하는 것으로 본다.

2. 지지 충(地支 沖)

지지(地支) 충은 자신의 글자로부터 일곱 번째에 해당하는 글자와 충을 한다. 그래서 칠충(七沖)이라고 한다. 지지 충을 나쁘게만 해석하는 경우가 많은데 오히려 정치성이나 투쟁성이 뛰어난 경우도 많다. 다만 지지 충은 천간이 지지에 뿌리를 내리지 못하게 하는 작용이 있으며 천간은 떨어져 있어도 합과 충을 하지만 지지는 서로 붙어 있는 경우가 그 작용력이 크다고 하겠다. 방위로 보았을 때나 운동성으로 보았을 때 서로 반대 되는 방위나 운동성의 크기가 같은 것끼리 충을 하는 모습이다. 천간의 충보다 지지 충은 실제 현실적인 충이므로 그 작용력이 크다고 할 수 있으며 지지는 충을 꺼린다. 양(陽)은 양(陽)끼리 만나서 충하고 음(陰)은 음(陰)끼리 만나서 충을 하는데 같은 공간에서 양립할 수 없는 상황이고 실제로는 역마작용으로 해석한다. 辰戌 충과 丑未 충은 지장간을 살펴보면 서로 천간 충이 숨겨져 있는 것을 볼 수가 있다.

*** 지지 충 도표 ***

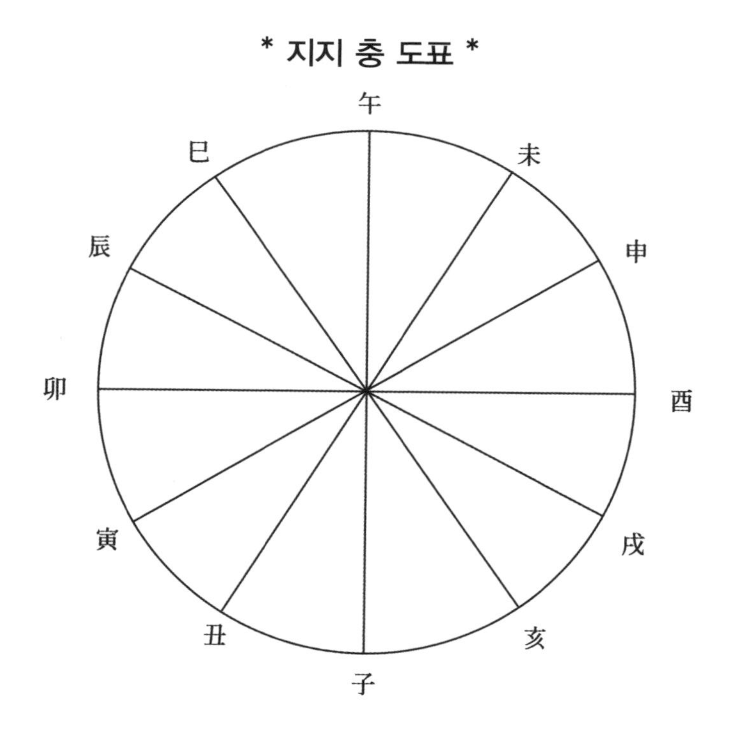

*** 지지 충 분류 ***

子 午 - 沖 . 丑 未 - 沖 . 寅 申 - 沖

卯 酉 - 沖 . 辰 戌 - 沖 . 巳 亥 - 沖

충이 될 때 지지가 품고 있는 지장간이 모두 튀어 나오는 개고현상이라는 것은 辰 . 戌 . 丑 . 未의 토(土)로 작용하는 글자일 때만 해당하고 나머지 지지들은 그렇게 해석 하지 않는다. 辰에 들어 있는 지장간은 평소에 사용이 불가능하지만 戌이 사주에 함께 있거나 운에서 만나면 열쇠작용을 하여 사용이 가능하게 된다는 것으로 丑과 未도 같은 관계라고 한다. 하지만 필자는 개고현상을 인정하지 않는다. 지장간을 잘못 해석한 학자들이 주장하는 학설이라고 보고 공감하지 않으며 지장간 편에서 그 이유를 설명할 기회가 있을 것이다.

(1) 子 午 - 충

12운성으로 왕지의 충으로 일신이 불안정하며 매사에 전전긍긍 하는 일이 많고 구설이 따르고 질병으로는 심장이나 정신질환 등이 발생할 수 있다. 심성은 정직하지만 소심한 면이 있어서 매사에 신중하지 못하여 선뜻 선택을 하고 나서 결정을 번복하는 경우가 많다.

(2) 卯 酉 - 충

인간관계에서 자기의 이익을 위해서 타인과의 충돌이 많고 상대를 배신하거나 선을 베풀고도 좋은 소리를 듣지 못하는 경향이 많으며 주거지 변동도 남달리 많다. 부부불화와 친인척 불화가 많고 질병으로는 간 또는 수족에 이상이 발생할 수 있다.

⑶ 寅申 – 충

매사에 너무 서두르는 경향이 많아서 시작은 있으나 끝이 흐린 경우가 많다. 누가 시키지도 않은 일을 스스로 만들어서 하며 항상 일이 많고 분주한 것이 특징이다. 교통사고나 형액이 발생하고 간에 이상과 신경통 등이 발생할 수 있다.

⑷ 巳亥 – 충

소심한 성격에 남에 일에 간섭이 많아 구설이나 논쟁에 휘말리는 일이 많다. 대인관계를 신중하게 해야만 후회가 없다. 긁어 부스럼이란 말이 있듯이 괜히 일을 만들어서 걱정을 하거나 후회를 하는 경우가 있다. 화재나 폭발사고에 주의하여야 하고 질병으로는 심장과 혈압 등에 주의해야 한다.

⑸ 辰戌 – 충

과묵한 성격에 강직하고 과단성이 있다. 남에게 잘 베푸는 성격이나 자신에게 닥친 어려움에는 방관하거나 속수무책인 경향이 있으며 역부족인 일을 도모하다가 어려운 지경에 빠지는 경우가 있다. 집이나 토지에 관한 관재구설, 송사가 발생하기 쉽다. 질병으로는 위장과 피부질환이 발생하기 쉽다.

⑹ 丑未 – 충

형제와 친척에게 많은 것을 베풀어도 공덕이 적고 재산관계로 인한 다툼이나 손재수가 많다. 형제나 친구 친척들이 내가 성공 했을 때는 주변에 많이 따르지만 자신이 실패 했을 때는 모든 관계가 냉정하게 변하는 일이 많다. 질병으로는 위장과 소화기 계통의 질환이 발생할 수 있다.

3. 지지 형(地支 刑)

형(刑)은 충(沖)과 유사한 작용을 하지만 작용력은 약하고 형벌과 수술, 조정 등 직업구성에 작용한다.

(1) 寅巳申

지세지형: 막강한 세력을 믿고 권력을 휘두르다가 화를 당함.

사주에 지세지형이 있으면 타인을 억압하거나 업신여기는 성향이 있고 모든 일을 급하게 서두르다 후회하는 일이 많다. 사주구성이 잘 되어 있으면 권력을 갖거나 법원이나 검찰 같은 직업을 갖는다.

(2) 丑戌未

무은지형: 은혜를 알지 못하고 배신을 한다.

사주에 무은지형이 있으면 사소한 일로 인하여 다툼이 일어나 원수가 되는 경우가 있다. 사주구성이 잘 갖추어져 있으면 의료계통이나 세무계통의 직업을 갖는다.

(3) 子卯

무례지형: 예의 없는 짓을 잘한다.

사주에 무례지형이 있으면 이성 관계에서 불륜이나 간통, 패륜, 변태 등으로 인한 구설, 시비, 형액 등이 따른다. 사주구성이 잘 갖추어져 있으면 보험조정이나 간단한 제조업계통의 직업에 종사한다.

(4) 辰辰, 午午, 酉酉, 亥亥

자 형: 서로 다투는 모습을 말한다.

자책하는 마음에서 자해 행위를 하는 모양으로 자해 행위로 인한 신체에 장애가 생기거나 불구가 되고 그밖에 사고가 발생할 수가 있다. 형살 중에서 가장 약한 형살로서 작용력이 그리 크지 않다,

*** 지지 형 도표 ***

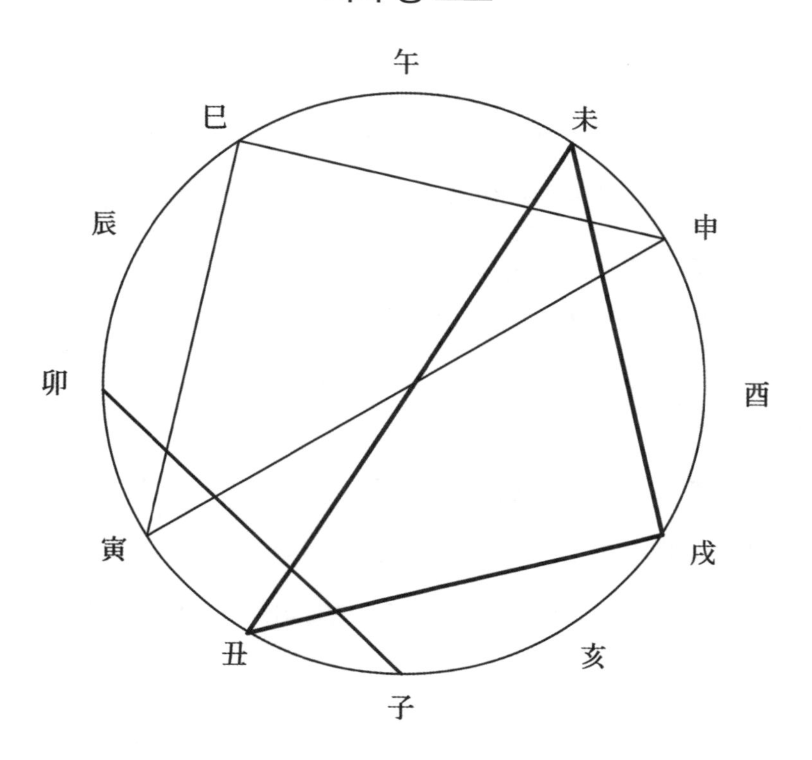

*** 지지 형 분류 ***

1. 寅 巳 申 ------ 지세지형 (持世之刑)
2. 丑 戌 未 ------ 무은지형 (無恩之刑)
3. 子 卯 ------ 무례지형 (無禮之刑)
4. 辰辰, 午午, 酉酉, 亥亥 --자형 (自刑)

형살 중에서 작용력이 가장 강한 형은 지세지형이며 다음으로 무은지형이며 무례지형, 자형 순으로 작용력이 약해진다. 남녀 모두 일지에 형살이 있으면 배

우자가 관액이 따르거나 우환이 많은 걸로 해석한다. 단 직업이 의료, 법무, 세무, 금융 등과 같이 형살과 관련된 직업을 본인이 가지고 있거나 배우자가 가지면 액을 면한다. 운에서 볼 때는 관재구설, 사고, 소송, 재판, 수술, 교통사고 등이 발생할 수 있으니 매사에 주의 하여야 한다. 형살이 있는 사주는 성격이 냉정하고 판단력이 있는데 직업적인 용도로 사용하는 것이 가장 좋다. 법관, 검사, 변호사, 의사, 간호사, 약사, 주방장, 미용사, 보험조정, 철학관, 종교인 등에 종사한다. 사주에 형살이 있는 사람은 특별한 직업에 인연이 깊은 것으로 판단하고 되도록 의료, 법무, 세무 쪽의 직업을 갖는 것이 액을 면하고 편안한 삶을 사는데 유리하다고 하겠다.

4. 상파살(相破殺)

파(破)는 깨뜨릴 파를 의미 하는데 상파살은 합, 충과 중복 되고 작용력이 미미하여 사용하지 않으므로 참고만 하기 바란다. 파는 여섯 가지로 나누어지는데 4번째 양지(陽支) 또는 10번째 음지(陰支)로 만들어진다. 양지는 뒤로 4번째 지지가 파가 되고 음지는 앞으로 4번째 지지가 파가 된다. 또한 양지는 앞으로 10번째 지지가 파가 된다.

*** 상파살 분류 ***

子酉 – 破, 丑辰 – 破, 寅亥 – 破, 巳申 – 破, 午卯 – 破, 戌未 – 破

*** 상파살 도표 ***

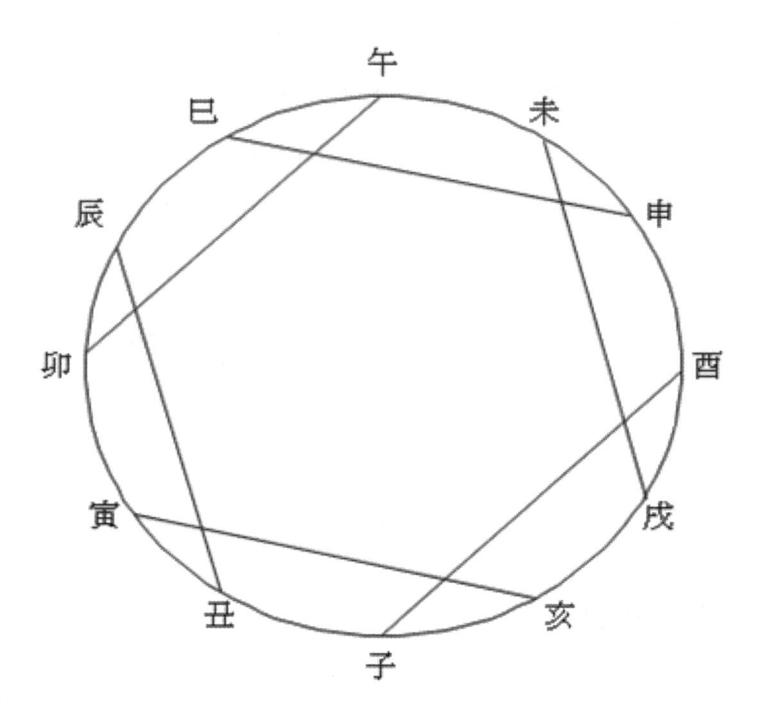

⑴ 子 酉 – 파

계획이나 약속을 했던 일이 이행 되지 않거나 깨져서 신용이 없어지거나 혼란을 겪게 되는 경우가 많다.

⑵ 丑 辰 – 파

자신의 능력을 과신하고 무리한 욕심을 내어 사업이나 일을 서두르다가 명예와 재산을 잃어버리는 경우가 많다.

⑶ 寅 亥 – 파

합과 파가 동시에 일어나는 경우이며 이 같은 경우가 있으면 우선 합의 작용이 먼저 일어나고 파의 작용은 대기하고 있다가 운에서 오는 작용력에 의해서 파의 작용이 일어난다고 해석한다.

⑷ 巳申 – 파

巳, 申도 합과 형 그리고 파가 동시에 이루어진다. 처음에 합의 작용에 의해서 합의 화합이 이루어져 순조롭게 일이 진행이 되다가 중간에 불신, 배신, 투쟁의 형작용이 나타나고 파산, 분리, 이별 등의 파 작용이 일어난다. 이중 삼중의 작용력이 겹치게 되면 복잡하고 미묘한 상황이 발생하므로 운의 변화를 자세히 살펴야 한다.

⑸ 午卯 – 파

배후의 힘을 믿고 속전속결로 일을 처리 하다가 손해를 보고, 일을 처리 하는 방법도 너무 신중하지 못하고 안이하다. 사주에 파가 있고 다시 운에서 만나면 남녀를 막론하고 도박이나 유흥 또는 색정관계로 방탕하여 손재와 명예가 실추 되고 뇌물이나 공금횡령 등의 불상사가 발생한다.

⑹ 戌未 – 파

형과 파가 동시에 작용력이 발생한다. 대인관계에서 서로 투쟁이나 다툼, 배신, 실망감이 생기고 인간적으로 믿고 했던 일이 배신을 당하거나 누명을 쓰는 일이 생긴다. 문서나 서류에 의한 실수나 착오로 사고가 발생한다. 상하관계나 거래관계에서 의외의 구설, 시비, 모함 등이 따른다.

5. 상해살(相害殺)

*** 상해살 도표 ***

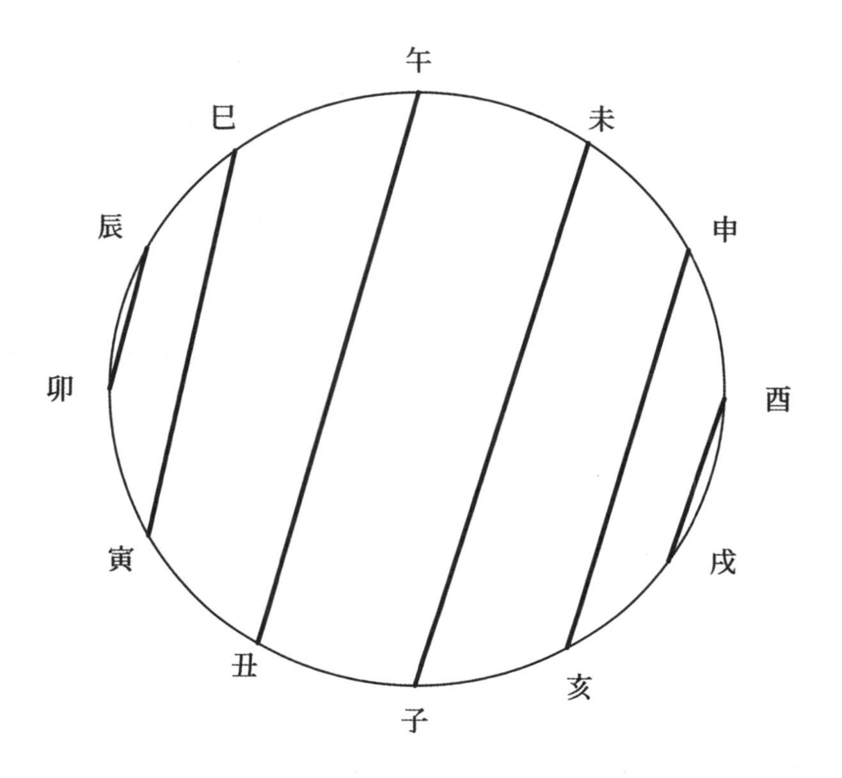

*** 상해살 분류 ***

子未 – 害, 丑午 – 害, 寅巳 – 害, 卯辰 – 害, 申亥 – 害, 酉戌 – 害

상해살은 작용력이 약하여 사용하지 않으니 참고만 하기 바란다. 해(害)는 해치다, 손해, 방해, 질투, 음해, 모략, 소송, 훼방하다는 뜻이다. 해는 없어야 할 방해물이 중간에 끼여서 이간질을 하거나 서로의 단합을 방해하는 것으로 지지의 육합을 깨뜨린다. 子와 丑이 육합인데 未가 끼어들어서 丑, 未 충으로 子와 丑 사이를 갈라놓아서 子, 未는 해가 되는 것이다. 하지만 충 되는 지지를 합으로써 후원해 주기도 한다. 10천간과 12지지의 여러 가지 변화의 형태를 알아보는 의미로 합, 충, 형, 파, 해를 살펴보아야 하며 실제 감명에서는 간섭인자로 설명을 하거나 합, 충, 형의 모양을 그대로 설명하는 방법으로 감명을 한다. 파와 해는 합, 충, 형에 비하여 작용력이 매우 약해서 참고하는 수준으로 이해하기 바란다. 사주를 감명하는 방법으로 음양오행이나 육친 그리고 천간과 지지로 분석하는데 여기서 하나의 관점에서 판단하는 감명방법을 단식 판단법이라고 한다. 오행으로 보는 방법과 육친으로 보는 방법이 주로 사용 되는데 필자는 복식 판단법을 권유한다. 사주팔자는 고정되어 있는 글자가 아니고 팔자안에서의 합, 충, 형이 있고 운에서 만나는 합, 충, 형에 의해서 변화하는 것을 깊이 관찰하고 그것을 올바르게 설명을 해야 한다.

제 7 장

대운(大運)과 세운(歲運)

1. 대운(大運)

대운을 부를 때 지지가 巳, 午, 未는 남방 운이라 하고 申, 酉, 戌은 서방 운이라 하며 亥, 子, 丑은 북방 운이라 하고 寅, 卯, 辰은 동방 운이라고 한다. 출생한 당해 년(年)의 천간이 甲 . 丙 . 戊 . 庚 . 壬과 같이 양간(陽干)이면 양명(陽命)이라 하고 출생한 당해 년(年)도의 천간이 乙 . 丁 . 己 . 辛 . 癸와 같이 음간(陰干)이면 음명(陰命)이라고 한다. 대운은 하나의 간지가 10년을 관장하며 환경, 계절, 주거지를 의미한다. 남자의 출생년도가 양명이거나 여자의 출생년도가 음명이면 출생 월주부터 순행하고 남자가 음명이거나 여자가 양명이면 출생 월주부터 역행을 한다.

남자와 여자 두 명의 사주를 예로 들어서 대운작성법을 설명해 보겠다. 앞으로 많은 사주 작성법과 대운작성법을 연습해 보기 바란다.

* 남명(男命) --- 2000년 (음) 4월 5일 진(辰)시

(예)	시	일	월	년
	壬	丙	辛	庚
	辰	寅	巳	辰

丁 丙 乙 甲 癸 壬 (대운)
亥 戌 酉 申 未 午

남명에 년간(年干)이 庚으로 양명이라 순행을 하므로 월간 辛의 다음 글자인 壬을 사용하고 월지 巳의 다음글자인 午를 사용한다.

* 여명(女命) --- 2000년 (음) 4월 5일 진(辰)시

(예)	시	일	월	년
	壬	丙	辛	庚
	辰	寅	巳	辰

乙 丙 丁 戊 己 庚 (대운)
亥 子 丑 寅 卯 辰

여명에 년간(年干)이 庚으로 양명이라 역행을 하므로 월간 辛의 전 글자인 庚을 사용하고 월지 巳의 전 글자인 辰을 사용한다.

대운의 숫자는 생일부터 절입일까지의 숫자를 합하여 3으로 나누어 얻어지는 수가 된다. 이때 순행하는 명(命)은 생일로부터 다음 절입일까지를 더하고

역행하는 명(命)은 생일로부터 지나간 절입일까지를 더한다. 3으로 나눈 나머지가 1이면 버리고 2가 되면 1을 더한다. 예를 들었던 사주의 대운 숫자는 남명은 9이고 여명은 1이다. 대운을 작성하는 방법과 대운 숫자를 찾는 법을 배웠는데 보통 만세력을 보고 찾아서 작성을 하거나 자동으로 사주명조를 작성해주는 PC만세력이 나와 있어서 암기할 필요는 없고 어떤 원리에서 만들어지는가만 알고 넘어가면 되겠다.

2. 세운(歲運)

세운은 별도로 작성하지 않고 누구나 공통적으로 올해의 년도를 사용하는데 우리가 흔히 1년 신수를 본다고 하면 올 한해의 운세를 본다는 뜻으로 세운을 사주에 대입하여 풀이를 하는 것이다. 올 한해 운의 작용력은 사람이 실제 피부로 느끼는 길흉작용의 강도가 매우 크게 느껴지므로 무시할 수 없는 영향력을 갖는다고 하겠다. 대운이 좋고 세운이 흉하게 되면 그 해는 소흉을 당하게 되며 대운이 흉하고 세운이 길하면 흉함 중에서도 작은 기쁨이 있다고 본다. 사람의 삶과 죽음 그리고 흥하고 망하고는 모두 세운에 있다고 해도 과언이 아닐 것이다. 세운이 사주의 월주나 일주를 형, 충 하면 부모나 형제, 또는 배우자와의 사이에 변동, 이별, 구설 등이 발생할 수 있다. 세운이 사주의 시주를 형, 충 하면 자녀와의 사이가 좋지 못하거나 이별하게 된다. 사주와 세운이 서로 합을 이루면 모든 일이 잘 이뤄지며 타인과 타협이 잘 성사 되고 만사가 잘 풀린다. 세운은 간지를 따로 보는 것이 아니고 지지를 기준으로 천간을 살피고 사주와의 관계를 잘 관찰해서 간명해야 할 것이다. 대운이 큰 환경 즉 계절의 변화라면, 세운은 그 날의 날씨와 같다고 하겠다.

제 8 장

지장간(支藏干)과 월령용사

1. 지장간과 월령용사의 분리

현재 우리가 사용하고 있는 지장간은 중국에서 사용하고 있는 『연해자평』을 한글로 번역하여 전하는 과정에서 월령용사(月令用事)와 지장간(支藏干)의 내용이 비슷하여 전문지식이 없는 번역가의 잘못으로 월령용사를 지장간으로 해석하고 지장간은 누락이 된 것이라는 학계의 주장이 있다. 실제로 지장간은 따로 있고 지장간과 월령용사는 구분 지어 사용해야 한다는 주장을 최근에 일부 학자들이 하고 있는바 필자는 그 뜻에 공감하여 지장간과 월령용사를 구분하여 사용하기로 하였다. 지장간은 기본적으로 지지 속에 천간의 기운이 저장되어 있는 것을 말하고 월령용사는 글자 뜻 그대로 사주 명조의 월지(月地)에만 적용하여 사용하는 것으로 알아두기 바란다. 월령용사는 '월률분야도'라고도 부른다.

2. 지장간(支藏干)

12지지는 각각 천간의 기운을 저장하고 있는데 그것을 지장간 또는 인원용사(人元用事)라고 부른다. 12지지는 子, 丑, 寅, 卯, 辰, 巳, 午, 未, 申, 酉, 戌, 亥를 체(體)라고 하고 지장간은 子(癸), 丑(癸 辛 己), 寅(戊 丙 甲), 卯(乙), 辰(乙 癸 戊), 巳(戊 庚 丙), 午(己 丁), 未(丁 乙 己), 申(戊 壬 庚), 酉(辛), 戌(辛 丁 戊), 亥(甲 壬) 용(用)이라고 한다. 12지지를 단순하게 천간으로 변환하여 볼 때는 子는 癸로, 丑은 己로, 寅은 甲으로, 卯는 乙로, 辰은 戊로, 巳는 丙으로, 午는 丁으로, 未는 己로, 申은 庚으로, 酉는 辛으로, 戌은 戊로, 亥는 壬으로 본다. 지장간이라는 글자의 해석은 지지(地支) 안에 숨어 있는[藏] 천간[干]이 되지만 실제로는 천간이 감추어져 있거나 숨어 있는 것이 아니라 지지 자체가 여러 개의 천간을 내포하고 있다고 볼 수 있다. 12지지가 내포하고 있는 지장간을 아래에 나열해 보겠다.

(1) 지장간(支藏干)

가. 子—癸

나. 丑—癸辛己

다. 寅—戊丙甲

라. 卯—乙

마. 辰—乙癸戊

바. 巳—戊庚丙

사. 午—己丁

아. 未—丁乙己

자. 申—戊壬庚

차. 酉—辛

카. 戌—辛丁戊

타. 亥—甲壬

지장간(支藏干)은 지지장간(地支藏干)이라고도 부른다. 지지에 대한 충분한 이해를 위해서 또는 지지의 변화를 알기 위해서는 지장간에 대한 공부가 필수적이다. 지장간은 월지(月支)와는 상관없이 각 지지 속에 순수하게 소속되어 있는 천간을 의미한다. 지장간과 월령용사는 비슷한 것 같지만 엄연히 다르다는 사실을 알아야 하고 분명히 구분 지어 사용 하는 것이 마땅할 것이다. 천간을 하늘, 지지는 땅, 지장간을 사람으로 표현하기도 한다. 격과 용신을 사용하는 격용론에서는 월령용사를 중요하게 사용하지만 간지론에서는 지장간을 중요하게 사용한다.

(2) 지장간 계통별 분류

각기 다른 지장간을 가지고 있는 지지들의 특성 또한 모두 다르지만 공통점을 지닌 계통별로 분류하여 살펴보면 다음과 같다.

가. 子, 午, 卯, 酉

12운성으로 사왕(四旺) 또는 사정(四正)이라고 하며 오행의 가장 순수한 기운을 의미하고 춘하추동의 핵심역할을 하는 글자로 각계절의 중심 기운을 지니고 있다. 그러므로 개성과 주관이 뚜렷하고 어떤 변화가 오더라도 다른 오행의 기운으로 변하지 않는 특성이 있다.

나. 寅, 申, 巳, 亥

12운성으로 사생(四生) 또는 사맹(四孟)이라고도 하고 모두 양간(陽干)만 3개를 가지고 있으며 매사에 의욕이 강하고 기획이나 시작 등의 창의력이 좋고 설계 등에 소질이 있는 특성을 가지고 있다.

다. 辰, 戌, 丑, 未

잡기(雜氣)의 지지로서 12운성으로 사묘(四墓) 또는 사고(四庫)라고 하며 辰, 戌은 음간 2개와 양간 1개를 가지고 있고 丑, 未는 음간만 3개를 가지고 있다. 만물의 저장과 보관을 주도하며 종합이나 포용 등의 뜻을 내포하고 있다. 오행으로 토(土)에 해당하는 지지 辰, 戌, 丑, 未에 대한 정확한 이해와 해석은 명리수준을 높이는 데 가장 중요한 부분이라는 것을 기억하기 바란다.

3. 월령용사(月令用事)

월령용사는 1년을 봄, 여름, 가을, 겨울이라는 계절의 변화를 하나의 순환 고리로 생각해서 각 계절에 따른 12지지를 배치하고 각 월마다 1개월간의 기후 변화에 따른 천간의 배치를 나타낸 방식이 월률분야도(月律分野圖) 또는 월령용사(月令用事)라고 부른다.

(1) 여기, 중기, 정기란 무엇인가

월령용사란 1개월간의 기후 변화에 따른 천간의 배치를 나타낸 것으로서 그 안에 담겨진 내용을 분석해 보면 절입일부터 차례대로 여기(餘氣), 중기(中氣), 정기(正氣)로 구성되어 있다. 예를 들어 寅月에는 戊, 丙, 甲이란 천간이 배치되어 있는데 입춘(立春)이 시작되는 시점부터 대략 7일간은 戊의 기운이 작용하고 8일째부터 다시 7일간은 丙의 기운이 활동하며 그 다음부터 卯月이 되기까지는 甲의기운이 왕성하게 주도권을 가지고 활동하는데 이처럼 寅月 한 달 동안 천간의 기운이 어떻게 작용하는가를 나타내는 것이 월령용사인 것이다.

가. 여기(餘期)

지난달의 기운이 이월(移越)되어 남아있다는 뜻으로써 앞 절기의 영향을 받고 있는 것이다. 예를 들어 寅月의 여기는 지난달의 정기(正氣)와 동일한 오행으로서 丑月의 정기인 己가 양토(陽土)로 바뀌어 戊가 된 것이다.

나. 중기(中氣)

여기에서 정기에 이르는 중간기로서 중기는 월령용사에서 가장 세력이 약하고 다른 지지와 삼합(三合)하여 변하는 특성을 가지고 있다. 그러므로 항상 변화를 추구하는 경향이 있다.

다. 정기(正氣)

그 달의 본래 기운으로 다른 이름으로 본기(本氣)라고 부르기도 하는데, 그 지지가 지닌 오행과 동일한 천간이 되고 그 지지의 사령관 격으로서 가장 왕성한 기운을 말한다. 정기는 월령용사 중에서 가장 강력한 힘을 가지고 핵심과 같은 중추적인 작용을 한다.

(2) 사령(司令) 기간

월령용사는 여기와 정기로 나뉘는 것과 여기, 중기, 정기와 같이 3분야로 나누는 것이 있으며 각 월마다 월지에서 사령(司令)하는 기간이 다르다. 즉 월지사령(月支司令)이란 줄여서 월령(月令)이라고도 하는데 우선 월령(月令)이란 말을 풀어보면 月이란 태어난 달 월지를 말하고, 령(令)이란 그 곳의 우두머리로서 사령관이 되어 명령하는 것을 말하니, 월령이란 사주 기운의 핵심부와 같은 것이다. 고로 월령용사는 엄밀하게 말하면 지장간이 월지를 사령(司令)하는 기간을 말하는 것이다. 월령은 운명을 지배하는 중요한 역할을 담당하고 있으며 월지를 파악하는 것으로써 사주학에서는 빼놓을 수 없는 중요한 부분이라고 하겠다. 월지를 사령하는 지장간이 차지하고 있는 기간은 절입일부터 시작하여 초기, 중기, 정기 순으로 계산한다.

가. 子, 午, 卯, 酉 월

午월을 제외하고는 여기와 정기 두 기간으로 구성되며, 여기가 10일간을 사령하고 정기가 20일간 사령한다. 다만 午月은 여기, 중기, 정기가 모두 있어 각각 10일간씩 사령하고 있다.

나. 寅, 申, 巳, 亥 월

공통적으로 戊가 7일간 여기를 사령하고, 중기는 삼합하여 화기(化氣)하는 양간(陽干)의 오행이 7일간 사령하며, 정기는 매 달의 16일을 사령한다.

다. 辰, 戌, 丑, 未 월

지난달의 여기가 9일간 사령하고, 중기는 삼합하여 변하는 음간(陰干)이 3일간 사령하며, 정기의 사령은 辰, 戌월은 戊가 丑, 未월은 己가 매달마다 18일을 사령한다.

*** 월령용사 ***

구분	여 기	중 기	정 기
子	壬 10일	癸 20일	
丑	癸 9일	辛 3일	己 18일
寅	戊 7일	丙 7일	甲 16일
卯	甲 10일	乙 20일	
辰	乙 9일	癸 3일	戊 18일
巳	戊 7일	庚 7일	丙 16일
午	丙 10일	己 9일	丁 11일
未	丁 9일	乙 3일	己 18일
申	戊 7일	壬 7일	庚 16일
酉	庚 10일	辛 20일	
戌	辛 9일	丁 3일	戊 18일
亥	戊 7일	甲 7일	壬 16일

제 9 장

천간과 지지의 상호작용

1. 천간의 의미

천간의 의미는 오행의 계절적인 의미를 더욱 세분화하여 분화시킴으로써 각 글자가 갖고 있는 특징을 알아내고 나아가 물상으로의 확장을 하는 데 그 의미가 있다고 하겠다. 먼저 10천간이 갖는 운동성을 파악하고 그것을 바탕으로 물상으로의 확장을 연습하는 것이 간지론을 공부하는 데 가장 중요한 공부 방법이라고 생각한다.

갑(甲) – 초봄에 음 기운을 뚫고 만물이 솟아오르는 모습이다.
물상으로는 교육, 창작, 기획, 고집, 발명, 학교, 학생

을(乙) – 늦봄에 만물이 점점 자라나고 펼쳐지는 모습이다.
물상으로는 재치, 화술, 설명, 대화, 외교, 언론, 세일즈

병(丙) - 초여름에 양기의 발산으로 만물이 퍼져나가는 모습이다.
물상으로는 광고, 방송, 정치, 소리, 의지, 홍보, 통신

정(丁) - 늦여름에 만물이 성장하고 꽃이 피는 모습이다.
물상으로는 전기, 전자, 열기, 탐색, 열정, 과학, 수사

무(戊) - 양기의 극단으로 만물이 무성하게 펼쳐져 있는 모습이다.
물상으로는 행동, 실천, 표현, 의지, 결단, 추진, 발산

기(己) - 음기의 시작으로 만물이 성장을 멈추는 모습이다.
물상으로는 중계, 알선, 화합, 정리, 타협, 중간, 소극적

경(庚) - 초가을에 만물이 내적으로 결실을 맺는 모습이다.
물상으로는 냉정, 단단함, 건조, 군경, 의리, 공업, 강직

신(辛) - 늦가을에 결실을 완성하여 모체로부터 분리 되는 모습이다.
물상으로는 낙엽, 서리, 독선, 거울, 바늘, 독립, 분리

임(壬) - 초겨울에 결실작용이 끝나고 저장하는 모습이다.
물상으로는 고독, 씨앗, 수집, 임신, 저장, 개척, 무역

계(癸) - 늦겨울에 음의 극단에서 갈라져 양이 태동하는 모습이다.
물상으로는 수축, 결빙, 얼음, 냉정, 은둔, 판결, 종교

2. 지지의 의미

10천간이 12지지로의 분화를 통하여 1년을 12달로 분류하여 각각 한 달을 관장하는 글자가 되었고 또한 하루 24시간을 2시간씩 나누어 12시간으로 분류하여 각각 2시간씩을 관장하는 글자가 되었다. 12지지는 각 글자가 계절의 운동성을 지닌 해당 월의 기운을 대변함과 동시에 시간의 운동성을 지닌 해당 시간의 기운을 대변한다고 하겠다. 먼저 12지지가 갖는 운동성과 기운을 정확

히 파악하고 그것을 기준으로 물상으로의 확장을 연습하는 것이 간지론을 공부하는 가장 훌륭한 방법이라고 본다.

자(子) – 계절로는 음력 11월 밤이 가장 긴 동지가 되고 하루 중의 시간으로는 자정을 의미한다.

물상으로는 야간, 음지, 비밀, 애정, 자궁, 출산, 생명

축(丑) – 계절로는 음력 12월 섣달은 1년 중 가장 추운 때이고 하루 중의 시간으로는 새벽녘을 의미한다.

물상으로는 희생, 봉사, 열쇠, 철물, 차고, 중계, 금고

인(寅) – 계절로는 음력 1월 초봄이 되고 하루 중의 시간으로는 새벽에 태양이 모습을 드러낼 시간이 된 것이다.

물상으로는 교육, 계획, 전기, 전자, 기획, 건축, 역마

묘(卯) – 계절로는 음력 2월 봄이 한창 무르익는 때가 되며 산천초목이 쑥쑥 자라는 모습이며 하루 중의 시간으로는 아침이다.

물상으로는 장식, 조경, 미용, 의류, 패션, 섬유, 종이

진(辰) – 계절로는 음력 3월 온도가 따듯해지고 만물이 성장하기 좋은 시기이며 하루 중의 시간으로는 늦은 아침이다.

물상으로는 항만, 부두, 유흥, 목욕탕, 여관, 염전, 사우나

사(巳) – 계절로는 음력 4월 초여름이며 양기가 절정에 이르는 시기이며 하루 중의 시간으로는 오전이다.

물상으로는 공연, 항공, 공항, 조명, 사진, 석유, 화학

오(午) – 계절로는 음력 5월 한 여름이 되고 하루 중의 시간으로는 정오에 해당한다.

물상으로는 통신, 이동, 방송, 음악, 성악, 문화, 예술

미(未) – 계절로는 음력 6월 절기상 가장 덥다는 삼복의 기간이 되며 하루 중의 시간으로는 오후가 된다.

물상으로는 목재소, 농원, 미숙, 정체, 지체, 부족, 장애

신(申) – 계절로는 음력 7월 초가을이고 결실운동을 시작하는 때이고 하루 중의 시간으로는 늦은 오후가 된다.

물상으로는 기차, 철도, 기술, 재능, 비밀, 무기, 기계

유(酉) – 계절로는 음력 8월 깊은 가을이고 하루 중의 시간으로는 저녁이 된다.

물상으로는 의약, 술, 보석, 칼, 고기, 분리, 구멍

술(戌) – 계절로는 음력 9월 가을의 기운을 마무리 짓는 때이고 하루 중의 시간으로는 밤이 된다.

물상으로는 극장, 서점, 컴퓨터, 감사, 정보, 장례, 방범

해(亥) – 계절로는 겨울의 시작이고 하루 중의 시간으로는 늦은 밤에 해당 된다.

물상으로는 선박, 욕실, 해변, 양어장, 해초, 온천, 소방

3. 12운성(十二運星)

천간 10개의 각 글자들이 12지지를 만나면서 생, 노, 병, 사의 과정을 겪게 되는데 그 과정을 보여주는 것이 12운성이다. 천간과 지지의 관계설정은 오행의 상생과 상극의 법칙이나 육친의 상생과 상극의 법칙이 통하지 않고 오직 12운성으로 파악을 하는 것이 옳다. 12운성은 격용론을 사용하는 학파에서는 거의 사용을 하지 않고 있으나 근래에 인식이 바뀌어 많이 사용을 하고 있다. 그런데 일간 대비 4개의 지지를 12운성으로 대입해서 사용을 하는 경우가 많은데 그것은 12운성 사용법을 몰라서 그런 것 같다. 간지론에서는 천간과 지지

와의 관계를 살필 때나 대운과 세운을 해석하는 데 아주 유용하게 사용을 하고 있으니 학인들은 그 중요성을 잘 인식하기 바란다. 천간의 생왕사절(生旺死絶) 또는 포태법(胞胎法)이라고 부르며 포태법은 태보 포, 아이 밸 태로 10천간의 생, 노, 병, 사를 보여준다. 양(陽) 천간은 삼합(三合)의 첫 머리에서 시작하여 순행하고 음(陰) 천간은 양(陽) 천간의 사(死)에서 시작하여 역행 한다. 여기서는 12운성을 보는 방법만 간단히 배우고 다음 장에서 자세하게 해석법을 배우도록 하겠다.

*** 12운성 조견표 ***

구분	甲	乙	丙	丁	戊	己	庚	辛	壬	癸
生	亥	午	寅	酉	寅	酉	巳	子	申	卯
浴	子	巳	卯	申	卯	申	午	亥	酉	寅
帶	丑	辰	辰	未	辰	未	未	戌	戌	丑
官	寅	卯	巳	午	巳	午	申	酉	亥	子
旺	卯	寅	午	巳	午	巳	酉	申	子	亥
衰	辰	丑	未	辰	未	辰	戌	未	丑	戌
病	巳	子	申	卯	申	卯	亥	午	寅	酉
死	午	亥	酉	寅	酉	寅	子	巳	卯	申
墓	未	戌	戌	丑	戌	丑	丑	辰	辰	未
絶	申	酉	亥	子	亥	子	寅	卯	巳	午
胎	酉	申	子	亥	子	亥	卯	寅	午	巳
養	戌	未	丑	戌	丑	戌	辰	丑	未	辰

10천간 중에서 갑(甲)을 예로 들어 12운성을 설명하자면 甲이 지지 亥를 만나면 생(生)지로서 태어남을 뜻하고, 지지 子를 만나면 욕(浴)지로서 목욕을 시켜서 때를 씻는 것을 뜻하고, 丑을 만나면 대(帶)지로서 성장하여 허리띠를 두른다는 뜻이고, 寅을 만나면 록(祿)지로서 벼슬길에 오르는 것을 뜻하고, 卯를 만나면 왕(旺)지로서 최고로 왕성한 시기를 뜻하고, 辰을 만나면 쇠(衰)지로서 기력이 쇠퇴해져 가는 것을 뜻하고, 巳를 만나면 병(病)지로서 병들고 약해지는 것을 뜻하고, 午를 만나면 사(死)지로서 죽는 것을 뜻하고, 未를 만나면 묘(墓)지로서 무덤에 들어간다는 것을 뜻하고, 申을 만나면 절(絶)지로서 모든 것이 끝난 상태를 뜻하고, 酉를 만나면 태(胎)지로서 새로운 시작을 뜻하고, 戌을 만나면 양(養)지로서 탄생을 준비한다는 것을 뜻한다.

4. 12신살(十二神殺)

일지(日支)를 기준으로 하여 보고 년지(年支)를 참고하여 본다. 일지를 기준하여 생년에 있는 지살, 장성, 역마, 화개는 사용하고 겁살, 재살, 천살, 년살, 월살, 망신, 반안, 육해는 작용력이 없다. 12신살을 보는 방법은 일지가 寅, 午, 戌 중에 하나라면 삼합의 끝 자의 다음 글자부터 亥-겁살, 子-재살, 丑-천살, 寅-지살, 卯-년살, 辰-월살, 巳-망신, 午-장성, 未-반안, 申-역마, 酉-육해, 戌-화계 순으로 순행한다. 여기서는 간단하게 12신살을 보는 방법만 배우도록 하겠다. 12신살 찾는 법은 아래와 같다.

일지가 申, 子, 辰 중에 하나라면 巳-겁살부터 시작하여 순행하고
일지가 巳, 酉, 丑 중에 하나라면 寅-겁살부터 시작하여 순행하며
일지가 寅, 午, 戌 중에 하나라면 亥-겁살부터 시작하여 순행하고

일지가 亥, 卯, 未 중에 하나라면 申-겁살부터 시작하여 순행한다.

*** 12신살(十二神殺) 조견표 ***

신살 / 일	寅.午.戌	巳.酉.丑	申.子.辰	亥.卯.未
지 살	寅	巳	申	亥
년 살	卯	午	酉	子
월 살	辰	未	戌	丑
망 신	巳	申	亥	寅
장 성	午	酉	子	卯
반 안	未	戌	丑	辰
역 마	申	亥	寅	巳
육 해	酉	子	卯	午
화 개	戌	丑	辰	未
겁 살	亥	寅	巳	申
재 살	子	卯	午	酉
천 살	丑	辰	未	戌

5. 공망(空亡)

공망에 해당 되는 글자가 사주에 있으면 천간과 지지가 모두 공망이 된다. 공망에 해당하는 글자의 오행까지 없는 것으로 판단하지는 않고 오행의 기운은 있는 것으로 보고 육친의 작용력만 없어진다고 본다. 여기서는 공망을 보는 법을 알아보고 다음 장에서 공망에 대한 깊은 공부를 해보도록 하겠다. 공망을 찾는 법은 일간지를 기준으로 甲子일이나 乙丑 일인 사주에 戌, 亥가 년, 월, 시 중에서 어느 곳에 있어도 공망이 성립된다. 甲戌 일이나 乙亥 일은 사주에 申, 酉가 있으면 공망이 된다.

*** 공망(空亡) 조견표 ***

60갑자(六十甲子)	공 망
甲子. 乙丑. 丙寅. 丁卯. 戊辰. 己巳. 庚午. 辛未. 壬申. 癸酉	戌 亥
甲戌. 乙亥. 丙子. 丁丑. 戊寅. 己卯. 庚辰. 辛巳. 壬午. 癸未	申 酉
甲申. 乙酉. 丙戌. 丁亥. 戊子. 己丑. 庚寅. 辛卯. 壬辰. 癸巳	午 未
甲午. 乙未. 丙申. 丁酉. 戊戌. 己亥. 庚子. 辛丑. 壬寅. 癸卯	辰 巳
甲辰. 乙巳. 丙午. 丁未. 戊申. 己酉. 庚戌. 辛亥. 壬子. 癸丑	寅 卯
甲寅. 乙卯. 丙辰. 丁巳. 戊午. 己未. 庚申. 辛酉. 壬戌. 癸亥	子 丑

사주팔자에 년, 월, 시에 적용하여 어느 자리에 공망이 있는가에 따라서 자리 공망이라고 부르며 년에 공망이 있으면 조상과 인연이 없고, 월은 부모, 형제와 인연이 없고, 시는 자식과의 인연이 없다고 본다. 자리 공망뿐 아니라 해당지지와 천간도 공망이며 해당 되는 지지와 천간이 어느 육친에 해당 되는지에 따라서 그 육친도 작용력을 잃는다. 대운은 계절의 연장이라고 보아서 공망을 적용하지 않고 세운은 공망을 적용하여 해석한다. 공망도 격용론에서는 거의 사용하지 않는데 간지론에서는 신살론을 전혀 사용하지 않지만 그중에서 유일하게 공망은 중요하게 사용하고 있으니 유념해서 공부하기 바란다. 공망표를 꼭 외울 필요는 없고 만세력을 이용하여 찾아서 적용하면 된다.

제 1 0 장

육친(六親)

1. 육친이란 무엇인가?

사주 주인공에 해당하는 일간(日干)과 나머지 글자들과의 음양과 생극관계를 나누어서 의인화 시키는 작업으로 조상과 부모형제, 남편과 처, 형제와 친구, 자식과 부하 등 혈연관계와 사회적 관계를 구분 짓는 것으로 육친을 명리학의 꽃이라고 한다. 육친은 인성, 관성, 재성, 식상, 비겁과 나를 포함하여 여섯 개가 되므로 육친(六親)이라고 부르며 이것을 다시 음양의 구분에 따라서 나누면 10개로 구분이 되어 십신(十神)이 된다. 십신으로 구분하면 편인, 정인, 편관, 정관, 편재, 정재, 식신, 상관, 비견, 겁재로 나뉜다.

* 육친 표출법은 아래와 같이 나눌 수 있다.

정인(正印): 일간을 생하고 음양이 다른 것

편인(偏印): 일간을 생하고 음양이 같은 것

겁재(劫財): 일간과 오행이 같고 음양이 다른 것

비견(比肩): 일간과 오행이 같고 음양이 같은 것

상관(傷官): 일간이 생하고 음양이 다른 것

식신(食神): 일간이 생하고 음양이 같은 것

정재(正財): 일간이 극하고 음양이 다른 것

편재(偏財): 일간이 극하고 음양이 같은 것

정관(正官): 일간을 극하고 음양이 다른 것

편관(偏官): 일간을 극하고 음양이 같은 것

2. 천간육친

육친	비견	겁재	식신	상관	편재	정재	편관	정관	편인	정인
甲	甲	乙	丙	丁	戊	己	庚	辛	壬	癸
乙	乙	甲	丁	丙	己	戊	辛	庚	癸	壬
丙	丙	丁	戊	己	庚	辛	壬	癸	甲	乙
丁	丁	丙	己	戊	辛	庚	癸	壬	乙	甲
戊	戊	己	庚	辛	壬	癸	甲	乙	丙	丁
己	己	戊	辛	庚	癸	壬	乙	甲	丁	丙
庚	庚	辛	壬	癸	甲	乙	丙	丁	戊	己
辛	辛	庚	癸	壬	乙	甲	丁	丙	己	戊
壬	壬	癸	甲	乙	丙	丁	戊	己	庚	辛
癸	癸	壬	乙	甲	丁	丙	己	戊	辛	庚

(예) 甲일간을 기준으로 천간육친을 보는 법

甲은 일간과 음양오행이 같아서 비견(比肩)이라고 한다.

乙은 오행이 같고 음양이 달라서 겁재(劫財)라고 한다.

丙은 일간이 생하고 음양이 같아서 식신(食神)이라고 한다.
丁은 일간이 생하고 음양이 달라서 상관(傷官)이라고 한다.
戊는 일간이 극하고 음양이 같아서 편재(偏財)라고 한다.
己는 일간이 극하고 음양이 달라서 정재(正財)라고 한다.
庚은 일간을 극하고 음양이 같아서 편관(偏官)이라고 한다.
辛은 일간을 극하고 음양이 달라서 정관(正官)이라고 한다.
壬은 일간을 생하고 음양이 같아서 편인(偏印)이라고 한다.
癸는 일간을 생하고 음양이 달라서 정인(正印)라고 한다.

3. 지지육친

(예) 甲일간을 기준으로 지지육친을 보는 법

寅은 일간과 음양오행이 같아서 비견(比肩)이라고 한다.
卯는 오행이 같고 음양이 달라서 겁재(劫財)라고 한다.
辰은 일간이 극하고 음양이 같아서 편재(偏財)라고 한다.
巳는 일간이 생하고 음양이 같아서 식신(食神)이라고 한다.
午는 일간이 생하고 음양이 달아서 상관(傷官)이라고 한다.
未는 일간이 극하고 음양이 달라서 정재(正財)라고 한다.
申은 일간을 극하고 음양이 같아서 편관(偏官)이라고 한다.
酉는 일간을 극하고 음양이 달라서 정관(正官)이라고 한다.
戌은 일간이 극하고 음양이 같아서 편재(偏財)라고 한다.
亥는 일간을 생하고 음양이 같아서 편인(偏印)이라고 한다.
子는 일간을 생하고 음양이 달라서 정인(正印)이라고 한다.
丑은 일간이 극하고 음양이 달라서 정재(正財)라고 한다.

육친	비견	겁재	식신	상관	편재	정재	편관	정관	편인	정인
甲	寅	卯	巳	午	辰戌	丑未	申	酉	亥	子
乙	卯	寅	午	巳	丑未	辰戌	酉	申	子	亥
丙	巳	午	辰戌	丑未	申	酉	亥	子	寅	卯
丁	午	巳	丑未	辰戌	酉	申	子	亥	卯	寅
戊	辰戌	丑未	申	酉	亥	子	寅	卯	巳	午
己	丑未	辰戌	酉	申	子	亥	卯	寅	午	巳
庚	申	酉	亥	子	寅	卯	巳	午	辰戌	丑未
辛	酉	申	子	亥	卯	寅	午	巳	丑未	辰戌
壬	亥	子	寅	卯	巳	午	辰戌	丑未	申	酉
癸	子	亥	卯	寅	午	巳	丑未	辰戌	酉	申

4. 육친의 상생과 상극법

오행에서 상생과 상극의 법칙이 있었듯이 육친에서도 상생과 상극의 법칙이 있는데 이러한 법칙은 육친을 분류하기 위한 수단으로만 알고 있으면 되고 실제 감명에서는 사용하지 않는다. 뒤에 설명을 하겠지만 오행과 육친의 상생과 상극논리는 실제 사주풀이에서는 사용하지 않고 천간과 지지의 합, 충, 형의 법칙만 사용한다. 여기서 설명하는 육친의 상생상극은 그 논리를 이해하는 정도로 정리하기 바란다.

(1) 상생법

비견은 식신을 생하고 겁재는 상관을 생한다.

식신은 편재를 생하고 상관은 정재를 생한다.

편재는 편관을 생하고 정재는 정관을 생한다.

편관은 편인을 생하고 정관은 정인을 생한다.

편인은 비견을 생하고 정인은 겁재를 생한다.

(2) 상극법

비견은 편재를 극하고 겁재는 정재를 극한다.

편재는 편인을 극하고 정재는 정인을 극한다.

편인은 식신을 극하고 정인은 상관을 극한다.

식신은 편관을 극하고 상관은 정관을 극한다.

편관은 비견을 극하고 정관은 겁재를 극한다.

5. 육친의 가족관계

육친을 구분하여 볼 때 남자와 여자의 입장이 서로 다른 관계로, 육친별 가족명칭은 두 가지로 구분하여 본다. 육친의 관계는 1차나 2차까지 확장은 가능하지만 계속된 확장은 불가능하다. 예를 들어서 남자의 입장에서 재성을 부인으로 보는데 1차적으로 재성이 관성을 낳으니 자식이 되고 2차적으로 관성인 자식이 어머니인 인성을 낳는 것이 되므로 이치에 맞지 않는 한계성을 가진다. 따라서 어느 한도 내에서 확장을 멈추는 것이 옳다고 볼 수 있겠다.

육친 / 남녀	남 자	여 자
비 견	형제, 친구	형제, 친구
겁 재	이복형제, 경쟁자	이복형제, 남편의 첩
식 신	장모, 부하직원	아들, 아랫사람
상 관	손녀, 처갓집	딸, 조카
편 재	아버지, 첩, 애인	시어머니, 아버지
정 재	아내, 숙부, 고모	시가집, 숙부, 고모

육친 / 남녀	남 자	여 자
편 관	아들, 외조모	애인, 남자
정 관	딸, 조카	남편, 증조모
편 인	계모, 유모, 이모	계모, 이모, 유모
정 인	어머니, 장인	어머니, 어른

6. 육친의 성정

육친이 갖는 특징을 알아보고자 한다. 그런데 여기서 제시하는 특징들은 지극히 개인적인 견해가 많고 특별한 답이 있다고 생각하면 안 된다. 음양이나 오행 그리고 천간과 지지에서 보았듯이 어떤 기운이나 운동성을 바탕으로 본인이 직접 물상으로 확장을 연습하고 그것을 자기 것으로 만드는 작업을 해야만 진정한 간지론을 공부하는 자세라고 하겠다. 육친의 성정을 그 뜻과 의미를 기준으로 확장하여 분류해 놓은 것이니 무조건 외우지 말고 항상 본인 스스로 확장하는 연습을 하기 바란다.

비 견	독립, 행동, 고집, 고독, 동업자, 경쟁자
겁 재	투쟁, 폭력, 야망, 겁탈, 파행, 독단
식 신	투자, 사교성, 유흥, 낙천적, 베풀다
상 관	총명, 재주, 예술, 비판, 교만, 공상
편 재	횡재, 융통, 풍류, 도박, 큰 무대, 잡기
정 재	인정, 정직, 수전노, 부지런함, 구두쇠
편 관	무력, 군인, 경찰, 검찰, 개혁, 과시
정 관	통솔, 지배, 처세, 정직, 단정, 모범, 정의
편 인	눈치, 재치, 처세, 머리비상, 용두사미
인 수	학식, 덕성, 자비, 생산, 학문, 종교, 모성애

제 1 1 장

사주정립법(四柱定立法)

사주팔자(四柱八字)란 네 기둥이란 뜻으로 년주(年柱), 월주(月柱), 일주(日柱), 시주(時柱)를 말하며 각 기둥에 천간과 지지가 두 글자씩을 만들어 모두 여덟 글자가 나오는데 이것을 사주팔자(四柱八字)라 한다.

사주정립법에서는 생년, 월, 일, 시의 간지를 정하는 법을 설명하는데 여기에서 설명하는 모든 부분을 암기해야 하는 것은 아니고 보통은 만세력(萬歲曆)이라는 책을 이용하여 작성 하면 된다. 어떤 원리로 사주팔자를 정하고 작성하는지를 알고 넘어가는 것이 중요하여 여기에서 설명을 하는 것이고 실전에서는 만세력을 준비하여 작성하기 바란다.

1. 년주(年柱) 정하는 법

년주(年柱)를 정하는 법은 예를 들어서 사주에 주인공이 서기 2000년에 태어났다고 하면 2000년은 경진년(庚辰年)이 되고 경진(庚辰)이 년주가 되는 것이다. 만약 2001년에 태어났다면 2001년은 신사년(辛巳年)이 되고 신사(辛巳)가 년주가 되는 것이다. 1년을 경계 짓는 기준은 입춘일(立春日)로 정하며 입춘을 기준으로 입춘 전에 출생하면 해당 년도에 출생하였어도 전년도의 년주를 사용한다. 2001년 신사(辛巳)년의 입춘일이 양력 2월 4일 03시 26분이므로 입춘일 이전인 2월 3일에 태어났다면 전년도 년주인 2000년 경진(庚辰)년을 사용하고 입춘일 이후에 태어났다면 2001년 신사(辛巳)년의 년주를 사용한다.

2. 월주(月柱) 정하는 법

출생한 달의 간지를 가리켜 월주 또는 월건(月建)이라고 하는데 월주는 계절을 의미하며 사주팔자 중에서 가장 힘 있고 중요한 오행이다. 1년의 기준을 입춘으로 정하듯이 월의 기준은 12절기를 기준으로 정한다. 월지는 매년 같은 월지를 사용하고 월간은 년간을 기준으로 정한다.

⑴ 월지 정하는 법은 음력으로 1월은 寅월, 2월은 卯월, 3월은 辰월, 4월은 巳월, 5월은 午월, 6월은 未월, 7월은 申월, 8월은 酉월, 9월은 戌월, 10월은 亥월, 11월은 子월, 12월은 丑월로 정한다.

⑵ 월간 정하는 법은 해당년도를 기준으로 년 천간 즉 년간(年干)에 따라서 정해지는데 년간이 甲, 己 年이면 음력 1월을 丙으로부터 시작하고 년간이 乙, 庚 年이면 음력 1월을 戊로부터 시작하고, 년간이 丙, 辛 年이면 음력 1월을 庚으로부터 시작하며, 년간이 丁, 壬 年이면 음력 1월을 壬으로부터 시작하고, 년간이 戊, 癸 年이면 음력 1월을 甲으로부터 시작한다. 이렇게 정한 이유는 10천간의 합과 오행의 상생작용을 응용하여 정하였다. 천간 합은 甲 己(합)土, 乙

庚(합)金, 丙 辛(합)水, 丁 壬(합)木, 戊 癸(합)火이다. 甲이나 己가 년간이면 합의 결과물인 土를 돕는 오행의 양간부터 시작한다는 논리이다. 오행상생은 火(生)土 하므로 음력 1월이 丙寅월부터 丁卯월, 戊辰월 순으로 정한다.

월의 구분은 12절기로 나누는데 절입일에 의하여 구분된다. 예를 들어 辰월생인데 절입일인 청명(淸明)보다 생일이 빠르면 전달인 卯월의 월주를 쓰고 辰월생이라도 巳월의 절입일인 입하(立夏)를 지났다면 巳월의 월주를 쓴다.

*** 절기 및 기간 ***

1월(寅) – 입춘 – (양력 2월 4일경 – 3월 5일경)
2월(卯) – 경칩 – (양력 3월 5일경 – 4월 5일경)
3월(辰) – 청명 – (양력 4월 5일경 – 5월 5일경)
4월(巳) – 입하 – (양력 5월 5일경 – 6월 6일경)
5월(午) – 망종 – (양력 6월 6일경 – 7월 7일경)
6월(未) – 소서 – (양력 7월 7일경 – 8월 7일경)
7월(申) – 입추 – (양력 8월 7일경 – 9월 8일경)
8월(酉) – 백로 – (양력 9월 8일경 –10월 8일경)
9월(戌) – 한로 – (양력 10월 8일경 –11월 7일경)
10월(亥) – 입동 – (양력 11월 7일경 –12월 7일경)
11월(子) – 대설 – (양력 12월 7일경 – 1월 5일경)
12월(丑) – 소한 – (양력 1월 5일경 – 2월 4일경)

월간지를 정하는 방법이 다소 어렵게 느껴질 수도 있는데 모든 것을 암기해야 하는 것은 아니고 어떤 원리나 방법에 의해서 그렇게 정해 졌는지를 아는 것이 중요하다. 보통은 만세력이라는 약 150년간의 달력이 수록된 책을 가지고 다니면서 사주팔자를 뽑는다. 요즘은 자동으로 생년, 월, 일, 시만 입력하면 바로 나오는 컴퓨터나 휴대폰으로 사용하는 만세력도 나왔으니 사주팔자를 정하는 법에 대해서 암기를 하려고 하거나 걱정할 필요는 없다. 하지만 처음부터 기계에 의존하기 보다는 책으로 된 만세력을 구입해서 직접 작성해 보는 노력이 초보학인들에게는 필요하다고 생각한다. 아래 도표를 통해서 종합적으로 월간지 작성법을 살펴보도록 하겠다.

*** 월간지 조견표 ***

월	절 기	甲己年	乙庚年	丙辛年	丁壬年	戊癸年
1월	입 춘	丙寅	戊寅	庚寅	壬寅	甲寅
2월	경 칩	丁卯	己卯	辛卯	癸卯	乙卯
3월	청 명	戊辰	庚辰	壬辰	甲辰	丙辰
4월	입 하	己巳	辛巳	癸巳	乙巳	丁巳
5월	망 종	庚午	壬午	甲午	丙午	戊午
6월	소 서	辛未	癸未	乙未	丁未	己未
7월	입 추	壬申	甲申	丙申	戊申	庚申
8월	백 로	癸酉	乙酉	丁酉	己酉	辛酉
9월	한 로	甲戌	丙戌	戊戌	庚戌	壬戌
10월	입 동	乙亥	丁亥	己亥	辛亥	癸亥
11월	대 설	丙子	戊子	庚子	壬子	甲子
12월	소 한	丁丑	己丑	辛丑	癸丑	乙丑

3. 일주(日柱) 정하는 법

일주는 사주 주인공이 태어난 날을 뜻한다. 일주는 태어난 날의 일진을 쓰는데 하루를 나누는 기준은 자시(子時)를 기준으로 한다. 자시는 야(夜) 자시와 조(朝) 자시로 나눈다. 야 자시는 그 날의 일진을 그대로 사용하고 조 자시는 다음날 일진을 사용한다. 다시 말하면 전날 야 자시와 당일 조 자시는 시(時)는 같지만 날짜가 달라지고 당일의 조 자시와 야 자시는 날짜는 같고 시(時)의 천간(天干)만 달라진다. 날짜의 구분기준을 자시로 정하는 데는 이견이 없으나 조 자시와 야 자시를 나누는 데는 의견차이가 많다. 필자는 조 자시와 야 자시를 나누어 사용하는 것을 택하고 있으니 참고하기 바란다.

예1) 서기 2000년 (음력) 3월 3일 밤 11시 40분

+년주는 庚辰을 쓰고 월주는 3월의 절기인 청명이 지났으므로 庚辰을 쓰며 일주는 3일이 乙未일이므로 그대로 사용하고 시주는 야 자시이므로 당일 날 시두(時頭)를 사용하여 戊子시가 된다.

(사주)	시	일	월	년
	戊	乙	庚	庚
	子	未	辰	辰

예2) 서기 2000년 (음력) 3월 3일 밤 12시 40분

년주는 庚辰을 쓰고 월주는 3월의 庚辰을 쓰며 일진은 乙未일이고 자시이지만 금일 조 자시, 야 자시가 나누어지므로 다음날 조 자시가 되어 일진이 丙申일로 바뀌고 조 자시인 戊子시가 되었다. 이렇게 당일 밤 12시 30분이 넘어가면 일진이 다음날로 바뀐다는 것이다.

(사주)	시	일	월	년
	戊	丙	庚	庚
	子	申	辰	辰

4. 시주(時柱) 정하는 법

시주는 태어난 시(時)의 간지를 말하고 시지는 월지(月支)처럼 정해져 있다는 데 다만 월지가 음력 1월을 寅월부터 시작하는 것과 달리 시지는 子시부터 시작한다. 그리고 월간은 년간을 기준으로 잡았는데 시간은 일간을 기준으로 잡는다. 일간의 천간 합 결과물을 극하는 오행 양간부터 시작하는 것이다. 일간이 甲, 己 日이면 子시를 甲으로부터 시작하고 일간이 乙, 庚 日이면 子시를 丙으로부터 시작하고 日간이 丙, 辛 日이면 子시를 戊로부터 시작하며 일간이 丁, 壬 日이면 子시를 庚으로부터 시작하고 일간이 戊, 癸 日이면 子시를 壬으로부터 시작한다. 이렇게 정한 이유는 10천간의 합과 오행의 상극작용을 응용하여 정하였다.

천간 합은 甲 己(합)土, 乙 庚(합)金, 丙 辛(합)水, 丁 壬(합)木, 戊 癸(합)火이다. 甲이나 己가 일간이면 합의 결과물인 土를 극하는 오행의 양간부터 시작한다는 논리이며 오행상극은 木(剋)土 하므로 子시가 甲子시부터 乙丑시, 丙寅시 순으로 정한다. 시간(時干)을 붙이는 방법을 시두법(時頭法)이라고 한다. 시계가 없었던 과거에 시간에 대한 정확성이나 개념이 얼마나 분명했는지는 잘 모르겠으나 필자는 최근 경도상의 문제로 대한민국의 시간을 모두 30분씩 늦춰 잡아야 한다는 주장에 동의하고, 조(朝)자시와 야(夜)자시를 나눠서 사용한다는 것이 옳다고 생각되어 이를 모두 채택하기로 하였다. 어떠한 새로운 학설이나 주장에 무조건 동조하는 것은 아니고 심사숙고하여 결정을 하였는바 학인들이 취하고 버리는 것은 자유다. 조 자시부터 야 자시까지 시간표를 만들어 올려 보았다.

* 시지(時支)표 *

朝子時 밤 12시 30분 – 새벽 1시 30분까지
丑時는 오전 1시 30분 – 오전 3시 30분까지
寅時는 오전 3시 30분 – 오전 5시 30분까지
卯時는 오전 5시 30분 – 오전 7시 30분까지
辰時는 오전 7시 30분 – 오전 9시 30분까지
巳時는 오전 9시 30분 – 오전 11시 30분까지
午時는 오전 11시 30분 – 오후 1시 30분까지
未時는 오후 1시 30분 – 오후 3시 30분까지
申時는 오후 3시 30분 – 오후 5시 30분까지
酉時는 오후 5시 30분 – 오후 7시 30분까지
戌時는 오후 7시 30분 – 오후 9시 30분까지
亥時는 오후 9시 30분 – 오후 11시 30분까지
夜子時 오후 11시 30분 – 오후 12시 30분까지

시지표에 맞게 시간지 조견표를 만들어서 사용을 해야 하기 때문에 시간지 조견표를 조 자시와 야 자시를 모두 넣어서 도표로 작성을 하여 아래에 기재를 하니 참고하기 바란다.

* 시간지 조견표(時干支早見表) *

時/日	甲己日	乙庚日	丙辛日	丁壬日	戊癸日
朝子時	甲子	丙子	戊子	庚子	壬子
丑時	乙丑	丁丑	己丑	辛丑	癸丑
寅時	丙寅	戊寅	庚寅	壬寅	甲寅
卯時	丁卯	己卯	辛卯	癸卯	乙卯
辰時	戊辰	庚辰	壬辰	甲辰	丙辰
巳時	己巳	辛巳	癸巳	乙巳	丁巳
午時	庚午	壬午	甲午	丙午	戊午
未時	辛未	癸未	乙未	丁未	己未
申時	壬申	甲申	丙申	戊申	庚申
酉時	癸酉	乙酉	丁酉	己酉	辛酉
戌時	甲戌	丙戌	戊戌	庚戌	壬戌
亥時	乙亥	丁亥	己亥	辛亥	癸亥
夜子時	丙子	戊子	庚子	壬子	甲子

제 1 2 장

사주학 기초자료

1. 24절기(24節氣)

옛날 역학이 탄생하던 시절에는 1년을 농사시기에 맞추어 24절기로 나누어 달력을 제작하여 사용하였다. 사주학은 각각 월을 절기로 구분하여 분류하는 관계로 절기학이라고도 부르며 농업환경을 통한 자연의 변화를 관찰하였다고 보인다. 보통 월(月)을 구분할 때는 12절(12節)을 사용하여 분류하고 12기(12氣)는 사용하지 않고 있다. 그래서 원래는 24절기가 있고 그중에 12절과 12기로 나누어진다는 것을 아래에 설명하겠으니 참고하기 바란다.

(1) 12절(十二節)

입춘(立春): 2월 4일 – 봄의 시작이다.

경칩(驚蟄): 3월 6일 – 개구리가 겨울잠에서 깨어난다.

청명(淸明): 4월 5일 – 봄 농사를 준비한다.

입하(立夏): 5월 5일 – 여름의 시작이다.

망종(芒種): 6월 6일 – 씨를 뿌린다.

소서(小暑): 7월 7일 – 여름 더위가 시작된다.

입추(立秋): 8월 7일 – 가을의 시작이다.

백로(白露): 9월 8일 – 하얀 이슬이 내린다.

한로(寒露): 10월 8일 – 찬 이슬이 내린다.

입동(立冬): 11월 7일 – 겨울의 시작이다.

대설(大雪): 12월 7일 – 큰 눈이 온다.

소한(小寒): 1월 5일 – 겨울 중에 가장 춥다.

(2) 12기(十二氣)

우수(雨水): 2월 19일 – 봄비가 내린다.

춘분(춘분): 3월 21일 – 낮이 길어진다.

곡우(穀雨): 4월 30일 – 농사비가 내린다.

소만(小滿): 5월 21일 – 본격적인 농사를 시작한다.

하지(夏至): 6월 21일 – 낮이 가장 긴 시기이다.

대서(大暑): 7월 23일 – 더위가 가장 심하다.

처서(處暑): 8월 23일 – 더위가 식고 일교차가 커진다.

추분(秋分): 9월 23일 – 밤이 길어지는 시기다.

상강(霜降): 10월 23일 – 서리가 내린다.

소설(小雪): 11월 22일 – 얼음이 얼기 시작한다.

동지(冬至): 12월 22일 – 밤이 가장 긴 시기이다.

대한(大寒): 1월 20일 – 겨울의 큰 추위다.

(3) 24절기(二十四節氣)의 해석

봄(春)절기

1. 입춘(立春): 입춘기간에는 동풍(東風)이 불어서 언 땅이 녹고 겨울잠을 자던 벌래가 움직이기 시작하며 물고기가 얼음 밑을 다닌다고 한다.
2. 우수(雨水): 봄을 알리는 단비가 내려 대지를 적시고 겨울에 얼었던 대지가 녹아서 물이 많아진다는 의미다.
3. 경칩(驚蟄): 날씨가 따듯해져서 초목에 싹이 돋고 겨울잠을 자던 동물이 깨어나 꿈틀대기 시작한다.
4. 춘분(春分): 이 기간에는 제비가 날아오고 그 해 처음으로 번개가 친다고 한다.
5. 청명(淸明): 날씨가 좋으면 '청명하다'는 말을 하듯이 맑고 깨끗한 날씨가 이어진다.
6. 곡우(穀雨): 봄비가 내려서 땅이 윤택해진다는 것이고 못자리를 마련하여 농사준비를 시작한다.

여름(夏)절기

7. 입하(立夏): 여름에 들어섰다는 의미, 여름을 엄격히 구분하자면 입하부터 입추 전날까지를 여름이라고 규정할 수 있다.
8. 소만(小滿): 만물이 생장하여 가득 찬다는 의미로 여름에 모내기가 시작되고 보리수확을 한다.
9. 망종(亡種): 씨앗을 뿌려야할 적당한 시기라는 뜻이고 모내기, 보리 베기가 완성되는 시기다.
10. 하지(夏至): 지구표면이 받는 열량이 가장 많아지고 열량이 쌓여서 하지 이후 더욱 더워진다.

11. 소서(小暑): 날씨는 더위와 함께 장마전선의 정체로 습도가 높아서 장마철이 시작된다.
12. 대서(大暑): 중복(中伏) 시기와 비슷하여 폭염의 더위가 심한 시기이면서 장마로 인해 많은 비를 내린다.

가을(秋)절기

13. 입추(立秋): 서늘한 바람이 불어오고 이슬이 진하게 내리며 귀뚜라미가 운다.
14. 처서(處暑): 논에 벼가 익어가며 천지가 쓸쓸해진다.
15. 백로(白露): 밤에 기온이 내려가 대기 중에 수증기가 엉겨서 이슬이 되어 풀잎에 맺힌다. 제비가 돌아가고 기러기가 날아온다.
16. 추분(秋分): 추수가 시작되고 오곡이 풍성한 때이다. 대지에 물이 마르기 시작하고 벌래가 겨울잠을 준비한다.
17. 한로(寒露): 서리가 내리고 단풍이 짙어지며 오곡백과를 수확하고 국화꽃이 핀다.
18. 상강(霜降): 밤에 기온이 매우 낮아져 서리가 내리고 초목이 누렇게 변하고 겨울잠을 자는 벌레가 땅속으로 숨는다.

겨울(冬)절기

19. 입동(立冬): 물과 땅이 처음으로 언다고 한다.
20. 소설(小雪): 첫 겨울의 징후로 눈이 내린다는 의미다.
21. 대설(大雪): 눈이 많이 내리는 시기라는 의미이다. 실제 추위는 동지(冬至)가 지나고부터다.
22. 동지(冬至): 붉은 팥으로 죽을 쑤어 그 속에 새알심이라는 단자(團子)를

만들어 넣어 먹고 역귀(疫鬼)를 쫓는다는 의미로 팥죽을 벽이나 문에 뿌렸다.

23. 소한(小寒): 대한보다는 덜 춥다는 의미지만 중국 북경 기준으로 절기가 만들어져서 한국은 소한 때가 더 춥다.
24. 대한(大寒): 겨울추위의 매듭을 짓는다는 의미의 대한이지만 실제는 소한 때가 더 춥다.

사주학을 자연의 학문이라고 말은 하지만 실제로는 문자에 빠져서 자연을 못 보는 상황이 많이 벌어지고 있다. 사주공부는 글자를 외우는 공부가 아니고 글자가 담고 있는 깊은 뜻을 알아야 할 수 있는 공부이다. 자연의 현상이나 기운을 구간별로 나누어 글자나 문자로 표시한 것이 음양오행과 천간지지이며 그 기운의 생로병사를 설명해 놓은 것이 12운성이다. 24절기는 자연학인 사주학을 공부하는데 많은 도움이 될 것 같아서 수록을 하였으니 충분한 이해와 연구가 필요하다고 하겠다. 절기는 양력날짜를 기준하여 적용한다.

2. 서머타임 실행기간

서머타임은 시대적·정치적 형편에 따라서 인위적으로 변경시키는 것으로 이 기간에 해당하는 사주는 마땅히 조정해서 보아야 할 것이다. 여름에 날이 일찍 밝는다는 점에 한 시간을 앞당겨서 하루를 시작하였던 방법이다.

1948년 음력 4월 23일 子시부터 음력 8월 10일 亥시까지
1949년 음력 3월 3일 子시부터 음력 8월 2일 亥시까지
1950년 음력 2월 14일 子시부터 음력 8월 12일 亥시까지

1951년 음력 4월 1일 子시부터 음력 8월 8일 亥시까지

1955년 음력 3월 14일 子시부터 음력 8월 6일 亥시까지

1956년 음력 4월 11일 子시부터 음력 8월 25일 亥시까지

1957년 음력 4월 6일 子시부터 음력 8월 28일 亥시까지

1958년 음력 3월 16일 子시부터 음력 8월 8일 亥시까지

1959년 음력 3월 27일 子시부터 음력 8월 17일 亥시까지

1960년 음력 4월 16일 子시부터 음력 7월 27일 亥시까지

1987년 음력 4월 13일 寅시부터 음력 8월 18일 卯시까지

1988년 음력 3월 23일 丑시부터 음력 8월 27일 丑시까지

3. 계절의 변화

겨울			봄			여름			가을		
11월	12월	1월	2월	3월	4월	5월	6월	7월	8월	9월	10월
子	丑	寅	卯	辰	巳	午	未	申	酉	戌	亥

子	丑	寅	卯	辰	巳	午	未	申	酉	戌	亥
대설	소한	입춘	경칩	청명	입하	망종	소서	입추	백로	한로	입동

―――――――――――――――〉 ―――――――――――――――〉

양기의 성장 **음기의 성장**

양의 기운은 음력 11월인 子월에 5음 1양으로 출발하여 12월 丑월에 4음 2양으로 성장하고, 1월 寅월에 이르러서 3음 3양으로 양의 기운이 음의 기운을 대적할만하여 봄이 온다는 뜻이다. 양기의 최고인 4월 입하를 지나서 5월 망종이 되면 5양 1음으로 음기가 생겨나기 시작하고, 6월인 未월이 되면 4양 2음이 되고, 7월인 申월에 이르러 3양 3음으로 음의 기운이 양의 기운을 대적할만하여 입추인 가을이 오는 것이다. 또한 丑월에 金기운을 모두 거두어들임으로 인하여 봄이 열리고, 辰월에 水기운을 거두어들임으로 인하여 여름이 열리고, 未월에 木기운을 거두어들임으로 가을이 열리고, 戌월에 火기운을 거두어들임으로 겨울이 열리는 것이다. 이렇듯 자연현상을 이해하는 것이 사주학을 공부하는 것과 다르지 않다.

4. 일간(日干)의 특징

10천간은 앞에서 설명을 하였고 여기서는 각 천간이 사주팔자 중에서 일간으로서 갖는 특징을 설명해 보겠다. 천간의 운동성과 기운을 바탕으로 물상이나 성정으로의 확장을 연습해 본다는 생각으로 공부하고 스스로 확장을 연습해 보는 시간을 가져보도록 하면 공부가 많이 될 것이다. 먼저 일간이 속한 오행의 특징과 계절의 의미 그리고 시간적인 운동성을 종합하여 의식을 확장 한다면 그 의미를 이해할 수 있을 것이다. 간지론 공부를 격용론을 공부할 때처럼 무조건 외우는 것은 아무런 도움이 되지 못한다. 항상 근본적인 이유를 살펴서 보다 깊게 파고들어 정확히 이해를 해 나가는 것이 가장 좋은 학습법이라고 하겠다. 아래에 나열한 내용을 읽고 암기하는 방식의 공부보다는 본인이 하나라도 생각하고 연구해서 물상확장을 직접 해 보는 것이 가장 훌륭한 학습방법이 될 것이다.

甲 일주 – 자기주장 강함, 비타협, 창조적, 발명, 고집, 통솔력
乙 일주 – 언변이 좋다, 달변가, 굴신, 타협, 유순, 온순, 재치
丙 일주 – 다혈질, 낙천적, 정열적, 정치, 예의바름, 스트레스
丁 일주 – 평상시 조용, 유사시 폭발, 폭죽, 수사, 노력, 탐색
戊 일주 – 행동력, 추진력, 포용력, 보수적, 저장, 보스기질
己 일주 – 우유부단, 거절을 못함, 규칙적, 비밀, 융통성, 그림자
庚 일주 – 시비, 분별, 건조함, 결실, 욕심, 구별, 냉정, 강직
辛 일주 – 자른다, 결단력, 분별, 결벽증, 냉철, 고집
壬 일주 – 부자경향, 음흉, 욕심, 분석, 이기적, 수집
癸 일주 – 얼음, 판결, 결벽, 냉정, 잘난 척, 선민의식

간지론을 공부하는 학인들은 10천간과 12지지의 각 글자가 가지고 있는 의미와 특징 그리고 운동성을 자세히 관찰하고 정확하게 이해를 해야 한다. 그냥 아는 정도로는 안 되고 여러 가지 상황에 따른 해석방법을 공부해 나가야 할 것이다. 앞으로도 수차례 천간지지를 해석하는 방법을 공부하게 될 것인바 그 중요성을 잊지 말기 바란다.

5. 12지지 동물분석

(1) 쥐(子)

쥐는 일반적으로 영리하고 동작이 민첩하며 머리가 좋은 이미지로 인식 되어 왔다. 때로는 하찮은 존재로 비유되기도 하였고 고양이와 비교하여 약자로 대변 되는 경우도 있었다. 긍정적 의미로는 다산(多産)과 풍요의 상징으로 왕성한 번식력을 의미한다. 지혜와 현명함의 상징으로 약삭빠르고 머리가 뛰어남을 의미한다. 부(富)의 상징으로 재물이 불어난다는 의미를 가진다. 수호신을 상징하여 무덤이나 마을의 수호신을 의미한다. 귀엽고 현명함을 상징하여 여러 동화나 만화에 등장한다. 부정적 의미로는 야행성으로 도둑이나 탐욕을 상징한다.

(2) 소(丑)

소는 농사일을 돕는 일하는 짐승으로 부와 재산 그리고 힘을 상징하고 농사의 신으로 인식 되고 있다. 소의 성격은 순박하고 근면하며 우직하고 충직하다고 하겠다. 풍년을 기원하는 의례에서 소를 재물로 바쳤으며 귀신을 쫓는 상징적 의미로 사용되기도 하였다. 여유와 한가로움 그리고 평화로움으로 인식 되지만 반면에 고집이 세고 어리석고 아둔함으로 표현되기도 한다.

(3) 범(寅)

호랑이의 용맹성은 군대와 권세 그리고 관직을 상징한다. 병이나 사귀를 물리치는 힘이 있고 무속에서는 산신을 상징하기도 한다. 단군신화에서는 조급하여 실패하는 패배자로 그려져 있다. 범은 영웅들의 보호자고 양육자이며 국조의 조력자로 표현 된다.

(4) 토끼(卯)

계수나무 아래서 방아를 찧는 토끼는 부부애를 은유적으로 표현한 것으로 다산을 의미한다. 달과 토끼 그리고 여성의 생리현상과 동일하여 토끼는 여성의 속성에 속하는 동물이다. 일반적으로 속임수의 명수로 나오며 의롭고 꾀가 많은 동물로 나오지만 소심하고 경망하며 겁쟁이로도 불린다. 도교에서는 옥토끼가 달에서 불사약을 제조 한다고 하여서 토끼는 장생불사의 표상이다.

(5) 용(辰)

비나 바람을 몰고 다니며 강이나 바다에서 산다고 하여 용은 물의 신으로 널리 알려져 왔다. 모든 시조의 어버이로서 많이 등장하는 동물이기도 하다. 호법신이나 호국 신으로 등장하는 예가 많다. 농업인 들은 용에게 기우제를 지내고 어촌에서는 용왕굿이나 용왕제를 지내며 풍어와 마을의 안녕을 기원 했다. 용은 임금을 상징하여 임금의 얼굴은 용안, 옷은 곤룡포, 임금의 즉위식은 용비(龍飛)로 불린다.

(6) 뱀(巳)

냉혈 인간으로 주로 차갑고 징그럽고 생각만 해도 소름끼치는 사악한 사람을 떠올리게 된다. 유혹, 여자, 무섭다, 두렵다, 위험, 날카롭다, 매섭다, 죽은 자의 영혼, 끈질긴 생명력, 악업, 다산성, 재생이나 혁신의 본보기를 상징한다.

(7) 말(午)

말은 박력과 생동감, 뛰어난 순발력, 탄력있는 근육, 탄탄한 체형, 강인한 인상 등이며 모든 액막이와 행운을 부르는 상징으로 사용을 해 왔다고 한다. 이승과 저승을 잇는 영매자로서 죽은 자의 영혼이 타고 저세상으로 가는 동물로 상징된다. 고대에는 교통이나 통신 등으로도 많이 이용되었으며 신성한 동물이나 상서로운 동물이다.

(8) 양(未)

양의 이미지는 순하고 어질고 착하며 참을성이 있는 동물로 인식되고 있으며 평화가 연상된다. 양은 언제나 약하여 희생의 상징이 되고 가장 큰 상징적 의미는 속죄양(贖罪羊)이다. 양띠는 너무 정직하고 정의로워서 부정을 못보고 너무 착해서 부자가 되지 못하는 경향이 있다. 양은 털, 고기, 뼈 등 어느 것 하나 버릴 게 없는 일상생활에 유익한 동물이다.

(9) 원숭이(申)

원숭이는 인간과 가장 많이 닮은 영장 동물로 만능 재주꾼이면서 귀신과도 가까워서 신출귀몰이나 귀신을 쫓는 상징적 의미로 많이 사용 되어 왔다. 원숭이는 동물 가운데 가장 영리하고 재주가 많은 동물로 꼽힌다. 예로부터 부귀와 다산 그리고 장수의 상징이었다. 너무 사람을 많이 닮아서 간사스럽고 재수 없는 동물로 잔꾀나 잔재주를 의미하기도 한다.

(10) 닭(酉)

새벽을 알리는 우렁찬 닭의 울음소리는 한 시대의 시작을 알리는 서곡을 상징한다. 닭 울음소리와 함께 새벽이 오면, 어둠이 끝나고 밤을 지배하던 마귀나 유령도 물러간다고 생각하여 옛날 사람들은 귀신들이 닭을 무서워한다고 생각했다. 닭 그림은 닭과 열댓 마리의 병아리를 그려 오복의 하나인 자손의 번창을 염원하는 뜻을 상징하고 있다. 닭을 길조 서조로 생각했기 때문에 결혼식 초례상에 닭을 두고 마주 서서 백년가약을 맺었다. 부부 인연의 서약은 닭으로 맹서 했던 것이다. 우리 조상들은 닭을 영물로 여기고 새벽을 알리는 우렁찬 닭의 울음소리를 한 시대의 시작을 상징하는 서곡(序曲)으로 받아들였다.

(11) 개(戌)

개는 인간에게 헌신하는 충복(忠僕)의 상징이다. 대부분의 속담에서 개는 어리석음, 비천한, 비도덕적, 더러운, 쓸 데 없는, 하찮은, 우둔한, 무식한, 보기 흉한, 굶주린, 게으름, 비천함의 상징으로 표현 된다. 긍정적 의미로는 집을 지키는, 사냥, 수호신, 잡귀와 요귀를 쫓는, 전염병을 방지하고 재난을 경고하고 예방하는 존재로 믿어 왔다.

(12) 돼지(亥)

한국인들은 예로부터 돼지를 부(富)와 복(福)의 상징으로 생각하고 돼지꿈을 재운과 행운의 상징으로 생각했다. 옛날에는 돼지를 신통력을 지닌 동물로 생각하고 예언자, 길잡이 구실을 하여 하늘과 땅에 제사를 지낼 때 희생물로 돼지머리를 이용하였고 돼지를 매우 신성한 존재로 취급하였다. 동물 꿈 가운데 돼지꿈은 용과 더불어 최상의 길조로 알고 있다. 속담에는 탐욕스러움, 게으른, 미련한, 듣기 싫은 목소리, 욕심쟁이, 지저분한 등으로 먹을 것이나 탐하는 동물로 취급한다. 돼지는 상서로움과 탐욕스러움의 서로 상반되는 속성을 갖는 12지지의 마지막 동물이다.

6. 오행기능 표

동양철학의 중심사상이 음양오행이라고 많이들 알고 있는데 음양오행을 통해서 우리가 알 수 있는 것은 무궁무진하다고 하겠다. 우선 오행표를 만들어서 분류해 볼 수 있는 것들을 살펴보도록 하겠다. 계절과 방위, 색상, 장기, 성품, 맛 등 모든 것을 다섯 가지로 분류하여 표시할 수가 있는 것이다. 또한 이것을 적절하게 조합을 한다면 놀라운 것들을 사용할 수가 있게 된다. 표를 보는 방법은 木을 봄이라 하고, 방위는 동쪽이고, 색은 청색이고, 장기로는 간이고, 성품은 자상하며, 오궁으로는 눈에 해당하며, 맛은 신맛이라고 연결 지어서 보면 된다.

오행기능 표를 활용해 보면, 예를 들어 木은 오장으로 간에 해당하고 간이 좋지 않으면 오궁으로 눈에 해당하므로 안과질환에 잘 걸리고, 또 오지로는 성냄에 해당하므로 간이 좋지 못하면 화를 잘 내고, 오미로는 신맛에 해당하므로 신맛 나는 음식을 섭취하면 증상이 좋아진다. 이렇게 여러 개로 분류된 내용을 조합해서 활용한다면 많은 정보를 얻게 될 것이다.

오 행	木	火	土	金	水
계 절	봄	여름	사계	가을	겨울
천 간	甲乙	丙丁	戊己	庚辛	壬癸
지 지	寅卯	巳午	辰戌丑未	申酉	亥子
방 위	동	남	중앙	서	북
오 색	청	적	황	백	흑
위 치	교외	번화가	중심가	공장가	물가
오 기	풍	열	습	조	한
오 장	간장	심장	비장	폐장	신장
성 품	자상	명랑	과묵	예리	엉큼
오 궁	눈	혀	입	코	귀
오 상	인(仁)	예(禮)	신(信)	의(義)	지(智)
행 동	생산	활동	중계	통치	저장
오 미	신맛	쓴맛	단맛	매운맛	짠맛
오 체	근육	혈관	고기	기침	뼈골
오 직	문관	예술	농토	무관	어업
오 지	성냄	기쁨	생각	슬픔	공포
오 음	아	설	후	치	순
신 앙	유교	예수교	토속신	불교	도교
오 성	인애	강맹	관용	살벌	유화

제 1 3 장
서해강론

지금까지 제1부 사주기초를 공부하였는데 책에 있는 내용이라고 무조건 모두 암기하고 알아야 하는 것은 아니다. 필자가 책을 쓸 때 처음부터 중요하지 않은 부분은 모두 삭제를 하려고 생각을 했지만 그렇게 되면 전체적인 사주학을 설명한 책이 아니고 필요한 부분만 정리한 편협한 책이 될 것 같아서 종합적인 내용을 수록하게 된 것이다. 혼자서 사주공부를 독학하는 학인들은 어느 부분을 중요하게 공부해야 하고 어느 부분은 중요성이 떨어지니까 알고만 넘어가야 하는지를 잘 알지 못한다. 그래서 불필요한 부분에 시간을 낭비하는 것을 많이 목격하였다. 필자는 그것이 안타까워서 서해강론을 통해서 사주학을 가장 효과적으로 공부하는 방법을 제시하고자 이 코너를 마련하였다. 후학들에게 조금이라도 도움이 되었으면 하는 마음에서 정리를 하겠으니 참고하기 바란다.

음양과 오행 그리고 천간지지를 문자로 암기해서는 안 되고 음(陰)과 양(陽)이라는 글자가 무엇을 의미하고 어떤 기운과 운동성을 포함하고 있는지 깊은 뜻을 알아 차려야 한다. 음양은 어느 일정한 시간동안 일어나는 운동을 구간별로 나누어 설명하고 있는 것이라는 사실을 알아야 한다. 오행과 천간지지 또한 이와 다르지 않다. 음양은 우리가 매일 맞이하고 있는 가장 기본적인 시간인 밤과 낮으로 이해할 수 있는데 그것을 하루라고 한다. 하루는 사계절을 지나가는데 그것을 오행이라고 부르며 그것을 좀 더 세분화 하면 천간과 지지로 분류를 할 수가 있는 것이다. 이처럼 음양과 오행 그리고 천간지지는 시간의 흐름이며 따로 존재하는 것이 아니고 모두 함께 공존하는 시간인 것이다. 기초에서 정확하게 그 의미와 기운을 알아차려야 하는 이유는 다음에 그것을 기준으로 물상으로 확장을 해 나가야 하기 때문이다. '간지론'을 공부하기 위해서는 가장 기본이 되는 것이 물상확장이다. 세상에 모든 것을 음양으로 구분 할 수 있어야 하고 오행으로도 구분 할 수가 있어야 하며 천간과 지지로도 세상에 모든 물상과 기운을 구분 지을 수 있어야 한다. 그러기 위해서 처음부터 음양과 오행 그리고 천간과 지지를 아주 깊게 뜻과 의미를 알아차려야 한다는 것이다.

격국용신론을 공부하는 학인들은 기초부분을 중요하게 생각하지 않고 대충 넘어가는 경향이 있는데 필자도 경험을 해 보았기 때문에 잘 알고 있다. 하지만 간지론을 공부하는 학인들은 기초부분에 남달리 신경을 써야한다. 그 이유는 고서에서도 언급하고 있듯이 사주학을 공부하려는 학인들은 먼저 10천간과 12지지가 품고 있는 의미와 그 뜻을 정확하게 알아 차려야만 사주공부가 가능해지기 때문이다. 22간지 한 글자 한 글자가 어떤 의미를 담고 있는지를 알지 못한다면 결코 사주학을 공부할 수가 없다. 암호를 해독 하듯이 22간지에 대한 집중적인 연구와 공부가 꼭 필요하다는 것을 강조한다.

앞으로 진도가 나갈수록 오행과 천간지지 그리고 육친에 대해 물상이나 기운으로 확장을 해야 하기 때문에 기초부터 매우 신경을 써야한다. 격국용신론에서는 주로 오행으로 해석을 많이 하지만 간지론에서는 22간지와 육친으로 해석을 하기 때문에 더 세밀한 사주분석이 가능하다. 그런 장점을 살리기 위해서는 기초부터 오행이나 22간지 그리고 육친을 어떻게 기운이나 물상으로 확장을 하는 것인가를 배워야 한다. 제1장에서 필자가 임의적으로 분류하여 놓았고 앞으로 몇 차례 더 확장을 해 줄 것이다. 하지만 그것을 학인들이 외우라고 적어 놓은 것은 아니고 외울 수도 없다. 어떤 근거를 기준으로 확장을 해 나가는지를 알아야만 스스로 확장을 연습하고 그것을 자기 것으로 만들 수가 있을 것이다. 타인이 확장해 놓은 물상론을 아무리 많이 보고 외운다고 해도 절대로 본인 것이 될 수가 없다. 하나라도 직접 본인이 확장을 해야 자기 것이 된다고 필자는 생각한다.

우선 오행을 기운이나 물상으로 확장을 해 본다면 木이라고 하면 보통 나무, 목재, 가구, 문방구, 종이, 조경, 꽃집 등으로 분류를 한다. 그 이유는 木이라는 나무에 시선이 고정되어 문자에 빠져 있기 때문일 것이다. 오행이라는 것을 계절적인 운동으로 본다면 木은 나무가 아니고 봄이 되고 봄에 일어나는 모든 상황이나 운동이 木이 되는 것이다. 봄을 기준으로 물상이나 기운으로 확장을 해 본다면 봄에 솟아나는 새싹과 사계절의 시작을 알리는 것 그리고 1년의 계획을 세우는 시기로 생각할 수가 있다. 그래서 나오는 확장이 기획, 시작, 대화, 타협, 창조, 등이 되는 것이다. 확장이라는 것은 무엇을 기준으로 잡느냐에 따라서 크게 달라질 수 있다. 또 오행을 사람의 인생을 대입해서 기준을 잡는다면 木은 청소년기에 해당이 되고 청소년기에 일어나는 모든 현상들이 木이 되는 것이다. 그래서 나오는 확장이 청소년은 배우는 시기에 해당이 되므로 학교, 학원, 교사, 교육, 청춘 등이 되는 것이다. 또 봄은 솟아오르는 운동성을 뜻하는 것으로써 건축, 빌딩, 설계 등으로도 확장이 가능하다. 오행은 계절과 인생 이외에도 하루의 시간, 방위, 색깔 등을 이용하여 물상이나 성향으로 확장을 할 수가 있는 것이다. 10천간이나 12지지도 마찬가지로 오행을 좀 더 세분화 해놓은 시간에 불과하기 때문에 역시 똑같은 방식으로 확장이 가능하다. 그리고 육친도 마찬가지로 앞에서 육친 변용법을 설명했듯이 물상이나 성향으로 확장을 하는 연습을 해야만 진정한 간지론을 알게 될 것이다. 간지론을 배운 학인이 사주감명을 하면 격용론을 공부한 학인은 전혀 알아들을 수가 없다. 어떻게 그런 해석이 나오는지를 알 길이 없기 때문이다. 그 이유는 격용론에서는 물상이나 성향으로의 확장이라는 것이 없기 때문일 것이다. 보이는 것 그대로만 해석할 뿐 그 이상으로 의식을 확장하지 못하기 때문이다. 학인들은 이 부분을 잘 간파하고 부지런히 확장연습을 한다면 분명히 훌륭한 사주고수가 될 것이라고 확신한다.

오행과 육친에서 사용되는 상생과 상극논리는 학인들이 가장 많이 빠져드는 함정이라고 보는데 본인이 무엇을 잘못 이해하여 사용하고 있는지 조차도 모르는 학인들이 많다. 실제 사주감명에서는 상생과 상극논리는 사용되지 않으며 합, 충, 형 논리만 적용이 된다. 예를 들어 보면 오행상극 측면에서 본다면 甲(木)은 己(土)를 목-극-토 극해야 하는데 오히려 합을 한다. 甲이 육친으로 비견이라면 己는 정재가 되는데 그렇다면 비견이 정재를 극해야 되는데 합을 하는 것이다. 사주팔자를 풀이할 때 사용하는 글자는 오행이나 육친이 아니고 천간지지가 우선이기 때문에 합, 충, 형 논리에 따라야 한다는 것이다. 이런 점에서 상생과 상극논리는 알고만 지나가고 합, 충, 형 논리에 충실해야 할 것이다.

지장간과 월령용사 둘 중에서 '간지론'을 사용하는 우리는 지장간을 중요하게 사용하고 있고 월령용사는 별로 사용하지 않으므로 지장간만 암기하기 바란다. 지장간을 설명할 때 체와 용이라는 구분을 보았을 텐데, 지지를 구분할 때 양간으로 구분했던 子와 午가 있었고 음간으로 구분했던 亥와 巳가 있었다. 지지는 체이고 지장간은 용이라고 하여 체를 실제로 사용할 때는 용으로 사용한다는 것을 알아야 한다. 그래서 子(癸), 午(己, 丁)는 지지는 체가 양이지만 지장간 용이 음으로 되어 있어서 실제로는 음지지로 사용을 한다. 또한 亥(甲, 壬)와 巳(戊, 庚, 丙)도 마찬가지로 지지에서는 체가 음으로 분류가 되었으나 지장간인 용이 양으로 되어 있어서 양지로 사용이 된다.

12운성과 12신살 중에서는 12운성을 매우 많이 사용하고 있으며 12신살은 별로 사용하지 않으므로 12운성만 암기하기 바란다. 그리고 공망은 많은 부분에서 활용을 하는데 꼭 암기할 필요는 없고 만세력을 보고 찾아서 사용을 하면 된다. 대운과 세운은 사주감명에 있어서 매우 중요한 부분을 차지하는데 대운의 숫자를 정하는 법은 어떤 식으로 정하는지만 알고 만세력을 참고하면 된다. 사주 정립법을 보고 사주팔자를 작성할 일이 막막하다는 학인들이 많을 것인데 전혀 걱정할 일이 아니다. 만세력이라는 달력을 보고 작성을 하면 아주 쉽게 할 수가 있으니 어떤 근거로 그렇게 되는지 알고 넘어가면 될 일이다.

육친은 자연의 운동성을 기초로 사람의 인간관계를 설정해 주는 아주 중요한 부분이 되기 때문에 사주에 꽃이라고 부른다. 육친이 있음으로 인해서 사람의 운명을 예측할 수 있게 되었다고 볼 수 있다. 육친에 대한 정확한 이해가 되어 있지 않으면 다음 장으로 진도를 나갈 수가 없다. 앞으로 사주공부를 해나갈 때 주로 사용 되는 사주용어가 대부분 육친이기 때문이다. 육친에 대한 개념을 확실하게 인지하는 것이 아주 중요하다.

오행기능 표는 오행의 확장을 통해서 우리가 살아가는 생활 속에서 얼마나 많은 이론들이 오행의 분류를 통해서 사용 되는가를 보여주는 중요한 표라고 하겠다. 그것을 암기하려고 하지 말고 충분히 이해를 한다면 별로 어렵지 않게 습득하리라고 본다. 사주공부는 암기하는 학문이 아니고 이해를 해야 하는 학문이라는 점을 잊지 말기 바란다.

제 2 부

사주분석 방법

제 1 장

사주에 부족한 부분 보기

사주팔자를 분석하는 방법은 크게 신살론과 격국용신론 그리고 간지론으로 나뉘는데 현재는 신살론을 사용하는 학파는 거의 없고 일반적으로 격국용신론을 이용하여 감명을 하고 있다. 그러나 시대의 변화에 따라서 격국용신론이 한계상황에 부딪쳐서 많은 오류가 발생하여 최근에는 간지론이라는 감명법이 주목을 받고 있다. 여기서는 감명법의 종류와 관계없이 사주를 분석하는 방법들을 여러 가지 형태로 제시를 해 보는데 먼저 사주팔자에 없는 오행이나 육친을 어떻게 해석하는가를 살펴보겠다. 사주팔자를 감명하는 데 있어서 가장 먼저 접근할 수 있는 방법으로는 오행이나 육친이 없는 것에 주목할 필요가 있다.

1. 오행 중에 없는 글자의 해석

(1) 木이 없는 경우

사주팔자에 木이 없다는 것은 계절적으로 봄의 기운이 없다는 것으로 새롭게 시작하는 기운이나 솟아오르는 운동이 없다는 것을 말하고, 하루의 개념으로는 아침의 기운이 없다는 뜻이다. 이점을 기준으로 물상이나 기운으로 확장하여 해석하면 시작, 계획, 교육, 창작, 대화, 타협, 설명 등의 능력이 떨어진다고 볼 수 있다.

(2) 火가 없는 경우

사주팔자에 火가 없다는 것은 계절적으로 여름의 기운이 없다는 것으로 발산하거나 확장하는 기운이 없다는 것을 말하고 하루의 개념으로는 낮의 기운이 없다는 뜻이다. 이점을 기준으로 물상이나 기운으로 확장하여 해석하면 활동성, 추진력, 적극성, 홍보, 광고, 예절, 긍정적인 성향이 떨어진다고 볼 수 있다.

(3) 土가 없는 경우

사주팔자에 土가 없다는 것은 계절적으로 양과 음을 연결 시켜주는 기운이 없다는 것으로 확장하는 기운을 억제하고 결실을 유도하는 중계작용을 하는 기운이 없다는 뜻이다. 이점을 기준으로 물상이나 기운으로 확장하여 해석하면 매매, 중계, 알선, 억제, 수렴, 연결, 정착 능력이 떨어진다고 볼 수 있다.

(4) 金이 없는 경우

사주팔자에 金이 없다는 것은 계절적으로 가을의 기운이 없다는 것으로 결실을 맺거나 떨어뜨리는 기운이 없다는 것을 말하고 하루의 개념으로는 저녁이 없다는 뜻이다. 이점을 기준으로 물상이나 기운으로 확장하여 해석하면 결실, 정리, 결단력, 마무리, 수확, 결과물, 성취능력이 떨어진다고 볼 수 있다.

(5) 水가 없는 경우

사주팔자에 水가 없다는 것은 계절적으로 겨울의 기운이 없다는 것으로 저장하고 수렴하는 기운이 없다는 것을 말하고 하루의 개념으로는 밤이 없다는 뜻이다. 이점을 기준으로 물상이나 기운으로 확장하여 해석하면 지혜, 학문, 휴식, 저축, 인내, 끈기, 융통성 등이 떨어진다고 볼 수 있다.

가. 남자의 경우

남자는 양(陽)의 속성이 강하여 사주에 어느 오행이 없으면 그것을 메우려는 운동성이 활발하게 일어나서 없는 것에 대해서 더욱 갈망하게 된다. 오행 중에 金, 水는 음(陰)에 속하고 여자를 의미하는데 남자사주에 음 기운이 없으면 여자와의 인연이 약하거나 없지만, 없는 것에 대한 집착이 강하여 보통사람보다 훨씬 많은 여자문제를 발생 시킬 수 있는 것으로 본다.

나. 여자의 경우

여자는 음(陰)의 속성이 강하여 사주에 어느 오행이 없으면 없는 대로 지내므로 부족의 해를 입는다고 보고 오행 중에 木. 火는 양(陽)에 속하고 남자를 의미하는데 여자사주에 양 기운이 없으면 남자와의 인연이 약하거나 없게 되는데 그래도 그냥 부족한 대로 살아가는 경우가 많다.

2. 육친 중에 없는 글자의 해석

사주팔자에 없는 육친은 해당육친과의 인연이 없거나 약하다는 의미로 없는 육친 때문에 겪는 고통이나 문제점을 관찰하고 사주감명에 대입하여 보는 것이 중요하다. 육친은 인간관계뿐만 아니라 성격이나 적성까지도 확장해서 분석을 할 수 있기 때문에 어떤 육친이 없는가를 살피는 일은 가족관계 인연과 직업 그리고 적성과 성격을 파악하는데 중요한 포인트가 될 것이다. 이런 부분까지 잘 계산해서 사주풀이에 적용을 한다면 아주 훌륭한 감명법이 될 것이라고 확신한다.

(1) 비견이 없는 경우

비견은 인간관계에서는 친구와 동업자를 뜻하므로 비견이 없다는 것은 주변에 친구가 없다는 뜻으로 대인관계가 원만하지 못하고 이기적이며 경쟁심이 없고 의존성이 강하다.

(2) 겁재가 없는 경우

겁재는 인간관계에서는 경쟁자와 이복형제를 뜻하므로 겁재가 없다는 것은 주변에 경쟁할 상대가 없다는 뜻으로 투쟁성이 약하고 활동성이 떨어진다. 겁재는 정재를 극해서 좋지 않은 육친으로 해석을 하는 경우가 많은데 그것은 잘못된 판단으로 정치성과 투쟁성을 가진 육친으로 큰일을 도모하는 데 꼭 필요한 육친이라고 보는 것이 타당하다고 하겠다.

(3) 식신이 없는 경우

식신은 인간관계에서는 남자에게는 아랫사람이나 처갓집이고 여자에게는 아들을 뜻하므로, 식신이 없다는 것은 남자는 아랫사람이나 처갓집 덕이 없거나 부족하고 여자는 아들과의 인연이 없거나 부족하다고 하겠다. 또한 식신은 재능의 별이고 제조, 생산, 양육으로도 보기 때문에 특별한 재주나 재능이 없고 제조, 생산업은 인연이 없다고 해석할 수도 있다.

(4) 상관이 없는 경우

상관은 인간관계에서 남자에게는 부하직원이고 여자에게는 딸을 뜻하므로 상관이 없다는 것은 남자는 부하직원의 덕이 없고 여자는 딸과의 인연이 부족하거나 덕이 없다고 하겠다. 남녀 모두 재능이 부족하고 건강이 좋지 못하고 제조, 생산업에 부적합하다고 해석할 수 있다.

(5) 편재가 없는 경우

편재는 인간관계에서 남자에게는 아버지나 첩이고 여자에게는 아버지를 뜻하므로 편재가 없다는 것은 해당육친과의 인연이 없거나 약하다고 하겠다. 편재는 풍류와 잡기 그리고 상업과 관련이 있으므로 남녀 모두 상업과 인연이 약하거나 잡기에 능하지 못한 경우가 되겠다.

(6) 정재가 없는 경우

정재는 인간관계에서 남자에게는 부인이고 여자에게는 시가집을 뜻하므로 정재가 없다는 것은 남녀 모두 해당육친과 인연이 없거나 약하다고 하겠다. 정재는 고정적인 수입과 재물을 의미하므로 금전 운이나 고정적인 수입과 인연이 없거나 약하다고 하겠다.

(7) 편관이 없는 경우

편관은 인간관계에서 남자에게는 직장과 아들이고 여자에게는 애인과 직장을 뜻하므로 편관이 없다는 것은 남자는 아들과 인연이 없고 여자는 직장과 인연이 없거나 약하다고 하겠다.

(8) 정관이 없는 경우

정관은 인간관계에서 남자에게는 직장이나 딸이고 여자에게는 남편과 직장을 뜻하므로 정관이 없다는 것은 남자는 직장과 인연이 없고 여자는 남편과 인연이 없거나 약하다고 하겠다. 남녀 모두 좋은 직장과 인연이 없고 법과 질서를 잘 지키지 않는 경우가 많다고 하겠다.

(9) 편인이 없는 경우

편인은 인간관계에서 계모나 이모 또는 유모를 뜻하므로 편인이 없다는 것은 눈치나 재치가 없다고 하겠다. 편인은 통제력과 인내심 그리고 문서재산을 뜻하기도 하므로 편인이 없으면 인내심과 통제력이 없거나 부족하고 문서재산과 인연이 없다고 하겠다.

(10) 정인이 없는 경우

정인은 인간관계에서 모친을 뜻하므로 정인이 없다는 것은 모친과의 인연이 없거나 약하다고 하겠다. 정인은 학문이나 결재권을 의미하므로 학문이나 결재권과의 인연이 없거나 약하다고 볼 수 있다.

3. 없는 것과 같은 작용력

(1) 합(合)에 의한 작용력 정지

천간에 두 글자가 합이 되면 서로가 합을 탐하여 제 역할을 하지 못한다고 보아서 작용력을 상실하여 없는 것과 같다고 판단한다. 단, 지지의 합은 천간 합과는 달리 서로 돕는 작용을 하므로 작용력을 상실하지 않는다. 실제 감명에서는 천간 합이 되더라도 작용력이 반으로 떨어지는 정도로 해석을 하고 있다.

(2) 충(沖)에 의한 작용력 정지

지지 충은 현실적인 충으로 서로 반대의 기운이 충돌하여 작용력을 상실하지만 천간 충은 정신적인 충으로 서로 활발하게 만드는 역할을 하여 작용력을 상실하지 않는다. 실제 감명에서는 조건부로 사용되며 운에 따라서 상호작용을 하며 역마로 사용된다. 역마와 관련된 것으로는 항공, 자동차, 해운, 철도, 무역, 건설, 외교 등이 있다.

(3) 형(刑)에 의한 작용력 정지

조건부로 사용되며 형벌의 속성대로 사용 된다. 실제 감명에서는 조립이나 수선 등과 같이 제조와 유사한 직종과 인연이 있는 것으로 보거나 간섭인자로 구분하여 의료, 법무, 세무, 철학, 종교 등과 같이 권력형 직업에 종사하는 것으로 해석한다.

(4) 공망(空亡)에 의한 작용력 정지

가. 사주의 공망

년, 월, 시의 자리 공망으로 년은 조상과의 인연을 보고 월은 부모와 형제의 인연을 보고 시는 자녀와의 인연을 본다. 해당 자리의 공망을 보고 그 인연이 박하며 덕을 입기 어렵다고 본다.

나. 육친의 공망

공망된 육친은 용도를 상실한 것으로 본다.

다. 세운의 공망

세운도 공망에 적용이 되며 혼란이나 무력한 상황이 발생하여 재판이나 시험에 불리하며 사망할 수도 있다.

라. 오행의 공망

오행은 공망 되지 않는다.

마. 대운의 공망

대운은 계절의 연속이므로 공망 되지 않는다.

바. 공망의 영향이 큰 육친의 순서

재성 〉 관성 〉 식상 〉 인성 〉 비겁

제 2 장

사주에 강한 부분 보기

사주에 강한 부분이라는 것은 사주팔자를 구성하는 글자들 중에서 어느 오행이나 육친이 많은가를 의미하는 것으로 가장 힘 있고 강한 글자가 어느 오행에 속하고 어느 육친에 해당하는가를 구분하는 것이다. 격국용신론에서 격을 잡는다는 것은 사주팔자 중에서 가장 강한 글자로 인식이 되는 월지를 기준으로 사주에서 가장 강한 육친을 가려내서 격이라는 이름을 사주에 붙이는 것이다. 이와 같이 사주에 많은 글자를 알아보는 것은 격을 잡는 것과 유사한 것으로 사주 주인공이 어떤 문제에 봉착했을 때 그것을 해결하는 방식을 알아보고 어떤 특징과 적성을 가졌는가를 알아보기에 좋은 방법이라고 하겠다. 사주에 많은 글자를 해석하는데 있어서 상대적으로 극을 당하는 오행이나 육친을 찾아서 해당육친과의 인연이 좋지 못하다는 것을 설명하는 것도 중요하다고 하겠다. 사주에 많은 오행이나 육친의 기준은 천간은 3개 이상, 지지는 2개 이상이 있음을 말한다.

1. 오행 중에 많은 글자의 해석

(1) 木이 많은 경우

사주팔자에 木이 많다는 것은 계절적으로 봄의 기운이 많다는 것으로 새롭게 시작하는 기운이나 솟아오르는 운동이 강하다는 것을 말하고 하루의 개념으로는 아침의 기운이 많다는 뜻이다. 이점을 기준으로 물상이나 기운으로 확장을 하여 해석하면 화술, 기획, 준비, 학업, 문학, 수단, 운영 등의 능력이 좋다고 볼 수 있다.

(2) 火가 많은 경우

사주팔자에 火가 많다는 것은 계절적으로 여름의 기운이 많다는 것으로 발산하거나 확장하는 기운이 많다는 것을 말하고 하루의 개념으로는 낮에 기운이 많다는 뜻이다. 이점을 기준으로 물상이나 기운으로 확장하여 해석을 하면 예술, 음악, 연예, 스포츠, 정열, 행동력, 실천력 등의 능력이 좋다고 볼 수 있다.

(3) 土가 많은 경우

사주팔자에 土가 많다는 것은 계절적으로 양과 음을 연결 시켜주는 기운이 많다는 것으로 확장하는 기운을 억제하고 결실을 유도하는 중계 작용을 하는 기운이 많다는 뜻이다. 이점을 기준으로 물상이나 기운으로 확장하여 해석을 하면 정착, 영업, 중화, 저장, 토지, 생산, 소개 등의 능력이 좋다고 볼 수 있다.

(4) 金이 많은 경우

사주팔자에 金이 많다는 것은 계절적으로 가을의 기운이 많다는 것으로 결실을 맺거나 떨어뜨리는 기운이 많다는 것을 말하고 하루의 개념으로는 저녁이 많다는 뜻이다. 이점을 기준으로 물상이나 기운으로 확장하여 해석을 하면 결단력, 의리, 행동력, 정의감, 실천력, 희생정신, 혁명성 등의 능력이 좋다고 볼 수 있다.

(5) 水가 많은 경우

사주팔자에 水가 많다는 것은 계절적으로 겨울의 기운이 많다는 것으로, 저장하고 수렴하는 기운이 많다는 것을 말하고 하루의 개념으로는 밤이 많다는 뜻이다. 이점을 기준으로 물상이나 기운으로 확장하여 해석을 하면 끈기, 유통, 생명력, 수렴, 학문성, 정력, 인내심 등의 능력이 좋다고 볼 수 있다.

2. 육친 중에 많은 글자의 해석

(1) 비견과 겁재가 많은 경우

비겁은 인간관계에서는 친구와 경쟁자를 뜻하므로 비겁이 많다는 것은 주변에 친구와 경쟁자가 많다는 뜻이다. 많고 강한 비겁은 재성을 극하므로 남자는 육친으로 편재를 부친으로 보고 정재를 아내로 보아 부친과 아내와의 인연이 좋지 못하다고 본다. 재성은 재물로도 보기 때문에 금전 운도 좋지 못하고 자존심이 강하고 고집이 세다. 비겁이 많으면 반드시 식상이 있어 중화를 이루어야 좋은 사주가 된다.

(2) 식신과 상관이 많은 경우

남자사주에서 관성은 직장과 자녀를 뜻하는데 식상은 관성을 극하므로 직장과 인연이 없고 자녀와의 인연도 좋지 못하다고 본다. 여자사주에서 관성은 남편과 직장을 뜻하는데 식상은 관성을 극하므로 남편과의 인연이 없고 직장과도 인연이 좋지 못하다고 본다. 상관이 많으면 교만하고 간사하며 포악한 성격을 지닌다. 자기능력을 과신하고 남의 말을 듣지 않고 잘난 체하여 주변 사람들에게 인심을 잃고 고독하다. 식상이 많으면 비겁이나 인성이 있어서 중화를 이루어야 좋다.

(3) 편재와 정재가 많은 경우

인성은 학문과 모친 그리고 문서재산을 뜻하는데 재성은 인성을 극하므로 학문에 장애가 있을 수 있고 모친과 인연이 없으며 문서재산과도 인연이 없거나 약하다고 볼 수 있다. 재성은 남자에게 배우자와 여자 그리고 재물을 뜻하므로 재성이 많으면 호색하여 여자문제가 많고 재물 욕심이 많다. 관성이 있거나 운에서 만나면 중화시키는 기운으로 발전할 수 있다.

(4) 편관과 정관이 많은 경우

남자에게 관성은 직장을 뜻하는데 직장이 많기 때문에 한 직장에 오래 근무하지 못하고 여러 직장을 전전하는 경우가 많고 좋은 직장을 만나기가 어렵다. 관성이 많으면 급성질환이나 질병에 시달리고 정신이상이나 중병, 사고, 송사에 시달린다. 여자에게 관성은 남편인데 관성이 많으면 남편 덕이 부족하고 화류계와 인연이 있으며 남자문제가 많이 발생하게 되는데 평생직장을 가지면 해소가 된다. 인성이 있어서 소통을 시켜주면 좋은 사주가 된다.

(5) 편인과 정인이 많은 경우

여자에게 식상은 자녀를 뜻하는데 인성이 많아서 식상을 극하면 자녀와의 인연이 없거나 약하게 된다. 인성이 많으면 종교, 철학, 학문 등에 인연이 많다고 본다. 인성이 많으면 학위나 능력에 비하여 직위가 낮은 관직에 머무르고 감투가 높지 않으므로 승진에 관계없는 연구직이나 교사직을 직업으로 선택하는 것이 좋다. 인성이 재성과 중화를 이루면 좋은 사주가 된다.

3. 있는 것과 같은 작용력

(1) 공협(供挾)

글자를 그대로 풀이하면 이바지할 **공**, 낄 **협**이라는 뜻을 가지고 사주에 子와 寅이 있으면 그 사이에 丑이 있는 것으로 보고 또는 사주에 寅과 辰이 있다면 그 사이에 卯가 있어서 작용을 하는 것으로 본다는 것이다.

(2) 도충(倒沖)

글자를 그대로 풀이하면 넘어질 **도**, 빌 **충**이라는 뜻을 가진다. 사주명조가 극단적인 상황이면 반대편 글자가 작용한다고 본다. 사주 지지에 子 子 子가 무리지어 있으면 午가 있는 것으로 본다. 사주 지지에 卯 卯 卯가 무리지어 있으면 酉가 있는 것으로 본다. 단, 사주명조에 충이 있으면 안 된다.

(3) 육합(六合)

사주에 寅자가 있으면 육합의 상대인 亥자가 숨어서 작용 한다고 본다. 단, 충을 하는 申이나 형을 하는 巳가 있으면 안 된다.

(4) 삼합(三合)

사주에 午와 戌이 반합을 하고 있으면 寅이 숨어서 작용을 한다고 본다. 단, 충을 하는 子나 辰이 있으면 안 된다.

실제 감명에서 보면 공협, 도충, 육합, 삼합작용에 의해서 없는 글자를 있는 것으로 보는 것은 잘 사용하지 않으니 참고만 하기 바란다.

제 3 장

근묘화실(根苗花實)

근묘화실의 뜻은 '뿌리 근, 모 묘, 꽃 화, 열매 실'이며 사주팔자의 년주를 뿌리라고 하며 월주를 줄기라고 하고 일주를 꽃이라고 하며 시주를 열매라고 한다. 년주는 조상의 길흉을 알아볼 수 있고 월주는 부모와 형제의 길흉을 알아볼 수 있으며 일주는 배우자의 길흉을 알아볼 수 있고 시주는 자녀의 길흉을 알아볼 수 있다. 년주는 사주 주인공의 초년인생의 길흉을 알 수 있고 월주는 중년의 길흉을 알 수 있으며 일주는 장년의 길흉을 알 수 있고 시주는 말년의 길흉을 알 수가 있다. 오래전부터 고서에 전해오는 내용이지만 격국용신론에서는 거의 사용하지 않았던 부분인데 필자는 근묘화실이야말로 사주팔자를 감명하는데 가장 중요한 핵심 감명법이라고 생각한다. 사주팔자 어느 자리에 어느 육친이 자리하느냐에 따라서 곧바로 감명을 할 수 있는 훌륭한 감명법이라고 본다. 많은 학인들이 근묘화실 감명법을 바르게 습득하여 유용하게 활용하기를 바란다.

1. 근묘화실의 이해

(1) 년주(年柱)의 이해

년주는 사주의 근본바탕이라고 할 수 있는데 사주 주인공의 20세 이전의 어린시기를 말하며 조상을 의미하기도 한다. 년주에 있는 육친은 일찍 사용 되는 글자로 관성이 있으면 본인이 직장을 빨리 쉽게 진출할 수가 있고 조상님들도 높은 직책에 있었을 가능성이 높다고 해석한다. 년주에 재성이 있다면 일찍 재물에 눈을 뜨고 학문을 게을리 할 수 있다고 보는데 그 이유는 재성이 인성을 극하기 때문이다. 하지만 많은 재물을 지닌 조상님을 두었을 가능성도 높다고 하겠다. 년, 월이 충, 극하면 조상자리와 부모자리가 충, 극하는 관계로 아버지가 고향을 떠나서 객지에서 가문을 일으키거나 조부를 쇠퇴하게 만든 것으로 해석한다.

(2) 월주(月柱)의 이해

월주는 사주의 줄기라고 할 수 있는데 사주 주인공의 20세부터 40세까지의 청년기를 말하며 부모, 형제자리를 의미한다. 월주에 있는 육친은 사주팔자 중에서 가장 힘 있는 글자로 사용이 되는데 옛날에는 주로 부모의 신분과 직업이 자녀의 신분과 직업으로 세습이 되던 시절이라 주로 사주 주인공의 직업에 관계가 많다고 해석을 한다. 월주에 관성이 있으면 조직생활에 잘 맞아서 알맞은 시기에 직장에 취업을 할 수가 있고 부모님도 지위가 높은 가문일 가능성이 있다고 해석한다. 월주에 재성이 있다면 사주 주인공이 상업에 소질이 있을 가능성이 높고 재물이 풍족한 부모를 두거나 유산을 물려받을 가능성이 높다고 해석한다. 월주를 충, 극하거나 부모를 극하는 육친이 있으면 부모형제의 덕을 입기 힘들고 고향을 떠나서 홀로 살아가야 하는 팔자라고 해석을 한다.

(3) 일주(日柱)의 이해

일주는 사주의 꽃에 해당이 되는데 사주 주인공의 40세부터 60세까지의 장년시절을 말하며 배우자와 가정을 의미한다. 사주팔자는 일간을 주인으로 하여 나머지 7개의 글자를 육친으로 대입하여 운명을 감정하는 것이다. 그러므로 일지를 판단할 때 남자는 부인의 자리가 되고 여자는 남편의 자리가 되는 것이다. 년, 월에 있는 글자와는 달리 일지는 빨리 사용하지 못하고 약 40세 전후로 조금 늦게 사용할 수 있는 것으로 본다. 남자사주는 일지에 재성이 있어야 하는데 재성을 극하는 비겁이 있다면 배우자와의 인연이 좋지 못하다는 것을 예측할 수가 있다. 여자사주는 일지에 관성이 있어야 할 자리인데 관성을 극하는 식상이 있다면 배우자와의 인연이 좋지 못함을 예측할 수가 있다. 일지가 충, 극을 당하거나 배우자를 극하는 육친이 있으면 배우자 인연이 좋지 못하고 가정생활이 원만하지 못하다고 판단한다.

(4) 시주(時柱)의 이해

시주는 사주의 열매에 해당이 되는데 사주 주인공의 60세부터 80세까지의 노년시절을 말하며 자녀와 부하를 의미한다. 시주에 있는 글자는 일찍 사용하기 어렵고 말년의 상황을 보여주는 자리라고 하겠다. 자녀들의 길흉을 살펴볼 수 있는 자리로 옛날에 자녀들과 함께 대가족을 이루어 살아가던 시절에는 부모를 자녀들이 모시고 사는 것이 대단히 중요한 말년에 행복의 조건이었으나 현대사회에서는 핵가족화 되어서 대부분 따로 살고 있으므로 크게 중요한 문제는 아니라고 본다. 시주에 있는 재성이나 관성은 오히려 말년에 번거로움으로도 작용할 수 있기 때문에 어느 자리에 어느 육친이 있는가에 따라서 그 용도를 달리 해석해야 한다.

2. 년, 월, 일, 시의 해석

(1) 위치분석의 중요성

년, 월, 일, 시의 해석은 해당위치에 가장 잘 맞는 육친이 있을 곳에 있느냐 아니면 극하는 육친이 있느냐가 매우 중요한 문제가 된다. 가장 먼저 년, 월, 일, 시 자리에 대한 정확한 인식이 필요하며 이 감명법을 익히면 사주명조를 받아 적으면서 바로 감명이 가능하게 만들어 줄 것이다. 예를 들어 남자사주에 일지 겁재가 있다면 이는 부인이 있을 자리에 다른 남자가 있는 모습이니 배우자 인연이 불안하다고 볼 수 있고 반대로 정재가 있다면 가장 잘 어울리는 육친의 배치 모양이라서 부인 덕이 좋다고 볼 수 있다. 년, 월, 일, 시에 있어야 할 육친이 그 자리에 없거나 반대 되는 육친이 자리함으로 인해서 발생 하는 문제를 살펴서 감명하는데 활용하기 바란다.

(2) 여러 가지 해석

년은 조상의 번영과 자신의 어린 시절을 볼 수 있고 월은 삶의 특징을 결정짓는 직업과 부모문제 그리고 젊은 시절에 가장 큰 영향을 미친다. 일은 배우자 문제와 가족문제를 살피고, 시는 남자에게는 처갓집 여자에게는 시가집과의 문제와 자녀문제를 살피는 기준으로 삼는다. 년, 월, 일, 시의 해석을 좀 더 다양하게 확장해서 해석하기 위해 아래에 정리를 해 보았으니 참고하기 바란다.

년은 뿌리이고 월은 줄기이며 일은 꽃이고 시는 열매이다.
년은 조상이고 월은 부모이며 일은 부부이고 시는 자녀이다.
년은 소년기이고 월은 청년기이며 일은 장년기이고 시는 말년기이다.
년은 머리이고 월은 어깨이며 일은 몸통이고 시는 팔다리이다.
년은 봄이고 월은 여름이며 일은 가을이고 시는 겨울이다.

년은 과거이고 월은 최근이며 일은 현재이고 시는 미래이다.

년은 집터이고 월은 기둥이며 일은 거실이고 시는 대문이다.

년은 사장이고 월은 관리자이며 일은 본인이고 시는 직원이다.

3. 위치에 의한 육친 변용법

육친이 년, 월, 일, 시 어느 곳에 위치하느냐에 따라서 작용력이 다르게 나타나므로 유심히 관찰하여 감명에 활용하기 바란다. 년·월에 있으면 빨리 사용할 수 있고 일·시에 있으면 약 40세 이후에 늦게 사용이 가능하다. 10개의 육친이 어느 간지에 위치하느냐를 모든 경우의 수를 대입해서 알아보겠는데 이것을 암기하려고 하지 말고 원래 어느 육친이 자리를 해야 하는 곳인지를 먼저 바로 알고 이 육친이 그 자리에 있음으로 인해서 어느 육친이 극을 당하는지 반대편 육친을 살펴보는 것이 중요하다고 하겠다. 한 가지 예로 월지가 부모의 자리라면 부친을 뜻하는 편재의 자리인데 비겁이 있으면 부친을 극해서 발생되는 문제를 생각해야 한다는 것이다. 아래에 모든 육친을 대입해서 설명을 하겠으니 열심히 연습해서 자기 것으로 만들기 바란다.

(1) 비견: 년 – 성장성 발달, 친구를 좋아함

월 – 부모와 불화, 형제가 많다

일 – 남자는 배우자와 인연이 약하다

시 – 타인과 금전거래 손해

(해석)

년간(年干)에 비견이 있으면 손위 형제가 있고 양자로 갈 수 있는 팔자며 월

간(月干)에 비견이 있으면 반드시 형제자매가 있고 편재를 극하여 부친과 불화한다. 남자사주가 일에 비견은 배우자가 본인의 방식이나 환경에 따를 것을 강요하여 시비가 일어난다. 시간(時干)에 비견이 있으면 본인의 상속을 받을 사람이 양자가 될 수 있는 경우가 있다.

(2) 겁재: 년 – 경쟁이나 투쟁심이 강하다
월 – 상속의 분배, 재물손재
일 – 남자는 처의 건강불안, 여자는 후처가 된다
시 – 자녀로 인한 손재가 발생

(해석)
년에 겁재가 있으면 정치성이 강하고 투쟁심이 강하며 월에 겁재가 있으면 부모재산을 나눠 가지며 금전적 손해를 본다. 일에 겁재 또는 양인이 있으면 배우자의 건강이 좋지 못하고 시에 겁재가 있으면 재물손재가 발생한다. 겁재가 년(年)이나 월(月)에 있으면 집안에 장자(長子)가 되기 어렵고 겁재와 상관이 동주하면 버릇이 없고 건방지다. 월에 비견이나 겁재가 있는 경우는 부모의 재물과 정을 나누어 가져야 하거나 부모 형제를 위한 희생 요소로도 본다. 월에 비겁이 있으면 부모로부터 현금유산은 받지 않는 것이 좋다.

(3) 식신: 년 – 조부의 부귀, 의식주가 풍부하다
월 – 유산상속 혜택, 재능의 발달
일 – 재물 생산능력, 배우자와 유정
시 – 말년의 장수, 자녀의 출세

(해석)

년에 식신이 있으면 조상의 부귀를 말하고 월에 있으면 부모로부터 유산을 받을 수 있으며 일에 식신은 배우자와의 관계가 좋음을 의미하고 시에 식신은 훌륭한 자녀를 두고 효자가 된다. 년간에 식신이 있고 비견이 동주하면 부잣집에 양자를 갈 수도 있고 월지에 식신이 있고 사주가 강하면 몸이 크고 음식을 즐긴다. 남자가 일지에 식신이 있으면 부인이 신체가 크고 마음이 넓거나 부인에게 많은 애정을 표현한다.

(4) 상관: 년 – 조상인연 박함, 풍류성이 강함

월 – 천재성, 부모와 불화

일 – 남자는 자녀와 인연이 약하다

여자는 남편의 덕을 입기 어렵다

시 – 남자는 무자식, 여자는 말년 외로움

(해석)

년에 상관이 있으면 어려서 반항기가 많고 월에 상관은 머리는 비상하나 법과 질서를 지키지 않는다. 일에 상관이 있으면 남자는 관성을 극하여 자녀와 인연이 약하고 여자는 관성을 극하여 남편과 이별하기 쉽다. 시에 상관은 남자는 자식과 인연이 약하고 여자는 배우자인 관성을 극하여 노년에 외롭게 산다. 년간에 상관이 있으면 집에 오래 머물지 못하고 객지로 나가고 조상 덕이 부족하고 년의 간지가 모두 상관이면 단명(短命)하다. 상관이 재성을 만나지 못하면 잔재주만 있을 뿐 가난하다.

(5) 편재: 년 – 큰 재물을 지닌 조상, 학업중단
월 – 장사수단, 유산분배
일 – 남자는 사업성이 강한 배우자
여자는 시부모와 함께 산다
시 – 남자는 대문 밖에 여자문제
여자는 시부모를 모시고 산다

(해석)

년에 편재가 있으면 부자조상이 있고 학업에 어려움이 생기며 월에 편재는 상업사주로 수단이 좋다. 일에 편재는 남자는 사업성이 강한 부인을 뜻하고 시에 편재는 남자에게 애인이 있음을 의미한다. 년주에 편재가 있으면 조상의 가업을 승계하고 월주에 천간에만 편재가 있으면 술과 여자를 좋아한다. 여자가 일지와 시지에 편재가 있으면 시부모를 오래도록 모시고 사는 경우가 많다.

(6) 정재: 년 – 부유한 조상, 검소함
월 – 유산상속, 구두쇠
일 – 금전혜택, 원만한 배우자
시 – 남자는 결혼이 늦다
여자는 시부모나 친정의 상속

(해석)

년에 정재는 조상이 부유하고 학업에 방해가 약간 있으나 공부는 적당히 하며 월에 정재는 부모에 유산상속과 일에 정재가 있으면 남자는 좋은 배우자 혜택이 있고 시에 정재가 있으면 남자는 결혼이 늦다. 월지에 정재가 있으면 용모가 단정하고 성실하나 구두쇠 기질이 있다. 시간에 정재가 있으면 자수

성가하고 남들이 부러워할 많은 재물을 축적한다.

(7) 편관: 년 – 조상의 영달, 여자는 애인

월 – 권력형 직장이나 이공계직업과 인연

일 – 남자는 처의 잔소리

여자는 남편이 폭력적이다

시 – 남자는 봉사단체 벼슬이나 감투

여자는 직장이나 애인

(해석)

년에 편관이 있으면 조상이 벼슬이 높고 월에 편관은 본인의 직장이 기술직이거나 권력형 직업을 갖는다. 일에 편관은 처가 사납고 시에 편관은 봉사단체의 감투를 뜻한다. 편관은 무관이고 정관은 문관이며 편관과 인수가 함께 있으면 결재권을 갖는 사람이다. 여자사주에 편관이 많고 정관이 있으면 결혼은 두 번 할 수 있고 관살 혼잡하면 집에서 살림만 하지 말고 평생 직업을 갖는 것이 좋다.

(8) 정관: 년 – 남자는 명예 높은 가문

여자는 시집을 빨리 간다

월 – 남자는 가권의 상속, 좋은 직장

여자는 현모양처가 된다

일 – 남자는 좋은 직장, 인연

여자는 남편 덕이 좋다

시 – 남자는 말년의 벼슬

여자는 결혼이 늦다

(해석)

년에 정관이 있으면 벼슬이 높은 가문이고 월에 정관은 본인의 직장이 좋거나 부친의 가업을 이어 받는다. 일에 정관은 좋은 직장이고 시에 정관은 말년에 벼슬을 뜻한다. 년주에 정관이 있으면 장남으로 가문의 후계자가 된다. 월주에 정관이 있고 인수와 함께 있으면 명예가 높고 부귀하다. 시주에 정관은 출세한 자녀를 둔다.

(9) 편인: 년 – 조상인연 박함, 성장성 부족
월 – 부모 덕 부족, 이공계학문
일 – 남자는 자기중심적이다
여자는 자녀와 이별
시 – 활동성 약화, 건강문제

(해석)

년에 편인이 있으면 조상과 인연이 약하고 월에 편인은 부모덕이 부족하며 일에 편인은 마마보이 기질이 있고 시에 편인은 노년에 활동성이나 건강에 문제를 의미한다. 년주에 편인은 조상의 부덕을 의미하며 월지에 편인은 전문기술직에 종사하는 것이 좋다. 일지에 편인은 배우자 운을 좋지 못하게 하고 결혼 운이 좋지 못하다.

(10) 인수: 년 – 학문발전, 인내심
월 – 자부심, 자격증, 상속
일 – 남자는 마마보이
여자는 자녀와 이별
시 – 특수재능, 종교나 늦은 공부

(해석)

년에 인수가 있으면 학문에 발전이 있고 월에 인수는 상속을 받거나 문서재산을 받는다. 일에 인수는 자기중심적이고 이기적이며 시에 인수는 종교생활을 하거나 늦공부를 한다. 년주에 인수가 있으면 명문가의 자손이고 인수와 식신이 같이 있으면 타인의 존경을 받고 신용이 있다.

제 4 장

육친론(六親論)

1. 육친의 내용

(1) 비견: 일간(日干)과 오행이 같고 음양이 같은 것을 말한다.

가. 성격

부모의 도움 없이 자수성가를 하는 자립심이 강한 성격이고 자유를 추구하는 삶을 살며 감정에 치우치고 양보심이나 협동심이 약하다. 남자는 남에게 지는 것을 싫어하고 자존심이 강하고 여자는 사회성이 강하여 사회활동을 한다.

나. 직업

자기주장이 강하여 지도자를 꿈꾸고 사람들 앞에 나서기를 좋아하는데 자유업에 종사하거나 활동적인 직업이 좋다. 동업이나 공동사업은 불리하고 재성이 사주에 있으면 장사로 성공한다.

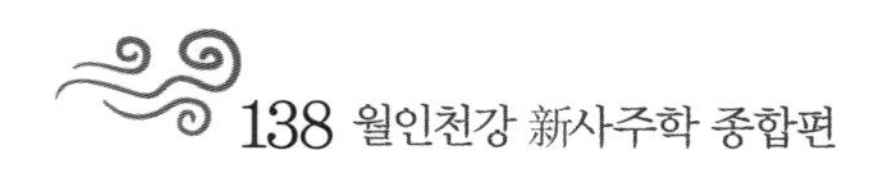

(2) 겁재: 일간과 오행이 같고 음양이 다른 것을 말한다.

가. 성격

죽음을 두려워하지 않는 강한 성정을 지니고 있어서 모험으로 대성하는 사람도 있으며 포악하고 남에게 트집을 잘 잡고 투기를 좋아한다. 불필요한 지출을 잘하고 염세적이지만 수단이 좋아 돈 걱정은 안 하고 사는 경우가 많으나 낭비가 심하다.

나. 직업

활동적인 현장이 직업에 잘 맞고 영업이나 특수기술자 또는 수단이 좋아서 독자사업이 잘 맞는데 동업은 금물이다.

(3) 식신: 일간이 생(生) 해주고 음양이 같은 것을 말한다.

가. 성격

예술 방면에 다양한 재능을 가지며 다재다능하지만 개성이 뚜렷하지 않고 투쟁심이 약하며 낙천적이다. 남에게 피해를 주면서까지 자기 뜻을 관철하지 않고 타인의 부탁을 거절하지 못하는 성격이여서 인기가 많고 사람들의 호감을 받는다.

나. 직업

제조업, 생산업, 교육사업, 보육원, 요식업, 식당, 금융업, 서비스업, 예술계통, 식품업, 의약, 축산업 등이 잘 맞고 큰 사업을 이끌어갈 의지가 부족하여 작은 규모의 사업이나 장사가 좋다.

(4) 상관: 일간이 생(生) 해주고 음양이 다른 것을 말한다.

가. 성격

법과 질서를 지키지 않으며 자존심이 강하고 마음에 안 들면 상하를 막론하고 함부로 행동하는 폭력성을 지닌다. 두뇌가 명석하고 감정이 예민하며 예술방면에 특별한 재능을 소유하고 있다.

나. 직업

사람들을 이끄는 두목 격으로 사업가 기질이 많다. 제조, 생산업이나 동물을 기르거나 아이들을 가르치는 업종도 좋으며 예술적 감각도 뛰어나서 조각가, 건축가, 도예가, 미술가, 작가, 음악가, 서예가 등도 좋다고 하겠다.

(5) 편재: 일간이 극하고 음양이 같은 것을 말한다.

가. 성격

돈을 잘 쓰며 재복은 있는데 처, 첩으로 인한 여자문제가 많이 따른다. 남의 돈으로 큰 사업을 일으키는 능력 있는 사업가다. 사회성이 있고 설득력이 좋아서 교제 범위가 넓다.

나. 직업

무역, 금융, 판매, 유통, 경영, 자영업으로 성공하는 사람이 많고 서비스업에 종사를 하거나 지배인 역할도 잘한다.

(6) 정재: 일간이 극하고 음양이 다른 것을 말한다.

가. 성격

정의감이 강하고 봉사정신이 남달라 남의 부탁을 거절하지 못하고 돌보기를 잘하며 성실하고 믿음직하다. 침착하고 합리적이므로 인색한 인상을 주지만 돈을 쓸 때는 확실하게 쓰는 대장부이다.

나. 직업

독립적인 경영에 맞고 판매업, 사업가, 상업, 금융, 회계사, 경영자, 기업가 등이 좋고 경리나 서무와 같은 직업도 맞다.

(7) 편관: 일간을 극하고 음양이 같은 것을 말한다.

가. 성격

자만심이 강하고 자기중심적이며 감정이 격하고 과시하기를 너무 좋아한다. 의협심이 강하고 아랫사람을 잘 챙기고 친절과 인정을 베푸는 보스기질이 많다.

나. 직업

보험, 증권, 무역, 건축, 토목, 청부업, 현장감독, 밀수 등이 잘 맞다.

(8) 정관: 일간을 극하고 음양이 다른 것을 말한다.

가. 성격

보수적이며 영리하고 상식을 중요시하는 원칙주의자이며 신중하고 꼼꼼한 성격이고 자기마음을 감추고 비밀을 잘 지켜서 냉정한 인상을 풍기는 경우가 많다.

나. 직업

명예를 소중히 여기는 직업에 잘 맞고 공무원, 학자, 금융가, 상공인, 법률가, 교육가, 행정가, 교사 등이 잘 맞다.

(9) 편인: 일간을 생(生)하고 음양이 같은 것을 말한다.

가. 성격

사교성이 결핍되고 즉흥적이며 주관성이 없다. 변덕스럽고 변태적이며 삐뚤어진 성격의 소유자가 많고 머리회전이 빠르고 직감력과 투시력이 있다. 눈치가 빠르고 만능 재주꾼이며 팔방미인이지만 일시적인 감정으로 배신을 일삼아 고독을 자초하기도 한다.

나. 직업

약사, 의사, 예술가, 작가, 종교인, 언론인, 음악가, 교육사업, 출판사, 유흥업, 요리사, 기술자, 예체능 등이 잘 맞다.

(10) 정인: 일간을 생(生)하고 음양이 다른 것을 말한다.

가. 성격

자존심이 강하고 집중력이 좋아 치밀한 계획을 잘 세우지만 의지하려는 마음이 많아 매사에 결정력이 부족하다. 타고난 재능으로 공부를 잘 하고 지혜와 자비심이 있으나 자기 재주를 믿는 자만심이 강하여 좋은 기회를 놓치는 경우가 많다.

나. 직업

공무원, 정계, 교육, 예술가, 학자, 연구가, 종교인, 학문, 작가, 교수, 발명가,

연극, 영화, 방송, 소설가, 서예가 등이 잘 맞고 육체적인 일은 맞지 않고 이상적인 것을 추구하므로 이상에 맞는 직업을 갖는 것이 좋다.

2. 육친의 원리

필자가 주변 학인들에게 자주 받는 질문 중에 "제 사주의 용신은 무엇입니까?"라는 질문이 있다. 그럴 때마다 필자는 항상 '돈과 명예'라고 대답한다. 육친으로 말하면 재성과 관성이라는 것이다. 그러면 다시 질문이 이어지는데 "제 사주는 신약인데 재, 관이 용신이라고요?"라고 묻는다. 아무리 작고 힘이 없는 사람도 돈과 명예를 추구하지 않는 사람이 이 세상에 어디 있겠는가. 종교인이나 구도자들 이외에 누구나 부와 명예를 얻기 위해서 살아간다고 생각한다. 간지론에서는 용신을 정하지는 않지만 일반적으로 사회생활을 하는 사람들은 보통 돈과 명예를 추구하며 살아간다. 사주의 강약을 떠나서 누구나 꿈꾸는 것은 같다고 본다. 재성과 관성은 본인이 직접 주관하기는 어렵고 도구를 이용해서 갖는다. 재성을 소유하기 위해서는 식상을 이용해서 갖고 관성을 소유하기 위해서는 인성을 이용해서 갖는다. 식상과 재성은 짝이고 관성과 인성은 짝이라는 말이 그러한 의미를 가지고 있다.

목(木) – 본인

수(水)–인성 **화(火)–식상**

(관성을 쓰는 도구) (재성을 쓰는 도구)

금(金)– 관성 **토(土)–재성**

(직업, 명예) **(재물, 시장)**

* 사주팔자에 재성과 관성을 쓸 수 있는 식상과 인성이 있느냐가 매우 중요하다는 점을 명심하기 바란다.

3. 운에서의 육친적용법

(1) 대운의 육친적용법

가. 비견

인덕이 부족하고 보증문제로 인한 금전 지출이 발생할 수 있다.

나. 겁재

경쟁을 통한 금전희생이나 낭비로 인한 금전 지출이 발생할 수 있다.

다. 식신

새로운 사업에 진출하기 좋은 시기로써 금전발전이 있을 수 있다.

라. 상관

남자는 직업변동이 발생하고 여자는 배우자 문제가 발생한다.

마. 편재

소년기는 학업중단이 발생하고 중년기는 사업발전이 있는 시기이다.

바. 정재

금전발전이 있는 시기로 상업을 하는 사람에게는 가장 좋은 시기이다.

사. 편관

직장생활 하기 좋은 시기이고 사고나 질병을 조심해야 하는 시기다.

아. 정관

취업이나 승진 등 직장생활의 안정과 발전이 있는 시기이다.

자. 편인

학문적 발전이나 직장승진은 좋으나 제조, 생산업은 불리하다.

차. 인수

임대사업이나 문서발전 또는 직장승진에 좋은 시기이다.

대운은 계절을 기준으로 보며 대운의 변화에 따라서 생활환경이나 주거지에 큰 변화가 생기는데 보통 "세월에 적응하여 산다."는 것은 대운을 따라서 산다는 뜻이다.

(2) 세운의 육친적용법

가. 비견

지인의 도움을 받거나 동업을 하고 금전 손실이 발생할 수 있다.

나. 겁재

금전 손실이 발생하거나 주변 사람들과 갈등이나 경쟁을 하게 된다.

다. 식신

새로운 사업진출 또는 투자나 이사를 하는 상황이 발생한다.

라. 상관

남자는 직장이동이나 사퇴, 여자는 배우자 문제가 발생한다.

마. 편재

금전발전이나 사업을 확장하고 재산이 늘어나는 시기이다.

바. 정재

금전 발전이 있거나 남자는 결혼을 하거나 좋은 여자를 만난다.

사. 편관

직장을 들어가거나 사고 또는 질병에 걸리기도 하는 시기이다.

아. 정관

직장 발전이나 승진이 되고 자녀에게도 좋은 일이 생길 수 있다.

자. 편인

사업을 하는 사람은 어려움에 처하고 직장인은 승진이나 발전이 있다.

차. 인수

학문발전이 있고 직장인은 승진하며 부모로부터 상속을 받는다.

큰 흐름으로써 발전이나 쇠락은 대운에서 결정이 되고 세운은 그 안에서 일어나는 사건이나 사고들을 가늠해 볼 수 있다.

제 5 장

지장간과 월령용사 해석

1. 지장간

사주팔자를 해석할 때 천간과 지지의 결합체인 60갑자와 지장간을 함께 분석하여 풀이를 하는데, 천간은 주인공이라 하고 지지는 조연 그리고 지장간은 엑스트라라고 부르기도 한다. 지장간은 지지 속에 숨겨진 천간으로 지지가 합에 의하여 성질이 변하는 원인을 제공하기도 하고 지장간 자체로 해석을 하여 사주에 보이지는 않지만 있는 육친으로 판단한다. 12지지 속에 각각 천간의 기운이 저장되어 있는데 그것을 지장간 또는 인원(人元)이라고 한다. 12지지(地支)를 보면 子 丑 寅 卯 辰 巳 午 未 申 酉 戌 亥 라고 하는 겉에 드러난 형태를 체(體)라 하고 지장간을 용(用)이라고 한다.

* 지장간 도표 (支藏干圖表) *

子: 癸

丑: 癸 辛 己

寅: 戊 丙 甲

卯: 乙

辰: 乙 癸 戊

巳: 戊 庚 丙

午: 己 丁

未: 丁 乙 己

申: 戊 壬 庚

酉: 辛

戌: 辛 丁 戊

亥: 甲 壬

子와 午는 원래 지지에서 양(陽)으로 분류를 하였는데 실제로 음(陰)으로 사용하는 이유는 체(體)는 양이지만 용(用)은 음이기 때문이다. 子에는 지장간 癸(水)가 있고 午에는 지장간 己(土), 丁(火) 음이 자리하고 있기 때문이다. 巳와 亥 또한 체와 용이 다름이 지장간을 보면 알 수가 있다. 지장간을 살펴서 체가 양(陽)인지 음(陰)인지, 건조한지, 습한지를 정확하게 알 수 있는 것이다. 사주상에 나타나 있는 육친뿐만 아니라 지장간에 숨어 있는 육친 또한 반드시 참작해서 사주를 판단해야 하며 모든 인간사의 보이지 않는 내면의 비밀을 알아보는 데 사용한다.

2. 지장간 응용

12지지를 천간으로 변환하여 볼 때는 10천간이 12지지로 분화를 했던 방식을 생각해서 반대로 적용을 하는데, 子는 癸로 丑은 己로 寅은 甲으로, 卯는 乙로 辰은 戊로 巳는 丙으로, 午는 丁으로 未는 己로 申은 庚으로, 酉는 辛으로 戌은 戊로 亥는 壬으로 본다. 모든 지지는 삼합과 방합 그리고 육합에 의해서 오행의 성질이 변하는데 그 변화하는 성질을 지장간에 내포하고 있는 것이다.

(1) 寅, 申, 巳, 亥의 오행변화

寅은 원래 오행으로 木이지만 지장간에 戊(土), 丙(火), 甲(木)을 가지고 있어서 상황에 따라서 火로 변할 수 있다는 것이다. 寅은 午, 戌과 합하여 삼합이 되어 寅, 午, 戌 – 火국을 이루는데 그렇게 변하는 이유는 寅의 지장간에 감추어진 丙(火)이 작용을 하여 그렇게 만든다는 것이다.

申은 원래 오행으로 金이지만 지장간에 戊(土), 壬(水), 庚(金)을 가지고 있어서 상황에 따라서 水로 변할 수 있다는 것이다. 申은 子, 辰을 만나면 삼합이 되어 申, 子, 辰 – 水국을 이루는데 그렇게 변하는 이유는 申의 지장간에 감추어진 壬(水)이 작용을 하여 그렇게 변화를 시키는 것이다.

巳는 원래 오행이 火이지만 지장간에 戊(土), 庚(金), 丙(火)을 가지고 있어서 상황에 따라서 金으로 변할 수 있다는 것이다. 巳는 酉, 丑을 만나면 삼합이 되어 巳, 酉, 丑 – 金국을 이루는데 그렇게 변하는 이유는 巳의 지장간에 감추어진 庚(金)이 작용을 하여 그렇게 변화를 시키는 것이다.

亥는 원래 오행이 水이지만 지장간에 甲(木), 壬(水)을 가지고 있어서 상황에 따라서 木으로 변할 수 있다는 것이다. 亥는 卯, 未를 만나면 삼합이 되어 亥, 卯, 未 – 木국을 이루는데 그렇게 변하는 이유는 亥의 지장간에 감추어진 甲(木)이 작용을 하여 그렇게 변화를 시키는 것이다.

(2) 辰, 戌, 丑, 未의 오행변화

辰은 원래 오행이 土이지만 지장간에 乙(木), 癸(水), 戊(土)를 가지고 있어서 상황에 따라서 水로 변할 수 있다는 것이다. 辰은 申, 子를 만나면 삼합이 되어 申, 子, 辰 - 水국을 이루는데 그렇게 변하는 이유는 辰의 지장간에 감추어진 癸(水)가 작용을 하여 그렇게 변화를 시키는 것이다. 만약에 寅, 卯를 만나면 寅, 卯, 辰 - 木국으로 방합을 이루고 오행의 성질이 木으로 변하는데 그 이유는 辰의 지장간에 乙(木)이 작용을 한 것으로 본다.

戌은 원래 오행이 土이지만 지장간에 辛(金), 丁(火), 戊(土)를 가지고 있어서 상황에 따라서 火로 변할 수 있다는 것이다. 戌은 寅, 午를 만나면 삼합이 되어 寅, 午, 戌 - 火국을 이루는데 그렇게 변하는 이유는 戌의 지장간에 감추어진 丁(火)이 작용을 하여 그렇게 변화를 시키는 것이다. 만약에 申, 酉를 만나면 申, 酉, 戌 - 金국으로 방합을 이루고 오행의 성질이 金으로 변하는데 그 이유는 戌의 지장간에 辛(金)이 작용을 한 것으로 본다.

丑은 원래 오행이 土이지만 지장간에 癸(水), 辛(金), 己(土)를 가지고 있어서 상황에 따라서 金으로 변할 수 있다는 것이다. 丑은 巳, 酉를 만나면 삼합이 되어 巳, 酉, 丑 - 金국을 이루는데 그렇게 변하는 이유는 丑의 지장간에 감추어진 辛(金)이 작용을 하여 그렇게 변화를 시키는 것이다. 만약에 亥, 子를 만나면 亥, 子, 丑 - 水국으로 방합을 이루고 오행의 성질이 水로 변하는데 그 이유는 丑의 지장간에 癸(水)가 작용을 한 것으로 본다.

未는 원래 오행이 土이지만 지장간에 丁(火), 乙(木), 己(土)를 가지고 있어서 상황에 따라서 木으로 변할 수 있다는 것이다. 未는 亥, 卯를 만나면 삼합이 되어 亥, 卯, 未 - 木국을 이루는데 그렇게 변하는 이유는 未의 지장간에 감추어진 乙(木)이 작용을 하여 그렇게 변화를 시키는 것이다. 만약에 巳, 午를 만나면 巳, 午, 未 - 火국으로 방합을 이루고 오행의 성질이 火로 변하는데 그 이유는 未의 지장간에 丁(火)이 작용을 한 것으로 본다.

(3) 지장간 상식들

가. 午의 지장간

子(癸), 午(己, 丁) 卯(乙), 酉(辛)는 모두 지장간이 하나씩밖에 없는데 午는 己가 하나 더 있다. 그 이유는 오행의 12운성으로 보았을 때 火와 土는 같은 운동성을 보이기 때문이다. 丙과 戊는 12운성으로 寅에 장생하고 午에 제왕하고 戌에 입묘하는 동일한 방향으로 움직이기 때문에 午의 지장간에 己를 넣었다고 본다.

나. 辰, 戌, 丑, 未의 특징

辰(乙, 癸, 戊)

지장간 乙은 寅, 卯, 辰-방합으로 辰이 봄에 속하는 이유이고 지장간癸는 다음 계절인 여름에 火를 만나면 水가 상하므로 辰에 숨는다.

未(丁, 乙, 己)

지장간 丁은 巳, 午, 未-방합으로 未가 여름에 속하는 이유이고 지장간 乙은 다음 계절인 가을에 金을 만나면 木이 상하므로 未에 숨는다.

戌(辛, 丁, 戊)

지장간 辛은 申, 酉, 戌-방합으로 戌이 가을에 속하는 이유이고 지장간 丁은 다음 계절인 겨울에 水를 만나면 火가 상하므로 戌에 숨는다.

丑(癸, 辛, 己)

지장간 癸는 亥, 子, 丑-방합으로 丑이 겨울에 속하는 이유이고 지장간 辛은 다음 계절인 봄에 木을 만나면 金이 상하므로 丑에 숨는다.

3. 투간과 장간의 차이

투간이란 천간이나 지지에 드러나 있는 것을 말하고 장간이란 지장간에 있는 것을 말한다. 천간이나 지지 그리고 지장간에 있는 오행이나 육친의 기운을 비교하여 확장을 해 보면 아래와 같다.

천 간	지 지	지 장 간
주 연	조 연	무 대
시 간	공 간	인 간
심 리	물 리	생 리
도 덕	신 앙	교 리
통 치	영 토	국 민
정 신	환 경	기 능
우 주	세 계	인 생
시 기	장 소	노 력
사 건	상 황	결 과
정 자	난 자	태 아

4. 辰, 戌, 丑, 未의 작용

처음부터 오행을 설명할 때 土를 물질로 보는 것을 경계하였기 때문에 토를 흙이라고 하는 학인은 없을 것으로 믿는다. 辰, 戌, 丑, 未는 12운성으로 보면 오행의 입묘(入墓)작용과 계절로서의 작용력 그리고 다음 글자를 낳는 작용으로 이해해야 하며 흙으로 생각하면 안 된다. 여기서 지지의 土 작용이 무엇을 의미하는지 확실하게 짚고 넘어가고자 하니 개념을 잘 정리하고 넘어가기 바란다.

辰 --- 壬(水)의 입묘(入墓)작용
寅, 卯, 辰 - 봄의 계절적인 작용
다음 글자인 巳(火) - 여름을 낳는다.

戌 --- 丙(火)과 戊(土)의 입묘(入墓)작용
申, 酉, 戌 - 가을의 계절적인 작용
다음 글자인 亥(水) - 겨울을 낳는다.

丑 --- 庚(金)의 입묘(入墓)작용
亥, 子, 丑 - 겨울의 계절적인 작용
다음 글자인 寅(木) - 봄을 낳는다.

未 --- 甲(木)의 입묘(入墓)작용
巳, 午, 未 - 여름의 계절적인 작용
다음 글자인 申(金) - 가을을 낳는다.

5. 운(運)에 따른 토(土)의 작용력 변화

辰, 戌, 丑, 未가 대운과 세운의 흐름에 따라서 어떤 작용력 변화를 갖게 되는지 정확하게 살펴보기로 하겠다. 시간의 흐름에 따라서 만나게 되는 운(運)을 살펴보면 삼합(三合)과 방합(方合) 그리고 입묘(入墓)작용에 의한 변화를 볼 수 있다. 기본적으로 오행적인 土작용은 巳, 午, 未 운에만 적용한다.

(1) 辰(乙, 癸, 戊)의 작용력 변화

巳, 午, 未　申, 酉, 戌, 亥, 子, 丑　寅, 卯, 辰
[土-작용]　[水-작용]　[木-작용]

(해석) 巳, 午, 未 운을 만나면 辰이 水를 입묘시켜서 지장간에 저장하고 있는 癸(水)를 보호하기 위해서 土작용처럼 보호막을 형성하는 것이다. 申, 酉, 戌, 亥, 子, 丑 운에는 申이나 子와 합하여 申, 子, 辰 - 水국으로 삼합작용에 의한 水작용을 하게 되는 것이다. 寅, 卯, 辰 운에는 寅이나 卯와 합하여 木국으로 방합에 의한 木작용을 하게 된다.

(2) 戌(辛, 丁, 戊)의 작용력 변화

申, 酉, 戌　亥, 子, 丑　寅, 卯, 辰, 巳, 午, 未
[金-작용]　[土-작용]　[火-작용]

(해석) 申, 酉, 戌 운을 만나면 戌이 申이나 酉와 합하여 申, 酉, 戌 - 金국으로 방합에 의한 金작용을 하게 되고 亥, 子, 丑 운을 만나면 戌이 火를 입묘 시켜서 지장간에 저장하고 있는 丁(火)를 보호하기 위해서 土작용처럼 보호막을 형성하는 것이다. 寅, 卯, 辰, 巳, 午, 未 운에는 寅이나 午와 합하여 寅, 午, 戌 - 火국으로 삼합작용에 의한 火작용을 하게 되는 것이다.

(3) 丑(癸, 辛, 己)의 작용력 변화

巳, 午, 未, 申, 酉, 戌　亥, 子, 丑　寅, 卯, 辰
[金-작용]　[水-작용]　[土-작용]

(해석) 巳, 午, 未, 申, 酉, 戌 운에는 巳나 酉와 합하여 巳, 酉, 丑 - 金국으로 삼합작용에 의한 金작용을 하게 되는 것이다. 亥, 子, 丑 운에는 亥나 子와 합하여 水국으로 방합에 의한 水작용을 하게 된다. 寅, 卯, 辰 운에는 丑이 金을 입묘시켜서 지장간에 저장하고 있는 辛(金)을 보호하기 위해서 土작용처럼 보호막을 형성하는 것이다.

(4) 未(丁, 乙, 己)의 작용력 변화

亥, 子, 丑, 寅, 卯, 辰	巳, 午, 未	申, 酉, 戌
[木-작용]	[火-작용]	[土-작용]

(해석) 亥, 子, 丑, 寅, 卯, 辰 운에는 亥나 卯와 합하여 亥, 卯, 未 - 木국으로 삼합작용에 의한 木작용을 하게 되는 것이다. 巳, 午, 未 운에는 巳나 午와 합하여 火국으로 방합에 의한 火작용을 하게 된다. 申, 酉, 戌 운에는 未가 木을 입묘시켜서 지장간에 저장하고 있는 乙(木)을 보호하기 위해서 土작용처럼 보호막을 형성하는 것이다.

6. 월령용사

월령용사는 월지에 한해서 사용을 하는데 일주의 신강(身强)과 신약(身弱)을 구분 짓기 위해서 그리고 절기의 깊고 얕음을 따져보기 위해서 있는 것이다. 월령(月令)이라는 말의 뜻은 월(月)은 태어난 달을 말하고 령(令)이란 우두머리를 의미한다. 월은 사주명조에서도 가장 큰 영향력을 가지고 있는 곳으로 월을 좀 더 세분화하여 어느 오행이 가장 강한 힘을 갖는가를 살펴보기에 좋은 지표가 될 것이라고 본다. 격용론을 사용하는 학파에게는 많이 사용 되겠지만 '간지론'을 사용하는 우리에게는 크게 쓰임이 없으니 참고만 하기 바란다.

(1) 월령용사표(月令用事表)

구분	여 기	중 기	정 기
子	壬 10일	癸 20일	
丑	癸 9일	辛 3일	己 18일
寅	戊 7일	丙 7일	甲 16일
卯	甲 10일	乙 20일	
辰	乙 9일	癸 3일	戊 18일
巳	戊 7일	庚 7일	丙 16일
午	丙 10일	己 9일	丁 11일
未	丁 9일	乙 3일	己 18일
申	戊 7일	壬 7일	庚 16일
酉	庚 10일	辛 20일	
戌	辛 9일	丁 3일	戊 18일
亥	戊 7일	甲 7일	壬 16일

(2) 4왕지(四旺支)

子, 午, 卯, 酉 월은 각 지지가 갖는 고유의 오행을 지장간에 품고 있으며 다른 오행은 없다. 사령기간으로 여기는 10일이고 정기는 20일로 모두 같다. (단, 午월은 火, 土의 공존으로 동일하게 본다.)

(3) 4생지(四生支)

寅, 申, 巳, 亥 월은 사령기간이 여기가 戊(土)로 7일간 중기가 7일간 정기가 16일로 되어 있다.

(4) 4묘지(四墓支)

辰, 戌, 丑, 未 월은 사령기간이 여기가 9일이고 중기가 3일이며 정기가 18일로 되어 있고 매월 모두 합하면 30일이 된다.

12지지에서 각 천간이 여기, 중기, 정기로 사령하는 기간은 12절을 기준으로 절입일을 정하여 계산한다.

*** 절입일부터 계산해 보면 사령기간은 아래와 같다.**

子월: 대설 후 10일간 壬 . 20일간 癸

丑월: 소한 후 9일간 癸 . 3일간 辛 . 18일간 己

寅월: 입춘 후 7일간 戊 . 7일간 丙 . 16일간 甲

卯월: 경칩 후 10일간 甲 . 20일간 乙

辰월: 청명 후 9일간 乙 . 3일간 癸 . 18일간 戊

巳월: 입하 후 7일간 戊 . 7일간 庚 . 16일간 丙

午월: 망종 후 10일간 丙 . 9일간 己 . 11일간 丁

未월: 소서 후 9일간 丁 . 3일간 乙 . 18일간 己

申월: 입추 후 7일간 戊 . 7일간 壬 . 16일간 庚

酉월: 백로 후 10일간 庚 . 20일간 辛

戌월: 한로 후 9일간 辛 . 3일간 丁 . 18일간 戊

亥월: 입동 후 7일간 戊 . 7일간 甲 . 16일간 壬

월령용사는 월이 시작되는 절입일부터 계산을 하여 가장 왕성한 역할을 하는 천간을 알아보기 위한 방법이라고 이해하기 바란다. 각각의 월은 날짜의 흐름에 따라서 다른 천간의 지배를 받는다. 월령용사는 子월 어느 날에 태어나느냐에 따라서 사령하는 천간이 달라질 수 있다는 말이 되겠다. 시간을 분류해 보아도 午시를 기준으로 오전 11시의 기온과 오후 1시의 기온 차이는 매우 크다고 보는데 하물며 한 달의 차이는 그 차이를 말로 표현하기 어려울 정도일 것이다. 월령용사가 격국을 잡거나 신강과 신약을 구분하는데 사용하는 것 이외에도 여러 가지로 사용할 수 있는 방법이 많이 있는 것으로 알고 있다. 월령용사의 중요도를 떠나서 어떻게 활용하는가도 앞으로 학인들이 풀어야할 숙제가 아닌가 생각한다.

제 6 장

12운성과 12신살 해석

1. 12운성(十二運星) 해석

격국용신론을 사주풀이의 주된 수단으로 사용하고 있는 학파에서는 12운성을 거의 사용을 하지 않았었다. 필자도 처음 사주공부를 할 때는 12운성이라는 것이 있는데 사용할 일은 거의 없는 것으로 배웠고 책에서 보고 알고만 있었다. 요즘은 무슨 이유에서인지 12운성을 명리 책에 수록하는 사람들이 많아졌으나 정확하게 사용법을 아는 사람은 드문 것 같다. 사용법도 제대로 알지 못하면서 왜 수록을 하는지는 알 길이 없다. 하지만 '간지론' 학파에서는 매우 중요하게 사용을 하므로 잘 습득해두기 바란다. 12운성은 10천간의 생로병사를 보여주는 아주 중요하고 정밀한 해석수단이고 천간과 지지의 관계를 설명해 주며 세운에 적용되는바가 많다고 하겠다. 일명 포태법(胞胎法)이라고 하며 천간이 각각의 지지를 만나서 생로병사 문제를 자세히 설명해 놓은 것이라고 하겠다.

각각의 천간이 12지지를 돌아가면서 만나는 상태가 생왕묘절(生旺墓絶)로 표현이 되며 이것은 생극(生剋) 원리에서 크게 벗어나지 않고 음간과 양간의 생사가 다르니 그 이치를 알아야 한다. 12운성에서 양간(陽干)은 순행하고 음간(陰干)은 역행을 하는데 양은 솟아오르고 발산하는 성질을 가지므로 주로 순행(順行)을 하고 음은 떨어뜨리고 수렴하는 속성을 따라서 역행(逆行)을 한다. 양이 태어나는 곳에서 음이 죽게 되는 것은 음양이 서로 교환되는 자연의 이치이고 양생음사(陽生陰死) 음생양사(陰生陽死)의 법칙이다.

甲, 乙을 예로 들면 甲은 양이므로 亥에서 장생하여 午에서 죽게(死) 되며 乙은 음이므로 午에서 장생하여 亥에서 죽게(死) 된다는 것이다. 모든 사물은 음양을 가지고 있으며 양이 극단으로 가면 음이 생기고 음이 극단으로 가면 양이 생기는 것이다. 일부에서 12운성의 해석을 오행으로만 구분하고 음양으로 구분 짓지 않는 오행의 12운성만을 사용하는 경우가 있는데 그것은 음간의 역행을 사용하지 않고 양간의 순행만을 사용해야 한다는 것이다. 모든 학설을 취하고 버리는 것은 학인들의 몫이지만 필자는 먼저 음양을 구분하지 않고 오행의 12운성으로 본 다음에 필요에 따라서 음간도 보는 입장이라고 하겠다.

12운성은 각 천간이 12개월의 지지를 순서대로 만나면서 태(胎)에서 출발하여 절(絶)까지 12가지의 이름이 붙여지는데 이것은 10천간이 세상에 태어나서 기운이 점차 왕성해졌다가 쇠약해지고 소멸해가는 과정을 표현한 것으로써 10천간의 탄생과 소멸과정을 보여주는 것이라고 하겠다. 이것은 인간사만의 문제가 아니고 만물이 생성하고 소멸하는 자연운동의 이치가 거기에 있음을 알 수 있고 음양의 생로병사 과정을 자세히 알 수 있는 것이다. 삼합의 구성 원리는 12운성에서 찾아 볼 수가 있는데 삼합을 풀어 놓으면 12운성이 되고 다시

12운성을 모아 놓으면 삼합이 된다. 예를 들어서 설명을 하자면 申, 子, 辰 삼합은 水국이 되는데 그 결과물인 천간 壬은 지지 申을 만나면 12운성으로 장생지에 해당되고 지지 子를 만나면 제왕지에 해당이 되며 지지 辰을 만나면 입묘지에 해당이 된다. 申子辰-水국 삼합은 12운성으로 水의 장생, 제왕, 입묘의 합을 말하는 것으로 12운성에서 가장 중요한 핵심을 모아서 만든 조합이 삼합이라고 하겠다.

(1) 12운성(十二運星) 의미

生 浴 帶 官 旺 衰 病 死 墓 絕 胎 養

생 욕 대 관 왕 쇠 병 사 묘 절 태 양

가. 성장기

생(生)은 세상에 처음 태어나는 것을 말한다.

욕(浴)은 태어난 후에 목욕을 하는 것을 말한다.

대(帶)는 목욕 후에 띠를 두른다는 것으로 옷을 입는다는 말이다.

관(官)은 장성하여 벼슬길에 오르는 것을 말한다.

왕(旺)은 성장의 절정기로 왕성하다는 것을 말한다.

나. 쇠퇴기

쇠(衰)는 왕성한 시기를 지나서 쇠해지는 것을 말한다.

병(病)은 병이 들었다는 것을 말한다.

사(死)는 병들어 죽음을 말한다.

묘(墓)는 죽어서 땅 속에 매장 됨을 말한다.

절(絕)은 모든 것이 끝나고 끊어진 상태를 말한다.

다. 새로운 시작

태(胎)는 아이를 배다, 새로운 시작, 태아를 말한다.

양(養)은 기르다, 성장하다로 뱃속에서 자라는 것을 말한다.

12운성을 살필 때 천간육친은 바로 지지에 대입을 하고 지지는 천간화 시켜서 대입을 해야 한다. 천간에는 없고 지지에만 있다면 어떻게 12운성에 대입을 해야 하느냐를 질문하는 학인들이 있는데 寅은 甲으로 卯는 乙로 변형시켜서 대입을 하면 된다.

(2) 12운성 세운 적용법

12운성을 사용하는 방법을 잘 알지 못해서 일간대비 년, 월, 일, 시 지지에 대입하는 경우가 많은데 그것은 일간의 강약을 구분하는 방법이기는 하지만 12운성을 제대로 활용하는 방법이 아니다. 12운성은 대운의 적용은 약하지만 사주팔자에 있는 육친의 세운적용에 매우 작용력이 크다고 할 수 있다. 만약에 火일간에 庚(金)을 재성으로 사용하는 사람이 癸巳년에 찾아와서 금전 운을 묻는다면 어떨까? 대부분 오행으로 火 극 金하여 금전 운이 좋지 못하다고 하거나 비견 운이니 재성을 극하여 금전 운이 좋지 못하다고 해석을 할 것이다. 그러나 두 가지 대답 모두 틀렸다. 이런 경우를 두고 오행과 육친에 빠져서 오류를 범한다고 말하는 것이다. 12운성으로 庚(金)은 巳에 장생하기 때문에 금전 운이 매우 좋은 것으로 해석해야 옳은 것이다. 이렇듯 12운성을 이용한 운세 감명법은 아주 훌륭한 사주풀이 방법 중에 하나라고 적극 추천하는 바이니 학인들은 잘 습득하여 많은 활용이 있기를 바란다.

가. 장생 운을 만나면: 새로운 일을 시작하여도 좋다.

나. 목욕 운을 만나면: 약간의 어려움을 겪으나 점차 좋아진다.

다. 관대 운을 만나면: 식상, 재성이면 사업이 번창하고 관성, 인성이면 승진의 기회가 온다.

라. 건록 운을 만나면: 경사가 있고 재물이 발전한다.

마. 제왕 운을 만나면: 최고 행운의 시절이며 기쁜 일이 많다.

바. 쇠 운을 만나면: 아직 기운이 남아 있으나 점차 기울어진다.

사. 병 운을 만나면: 쇠퇴한 기운이 점차 뚜렷해진다.

아. 사 운을 만나면: 어떠한 일도 마무리 지어야 하는 상황이다.

자. 묘 운을 만나면: 사업 실패나 해당 육친과 사별 및 이별한다.

차. 절 운을 만나면: 모든 일이 뜻대로 되지 않는다.

카. 태 운을 만나면: 새로운 일은 작게 시작해도 좋다.

타. 양 운을 만나면: 점차 자라고 있는 상태로 발전한다.

*** 양간과 음간의 차이**

양간은 **묘, 절, 태, 양**에 어려운 시기를 보낸다.

음간은 **쇠, 병, 사**에 어려운 시기를 보낸다.

사주팔자에 있는 재성이나 관성을 세운에 대입해서 12운성으로 관찰하면 현재의 상황을 알아 볼 수 있는 가장 좋은 방법이 된다.

(3) 10천간과 12운성

10천간

甲 乙 丙 丁 戊 己 庚 辛 壬 癸

갑 을 병 정 무 기 경 신 임 계

12운성

生 浴 帶 官 旺 衰 病 死 墓 絶 胎 養

생 욕 대 관 왕 쇠 병 사 묘 절 태 양

10천간의 각 글자들을 12지지에 각각 대입을 하면 12가지로 분류가 되고 천간과 지지의 조합이 120가지가 된다. 각 천간이 12지지를 만나면 어느 정도의 기운을 갖게 되고 12운성으로 어떤 상태에 놓이는가를 빨리 알아 볼 수 있게 연습을 하기 위해서 이 자리에서 일일이 대입을 시켜서 작성을 해 보겠으니 학인들도 많은 연습이 있기를 바란다. 이것을 연습하고 눈에 익혀 두면 천간과 지지와의 관계를 이해하는 데 많은 도움이 되고 앞으로 '간지론'을 공부하는데 매우 큰 도움이 될 것이라고 생각이 되어 아래에 작성하는 바이다.

가. 甲(木)의 12운성

甲은 亥에 장생하고 子에 목욕하며 丑에 관대하고 寅에 건록하며 卯에 제왕하고 辰에 쇠하며 巳에 병하고 午에 사하며 未에 묘하고 申에 절하며 酉에 태하고 戌에 양한다.

亥-장생. 子-목욕. 丑-관대. 寅-건록. 卯-제왕. 辰-쇠. 巳-병. 午-사. 未-묘. 申-절. 酉-태. 戌-양.

나. 乙(木)의 12운성

乙은 午에 장생하고 巳에 목욕하며 辰에 관대하고 卯에 건록하며 寅에 제왕하고 丑에 쇠하며 子에 병하고 亥에 사하며 戌에 묘하고 酉에 절하며 申에 태하고 未에 양한다.

午-장생. 巳-목욕. 辰-관대. 卯-건록. 寅-제왕. 丑-쇠. 子-병. 亥-사. 戌-

묘. 酉-절. 申-태. 未-양.

다. 丙(火)의 12운성

丙은 寅에 장생하고 卯에 목욕하며 辰에 관대하고 巳에 건록하며 午에 제왕하고 未에 쇠하며 申에 병하고 酉에 사하며 戌에 묘하고 亥에 절하며 子에 태하고 丑에 양한다.

寅-장생. 卯-목욕. 辰-관대. 巳-건록. 午-제왕. 未-쇠. 申-병. 酉-사. 戌-묘. 亥-절. 子-태. 丑-양.

라. 丁(火)의 12운성

丁은 酉에 장생하고 申에 목욕하며 未에 관대하고 午에 건록하며 巳에 제왕하고 辰에 쇠하며 卯에 병하고 寅에 사하며 丑에 묘하고 子에 절하며 亥에 태하고 戌에 양한다.

酉-장생. 申-목욕. 未-관대. 午-건록. 巳-제왕. 辰-쇠. 卯-병. 寅-사. 丑-묘. 子-절. 亥-태. 戌-양.

마. 戊(土)의 12운성

戊는 寅에 장생하고 卯에 목욕하며 辰에 관대하고 巳에 건록하며 午에 제왕하고 未에 쇠하며 申에 병하고 酉에 사하며 戌에 묘하고 亥에 절하며 子에 태하고 丑에 양한다.

寅-장생. 卯-목욕. 辰-관대. 巳-건록. 午-제왕. 未-쇠. 申-병. 酉-사. 戌-묘. 亥-절. 子-태. 丑-양.

바. 己(土)의 12운성

己는 酉에 장생하고 申에 목욕하며 未에 관대하고 午에 건록하며 巳에 제왕하고 辰에 쇠하며 卯에 병하고 寅에 사하며 丑에 묘하고 子에 절하며 亥에 태하고 戌에 양한다.

酉-장생. 申-목욕. 未-관대. 午-건록. 巳-제왕. 辰-쇠. 卯-병. 寅-사. 丑-묘. 子-절. 亥-태. 戌-양.

사. 庚(金)의 12운성

庚은 巳에 장생하고 午에 목욕하며 未에 관대하고 申에 건록하며 酉에 제왕하고 戌에 쇠하며 亥에 병하고 子에 사하며 丑에 묘하고 寅에 절하며 卯에 태하고 辰에 양한다.

巳-장생. 午-목욕. 未-관대. 申-건록. 酉-제왕. 戌-쇠. 亥-병. 子-사. 丑-묘. 寅-절. 卯-태. 辰-양.

아. 辛(金)의 12운성

辛은 子에 장생하고 亥에 목욕하며 戌에 관대하고 酉에 건록하며 申에 제왕하고 未에 쇠하며 午에 병하고 巳에 사하며 辰에 묘하고 卯에 절하며 寅에 태하고 丑에 양한다.

子-장생. 亥-목욕. 戌-관대. 酉-건록. 申-제왕. 未-쇠. 午-병. 巳-사. 辰-묘. 卯-절. 寅-태. 丑-양.

자. 壬(水)의 12운성

壬은 申에 장생하고 酉에 목욕하며 戌에 관대하고 亥에 건록하며 子에 제왕하고 丑에 쇠하며 寅에 병하고 卯에 사하며 辰에 묘하고 巳에 절하며 午에 태하고 未에 양한다.

申-장생. 酉-목욕. 戌-관대. 亥-건록. 子-제왕. 丑-쇠. 寅-병. 卯-사. 辰-묘. 巳-절. 午-태. 未-양.

차. 癸(水)의 12운성

癸는 卯에 장생하고 寅에 목욕하며 丑에 관대하고 子에 건록하며 亥에 제왕하고 戌에 쇠하며 酉에 병하고 申에 사하며 未에 묘하고 午에 절하며 巳에 태하고 辰에 양한다.

卯-장생. 寅-목욕. 丑-관대. 子-건록. 亥-제왕. 戌-쇠. 酉-병. 申-사. 未-묘. 午-절. 巳-태. 辰-양.

오행 중에서 火와 土는 같은 방향의 운동성을 보이므로 丙과 戊 그리고 丁과 己는 12운성이 같다. 12운성의 용어 중에서 생과 장생은 같은 뜻이고 욕과 목욕도 같은 뜻이며 대와 관대는 같은 뜻이고 관은 건록과 같은 뜻이며 왕은 제왕과 같은 뜻이고 묘는 입묘 또는 장(藏)과 같은 뜻이며 절은 포(胞)와 같은 뜻이다.

2. 12신살(十二神殺) 해석

12신살과 12운성은 깊은 연관성이 있는데 그것은 12운성과 12신살을 연결시켜서 관찰을 해 보면 금방 알 수가 있다. 12운성의 순서와 12신살의 공통점을 찾기 위해서 둘을 함께 나열해 보기로 하겠다.

12운성 - 생 욕 대 관 왕 쇠 병 사 묘 절 태 양

12신살 - 지 년 월 망 장 반 역 육 화 겁 재 천

12운성의 장생과 12신살의 지살은 비슷한 상황을 연출하며 12운성의 목욕과 12신살의 년살과도 비슷한 상황을 뜻한다. 이렇게 연결하여 12운성의 양과 12신살의 천살까지를 살펴보면 같은 맥락의 설명임을 알게 될 것이다. 격국용신론에서는 12신살을 주로 사용을 하고 12운성을 사용하지 않았으나 '간지론'에서는 그와 반대로 12운성을 주로 사용하고 12신살은 사용하지 않는다. 12운성과 12신살의 관련성만 연구하고 넘어가기 바란다.

12신살

劫	災	天	地	年	月	亡	將	攀	驛	六	華
겁	재	천	지	년	월	망	장	반	역	육	화
살	살	살	살	살	살	신	성	안	마	해	개

(1) 겁살(劫煞)

겁살은 위협할 겁 자로 말 그대로 뺏는다, 겁탈 당한다는 뜻으로 교통사고, 강제탄압, 강탈, 손재, 재앙, 탈취, 등을 뜻한다. 겁살이 사주에 있고 겁재, 양인이 많으면 산재로 인하여 몸을 다치고 무뚝뚝하고 독기가 있으며 정이 없다. 관성과 동주하면 권력을 잡거나 조직에 수장이 된다. 년, 월, 일, 시에 해당 된 육친은 화를 항상 주의해야 한다.

(2) 재살(災煞)

일명 수옥살(囚獄煞)이며 구속, 감금, 송사 등에 해당되며 본인이 군인, 경찰, 법무, 세무, 금융 등의 권력기관에 인연이 될 수 있다. 재살이 사주에 있고 사주와 적절히 조화를 이루면 권력기관에서 일을 하게 된다. 년, 월, 일, 시의 해당육친이 관액이나 횡액이 따른다.

(3) 천살(天煞)

천살은 예측할 수 없는 자연재해를 말하며 하늘이 내리는 재앙을 뜻하고 천재지변, 홍수, 가뭄, 태풍, 벼락, 마비, 정신질환, 간질, 지진을 말한다. 천살이 사주에 있으면 중병에 걸리기 쉬운데 중풍, 심장질환, 간질, 마비증세 등에 걸린다. 년, 월, 일, 시에 해당 육친에 작용을 한다.

(4) 지살(地煞)

지살은 역마 작용과 비슷하며 이사를 하거나 외국을 나간다. 항공, 자동차, 해운, 선박, 철도, 무역업 등에 종사할 수 있다. 지살이 사주에 있으면 외국 유학을 가거나 외국어를 전공하고 통역이나 외교에 맞다. 생년에 있으면 고향을 떠나서 타향살이를 하게 된다. 직업으로는 여행사, 외교, 통상, 무역, 이민, 어학, 항공, 해운업에 좋다.

(5) 년살(年煞)

년살은 도화살(桃花煞), 함지살(咸池煞)이라고도 하고 도화는 호색, 풍류, 사교, 외정 등으로 해석하는 경우가 많으나 요즘은 인기나 유명세를 뜻하며 인기 연예인들에게 많이 있다. 년살이 사주에 있으면 남녀 모두 색정문제로 곤란을 겪는 경우가 많다. 평소에 얌전하다가도 색난을 일으켜 가정에 문제가 생긴다.

(6) 월살(月煞)

월살은 고초살(枯焦煞), 고갈살(枯渴煞)이라고도 하고 메마르다는 뜻을 가지며 황무지와 같이 풀이 나지 않는다는 뜻이다. 사주에 있으면 무녀(巫女), 승려(僧侶)가 되기도 한다. 월살이 사주에 있으면 임신이 잘 되지 않아서 무자식일 경우가 많고 몸이 약하여 병치레가 많아서 고생한다. 신비주의를 좋아하고 신병으로 몸이 아프게 된다.

(7) 망신살(亡身煞)

망신살은 파군살(破軍煞)이라고도 하며 인간, 재물, 보증 등으로 망신을 당한다는 것이다. 사주에 있으면 일생동안 망신당할 일이 많다. 망신살이 사주에 있으면 화려한 색과 혁명성을 지닌 정치살이다. 색난과 정치적 암투상이 암시되어 있고 자신이 일을 저질러 안에서 크게 잃는다는 뜻이다.

(8) 장성(將星)

장성은 지배욕이 강하여 정관계에 진출하면 대권을 장악한다. 정의감이 강하고 주관이 뚜렷하나 고집이 세서 다툼이 많다. 용맹심, 승진, 번영을 뜻하며 강한 힘을 말한다. 장성살이 사주에 있으면 권력계통으로 진출을 하면 출세하여 가문을 빛낸다. 여자는 흉하게 보는데 기가 너무 강하여 사회진출을 꿈꾸고 남편에게 순종하지 않고 몸이 아프고 신기가 있다.

(9) 반안(攀鞍)

반안은 말안장이라는 뜻으로 출세, 승진을 말하며 인품이 중후하고 조상의 음덕이 있다. 인간교제가 많고 꾸미고 장식하는 것을 좋아한다. 일찍 출세하고 행운이 따르며 만인의 존대를 받는다. 반안살이 사주에 있으면 공부하는 사람은 합격을 하고 회사를 다니는 회사원은 월급이 오르고 승진을 한다.

(10) 역마(驛馬)

역마는 寅, 申, 巳, 亥가 해당되고 오늘날 교통수단과 같다. 寅-버스, 申-철도, 巳-비행기, 亥-선박을 의미한다. 타향, 외국 등과 인연이 있고 이민이나 해외관련, 무역관련 직업이 좋다. 역마살이 사주에 있으면 사방팔방 돌아다니기를 좋아하고 임기응변이 뛰어나다. '이동살'이라고도 하며 일생을 바쁘게 살아간다. 직업변동이 심하고 평생 안정이 안 된다.

(11) 육해(六害)

육해는 건강에 문제가 많고 만성질환에 시달리는 경우가 많다. 부모, 형제, 부부, 자녀 등의 덕이 없고 종교에 귀의하는 경우도 많다. 육해살이 사주에 있으면 동작이 빠르고 눈치가 빠르며 음식도 빨리 먹는다. 남의 집에 양자를 가던지 신앙으로 삶을 살아간다. 여성은 난산을 하거나 자식을 잃게 될 수도 있다.

(12) 화개(華蓋)

화개는 겉은 화려하나 내면은 고독을 상징하므로 예술인, 승려, 보살, 학자, 성직자에게 많다. 학문이 뛰어나고 두뇌가 총명하며 문장에도 능한 경우가 많다. 학교, 명예, 학문, 종교, 문화, 예술, 신앙, 고독 등 이상적인 세계를 추구하는 경향이 매우 크다. 화개살이 사주에 있으면 불교와 인연이 깊은 집안이며 해당육친이 승려가 된다. 다재다능하고 총명하고 팔방미인의 운명이다. 만물을 창고에 보관하는 것과 같아서 정신과 사물을 보관하는 작용을 하는 것과 새로운 것을 창조하는 능력이 있다. 화개가 공망이 되면 승려가 되고 자식 인연이 어렵다. 인수가 간섭하거나 동주하면 대학자가 된다.

제 7 장

신살론(神殺論)

신살(神煞)이란 무엇인가? 몇 종의 신살(神煞)이 있으며 그 각각의 신살(神煞)들은 인생역정에 어떤 작용을 하고, 어떤 결과를 낳는가? 하는 문제들에 대하여 검토해 보기로 하겠다. 살(煞)은 대체로 흉한 작용을 하여 부정적인 영향을 주며 신(神)은 길한 작용을 하여 좋은 역할을 한다. 앞으로 설명하는 신살(神煞)들에 대하여 지나친 고정관념을 가질 필요는 없다. 실제로 신살(神煞)은 오늘날과 같이 오행(五行)과 십간(十干) 그리고 12지(十二支)의 상호작용에 의해서 명(命)을 감정하는 구체적이고 체계화된 감명방법이 생기기 이전에 쓰여진 것으로, 일관성이 없고 체계적이지 못한 점들이 있다. 그러므로 학인들은 신살(神煞)에 대해 학문적 정립이 완벽하지 못한 이론으로 이해하기 바라며 참고용 이론체계라고 이해하는 것이 좋겠다. 특히 본서(本書)에서 주장하고 있는 핵심적인 이론은 음양오행과 22간지의 상호작용에 중점을 두고 있는 '간지론'이기 때문에 상대적으로 신살(神煞)의 중요성은 낮아진다. 학인들이 의외로 신살론에 대한 관심이 많고 호기심도 많아서 실제로 간지론에서는 거의 사용하고 있지 않지만 여기에 수록하는 바이다. 신살(神煞)의 종류는 무수히 많다. 그러나 대체적으로 빈번하게 사용되고 적중률이 제법 높은 것으로는 1백여 개 안팎에 이르며 명리서적에서 주로 다루고 있는 것들은 30~40여 개에 불과하다. 이 정도의 신살로 인간의 명(命)을 감정한다는 것은 무리임을 느낄 것이다. 신살은 일주(日柱)를 중심으로 보는 것과 그 외의 기둥을 중심으로 보는 것들로 나누기도 한다. 여기서는 특별한 구분 없이 그 쓰임이 많은 것들부터 차례로 밝히기로 하겠다.

1. 천을귀인(天乙貴人)

日 干	甲戊庚	乙 己	丙 丁	辛	壬 癸
天 乙	丑 未	子 申	亥 酉	午 寅	巳 卯

천을귀인은 옥당귀인(玉堂貴人), 천은귀인(天恩貴人)이라고도 하며 일간(日干)과 사주(四柱) 중의 지지(地支)를 대비하여 본다. 즉 甲, 戊, 庚 일생(日生)이 丑, 未를 보는 경우 천을귀인이라고 한다. 천을귀인은 출중한 인물을 낳고 부귀공명을 누리게 하는 길신(吉神)에 해당한다. 사주의 년에 있으면 조상 덕이 있고 월에 있으면 부모, 형제 덕이 있고 일에 있으면 처덕이 있고 시에 있으면 자손 덕이 있고 자녀가 귀하게 된다. 천을귀인에 해당하는 육친 또한 복이 많거나 덕을 입게 되지만 형, 충, 공망이 되면 귀인역할을 못해 고생하게 된다.

2. 문창귀인(文昌貴人)

日干	甲	乙	丙戊	丁己	庚	辛	壬	癸
文昌	巳	午	申	酉	亥	子	寅	卯

문창귀인은 천을, 천덕, 월덕과 같이 길신(吉神)으로 작용하며 일간(日干)을 중심으로 본다. 甲일생이 사주 지지에 巳를 보는 경우 문창귀인이라고 한다. 문창귀인이 있으면 두뇌가 총명하여 공부를 잘하고 학문을 통해 성공을 할 수 있으며 모든 흉살(凶煞)을 만나도 길신(吉神)으로 변하게 한다. 문창귀인이 비겁(比劫)과 같은 기둥이면 형제가 학문에 뛰어나며 교사가 많고, 식상(食傷)과 같이 있으면 자식과 조모, 장모가 교사와 인연이 많다. 해당 육친에 학문성을 의미하기도 한다.

3. 삼기(三奇)

天上 三奇	甲	戊	庚
人中 三奇	辛	壬	癸
地下 三奇	乙	丙	丁

일주(日主)를 위주로 하여 순서대로 나와야 삼기(三奇)로 보는데 사주 내에 삼기가 있으면 인품이 뛰어나고 박학다능(博學多能)하고 모든 분야에 뛰어난 재능을 가지고 있다. 천간 삼합(三合)이라고 하며 궁합을 볼 때에도 두 사람 간에 삼기가 합하여 채워져 있으면 정신적 합이 되므로 이유 없이 인연이 오래 가는 천생연분이 된다.

4. 백호대살(白虎大殺)

甲	乙	丙	丁	戊	壬	癸
辰	未	戌	丑	辰	戌	丑

위의 일곱 개의 간지를 백호대살(白虎大煞)이라고 한다. 사주의 년, 월, 일, 시에 모두 작용한다. 명(命)중에 백호대살이 있으면 해당육친이 한(恨)을 품고 죽는다는 가장 흉악한 신살이라고 할 수 있다. 일주(日柱)에 백호대살이 있으면 성정이 강하고 흉폭하여도 남들의 부러움을 살 것이니 기이한 발전이 있을 것이다.

5. 괴강(魁罡)

日干	庚	庚	壬	壬	戊
魁罡	辰	戌	辰	戌	戌

辰과 戌은 12지지 중에서 기(氣)가 가장 강하여 辰을 천강(天罡)이라 하고 戌을 하괴(河魁)라고 하여 辰이나 戌을 지지로 하는 庚과 壬이 괴강이 된다. 괴강을 가진 사람은 부부가 해로하기 힘들고 배우자도 같이 괴강이 있기를 요(要)한다. 크게 일류로 발전할 수 있는 힘으로도 본다. 괴강은 오직 극과 극을 치닫되, 이것이 아니면 저것, 최대갑부 아니면 가난뱅이와 같이 극단적인 면이 있다. 세력이 강한 사주는 더욱 강하게 하고 약한 사주는 더욱 약하게 만들기 때문이다. 여명(女命)은 얼굴이 아름다우나 고집이 세서 남편을 이기려 하고 남편을 무시하여 결국은 이별을 하게 되는 경우가 많다. 남명(男命)은 성격이 청렴결백하고 이론을 좋아하며 총명하고 달변가이다.

6. 고진과숙(孤辰寡宿)

日支	寅卯辰	巳午未	申酉戌	亥子丑
孤辰	巳	申	亥	寅
寡宿	丑	辰	未	戌

일지를 중심으로 사지(四支)를 본다. 대개 년(年)을 위주로 보고 있으나 고진과숙은 일주(日柱)를 중심으로 보아야 한다. 寅, 卯, 辰 일생(日生)이 巳를 보면 고진(孤辰)이고, 丑을 보면 과숙(寡宿)이 되니 모두 같은 방법으로 본다. 고진은 남명(男命)에 처를 극(剋)하고 과숙은 여명(女命)에 부(夫)를 극(剋)한다고 하였으니 남녀를 불문하고 고진과숙을 꺼리게 된다. 고진과숙은 배우자가 있어도 고독을 느끼고 배우자 인연도 만나기 힘들다. 종교에 귀의하면 작용력이 약해지고 길신에 해당하면 종교지도자가 된다.

7. 원진(怨嗔)

子	丑	寅	卯	辰	巳
未	午	酉	申	亥	戌

원진은 흉살로 년지(年支) 또는 일지(日支)를 기준으로 해서 보는데 주로 원진 띠끼리 만나게 되면 불목, 불화, 원망, 반목이 생기고 궁합이나 부부관계에 나쁜 영향을 끼친다. 특히 궁합을 볼 때 가장 널리 사용되는 살인데 이별, 권태, 바람기가 있어 눈물로 한스러운 삶을 살게 됨을 예시해 준다. 사주에 일(日)과 시(時)가 원진이면 배우자와 자식의 인연이 없고, 일(日)과 월(月)이 원진이면 부모, 형제, 고부간이 불화하며, 년(年)과 월(月)이 원진이면 조부 간에 불화한다. 원진은 원천적으로 맞지 않아 바꾸려는 상황을 말한다.

8. 역마(驛馬)

年 支	亥卯未	寅午戌	巳酉丑	申子辰
驛 馬	巳	申	亥	寅

亥, 卯, 未 년에 태어난 사람이 사주에 巳가 있는 것을 말한다. 역마는 한 곳에 머물지 못하고 밖으로 나가 돌아다니게 된다는 뜻이다. 하지만 어떤 일이든 적극적이고 활동성이 있다는 의미도 있다. 관성이 역마가 들면 역마와 관련 있는 직업을 가지면 좋다. 재성에 역마가 들면 먼 곳을 왕래하며 장사나 사업을 하게 되거나 하면 좋다는 뜻이다.

9. 도화(桃花)

日 支	寅午戌	巳酉丑	申子辰	亥卯未
桃 花	卯	午	酉	子

寅, 午, 戌 일지에 사주에 卯가 있으면 도화가 성립한다. 도화는 오행의 패욕지(敗浴地)라고 하며 목욕살(沐浴煞), 함지살(咸池煞)이라고도 한다. 도화가 년, 월에 있으면 장내도화(牆內桃花)라 하여 부부간 사이가 좋은 것을 뜻하며 일, 시에 있으면 장외도화(牆外桃花)라 하여 배우자 외에 타인에게 정을 주거나 음란하다는 뜻이다. 요즘은 인기를 뜻하며 남다른 재능을 말하기도 한다. 흔히 음탕하고 색정이 강한 사람들을 도화살이 있다고 하듯이 도화는 색을 탐하고 놀며 즐기기를 좋아한다. 그러나 준수한 용모에 다정다감함을 보여 주기도 하지만 여명(女命)에는 더욱 흉하게 작용한다.

10. 삼재팔난(三災八難)

年 支	申子辰	亥卯未	寅午戌	巳酉丑
三災年	寅卯辰	巳午未	申酉戌	亥子丑

삼재팔난은 온갖 재앙과 8가지 재난을 겪게 되는 살로써 매우 흉한 살이며 삼재는 우리나라에서 가장 많이 알려진 살(殺) 중에 하나이다. 삼재는 년지를 기준으로 보며 매년 돌아오는 세운으로 본다. 삼재는 삼합 작용 후에 시들어 가는 과정으로 12운성으로 병, 사, 묘의 자리가 된다. 모든 재난이 위의 3년간 든다는 것인데 들 삼재, 눌 삼재, 날 삼재라고 부른다. 즉 亥, 卯, 未가 목국(木局)인데 목이 巳, 午, 未 년에 이르면 12운성으로 巳(병), 午(사), 未(묘)에 들어서 무력해지므로 흉하게 된다는 것이다. 앞의 방법으로 보면 전 국민의 4분의 1이 매년 삼재에 들어 흉악한 일을 당하게 된다는 결론에 이른다. 그러나 삼재에 들어 있어도 출세를 하고 사업에 성공하는 사람도 많다. 따라서 이제는 삼재와 같은 살도보다 합리적인 방법을 통해 보아야 할 것이다. 보다 현실적인 방법으로 삼재를 재해석 하자면 띠가 삼재라 하더라도 사주에 식상이 삼재에 들면 그 화가 매우 크다고 하겠다.

11. 화개(華蓋)

亥 卯 未	寅 午 戌	巳 酉 丑	申 子 辰
未	戌	丑	辰

년(年)주나 일주를 기준으로 하여 보는데 화개(華蓋)가 일(日)에 있으면 처를 극한다. 亥, 卯, 未 년을 기준으로 木국을 의미하는데 다시 사주에 未가 있으면

화개가 된다. 화개살을 가진 사주는 고집이 세고 여명(女命)의 경우는 더욱 불길하다. 지혜롭고 예술과 학문에 능하며 재능이 뛰어나다. 흉신과 함께 있으면 종교인이 되는 경우가 많다.

12. 공망(空亡)

甲子부터 ------ 癸酉까지는 ------ 戌 亥 공망
甲戌부터 ------ 癸未까지는 ------ 申 酉 공망
甲申부터 ------ 癸巳까지는 ------ 午 未 공망
甲午부터 ------ 癸卯까지는 ------ 辰 巳 공망
甲辰부터 ------ 癸丑까지는 ------ 寅 卯 공망
甲寅부터 ------ 癸亥까지는 ------ 子 丑 공망

공망은 천중살(天中殺)이라고도 하는데 10간(十干)과 12지(十二支)가 60갑자(六十甲子)를 만들면서 10간이 1회 순환할 때 남는 두 개의 지지를 공망이라고 한다. 즉 10개의 天干이 12개의 지지 중에서 하나씩 취하면 지지의 끝부분 2개가 남게 된다. 그러므로 갑자(甲子)에서 계유(癸酉)까지 짝을 맞추면 술(戌)과 해(亥)가 남게 되는데 이것을 공망이라고 한다. 이와 같이 공망은 지지는 있는데 天干이 없으니 여자가 남자를 만나지 못해 가정을 꾸리지 못하고 자손을 얻을 수 없는 결과가 된다. 공망은 흉살을 없애 주고 길신을 없애 주는 역할을 하여 길흉을 완화시켜 주기도 하고 그 자체로서는 해를 끼치는 흉살이 된다. 공망은 오행으로의 작용은 하되 육친의 작용은 하지 않는다는 특징이 있다. 다시 말해 사주의 강약이나 오행의 중화작용을 나눌 때는 공망 작용을 하지 않는데 공망된 육친은 육친으로서 작용을 하지 못하므로 참고하기 바란다. 년, 월, 일, 시 또한 그 자리가 공망 하면 해당육친과 인연이 없다고 본다.

13. 천덕귀인(天德貴人)

寅월생 ------ 丁　　卯월생 ------ 申
辰월생 ------ 壬　　巳월생 ------ 辛
午월생 ------ 亥　　未월생 ------ 甲
申월생 ------ 癸　　酉월생 ------ 寅
戌월생 ------ 丙　　亥월생 ------ 乙
子월생 ------ 巳　　丑월생 ------ 庚

천덕귀인은 월지를 중심으로 보는데 천덕귀인이 사주에 있으면 하늘의 은총을 받는 좋은 귀인으로 특히 관운(官運)이 좋아 높은 벼슬을 할 수 있고 판사가 많다. 위와 같이 寅月 生이 丁을 보면 천덕귀인이다.

14. 월덕귀인(月德貴人)

月支	亥卯未	寅午戌	巳酉丑	申子辰
月德	甲	丙	庚	壬

월지(月支)를 기준으로 하여 천간(天干)을 본다. 관재(官災)가 없고 재물이 풍족하여 부유함을 누리게 되고 평생을 부귀공명 한다는 좋은 귀인이며 천덕귀인과 작용력이 유사하다. 寅, 午, 戌 월생(月生)은 丙을 만나 월덕귀인이 된다.

15. 금여(金輿)

日干	甲	乙	丙戊	丁己	庚	辛	壬	癸
金與	辰	巳	未	申	戌	亥	丑	寅

금여(金輿)는 말 그대로 금수레라는 뜻으로 귀족이나 왕족같이 신분이 높거나 귀한 사람에게서 많이 나타나는 길신(吉神)이다. 사주에 금여가 있으면 좋은 배우자를 만나서 자손이 번영하고 평생 안락하게 보낸다.

금여가 있으면 성정이 온후하고 유순하며 용모가 빼어나고 배우자운이 좋다. 얼굴에 항상 화사한 기운이 있으며 몸가짐에 절도가 있고 적시에 주위 사람의 도움을 받는다. 대개 황족의 사주에 금여가 많았다고 하는데 오늘날에는 발명가나 종교인, 외교가에 많이 있다.

16. 천의성(天醫星)

寅월생 ----- 丑　　卯월생 ----- 寅
辰월생 ----- 卯　　巳월생 ----- 辰
午월생 ----- 巳　　未월생 ----- 午
申월생 ----- 未　　酉월생 ----- 申
戌월생 ----- 酉　　亥월생 ----- 戌
子월생 ----- 亥　　丑월생 ----- 子

일명 활인살(活人殺)로 종교인, 주술사, 의사, 한의사, 약사, 간호사 등의 직업에 종사하는 사람이 많다.

17. 암록(暗祿)

日干	甲	乙	丙	丁	戊	己	庚	辛	壬	癸
暗祿	亥	戌	申	未	申	未	巳	辰	寅	丑

감춰진 행복이라는 뜻으로 사주에 암록이 있으면 귀인의 도움을 받고 평생

재물이 풍족하게 된다. 뜻하지 않는 행운이 잘 따른다. 甲 일간에 사주 지지에 亥가 있으면 성립이 된다.

18. 상문·조객(喪門弔客)

太歲	子	丑	寅	卯	辰	巳	午	未	申	酉	戌	亥
喪門	寅	卯	辰	巳	午	未	申	酉	戌	亥	子	丑

太歲	子	丑	寅	卯	辰	巳	午	未	申	酉	戌	亥
弔客	戌	亥	子	丑	寅	卯	辰	巳	午	未	申	酉

상문은 태세 년지(年支)를 사지(四支)에 대비하여 보는데 상문살이 그 해에 들면 상복을 입게 되고 친인척간에 사별을 할 수 있는 것으로 본다. 조객도 상문과 같이 집안친척 중에 상(喪)을 당하거나 조객을 맞는다는 살(殺)이다.

19. 홍염(紅艶)

日干	癸	甲乙	丙	丁	戊己	庚	辛	壬
紅艶	申	午	寅	未	辰	戌	酉	子

홍염은 일간을 위주로 사지(四支)를 본다. 일간이 甲이면 사주 지지에 午가 있으면 홍염이 되는 것이다. 사주에 홍염살이 있으면 남녀 간에 색을 탐하여 이성을 보면 눈웃음을 치며 좋아한다. 특히 여자는 배우자 운이 나쁘고 기생이 된다는 살(殺)로 몰래 사생아를 낳기도 한다. 홍염은 눈웃음과 추파와 애교가 특징이다.

20. 평두(平頭)

甲 . 丙 . 丁 . 壬 . 子 . 辰

위 글자 중 4개 이상 사주에 있거나 3개가 있고 대운에서 1개를 더 만나면 작용한다. 스님이나 목사 또는 역술인이나 무당이 될 팔자다. 혼인을 하기 힘들고 결혼을 해도 깨지는 수가 생기며 종교가나 역학자가 되면 그 분야에서는 성공할 수 있다.

21. 현침(懸針)

甲 . 申 . 卯 . 午 . 辛

사주 전체를 보며 이 글자들이 길신(吉神)이면 의학, 약학, 군인, 이, 미용 등으로 성공하며 흉신(凶神)이면 몸을 잘 다치며 총칼에 맞거나 교통사고를 당한다.

22. 귀문관살(鬼門關殺)

四支	子	丑	寅	卯	辰	巳
鬼門	酉	午	未	申	亥	戌

귀문관살이 사주에 있으면 엉뚱한 행동을 자주하며 과대망상이나 신경과민에 잘 빠진다. 의부증(疑夫症)이나 의처증(疑妻症) 그리고 변태(變態) 등이 있다. 길신(吉神)에 해당하면 지혜가 있고 총명하며 학문이 발달하고 영리하여 재능이 뛰어나서 일류대를 가기도 한다.

23. 목욕살(沐浴殺)

日干	甲	乙	丙	丁	戊	己	庚	辛	壬	癸
沐浴	子	巳	卯	申	卯	申	午	亥	酉	寅

함지살(咸池殺) 또는 패살(敗殺)이라고도 한다. 일간기준으로 보며 일간의 욕지(浴地)를 말한다. 사주에 목욕살이 있으면 색욕이 넘쳐서 주색으로 방탕하게 되어서 패가망신하게 된다. 목욕살은 추잡한 성생활을 특징으로 하는 살이다. 그러나 길신(吉神)에 해당하면 정사(情事)로 인해 갑자기 발전할 수도 있다.

24. 천라지망(天羅地網)

(戌 . 亥) – 천라(天羅) . (辰 . 巳) – 지망(地網)

사주에 천라지망이 있으면 모든 일이 뜻대로 되지 않으며 궁합도 태어난 띠로 천라나 지망을 이루면 불길하며 두 사람 중에 한명이 귀명(鬼命)을 간다. 남명은 戌, 亥를 보면 꺼리고 여명은 辰, 巳를 보면 꺼린다. 세운이나 대운에 들어도 같은 작용을 하니 심하면 죽음에 이를 수도 있으므로 크게 꺼린다.

25. 나체도화

甲子 . 庚午 . 辛亥 . 癸酉 . 丁卯 . 乙巳

일주를 보는 것인데 6개의 일주가 나체도화에 해당한다. 나체도화를 가지고 있으면 음란할 뿐만 아니라 나체를 좋아하며 이성이면 노소를 가리지 않고 탐하여 그 난륜(亂倫)함을 말로 다할 수 없을 정도다.

26. 곤랑도화

지지에 형(刑)과 도화가 있고 천간이 상합(相合)되면 이를 곤랑도화(滾浪桃花)라 하는데 丙子일에 辛卯시의 경우에 子는 도화에 해당이 되고 지지는 子卯 - 刑(형)이 되며 천간은 丙, 辛 - 합(合)이 되어 곤랑도화가 성립이 된다. 己卯일에 甲子시도 같은 경우이다. 사주에 곤랑도화를 가지고 있으면 너무나 색을 밝혀 정신을 잃을 정도로 몰입하며 때에 따라서는 복상사하는 수도 있다.

27. 양인(羊刃)

甲 - 卯 . 丙 - 午 . 戊 - 午 . 庚 - 酉 . 壬 - 子

양인은 일간을 기준으로 보는데 사주 어디에나 양인이 있어도 살로 본다. 甲일간에 사주 지지 어디에나 卯가 있으면 성립이 된다. 특히 일지에 있는 경우 매우 강한 작용력을 갖는다. 양인은 칼을 쥔 것이니 자칫하면 칼을 휘둘러 난폭해지고 자신을 상하게 한다. 양인은 년에 있으면 가업을 계승하지 못하고 선조의 재물을 들어먹고 은혜를 원수로 갚는 일을 한다. 또 월주에 있으면 부모형제 덕이 없고 인덕이 없다. 일주에 있으면 남녀 모두 배우자를 극하며 연분때문에 일생을 망친다. 시주에 있으면 자녀를 극하고 배우자를 괴롭히며 말년에 서글프고 한스러운 일이 많다. 음간(陰干)에서는 양인이 없고 양간(陽干)에서만 양인이 작용 한다.

28. 녹마동향(祿馬同鄕)

壬午 · 癸巳

일주로 보는데 이 두 일주를 녹마동향이라고 하여 정관과 정재가 같은 지지(地支) 중에 암장되어 있는 것을 말한다. 대체로 배우자 인연이 좋고 재물 운이 좋다는 것을 상징한다.

29. 음양(陰陽)

丙子 · 戊午

남녀를 불문하고 일주가 위와 같은 음양살을 가지면 용모가 아름다워 이성으로부터 유혹을 많이 받는데 본인도 또한 음란하고 색정이 강해 일생을 망칠 경우가 있다. 남자가 丙子 일주면 평생 동안 많은 여성과 상대하고 여자가 丙子 일주면 많은 남자를 품에 안고 도망간다 하였다.

30. 곡각(曲脚)

乙 · 己 · 巳 · 丑

위의 네 자가 四柱에 있으면 곡각(曲脚)이라 하는데 이는 사고나 병으로 인하여 수족을 못 쓰거나 절단되는 것을 말한다. 또 신경통 등으로 수족에 이상이 있는 것도 포함된다.

31. 효신(梟神)

사주에 배우자 자리인 일지(日支)에 인성이 있으면 효신살이라고 하는데 효신이 있으면 부모 앞에서 부부관계를 해야 하는 격이므로 마음대로 사랑을 하지 못하니 서로 원망만 하고 고부간의 갈등이 심하다. 그로 인해서 집안의 화목함이 없고 근심걱정이 많으며 모두가 외로움을 느끼는 살이다.

모든 살을 해석할 때는 단식판단으로 감명을 하면 안 되고 여러 가지 정황을 잘 살펴서 복식판단을 해야 한다. 함부로 판단하면 큰 오류를 범할 수 있으니 주의하기 바란다.

제 8 장
격국용신론의 역사

1. 감명법의 변화

초창기 신살론을 사용하던 시기를 지나서 현재 가장 핵심적인 사주명리학의 감명법은 격국(格局)과 용신(用神)이다. 오랫동안 명리학자들은 격국과 용신의 답을 구하기 위하여 끊임없이 연구하고 노력하여 왔다. 현재도 수많은 학자들이 격국과 용신의 다양한 이론을 정립하고 다각도로 연구하고 있으며 사주명리학에서 격국과 용신에 대한 이론은 가장 중요하고 심도 있게 다루어지고 있는 부분이라고 하겠다. 요즘 들어서 일부 학자들은 격용론이 오류가 많고 잘 맞지 않는다고 하여 격국용신 무용론을 주장하기도 하지만 아직까지는 사주명리학에서 격국과 용신을 무시하기에는 대안이 없는 것이 사실이다. 선택의 여지가 없이 격국용신론을 채택해야 했던 시절을 지나서 이제 우리 앞에 '간지론'이라는 감명법이 나타났다. 제2부에서 신살론 앞부분까지 설명된 부분이 간지론 감명법이라고 하겠다. 물론 필자는 격용론을 완전히 배제하지는 않고 10정격은 채택을 하고 있다. 하지만 정격사주에 해당이 되지 않고 외격에도 해당이 되지 않는 사주는 간지론으로 감명을 하고 있다. 그래서 이번 장에서는 격용론에 대한 공부를 올바르게 해 보도록 하겠다.

2. 격국용신론의 변천사

격국용신론은 시대를 거치면서 변화해 왔다. 과거로부터 현재까지 어떤 과정을 거치면서 완성이 되었는지를 살펴보도록 하겠다.

(1) 서자평

과거 년주(年柱) 위주의 사주학에서 서자평이 일간(日干) 위주의 사주학을 창안한 후 낙록자삼명소식부주, 옥조신응진경주, 명통부 등을 저술하며 격국론을 주장하면서 격국에 따른 사주풀이를 소개하였다.

(2) 연해자평

사주학의 고전으로 가장 오랜 고서로는 연해자평이라고 할 수 있는데 연해자평에서는 서자평의 이론을 대부분 그대로 수용하면서 다양한 사주의 예를 넣고 격국론을 더욱 체계적으로 발전시켰다. 연해자평에서 종격을 처음으로 주장했는데 연해자평이 사주학의 모든 격국론과 용신론의 판단 기준이 된다고 할 수 있다.

(3) 명리정종

명리정종은 연해자평과 격국의 명칭은 대부분 일치하지만 용신론에서는 독창적인 동정설, 개두설, 병약설 등 새로운 학설을 주장했다.

(4) 삼명통회

삼명통회는 그 이전의 모든 사주학의 이론을 집대성하여 사주를 판단하는 각종 이론과 비결을 모두 소개한 종합편이라고 하겠다. 그러다보니 사주학이 아주 방대한 체계를 갖추기는 했지만 오히려 너무나 복잡하고 어려운 면도 발생하게 되었다.

(5) 명리약언

명리약언은 명리에 대한 이론을 간단히 정리한 책으로써 격국용신론을 간략하게 요약정리하면서 잡격을 배격하고 억부용신 한 가지만 강조하였다. 10정격과 종격, 화기격만을 인정하고 있는 것이 가장 큰 특징이라고 하겠다.

(6) 자평진전

자평진전에서는 연해자평의 육신론에 입각해서 순용과 역용의 격국용신론을 설정하였다. 4길신(四吉神)과 4흉신(四凶神)의 격을 구별하고 그에 따라 격국과 용신의 원리를 설명하고 있다.

(7) 적천수

적천수에서는 명리약언의 주장을 받아들여 잡격을 배격하고 억부용신을 중시하였다. 가장 큰 특징은 4종격인 종강격, 종왕격, 종기격, 종세격을 주장하여 격국용신론을 한층 발전시켰다고 할 수 있다.

(8) 서락오

적천수 이후에 서락오가 자평수언에서 용신을 정하는 다섯 가지 원칙 즉 억부(抑扶), 조후(調候), 병약(病弱), 통관(通關), 전왕(專旺)의 원칙을 정립했다.

이처럼 오랜 역사를 지닌 격국용신론은 현재도 계속 유지, 발전되고 있다. 그러나 현재 사주명리학계에서는 위의 여러 격국용신론들이 통일되어 있지 못하고 각자 자기가 공부한 대로 이론을 선택하여 사용하거나 자신의 실제경험을 덧붙여 활용하고 있는 형편이다. 지금까지는 사주학에 훌륭한 이론의 기틀이 될 수 있는 새로운 학설이 없어서 사주를 분석하는 데는 격국과 용신의 틀을 벗어날 수 없었다. 하지만 이제 '간지론'이라는 새로운 학설이 대안으로 제시되고 있는바 일정한 기간을 거쳐서 검증을 하고 발전을 시켜 현대사회에 맞는 새로운 학설이 만들어지기를 기대해 본다. 10정격 이외에 여러 가지 특수격이나 외격 등이 만들어졌다는 것은 그만큼 10정격에 맞지 않는 사주들이 많았다는 것으로도 볼 수가 있다. 그런 파격사주들을 해석할 수 있는 방법이 특수격이나 외격, 화격이 아니고 '간지론'이라는 것이 필자의 주장이다.

3. 격국론 정리

격국은 지금까지 전해온 종류가 수 없이 많았는데 세월에 따라서 여러 번의 변화과정을 반복하였다. 필자가 채택하는 10정격 이외에 수없이 많은 격국들이 있는데 그렇게 많은 외격과 특수격, 종격, 화격 등은 일명 파격을 해석하는데 별로 도움이 되지 못한다. 여기서 학인들은 왜 이렇게 많은 격국들이 양산이 되어야만 했을까를 생각해 보는 시간이 되기를 바란다. 그럼 아래에 내격과 외격에 대한 종류를 알아보기로 하겠다.

(1) 내격

여러 명칭을 통일시켜 '10정격(건록격, 양인격, 식신격, 상관격, 편재격, 정재격, 편관격, 정관격, 편인격, 정인격)'이라고 부른다. 내격 중에서 칠살격, 겁재격, 비견격 등의 명칭을 사용하는 학파들이 있는데 그 부분은 육친의 명칭을 기준으로 통일을 해서 부른다면 칠살격은 편관격으로, 겁재격은 양인격으로, 비견격은 건록격으로 부르면 무난하다고 하겠다.

(2) 종격

종살격, 종재격, 종아격, 종왕격, 종강격 등의 외격이 있다.

(3) 화기격

상당히 난해한 이론이기는 하나 실제 임상에서 극히 드물게 화기격 또는 가화격으로 성립이 되는 경우가 있다.

(4) 일기격(一氣格)

곡직인수격, 염상격, 가색격, 종혁격, 윤하격은 종왕격과 같은 작용이다. 사주 전체의 오행 상으로 나타나는 고유의 성정을 이해하기 위해서 성립과정을 설명하기는 하나 사주를 분석하는 데에는 별도로 취급하지는 않는다.

(5) 특수격

암충격, 암합격, 일귀격, 복덕수기격, 형합격, 일덕격, 괴강격, 금신격, 시묘격, 비천록마격, 시상일위귀격, 도충격, 육을서귀격, 합록격, 자요사격, 축요사격, 임기용배격, 정란차격, 귀록격, 육음조양격, 공록격, 육임추간격, 육갑추건격, 구진득위격, 현무당권격, 일덕수기격, 복덕격, 오행구족격 등을 포함한 기타 특수격 및 잡격은 모두 오행의 논리상 논할 가치를 느끼지는 못하나 학문을 하는 사람으로서 역사적인 배경과 근원은 알아야 하는 것이니 활용하지는 않더라도 알아둘 필요는 있다고 생각한다.

4. 용신론 정리

용신은 격국의 변천에 따라서 함께 변하여 왔으며 사주의 조건에 맞춰서 설정해야 한다. 아래에 용신의 종류를 정리해 보도록 하겠다.

(1) 억부용신(抑扶用神)

(2) 조후용신(調候用神)

(3) 통관용신(通關用神)

(4) 병약용신(病弱用神)

(5) 전왕용신(專旺用神)

제 9 장

격국론(格局論)

일간에게 월지 지장간 중에서 가장 유력한 존재를 대입하여 정하는 것이며, 대입된 각각의 형태를 놓고 격을 갖추었다는 의미로 격국이라 하고, 또 각각의 형태에 따라 육친의 명칭을 붙여서 부르는 것인데 그 격국에 따라 사주 주인공인 일간의 기본적 스타일이 정해지는 것이다. 격은 사주 주인공인 일간의 외적인 스타일을 말하며 사회활동의 도구와 수단이 된다. 격국은 활동공간과 일터이고 직장과 사업장이 될 수 있으며 사주 주인공이 지닌 가장 큰 무기가 될 수 있다.

1. 격국이란 무엇인가?

⑴ 격은 하나의 이름을 의미하며 한 사람이 살아가는 인생의 근본이 되며 사회성이요 선대의 가업이고 사회적 등급이며 부귀빈천을 나타내는 지표로써

자기가 근본적으로 타고난 능력이 된다.

⑵ 격도 상, 중, 하로 등급이 있는데 격이 튼튼하면 인생의 목표가 뚜렷하고 근본이 뚜렷하고 인생의 목표도 뚜렷하다.

⑶ 격은 일간이 그렇게 살아갈 수밖에 없는 조건을 말한다.

⑷ 파격(破格)은 격국을 잡기 어렵거나 합, 충, 형, 공망 등에 의하여 격을 이루지 못한 경우를 말하는데 파격이면 힘들고 가난하고 노력해도 잘 안 되고 좋은 직업도 못 갖는다.

⑸ 격과 용신은 업무수행능력으로 격이 튼튼하면 직업의 근본 틀은 좋으나 용신이 무력하면 업무수행능력이 부족하며, 격이 부실하면 직업의 근본 틀이 안정되지는 않으나 용신이 좋으면 적응력과 업무수행능력이 좋다.

⑹ 격에는 격이 원하는 용신이 있다.

인수격은 인수격이 원하는 용신이 있는지가 중요하다. 재성 운으로 가면 돈 버느라 공부한 것을 못 써먹지만 그러나 관이 있으면 학문을 활용하여 나의 위치가 생긴다. 따라서 격에는 격이 원하는 코스가 중요하다.

⑺ 격국은 본질적으로 변하지 않는다는 전제를 두지만 꼭 그렇지만은 않다. 부분적으로 격국은 운에 따라서 합과 충에 의하여 변하게 된다.

⑻ 하나의 사주에 격국은 꼭 하나만 있는 것은 아니다. 격국은 하나에서 세 개까지 나올 수 있다.

⑼ 사주에서 격을 꼭 하나만 설정해야만 되는가? 그리고 격은 꼭 정해야만 하는가? 가장 뚜렷한 것을 격으로 정하지만 격을 꼭 정해야만 하는 것은 아니다. 격이 애매하면 꼭 하나로 정하지 말고 있는 그대로 세 가지로 분석해야 한다.

2. 고전의 격국론

(1) 격국의 순용(順用)과 역용(逆用)

격국은 월령(月令)에서 구하는데 일간을 월지에 대입하고 육친을 구분하여 격국을 정한다.

길신: 財 . 官 . 印 . 食 (재성 . 정관 . 인수 . 식신)

흉신: 殺 . 傷 . 劫 . 集 (편관 . 상관 . 겁재 . 편인)

순용은 생조 한다는 뜻이고 역용은 극설 한다는 뜻이다.

길신은 순용하고 흉신은 역용해야 한다.

길신인 재성이 식상의 도움을 받는 것이 순용이고

흉신인 칠살을 식신이 제압하는 것이 역용이다.

(2) 격국의 성패(成敗)와 구응(救應)

성패란 이룰 성, 깨트릴 패로 격을 이룬 것과 파격을 말한다.

구응이란 건질 구, 응할 응으로 파격이 되었다가 구응이 있어서 다시 성격이 됨을 말한다.

성격이란 합, 충, 형이 없고 정격으로 성립된 것을 말한다.

파격이란 합, 충, 형으로 인하여 격을 이루지 못함을 말한다.

(3) 격국의 변화

격국은 월령정기를 격으로 삼는데 변화할 수 있다는 것이다.

월령 정기가 천간에 투간 되지 않았으면 중기, 여기 순으로 내려가면서 천간에 투간 된 것을 격으로 삼는다는 것이다.

월령 정기가 삼합을 이루어 삼합의 결과물로 오행이 바뀌면 그 오행으로 격을 삼는다는 것이다.

(4) 격국의 순잡(純雜)

격국의 변화에도 두 가지가 있다는 것이다.

순: 거스르지 않는다. 도리를 따르다. 순하다.

잡: 섞이다. 번거롭다. 흩어지다.

(5) 격국의 고저(高低)

격국의 등급을 정함에 기준이 있다는 것이다.

유정(有情): 흉신이 있어도 합거 되거나 제압되어 있는 것이다.

유력(有力): 일간이 능히 감당할 힘이 있다는 것이다.

무정(無情): 길신이 있어도 합거 되거나 충을 당하면 무정하다.

무력(無力): 일간이 감당할 힘이 없다는 것이다.

(6) 격국의 조후(調候)

시기를 이야기 하는 것으로 계절적으로 춥고 덥고의 기본적인 환경이 갖추어져야만 뜻을 펼 수가 있다는 것이다.

(7) 묘고(墓庫)의 형, 충(刑, 沖)

辰, 戌, 丑, 未의 작용을 이야기 하는 것으로 토(土)가 투간 되어 있을 때 충이 되어도 상관이 없지만 중기나 여기가 투간 되거나 삼합을 이루어 사용하는 때는 형, 충이 파격을 만든다는 것이다.

(8) 격국과 행운(行運)

운의 간지를 팔자와 대비하여 길흉을 정하는 것인데 사주를 보는 법과 차이가 없다는 것이다.

(9) 운에 의한 성격(成格)과 변격(變格)

팔자에 격국이 완전하지 못한데 운에서 보충해 주면 성격이 된다는 것이다. 운에 의해서 격국이 변하는 경우를 말한다. 격국론은 그 응용범위가 넓지 않으니 정격이 성립되는 경우가 10명 중에 1~2명에 불과 하다는 것이 문제다. 파격을 분석하기에는 역부족이라는데 문제점이 있다고 하겠다.

3. 격국을 정하는 방법

격국이란 사주팔자의 그릇 또는 이름이며 그 사람의 체질이고 사주팔자를 규정짓는 것이며 그것에 따라서 용신도 결정된다. 격국은 내격과 외격으로 분류하며 외격은 변격이라고도 부르며 전왕격, 종격, 종화격 등으로 분류하고 약 40여개의 특수격으로 분류할 수 있다.

(1) 격을 정하는 방법

첫째: 월지가 **子 午 卯 酉** 일 때는 지장간의 정기를 따라 해당 육친으로 격을 정한다.

둘째: 월지가 **寅 申 巳 亥** 일 때는 지장간에서 천간에 투간 된 자로 정하되

정기가 투간 되어 있으면 정기로 격을 정하고 없으면 중기가 투간 되었나를 보고 정하며 없으면 여기가 투간 되었나를 살펴서 정한다.

셋째: 월지가 **辰 戌 丑 未** 일 때는 寅 申 巳 亥와 동일한 방법으로 정하는데 천간에 투간 된 자중에서 재성, 관성만을 사용하고 나머지는 잡격으로 정한다. 재성이나 관성이 투간 되면 잡기 재, 관격이라고 부른다.

격(格)은 사주 중에서 월지를 중심으로 가장 기세가 강한 오행을 따라 이름 지은 것으로 사주를 분류하는 유형이며 명칭인 것이며 용신을 얻기 위한 방법론에 따른 분류로 이해하면 되겠다. 오직 격국과 용신만이 팔자를 해석할 수 있는 유일한 방법처럼 생각하지 말고 열린 마음으로 새로운 방법들을 연구 발전시킨다면 학계에 많은 발전이 있으리라 생각한다.

(2) 10정격(十正格)

가. 정관격(正官格)

일간을 극하는 오행이 월지에 있고 음양이 다른 것을 말한다. 월지에 정관이 있는 것으로 격(格) 중에서 가장 좋은 격으로 보며 사주에 편관, 상관이 없고 1개의 정관만 있는 것이 최상이다.

(예) 甲 일간이 酉월을 만나는 것이 정관격에 해당한다.

(예)	시	일	월	년
	0	甲	0	0
	0	0	酉	0

정관은 나를 극하므로 신왕을 좋아하며 장남이 많고 대체로 지도자의 길로

간다. 일주가 약하거나 충, 파, 공망이 되면 변변치 못한 직장생활을 한다. 정관은 인성이 있어서 관인 소통이면 지도자 길이 순조롭다. 여자는 본인이 지도자이거나 남편이 지도자 격이며 전형적인 주부도 많다. 정관을 충 하는 대운이나 세운에는 직장이나 명예에 반드시 변동이 생긴다. 편관이 있으면 관살혼잡이 되어 항상 고생이 많고 운에서도 편관이 오면 질병을 앓거나 근심고통이 생긴다. 남자는 관성이 없으면 준법정신이 없고 자기 멋대로 행동을 하며 여자는 정관이 없으면 예의범절이 없다고 본다. 인성이 없으면 승진에 문제가 있어 관리자로 성공이 어렵다. 정관이 거듭하여 있거나 편관이 섞여있어도 격이 탁해진다.

나. 편관격(偏官格)

일간을 극하는 오행이 월지에 있고 음양이 같은 글자를 말한다. 편관격에는 월상 편관격과 시상 편관격이 있다.

(예) 乙 일간이 酉월을 만나는 것이 편관격에 해당한다.

(예1)	시	일	월	년	(예2)	시	일	월	년
	0	乙	0	0		辛	乙	庚	庚
	0	0	酉	0		0	0	寅	0

월상 편관격 **시상 편관격**

편관은 호랑이와 같은 역할을 하므로 타협하는 방법으로 인성이나 식상이 있으면 권세가가 된다. 편관을 극하는 식신이 있으면 귀격으로 본다. 식상이 편관과 함께 있으면 특수기관, 언론, 방송, 법무 등에 종사한다. 식상이 편관을 쉽게 제어하면 선거에 의한 명예나 국회의원이 되는 선출직 명예를 얻는다. 비겁이 편관과 합하면 무관이나 스포츠 선수가 된다. 인수가 편관을 소통시키면 공학, 세무, 교도직 등 특수직에 종사한다. 편관과 편인이 있으면 교육, 언론, 방송에 종사한다. 여자의 경우 간섭이 심한 남편을 만나거나 행동을 불편하게 하는 남편을 만나기 쉽다. 식신은 반드시 하나만 있어야 한다.

다. 정재격(正財格)

일간이 월지를 극하고 음양이 서로 다른 글자를 말한다. 정재는 편재와 혼잡을 꺼리지 않는다.

(예) 丙 일간이 酉월을 만나는 것이 정재격에 해당한다.

(예)	시	일	월	년
	0	丙	0	0
	0	0	酉	0

정재는 자기 분수를 알고 부모로부터 정당한 혜택을 입고 재물과 가권의 상속이 있다. 구두쇠적인 기질을 가지고 계획적인 경제활동을 한다. 안정된 직장을 선호하며 소년기에 학문에 장애가 생길 수도 있는데 편재보다는 약하여 기본적인 학문은 이루는 것으로 판단한다. 투기심이 약하고 돈이 없으면 짜증도 심하다. 대운이나 세운에서 정재를 충 하면 고통이 심하게 나타난다. 상속으로 인한 가업의 계승으로 사업에 인연이 가능하다. 정재는 사업성이 약하여 평생 공직이나 안정적인 직장인으로 생활하게 된다. 정재는 관성을 생(生)하므로 명예를 이루기 쉽고 평생 금전 복이 있다. 일간이 왕하고 재성이 왕 하면 갑부사주가 된다.

라. 편재격(偏財格)

일간이 월지를 극하고 음양이 같은 글자를 말한다. 월상 편재격과 시상 편재격이 있다.

(예) 辛 일간이 卯월을 만나는 것이 편재격에 해당한다.

(예1)	시	일	월	년	(예2)	시	일	월	년
	0	辛	0	0		辛	丁	0	0
	0	0	卯	0		0	0	未	0

월상 편재격 **시상 편재격**

편재는 학문을 방해하므로 소년기에 여자문제나 금전문제로 학문의 중단은 필수에 가깝다. 일주가 강한 경우 평생 사업에 큰 재물을 지니게 된다. 관성이 드러나 있으면 금융, 회계, 서무 등과 인연이 많다. 운에 따라 파란만장한 삶을 사는 사람이 많다. 남자의 경우 사업성이 강한 부인을 만난다. 여자의 경우 남편 집이 부자이거나 사업가를 만날 수 있고 본인도 사업을 좋아하며 도덕성이 없는 짓을 잘한다. 일주가 약하면 부잣집에 가난한 사람이라 부잣집에 시집가도 자신의 권리 행사를 하기가 어렵다. 시상 편재격은 시상에 편재가 하나만 있어야 이루어진다. 비겁 운을 최고로 꺼리고 이런 운을 만나면 재물손실이 많고 처첩 문제가 발생한다. 시상 편재격은 겁재의 손상을 입지 않으면 담장 밖에 재물을 쌓아 놓은 모습으로 큰 부자가 된다. 시상 편재격이 겁재에 의하여 파손을 당하면 가난을 면치 못하고 처첩에 생사 이별을 하고 의식주도 여의치 못한 가난한 삶을 면하지 못하게 된다.

마. 정인격(正印格)

일간을 생하는 오행이 월지에 있고 음양이 다른 글자를 말한다. 정인격이 용신일 때 재성을 만나면 탐재괴인(貪財壞印)이라서 예상치 못한 어려움을 만난다.

(예) 甲 일간이 子월을 만나는 것이 정인격에 해당한다.

(예)	시	일	월	년
	0	甲	0	0
	0	0	子	0

정인(인수)은 학문을 의미하니 평생 글과 학문을 떠나지 않는다. 인수는 관운을 만나면 반드시 사회적으로 성공하며 시험에 합격한다. 인내심과 도덕의 별이니 도덕관념이 강하고 참고 견디는 힘이 남달리 강하다고 한다. 가권의 계승자가 되고 주로 문서재산 형태의 상속을 받게 되는 경우가 많다. 남녀모두 배우자 인연이 박하다. 현금재산의 인연이 약하고 평생 부모혜택으로 안락하게 살아가는 경우가 많다. 자기중심적인 성향이 강하고 교육사업, 임대사업과 같은 움직임이 없는 사업이 제일 잘 맞다. 인수가 많고 관이 부족하면 글 읽는 선비로 일생을 살아간다. 인성이 많으면 남녀가 자식이 적고 여자는 유산을 잘 한다.

바. 편인격(偏印格)

일간을 생하는 오행이 월지에 있고 음양이 같은 글자를 말한다. 편인은 식신을 극하는 육친으로 많으면 의식주가 곤궁하다.

(예) 乙 일간이 子월을 만나는 것이 편인격에 해당한다.

(예)	시	일	월	년
	0	乙	0	0
	0	0	子	0

학문과 인연하여 직업을 삼으나 기술적인 학문의 성향을 갖는데 예를 들면 의약, 공학, 전문기술 등의 학문이 많다. 가권의 계승이 좋지 못하거나 현금이 아닌 문서형태의 상속이 대체적으로 많다. 편인은 계모의 별이라서 매사에 눈칫밥을 먹고 살아 눈치가 매우 빠르다. 일생이 편중되게 살아가는 경우가 많다. 남자의 경우는 좋은 배우자 인연을 만나지 못하는 경우가 많고 여자의 경우는 좋은 자녀를 두는 경우가 드물다. 전문직이나 기술직에 직업을 갖고 살아가는 동안에 큰 어려움이 없겠고 종교, 예술, 의학, 천문학 등에 소질이 많다. 편재를 꺼려서 일생에 고단함이 많다. 편인과 인수는 작용력이 비슷하다. 편인격은 편재 운이나 식신 운에 좋지 않은 일이 발생한다.

사. 식신격(食神格)

일간이 월지를 생하고 음양이 같은 글자가 해당된다. 사주에 정재나 편재가 있어야 길명이 된다.

(예) 乙 일간이 午월을 만나는 것이 식신격에 해당한다.

(예)	시	일	월	년
	0	乙	0	0
	0	0	午	0

식신은 천연적인 의식주 혜택을 의미하므로 평생에 의식주 걱정이 적고 부모의 혜택도 매우 많다. 식신은 성질상 일주를 약화시키므로 일주가 강함을 좋

아한다. 두뇌가 총명하고 몸이 비대하고 도량이 넓고 이해심, 동정심, 자비심도 많다. 식신은 편관을 제어하므로 수명을 길게 이어 나가는 것으로 장수인자가 된다. 대체로 사업 인연이 많고 제조, 생산 등 정당한 재물생산 수단을 통하여 금전을 모은다. 식신이 충 되어 있으면 밥그릇을 들고 뛰어야 하는 형상이라 역마성 직업에 종사하면 좋다. 여자는 식신이 잘 생기면 출세자식을 둔다. 인성운을 만나는 것을 꺼린다. 사주에 인성이 함께 있으면 빈천하다.

아. 상관격(傷官格)

일간이 월지를 생하고 음양이 다른 글자가 해당된다. 상관을 인성이 제압 할 때 상관상진이라고 하여 최고로 본다.

(예) 甲 일간이 午월을 만나는 것이 상관격에 해당한다.

(예)	시	일	월	년
	0	甲	0	0
	0	0	午	0

일주가 왕성하여 상관을 중요하게 쓸 때 가상관 격이라 한다. 상관격이 이루어지고 다른 육친을 중히 쓸 때에는 진상관 격이라 한다. 필설의 능력, 예술, 스포츠 등에 재능이 많다. 비상한 재주, 창조, 혁명, 두뇌가 비상하고 천재성을 가진다. 여자는 남편 운이 약하거나 비정상적인 관계로 부부인연을 맺고 평생 활동적이다. 상관격은 길흉을 논하기 어려운 것이 특징이다. 자신감이 넘쳐 교만하고 경솔하며 상대방을 이기려는 경향이 많다.

자. 양인격(羊刃格)

일간과 월지의 오행이 같고 음양이 다른 글자가 해당된다. 양일간 일 때만

사용한다. (甲 丙 戊 庚 壬)

(예) 甲 일간이 卯월을 만나는 것이 양인격에 해당한다.

(예)	시	일	월	년
	0	甲	0	0
	0	0	卯	0

양인과 편관이 합이 되면 법관, 무관, 의사 등이 많다. 부모로부터 상속을 받기가 어렵고 현금유산을 받더라도 40세 이전에 받으면 반드시 없어지고 문서재산이면 지켜지는 것이 큰 특징이다. 대운이나 세운에서 양인을 충 하면 그 화가 매우 심하다. 거듭하여 비견, 겁재가 있는 경우 남자는 처의 건강이나 서로의 인연에 문제가 생길 수 있다. 여자는 소실이나 첩 자리에 시집을 가야 애로가 없다. 남녀 모두가 배우자 인연이 좋지 못하다. 음(陰)일간은 양인격을 사용하지 않는다. 형, 충, 공망을 꺼리고 합과 재성운도 꺼린다. 칠살과 양인 합살격이 최상의 격이 된다.

차. 건록격(建綠格)

일간과 월지가 같은 오행이고 음양이 같은 글자가 해당된다. 조상의 은덕을 입기 어려운 점이 있다.

(예) 乙 일간이 卯월을 만나는 것이 건록격에 해당한다.

(예)	시	일	월	년
	0	乙	0	0
	0	0	卯	0

공직사회 인연이 많고 만인의 지도자를 꿈꾼다. 사업을 하더라도 명예와 관련된 직업을 가져보고 사업 길로 들어선다. 부모의 혜택이 적고 받더라도 40세 이후에 받는 것이 좋다. 재성이 약하면 교육, 종교 지도자로 산다. 남녀모두 부부인연이 늦고 자식은 출세한 자식을 둔다. 대운이나 세운에서 충을 하면 그 화가 매우 크다. 격이 맑으면 공직에서 높은 자리까지 인연하게 되지만 공망, 충, 파, 형을 만나면 격이 떨어지므로 낮은 공직이나 공사에 근무한다. 재, 관운을 만나야 부귀공명 한다. 약간 신약한 것이 건록격은 좋다고 본다.

(2) 외격(外格)

변격(變格)이라고도 하며 내격의 반대 개념으로 붙여진 이름이다. 정격만큼 쓰임새가 많지 않으니 그 종류를 알아보는 정도로 참고하기를 바라고 필자는 외격을 사용하지 않는다.

가. 종격(從格)

부득이하게 세력에 따라가는 형세를 말하며 독립업이 불가능하다.

ㄱ. 종살격(從殺格)

사주팔자에 관성(정관, 편관)이 많고 인성, 비겁이 없어서 일주가 관성을 감당하지 못할 경우 할 수 없이 관성의 세력에 따르는 모양을 종살격이라고 한다. 직업변동이 많고 병고도 많으며 재성, 관성 운에 발달한다.

(예)	시	일	월	년
	0	庚	0	0
	0	寅	午	戌

庚 일간이 午월에 태어나고 지지에 寅 午 戌 화국(火局)이 있어 관성이 강한데 일간을 돕는 비겁이나 인성이 없으면 종살격이다.

ㄴ. 종재격(從財格)

일간이 심히 약하고 재성이 많아 감당하기 어려우면 재성을 따르게 되는데 이 같은 모양을 종재격이라 한다. 금융조직에 종사하거나 처의 활동력에 의지하여 지내게 된다. 재성을 생 하는 식상이나 재성, 관성 운에 발전한다.

(예)	시	일	월	년
	0	壬	0	0
	戌	午	寅	0

壬일간이 寅월에 태어나고 지지에 寅 午 戌 재국(火局)이 있어서 재성이 강한데 일간을 돕는 비겁이나 인성이 없으면 종재격이다.

ㄷ. 종아격(從兒格)

사주팔자에 식신과 상관이 너무 많고 일주가 약하면 식상의 세력을 따르게 되는데 이 같은 모양을 종아격이라 한다. 교육, 예능, 창작, 축산, 임업 등에 종사하는 것이 좋다. 비겁, 재성 운에 발달한다.

(예)	시	일	월	년
	0	乙	0	0
	巳	巳	午	午

乙일간이 午월에 태어나고 지지에 식신과 상관이 많아서 식상이 강한데 비겁이나 인성이 없으면 종아격이 된다.

ㄹ. 종강격(從强格)

재성, 관성이 없고 일주를 돕는 비겁, 인성이 많은 모양을 종강격이라 한다. 세력을 따라 움직이므로 운에 따라 직업 변동이 많다. 비겁, 인성 운에 발달한다.

(예)	시	일	월	년
	0	甲	0	0
	亥	寅	卯	卯

甲일간이 卯월에 태어나고 지지에 비겁과 인성이 많은데 재성과 관성이 없으면 종강격이 된다.

나. 전왕격(專旺格)

비겁, 인성으로만 이루어진 모양이며 세상과의 인연이 부족하고 교수나 종교인 사주에 많다.

ㄱ. 곡직격(曲直格)

甲, 乙 일주가 寅 卯 辰 월에 生 하거나 亥 卯 未 목국(木局)을 이루고 木을 극하는 金이 없으면 곡직격이 된다. 水. 木. 火 운에 발달하고 선비형이 많다.

(예)	시	일	월	년
	0	乙	0	0
	亥	卯	卯	未

乙일간이 卯월에 태어나고 지지에 亥 卯 未 목국(木局)이 있어서 비겁이 강하고 木을 극하는 육친인 관성이 없으면 곡직격이다.

ㄴ. 염상격(炎上格)

丙, 丁 일주가 巳 午 未 월에 生 하든지 寅 午 戌 화국(火局)을 이루고 火를 극하는 水가 없으면 염상격이 된다. 木. 火. 土 운에 발달하고 귀격(貴格)에 해당 되지만 수명이 짧을 수 있다.

(예)	시	일	월	년
	0	丙	0	0
	午	寅	午	戌

丙일간이 午월에 태어나고 지지에 寅 午 戌 화국(火局)이 있어서 비겁이 강한데 火를 극하는 水 관성이 없으면 염상격이 된다.

ㄷ. 가색격(稼穡格)

戊, 己 일주가 辰 戌 丑 未 월에 生 하고 土를 극하는 木이 없을 때 가색격이 된다. 火. 土. 金 운에 발달한다.

(예)	시	일	월	년
	0	戊	0	0
	戌	午	未	辰

戊일간에 未월에 태어나고 지지가 모두 비겁과 인성으로 되어 있고 土를 극하는 木이 없으면 가색격이다.

ㄹ. 종혁격(從革格)

庚, 辛 일주가 申 酉 戌 월에 태어나든지 巳 酉 丑 금국(金局)을 이루고 金을 극하는 火가 없으면 종혁격이 된다. 金. 土. 水 운에 발달하고 의협심이 강하다.

(예)	시	일	월	년
	0	庚	0	0
	巳	申	酉	戌

庚일간이 酉월에 태어나고 지지에 모두 金일색이고 극하는 火가 없으면 종혁격이다.

ㅁ. 윤하격(潤下格)

壬, 癸 일주가 亥 子 丑 월에 태어나든지 申 子 辰 수국(水局)을 이루고 水를 극하는 土가 없으면 윤하격이 된다. 金. 水. 木 운에 발달하고 지혜와 용모는 출중하나 정이 없다.

(예)	시	일	월	년
	0	癸	0	0
	亥	亥	子	申

癸일간이 子월에 태어나고 지지에 모두 水로 구성이 되어 있어서 비겁이 강한데 이를 극하는 土 관성이 없으면 윤하격이 된다.

다. 화격(化格)

ㄱ. 진화격(眞化格)

화격의 모양을 갖추고 지지에 화하는 오행이 왕(旺)할 때 진화격이라고 한다.

ㄴ. 가화격(假化格)

화격의 모양은 갖추었으나 지지에 극하는 오행이 방해를 하고 있는 경우 거짓 화격이라고 한다.

ㄷ. 화기격(化氣格)

화격의 모양이지만 극도 아니고 생도 아닌 어정쩡한 오행이 섞여 있을 경우 화기격이라고 한다. 잡격보다는 좋지만 그냥 보통 사주풀이처럼 해석하고 화하는 오행은 무용으로 취급하면 된다. 보통 큰 힘에 의지해서 사는 모양이 많다.

ㄹ. 甲己 합 土 화격(甲己合土化格)

甲 己의 화격은 일간과 월간 또는 시간이 천간 합이 되어 생긴 오행이 월지에 반드시 있어야 성립된다. 방해하는 인자 木이 있는 경우는 성립이 안 되고 가화격이라 하며 일반적 사주풀이를 하고 火. 土 운에 발달한다.

(예)	시	일	월	년
	己	甲	0	0
	巳	辰	未	未

甲일간이 시간에 己와 천간 합하여 甲己(合)土 하고 월지에 土가 있고 지지가 대부분 土를 이루고 방해하는 木이 없으면 성립된다.

ㅁ. 乙庚 합 金 화격(乙庚合金化格)

乙 庚의 화격은 월지가 巳 酉 丑 申 월이어야 하며 巳 丑은 金이 아니지만 삼합(三合)하여 金으로 화하므로 무방하다. 土. 金. 水 운에 발달한다.

(예)	시	일	월	년
	庚	乙	0	0
	辰	丑	申	酉

乙일간이 시간에 庚과 천간 합하여 乙庚(合)金 하고 월지에 金이 있고 지지가 대부분 金, 土를 이루고 방해하는 火가 없어 성립된다.

ㅂ. 丙辛 합 水 화격(丙辛合水化格)

丙 辛의 화격은 월지가 申 子 辰 亥 월이어야 한다. 申 辰은 水가 아니지만 삼합 하여 水로 화하므로 무방하다. 金. 水 운에 발달한다.

(예)	시	일	월	년
	0	丙	辛	0
	亥	申	亥	子

丙일간이 월간 辛과 천간 합하여 丙辛(合)水 하고 월지에 水가 있고 지지가 대부분 水를 이루고 방해하는 土가 없어서 성립된다.

ㅅ. 丁壬 합 木 화격(丁壬合木化格)

丁 壬의 화격은 亥 卯 未 寅 월이어야 한다. 亥 未는 木이 아니지만 삼합 하여 木으로 화하므로 무방하다. 水. 木. 火 운에 발달한다.

(예)	시	일	월	년
	壬	丁	0	0
	寅	卯	亥	寅

丁일간이 시간에 壬과 천간 합하여 丁壬(合)木 하고 월지에 亥가 있고 지지가 대부분 木을 이루고 방해하는 金이 없어서 성립된다.

ㅇ. 戊癸 합 火 화격(戊癸合火化格)

戊 癸의 화격은 寅 午 戌 巳 월이어야 한다. 寅 戌은 火가 아니지만 삼합 하여 火로 화하므로 무방하다. 木. 火 운에 발달한다.

(예) 시 일 월 년
0 戊 癸 0
午 戌 巳 午

戊일간이 월간에 癸와 천간 합하여 戊癸(合)火 하고 월지에 火가 있고 지지가 대부분 火를 이루고 방해하는 水가 없어서 성립된다.

이외에 특수격이 군신경회격, 일기생성격, 4위순전격, 비천록마격, 임기용배격 등 다수가 있으나 실전에 사용되는 게 별로 없어서 하나하나 기술하지 않는다. 격국은 용신을 잡기 위해서 편의상 구분지어 놓은 하나의 방법으로 이해하면 되겠다.

라. 격국론의 문제점

격국을 해석하는 데 있어서 오행이나 육친에 빠지는 오류를 본인도 모르게 자주 범하게 되는데 사주팔자를 보다 섬세하고 정확하게 관찰하고 분석하기 위해서는 육친이 아닌 22간지로 감명을 해야 한다는 것이다.

(예) 편관격의 보기

1. 0 乙 0 0
   0 0 酉 0

2. 0 丁 0 0
   0 0 子 0

3. 0 己 0 0
   0 0 卯 0

4. 0 辛 0 0
   0 0 午 0

5. 0 癸 己 0
   0 0 未 0

6. 0 甲 0 庚
   0 0 申 0

7. 0 丙 0 壬
   0 0 亥 0

8. 0 戊 0 甲
   0 0 寅 0

9. 0 庚 0 丙
   0 0 巳 0

10. 0 壬 戊 0
    0 0 辰 0

위의 보기를 모두 똑같은 편관격으로 분류하는데 그것은 육친에 빠져서 각각의 글자를 분석하지 못하는 오류를 범하게 된다. 酉를 관성으로 사용하는 것과 癸를 관성으로 사용하는 것 그리고 卯를 관성으로 사용하는 경우 또는 午를 관성으로 사용하는 경우 등 모두 10가지의 경우가 모두 편관격이라는 해석으로 동일하게 취급되는 것이 문제가 된다. 어느 글자를 편관으로 사용하느냐에 따라서 각각 전부 다 다르게 해석되어야 한다는 것이 필자의 주장이다.

육친을 구성하는 오행이나 글자가 무엇이든 모두 육친으로 묶어서 해석하는 것은 잘못된 방법이라는 것이다. 이런 경우를 육친에 빠졌다고 하는 것이다. 용신도 마찬가지로 木운에 발달하였다고 한다면 甲. 乙. 寅. 卯. 辰(乙, 癸, 戊). 未(丁, 乙, 己). 亥(甲, 壬) 7개의 木기운이 있다. 여기 7가지 운에 모두 발달했다고 보면 안 된다는 뜻이다.

그래서 오행개념이나 육친의 개념으로 단순화 시키지 말고 천간, 지지를 각각 모두 따로 구분 지어서 보아야 한다는 것이 필자의 주장이다.

제 10 장
용신론(用神論)

1. 용신이란 무엇인가?

사주감명은 태어난 일간을 중심으로 보는데 일간은 나 자신을 의미한다고 보는 것이다. 일간이 너무 강해도 안 되고 너무 약해도 안 되는데 이 두 가지 경우에 일간이 강하면 그 기운을 유출 시키거나 억제를 시켜주고 일간이 약하면 기운을 보충시켜 주는 자가 용신이 되는 것이 억부용신이 된다. 사주가 너무 지나치게 춥거나 더운 경우가 있는데 이럴 경우에는 조후(調候)용신이라 하여 균형을 맞춰주는 자가 용신이 된다.

용신이란 사주에서 가장 중요한 중화의 열쇠가 되며 길흉을 판단하는 가장 핵심적인 기준이 되고 제일 필요로 하는 오행이나 육친을 말한다. 사주를 감명하기 위해서는 먼저 격을 정하고 사주의 강약을 구분하여 용신을 정해야 하며 그 용신의 상태와 흐름을 관찰해야 한다. 하지만 용신을 정하는 것은 그렇게 쉬운 일이 아니다. 그것은 사주마다 오행과 육친의 분포가 각각 다르고 합이나 충으로 인하여 많은 변화가 발생하기 때문이다. 용신은 다양한 형태가 있는데 일주를 위해서 가장 필요한 요소이고 일주를 떠나서는 존재할 수 없기 때문에 어떤 사주도 용신 없는 사주는 없으며 반드시 사주 내에서 용신을 정해야 한다.

용신은 일주, 격국과 더불어 사주 감명의 3요소가 되니 그 셋 모두를 잘 살펴서 판단해야 한다. 그중에서도 길흉판단의 요체는 바로 용신이 된다는 것이다. 용신은 지지에 뿌리가 튼튼하고 천간에 투출이 되며 왕 할수록 좋은 것이다. 길흉과 성패는 용신과 관계되지만 심리적으로 나타나는 성향이나 직업적성 등의 활용성은 사주의 구조와 격국에서 분석해 내는 것이라고 하겠다.

2. 용신의 3요소

(1) 사주 내의 용신

용신은 내가 원하고 필요로 하는 신(神)이다. 사주 내에 있는 용신은 언제나 일간의 삶과 직결되어 직접적으로 작용한다. 용신을 통하여 모든 운명적인 일들이 함께 하게 되기에 용신이란 한시도 나를 외면하지 않기를 바라는 내가 원하는 신(神)인 것이다. 외부 행운의 작용에 상관없이 오로지 내 사주 안에서 나를 위한 역할을 해주기를 바라는 자의적(自意的)인 것이다.

(2) 외부 행운의 용신

용신은 나를 위하는 신(神)이다. 사주에 용신이 있지만 대운과 세운에서 용신 운이 올 때 비로소 발전하고 성공하게 된다. 그러니 외부에서 오는 용신이나 외부에서 용신을 돕는 것은 곧 나를 위하는 것이다. 이것은 나의 능력에 외부 귀인의 도움이 더해지는 것으로 타의적(他意的)이라고 볼 수 있다.

(3) 내외(內外)의 모든 용신

용신은 내게 필요한 신(神)이다. 용신은 첫째 사주 내에서 건왕하고 일간과 유용하게 자리하며 깨끗하여 그 쓰임이 좋아야 한다. 둘째 사주 내에서 용신이 그렇지 못할 경우 외부(대운·세운)에서 강력한 조력을 받아야 용신은 일간을 제대로 도울 수가 있다. 어떤 사주는 두 가지 모두를 얻기도 하고 어떤 사주는 그중 하나만을, 어떤 사주는 그중 하나도 얻지 못하는 경우도 있다. 용신은 내적 외적으로 모두 내게 필요한 것으로 공적인 것이다.

3. 신약(身弱)과 신강(身强)

신약은 일간의 오행이 너무 약한 것을 말한다. 신약사주는 일간과 같은 오행인 비겁과 일간을 돕는 오행인 인성이 드물고 식상과 재성 그리고 관성이 너무 많은 경우를 말한다. 신강은 일간의 오행이 너무 강한 것을 말한다. 신강사주는 일간과 같은 오행인 비겁과 일간을 돕는 인성이 너무 많은 경우를 말한다.

(1) 신약사주와 신강사주를 구분하는 방법

가. 태어난 월지가 일간을 도와 왕한 계절인가 아니면 약하게 만드는 계절인가를 본다. 일간을 중심으로 월지를 계절로 구분하여 판단한다.

나. 일간을 생해주는 오행이 사주에 많으면 신강사주이고 일간을 극하거나 설기하는 오행이 많으면 신약사주이다.

다. 일간이 지지의 지장간 속에 같은 오행을 만나면 통근 하였다고 하여 강해지는 조건이 된다.

라. 일간의 강약에 미치는 영향력은 천간과 지지가 다른데 천간은 지지의 30% 정도의 힘을 지니고 지지 중에서도 월지는 다른 지지보다 2.5배가량 힘이 강한 것으로 판단한다.

마. 일간이 지지에 12운성으로 장생, 건록, 제왕 등을 만나면 강해지고 병, 사, 묘, 절을 만나면 약해진다.

(2) 신약과 신강 판별법

가. 득령(得令)과 실령(失令)

득령은 일간이 생월지지에서 기운을 얻었다는 것을 말한다. 실령은 일간이 생월지지에서 기운을 얻지 못함을 말한다. 일간을 생해주는 육친인 비겁과 인성에 해당하는 월지가 있으면 득령하여 신강사주가 된다. 일간을 극설하는 육친인 재성과 관성 그리고 식상에 해당하는 월지가 있으면 신약사주가 된다.

나. 득세(得勢)와 실세(失勢)

득세는 사주명조에서 일간을 생해주는 오행이 많아서 세력을 얻었다는 것을 말한다. 실세는 사주명조에서 일간을 돕는 오행이 적고 극하거나 설기 시키는 오행이 많은 것을 말한다. 사주명조에 비겁과 인성이 많으면 득세라고 하고 식상과 재성 그리고 관성이 많으면 실세라고 한다. 월지에 일간을 돕는 오행이 있다고 하더라도 전체적인 세력이 일간을 돕지 않는다면 신강이 변하여 신약이 될 수 있다는 것이다.

다. 득지(得地)와 실지(失地)

득지는 일간이 사주의 지지에 12운성으로 장생, 건록, 제왕 등과 같이 지지에 왕함을 만나는 것을 말한다. 실지는 일간이 사주의 지지에 12운성으로 쇠,

병, 사, 절, 묘 등과 같이 기운을 얻지 못함을 말한다. 일간이 지지의 지장간에 같은 오행을 만나는 것을 통근, 유근이라고 하여 강해지는 조건이 된다.

득령과 득세 그리고 득지를 신강이라고 하고 실령과 실세 그리고 실지를 신약이라고 한다. 신약과 신강은 여러 가지 방법에 의하여 종합적인 판단이 필요하며 특히 월지를 기준으로 판단해야 한다. 용신법은 午, 未월에 태어나거나 子, 丑월에 태어나면 주로 조후를 먼저 고려하고 나머지 월은 누를 억, 도울 부를 뜻하는 억부(抑扶)를 중심으로 판별해야 한다.

4. 용신의 정의

사주팔자는 하나의 조형물처럼 여러 가지의 육친이 조합을 이루고 있는 형태로 하나의 조직체로서 특징이나 특성을 가지는데 그것을 이름 하여 격국이라고 부른다. 특성을 가진 조직에서 가장 필요로 하는 대표자가 바로 용신이라고 하겠다. 용신을 돕는 자가 희신이고 방해자는 기신이며 방관자는 한신이라고 한다. 용신은 천간에 투간 된 것으로 정하는 것이 아니고 지지로 정하거나 지장간에 있는 글자를 정하기도 하며 용신이 없어서 희신이 용신을 대신 하기도 하고 대운이나 세운에서 용신을 만나서 발전하기도 한다. 용신이 유력하고 일간의 가까이에 있으면서 희신의 협조를 받으면 더 이상 바랄 게 없을 것이고 그와 반대라면 대흉 할 것이다.

용신에 너무 집착 할 필요는 없고 사주팔자를 면밀하게 살펴보면 각각 글자의 역할이나 작용이 보이고 구조물의 성격이 보인다. 용신이 혼자서 움직이는 것이 아니고 모든 글자와 함께 움직이는 것이므로 모든 글자와 함께 종합적인 판단이 필요하다. 필자 개인적인 생각으로는 격국용신론으로 오랫동안 공부를 하고도 성과를 얻지 못하는 많은 사람들이 있는데 그 이유 중에 하나는 정격을 분석하는데 격용론은 훌륭한 이론이지만 정격에 해당이 되지 않는 파격사주를 분석하기에는 역부족인 이론이 아닌가 생각한다. 후학들은 넓은 식견으로 다양한 이론을 접하여 올바른 견해를 갖기를 바란다.

5. 용신을 정하는 법

신약사주는 일간을 도와야 하고 신강사주는 일간을 설기 하거나 억제하여야 한다. 신약사주에 일간을 돕는 방법으로는 비겁으로 돕는 방법과 인성으로 돕는 방법이 있다. 신강사주는 일간을 식상으로 설기시키는 방법과 재관으로 억제시키는 방법이 있다.

(1) 신약사주 일 때

가. 비겁이 용신이 되는 경우

사주에 재성이 많으면 재성이 인성을 극하므로 인성을 사용하기 어려운 상황이 되므로 비겁을 사용한다.

나. 인성이 용신이 되는 경우

사주에 관성이 많으면 관성이 비겁을 극하므로 비겁을 사용하기 어려운 상황이 되므로 인성을 사용한다.

(2) 신강사주 일 때

가. 식상이 용신이 되는 경우

사주에 비겁이 많은데 관으로 제어하면 왕자를 자극하므로 그것보다는 설기시키는 방법이 좋아서 식상이 사용 된다.

나. 관성이 용신이 되는 경우

사주에 인성이 많은데 식상으로 설기하려면 인성에 극을 받으므로 관성으로 제어하는 것이 좋아서 관성이 사용 된다.

6. 용신의 종류

(1) 억부(抑扶)용신

누를 억, 도울 부 글자 뜻에서 나타나듯이 강한 것을 누르고 약한 것을 돕는다는 말이다. 일간을 생(生)하거나 돕는 글자가 많으면 신왕(身旺)이며 오행의 중화차원에서 일간을 극하거나 설기(洩氣)하는 것을 용신으로 하고 반대로 일간을 극(剋)하는 오행이 많으면 신약(身弱)인데 이때는 일간을 생(生)하는 오행이 용신이 되는 것이다.

(2) 병약(病藥)용신

신약사주에 일간을 생하는 오행이 있는데 이를 극하는 오행이 있으면 이를 병(病)이라고 하고 병을 억제하는 오행을 약(藥)이라 하여 용신으로 삼는 것이다. 예를 들어서 토(土) 일간이 토가 많아서 신강하여 문제가 된다면 토가 문제가 되는 것인데 그것을 제거해 주는 목(木)이 약이 되는 것이다.

(3) 조후(調候)용신

겨울 생에 지나치게 사주가 金. 水로 기울었을 경우에 火가 용신이고 여름생이 지나치게 木. 火로 치우쳤을 경우에 水를 우선적으로 용신으로 삼는다. 주로 월지가 巳 午 未에 태어나면 필수적으로 적당한 水기운이 필요하고 월지가 亥, 子, 丑에 태어나면 필수적으로 火기운이 갖추어져 있어야 하므로 용신으로 삼는다.

(4) 전왕(專旺)용신

사주팔자에 가장 많고 힘 있는 오행을 따라서 용신을 삼는데 종격(從格)이나 화격(化格), 외격(外格)에 속하는 사주가 전왕용신을 사용한다. 자연의 이치를 거스르지 않는다는 의미에서 적용을 하는 방법인데 특수격에서 사용한다고 보면 된다.

(5) 통관(通關)용신

사주에서 서로 반대되는 오행이 비슷한 세력을 가지고 대립하고 있으면 두 오행을 소통시켜주는 오행을 용신으로 삼는다. 예를 들어서 금(金)기운과 목(木)기운이 서로 대립양상으로 사주를 구성하고 있다면 중간에 수(水)가 있어서 金이 木을 극하지 못하게 하고 金 기운을 설기 시켜주고 木 기운을 돕는 작용을 하여서 용신이 된다는 것이다.

용신은 기울어지고 치우친 오행을 중화시켜주는 작용을 하는데 용신은 사주팔자를 길흉으로만 해석하는 잘못을 범하게 만들기 쉬우며 신약과 신강을 구분하여 용신 운이면 좋고 흉신 운이면 나쁘다는 단순한 풀이가 되는 경우가 많다. 지금까지 용신론에 대하여 살펴보았는데 사주를 감명하고 상담을 하는 목적은 사주가 좋고 나쁨 그리고 운이 좋고 나쁨을 판단하기 위해서가 아니고 사주 주인공이 어떤 사주를 타고 났으며 현재 어떤 운이니까 어떻게 사는 것이 가장 현명한 방법인가를 알려주기 위해서라고 해야 옳은 상담법일 것이다.

제 1 1 장

사주팔자 해석

제2부의 제목이 사주분석 방법이다. 이에 따라 사주팔자를 분석하는 방법들을 나열해 놓고 그것들을 배우는 시간을 가졌다. 제1장 사주에 없는 글자의 해석부터 제6장 12운성과 12신살까지에 일명 간지론으로 사주를 보는 방법을 나열하였고 그 뒤로 신살론과 격국용신론을 설명하였다. 사주팔자가 10정격에 해당하면 격국용신론으로 해석을 하면 되고 만약에 파격사주라면 간지론으로 보면 된다. 입격된 사주로 정격에 해당하는 사주가 일반적으로 5% 정도밖에 되지 않는 관계로 95%에 해당 되는 사주를 분석하기 위해서 간지론으로 사주를 보는 방법을 설명하기로 하겠다. 지금까지 배운 사주분석 방법을 이제 하나씩 직접 대입을 하면서 해석을 해보기 바란다.

1. 남자사주 중요사항

(1) 재물과 배우자 운

남자사주에서 재성은 본인의 재물을 뜻하며 처의 길흉을 종합적으로 판단할 수 있다. 또한 상업사주인지 아니면 직장인 사주인지를 먼저 구분하는 것이 가장 우선 되어야 하는 순서가 되겠다. 상업사주라는 것으로 분류가 되면 어떤 업종에서 어떤 형태로 사업을 하는 것이 가장 잘 맞는 사주인가를 재성을 통하여 접근할 필요가 있는 것이다. 배우자 운은 사주명조에 정재인지 편재인지를 구분하고 어느 위치에 어느 정도의 힘을 가지고 있느냐에 따라서 인연의 유무를 따질 수가 있겠다. 재성의 모양을 관찰하고 대운과 세운을 살펴서 판단하면 되는데 아래에 재물 복이 많은 순서와 좋은 배우자 운을 순서대로 분석해 보겠다.

가. 재물 복이 좋은 순서

ㄱ. 식상이 재성을 가까이서 돕고 있다.

ㄴ. 재성이 뿌리가 있고 왕 하다.

ㄷ. 재성이 관성을 돕는다.

ㄹ. 재성이 충을 당하면 한 곳에서 장사를 하지 못한다.

ㅁ. 재성이 형을 당하면 가공이나 조립업과 연관이 있다.

나. 배우자 복이 좋은 순서

ㄱ. 정재는 나와 짝이 잘 맞는 좋은 배우자를 뜻한다.

ㄴ. 천간에 있는 정재가 좋고 다음으로 지지에 있는 정재가 좋다.

ㄷ. 편재는 치우친 배우자로 잘 맞지 않는 짝이다.

ㄹ. 형, 충이 있으면 처와의 관계가 좋지 못하거나 처의 신체에 장애가 있거나 불편하다.

(2) 직업과 자녀 운

남자사주에서 관성은 본인의 명예나 직업 그리고 자식과의 인연을 종합적으로 판단할 수 있다. 먼저 직장인 사주인지 상업사주인지를 구분한 다음에 직장인 사주라면 어떤 종류의 직장에 어느 정도의 위치에 오를 수 있는가를 살펴본다. 또한 관성을 통하여 자녀와의 인연과 자녀출세 여부를 확인 할 수가 있다. 관성의 모양을 관찰하고 대운과 세운의 영향을 살펴서 판단을 하는데 아래에 관운이 좋은 순서와 자녀 운이 좋은 순서대로 분석을 해 보겠다.

가. 직업이 좋은 순서

ㄱ. 관성과 인성이 소통되었다.

ㄴ. 재성이 관성을 돕는다.

ㄷ. 관성이 뿌리가 있고 왕 하다.

ㄹ. 정관이 천간에 있으면 국가 공무원이나 대기업 본사근무

ㅁ. 정관이 지지에 있으면 지방 공무원이나 공사, 지사근무

ㅂ. 편관은 사기업이나 특수직이 많다.

ㅅ. 관성이 혼잡하거나 충을 당하면 직업변동이 많다.

ㅇ. 인성이 없으면 변화 없는 조직사회, 연구직, 교사 등이 좋다.

나. 자녀 인연이 좋은 순서

ㄱ. 관성이 천간에 투출 되고 힘이 있으면 출세할 자녀를 둔다.

ㄴ. 관성이 지지에 있어도 능력 있는 자녀를 둔다.

ㄷ. 관성이 없거나 충이 되어 있으면 자식 인연이 없거나 박하다.

ㄹ. 자녀 운은 본인의 말년의 안락을 의미한다.

ㅁ. 정관은 딸, 편관은 아들로 구분하여 본다.

2. 여자사주 중요사항

(1) 부모 운

부친인 재성과 모친인 인성의 조화를 살피고 부모의 균형을 관찰하여 어린 시절에 자라면서 어떤 영향을 받고 자랐는지를 보고 정서적 안정을 살펴본다.

(2) 남편 운

여자사주에 관성은 배우자 운과 본인의 직업을 판단할 수 있는데 먼저 본인의 직업이 좋은 순서를 나열하고 다음에 배우자 운이 좋은 순서대로 나열을 하도록 하겠다.

가. 직업이 좋은 순서

ㄱ. 관성이 천간에 투출하고 인성이 소통 되었다.

ㄴ. 관성이 강하고 식상이 조화롭다.

ㄷ. 재성이 관성을 돕는다.

나. 배우자 운이 좋은 순서

ㄱ. 관성이 천간에 투출 되면 번영할 배우자다.

ㄴ. 관성이 지지에 있으면 배우자가 현실적이며 실력자다.

ㄷ. 관성이 지장간에 있으면 배우자가 능력자가 아니다.

ㄹ. 식신, 상관이 거듭 있으면 남편 덕이 박하거나 인연이 짧다.

ㅁ. 관성이 혼잡하면 여러 남자를 만나거나 배우자 덕이 박하지만 본인이 평생 직업을 가지면 흉을 면할 수 있다.

ㅂ. 정관이면 좋은 배우자고 편관이면 애정이나 금전 한쪽으로 치우친 배우자를 만난다.

(3) 자녀 운

여자사주는 식신과 상관으로 자녀 덕의 유무를 살피는데 식신은 아들을 뜻하고 상관은 딸을 뜻한다. 천간에 투출하고 힘이 있으면 출세할 자녀를 둔다. 아래에 자녀와 좋은 인연이 되는 순서대로 나열을 해 보겠다.

ㄱ. 식상이 강한 운에 낳은 자녀는 좋은 인자를 가지고 태어난다.

ㄴ. 식상이 천간에 있고 세력이 있으면 출세할 자녀를 둔다.

ㄷ. 식상이 지지에 있고 왕 하면 능력 있는 자녀를 둔다.

ㄹ. 식상이 없거나 지장간에 약하게 있으면 자식이 없거나 인연이 박하다고 본다.

ㅁ. 식상이 무리지어 관을 극하면 자녀 출산 후 배우자 무정이다.

제 1 2 장

서해강론

제2부에서 사주분석의 방법들을 공부하였는데 일반적인 사주 책들과 달리 차례를 보면 신살론과 격국용신론이 뒤쪽에 배치가 되어 있고 앞부분에는 일명 간지론에서 사용 되는 방법들이 소개가 되어 있다. 그 이유는 필자의 오랜 임상경험으로 보았을 때 신살론과 격국용신론으로는 현실에 맞는 감명을 하기 힘들다는 결론에 이르렀기 때문이다. 필자도 오랜 세월동안 격국용신론을 공부해 왔고 실제 감명을 경험한 결과 10정격 이외에는 다른 어떤 특수격도 사주 감명에 도움이 되지 않는다는 결론에 이르렀다. 정격 이외에도 수많은 외격, 종격, 화격, 특수격들이 만들어진 이유에 대하여 그 원인을 분석해 본 결과 정격에 해당되는 사주가 아닌 경우에 어떤 방법으로 해석을 할 것인지를 고민하다가 그렇게 많은 외격이 생겨났을 것이라고 본다. 그러나 그 많은 외격들을 모두 외울 수도 없을뿐더러 외운다고 해도 직접 적용을 해 보면 잘 맞지가 않는다. 그래서 결론적으로 10정격 이외의 파격사주들은 간지론으로 해석을 하기로 하

였다. 이 책을 집필하는 목적도 간지론을 알리기 위해서라고 해도 틀린 말이 아니라고 할 수 있다.

보통 초보학인들은 신살론에 가장 많은 관심을 보이는데 그것은 단식 판단법으로 무슨 살이 있기 때문에 어떻다는 식으로 바로 쉽게 해석을 할 수 있는 편리한 감명방식 때문이라고 생각한다. 하지만 이미 신살론은 오래 전에 사용했던 감명도구로써 지금은 과거의 유물과도 같은 신세가 되어 있는데 아직도 일부에서는 신살론만 따로 6개월씩 가르치는 선생들도 있다고 한다. 무엇을 가르치고 배우는 것에 필자가 간섭할 바는 아니지만 너무나 시대에 뒤떨어지는 선생들과 학인들이 있다는 것에 우려를 금할 수가 없다. 요즘은 격국용신론에 대해서 무용론까지 일어나고 있는 시대임을 분명히 알아야 한다. 그렇다면 신살론과 격용론을 책에 수록한 이유는 무엇인가. 사실은 두 가지 감명법을 사용하지 않아도 얼마든지 간지론만으로도 충분히 사주감명이 가능하지만 세 가지 감명법을 비교해 보고 이런 감명법도 있다는 것 정도는 참고해야 하지 않을까 해서 올린 것이다.

요즘 학계에서 격국용신론의 불완전성을 인식하고 새로운 대안이 될 수 있는 감명법에 대해서 논의와 연구가 많은 것으로 알고 있다. 일부에서는 그 대안으로 간지론이라는 이름으로 책을 출판하거나 감명법을 가르치고 있는 것으로 알고 있다. 예로부터 전해오는 명리학 고서들을 보면 주로 신살론이나 격국용신론이 주류를 이루었는데 내용을 자세히 들여다보면 곳곳에서 간지론에 대한 내용들이 언급되고 있다. 또한 고서에는 격국용신론에서 중요하게 사용하지 않는 감명법들도 상당히 있다. 필자도 자평진전에서 간지론에 대한 내용을 보고 그것을 책에 인용한 바가 있다. 간지론이라는 명칭으로 부르는 감명법이 고서에 정확하게 기재되어 있지 않는 상황에서 누가 간지론을 새로 창조했다고는 볼 수가 없다. 다만 고전을 바탕으로 오행론에 가까운 격국용신론보다는 10천간과 12지지를 깊게 연구하여 물상이나 운동성으로 확장해서 사주팔자를 있는 그대로 해석하는 방법을 선택했다고 생각한다. 격용론을 사용하는 학파들 사이에도 약간씩 감명법이 다를 수밖에 없듯이 간지론이라고 이름 붙인 감명법에도 무엇을 취하고 무엇을 버리느냐에 따라서 차이가 많이 있을 것으로 생각한다. 큰 틀에서는 같은 맥락으로 분류가 되더라도 자세히 들어가면 차이가 있을 수밖에 없다는 것이다.

최근 간지론을 이야기 하는 학파들이 생겨나고 있는데 각각 감명법을 조합할 때 취하고 버리는 것에 따라서 상당한 차이가 생길 것으로 본다. 또한 학자들의 공부 정도에 따라서 그 깊이 또한 모두 다를 것이라고 생각한다. 그렇게 여러 종류의 간지론들이 세상에 선보이게 되고 그중에 많은 학인들의 선택을 받은 간지론이 채택이 되어 새로운 감명법으로 자리를 잡아가게 될 것이다. 필자는 이제 시대의 요구에 따라서 사주학은 새로운 감명법을 제시해야 할 때가 되었다고 본다. 앞으로 더 좋은 새로운 감명법들이 많이 나와서 사주학 발전에 밑거름이 되었으면 좋겠다.

일부 학파들은 격국용신론을 공부하는 자신들이 정통명리를 공부하는 학파라고 생각하고 다른 학파들에 대해 사술을 공부하는 학파로 취급하는 경우가 있다. 그렇게 본다면 신살론을 공부하는 학파가 정통 명리학파가 되어야 하는 것이 아니겠는가. 사주공부를 한 사람이라면 격국용신론을 공부 안 해 본 사람이 누가 있겠는가. 그 누구보다도 사주학을 사랑하기에 격국용신론의 한계를 극복하고 사주학 발전을 위해서 노력하고 연구한 결과 대안으로 간지론을 제시하는 학자에게 고맙다는 인사는 못할망정 사술이나 공부하는 학자로 취급을 한다면 이게 무슨 경우란 말인가. 당장은 아니지만 점차 세월이 흐르면 간지론이 사주학의 새로운 대안 감명법으로 자리 잡을 날이 올 것이라고 믿는다. 세상은 빠르게 변하고 있으며 사주학도 세상에 적응을 해야만 살아남을 수 있다는 것 또한 자연의 이치가 아니겠는가.

제2부를 공부하는 방법을 차례대로 설명을 하면서 필요한 부분과 필요 없는 부분 그리고 중요한 부분으로 나누어 설명을 해 보기로 하겠다. 사주에 부족한 부분의 해석은 사주팔자에 없는 오행이나 육친으로 인해서 발생하는 문제점에 대해서 가장 먼저 분석을 해야 하는 부분이고 사주에 강한 부분의 해석이란 사주팔자에 가장 힘 있는 오행이나 육친이 무엇인지를 알 수 있는 중요한 감명법이라고 하겠다. 사실 격국이라는 것도 일종에 사주에서 가장 힘 있는 오행과 육친에 이름을 붙이는 것과 다를 바가 없는 것이다. 사주 주인공은 사주에 가장 강한 육친을 가지고 세상을 살아나갈 것이고 그것이 곧 그 사람의 무기와 특기가 될 것이기 때문에 매우 중요하다고 하겠다.

근묘화실은 사주팔자를 해석하는데 가장 빠른 해석법으로 모든 경우의 수를 계산해서 각각 육친을 년, 월, 일, 시에 배치하였으니 충분히 생각하고 이해를 하기 바란다. 육친이 있어야할 자리에 있는지 아니면 반대기운을 가진 육친이 있는지에 따라서 해석을 하는 방법을 정확히 익히기 바란다. 근묘화실은 간지론 해석법에서 가장 중요한 감명법이라고 해도 과언이 아니다. 다음으로 육친해석법과 변용법이 있는데 육친을 단순하게 인간관계로만 생각할 것이 아니고 여러 가지 물상으로의 확장이나 변용을 하는 방법을 제시하고 있으니 그 뜻을 정확하게 파악하기 바란다. 지장간은 천간과 지지 다음으로 작용하는 제

3의 역할이고, 없다고 볼 수가 없으니 그 작용력을 잘 이해하도록 하기 바란다. 지장간을 해석함에 있어서 천간의 뿌리가 된다거나 지장간끼리 암합을 한다고 보거나 천간과 지장간이 합을 한다고 해석하는 것은 잘못된 해석이다. 지장간은 지지오행이 다른 오행으로 성질이 변할 수 있는 근거를 뜻하는 것으로 언제든지 변할 수 있는 마음을 가지고 있다고 해석하는 것이 옳은 해석일 것이다. 12운성은 대운이나 세운에 재성이나 관성을 대입하여 운세를 감명하는 데 가장 중요한 역할을 하고 천간과 지지에 대한 관계를 설명하는 중요한 수단이 된다. 천간과 지지는 서로 생하지도 극하지도 않으며 오직 12운성으로 관계를 설명할 수 있다. 12운성은 포태법이라고 하여 요즘에는 많은 책들에서 채용을 하고 있는데 실제로 사용하는 방법을 제대로 알고 있는 경우는 매우 드문 것 같다. 정확한 사용법을 익히는 데 노력하고 많은 활용이 있기를 바란다.

신살론을 필자는 실제 감명에 전혀 사용하고 있지 않고 공망과 천라지망만 사용하고 있다. 수백 가지에 달하는 신살론을 모두 암기한다는 것도 어렵고 또 간추려서 수십 가지를 사용한다고 하더라도 신살론으로 사주감명을 한다는 것 자체가 불가능하다. 필자가 신살론을 실전에서 사용을 해본 결과 선입견이 생겨서 자칫 단식 판단법에 빠질 수 있는 경험을 많이 해 보았다. 사주감명은 복식 판단법에 의하여 여러 가지 정황을 종합해서 판단을 해야지 한가지만으로 단정을 지으면 그것은 정확하지 못하고 잘못된 해석을 하게 되는 경우가 많이 발생하게 된다. 오랜 경험에 의해서 신살론을 사용하지 않는 것이니 학인들은 참고하기 바란다.

격국용신론에 대한 이야기는 앞에서 많이 하였는데 여기서 다시 한 번 설명을 하자면 필자는 10정격은 사용을 하고 그 외 다른 외격들은 사용하지 않는다. 사주감명을 실제로 해 보면 상담자 중에서 약 5% 정도가 10정격에 해당하는 사람들이고 나머지 95% 정도의 상담자들은 모두 파격사주에 해당하는 사람들이다. 대부분 입격이 안 되거나 격이 서너 개인 경우도 있고 합이나 충 또는 형에 의해서 깨진 경우도 있다. 95%에 해당하는 파격사주를 설명하기 위해서 간지론이라는 감명법을 사용하고 있다. 그렇다면 옛날보다 현대시대에 오면서 더 많은 파격사주들이 등장하는 이유가 무엇일까 궁금해질 것이다.

옛날 신분사회가 엄격했던 시절에는 주로 지배층 인사들이나 양반들의 전유물로 이용이 되던 것이 사주학이었다. 그런데 최근 60~70년 사이에 수천 년 동안 이어져 오던 신분사회가 붕괴가 되면서 사주학을 이용하는 사람들이 일반인들로 바뀌게 되는 크나 큰 변화가 일어났다. 이러한 큰 변화는 역사상 단 한 번도 없었던 일일 것이다. 그런 관계로 상담자 대부분이 일반인들로서 파격사주라는 사실이 원인임을 알 수가 있게 되었다. 사주학을 이용하는 사람들이 지도층 인사들에서 일반인들로 변화하는 바람에 발생한 특별한 상황에 대처하기 위해서는 파격사주를 감명하는 방법을 찾아내야 하는 숙제를 사주학계가 안게 된 것이다. 그래서 시대의 요구에 의한 대안 상담법인 간지론이 나오게 된 것이다. 학인들도 생각해 보면 어떤 이유로 격국용신론이 위기에 처하게 되었는지를 알 수가 있을 것이다. 원인이 있으면 결과가 있고 문제가 생기면 해결책도 있게 마련이다. 지금 시대에 앞서서 일찍 간지론을 만난 학인들은 수십 년을 돌고 돌아서 고생 끝에 간지론을 스스로 알게 된 필자에 비하면 얼마나 많은 시간을 절약하고 헛고생을 면할 수 있겠는가를 생각하면 행운아라고 해도 과언이 아닐 것이다. 그 행운을 가벼이 여기지 말고 더욱 분발하고 노력해서 간지론 고수가 되기를 바란다.

제 3 부
사주분석 응용

제 1 장
간지론(干支論)

1. 고전의 간지론

[자평진전 – 간지론]

사주학의 대표적 고전인 [자평진전]에 나오는 간지론에 대한 내용을 소개하겠다. 간지론은 이미 고전에도 나와 있는 내용이고 이것을 근거로 해서 간지론은 정통명리학의 일부라는 사실을 알리고자 여기에 기술한다. 신살론과 격용론이 그랬듯이 간지론 또한 이미 오래전부터 고서에 전해져 오던 감명법으로 어느 누가 갑자기 만들어 낸 이론이 아니라는 것을 알고 정통과 사술의 시비가 더 이상 없었으면 좋겠다. 어느 감명법이 현대사회에 가장 잘 맞는 감명법이고 앞으로 사주학 발전에 기여할 수 있는 학문이 어떤 것인지가 중요하지 무엇이 정통이고 누가 만들었는지가 중요한 것은 아니라고 생각한다. 사주학은 우리 모두의 학문이고 그 누구의 소유물이 아닌 동양철학의 진수이며 선대로부터 물려받은 훌륭한 학문이다. 아래에 자평진전에 있는 간지론을 그대로 나열해 보겠다.

천지(天地)간에는 하나의 기(氣)가 있는데 거기에 동정(動靜)이 있어 움직임과 고요함이 있다. 동정이 음양(陰陽)으로 나뉘었고 음양에 노소(老少)가 있으니 이에 사상(四象)으로 나뉘었다. 노(老)는 동(動)이 절정에 이르고 정(靜)이 절정에 이른 것이니 이를 태양(太陽)과 태음(太陰)이라고 한다. 소(少)는 동(動)의 시작이고 정(靜)의 시작이니 이를 소양(少陽)과 소음(少陰)이라고 한다. 이렇게 사상(四象)으로 나뉘었고 오행은 그중에 갖추어졌다. 화(火)는 태양(太陽)이고 수(水)는 태음(太陰)이며 목(木)은 소양(少陽)이고 금(金)은 소음이며 토(土)는 음양의 기운이 부딪쳐서 조화를 이룬 기운이다.

이러한 오행(五行)이 있는데 어찌하여 다시 십간(十干)과 십이지(十二支)가 있는가. 음양(陰陽)이 있음으로 인해서 오행(五行)이 생겼는데 오행(五行) 중에 각각 음양(陰陽)이 있기 때문이다. 목(木)으로 논해 보면 갑, 을(甲, 乙)이라는 것은 목(木)의 음양(陰陽)인데 甲은 乙의 기운이고 乙은 甲의 바탕이다. 이와 같이 甲, 乙이 있으니 木의 음양(陰陽)이 갖추어졌다. 어찌하여 다시 인, 묘(寅, 卯)가 있는가. 寅, 卯라는 것은 음양(陰陽)의 천지(天地)를 다시 甲, 乙과 나누어서 말한 것이다. 甲, 乙로 음양(陰陽)을 나누면 甲이 양(陽)이고 乙이 음(陰)인데 하늘에서 유행하는 木이 음양으로 나뉜 것이고 寅, 卯로 음양(陰陽)을 나누면 寅이 양(陽)이고 卯가 음(陰)인데 땅에 존재하는 木이 음양(陰陽)으로 나뉜 것이다. 甲, 乙, 寅, 卯로 통합하여 음양을 나누면 甲, 乙이 양(陽)이고 寅, 卯가 음(陰)인데 木이 하늘에서 상(象)을 이루고 땅에서 형(形)을 이룬 것이다. 甲, 乙이 하늘에서 유행하면 寅, 卯가 받아들이고 寅, 卯가 땅에 있으면 甲, 乙이 베풀어준다. 甲은 寅에 득록(得祿)하고 乙은 卯에 득록(得祿)하는데 부관(府官)이 군(郡)에 있는 것이나 현관(縣官)이 읍(邑)에 있는 것과 같으며 각각 한 달의 령(令)을 시행한다.

甲, 乙은 하늘에 있으니 움직이고 한곳에 거주하지 않는다. 寅月에는 어찌 항상 甲이겠는가. 卯月은 어찌 항상 乙이겠는가. 寅, 卯는 땅에 있으니 멈추어 있고 옮아가지 않는다. 甲은 비록 교체하여 바뀐다고 할지라도 정월의 월건은 반드시 寅이고 乙은 비록 교체하여 바뀐다고 할지라도 2월의 월건은 반드시 卯이다. 기(氣)로 논한다면 甲은 乙보다 왕하고 질(質)로 논한다면 乙은 甲보다 단단하다. 속서(俗書)에서는 甲은 무성한 대림(大林)이라 하고 乙은 미약한 木이라 상하면 안 된다고 잘못 논하고 있는데 음양지리(陰陽之理)를 알지 못한 것이라고 할 수 있다. 오직 토(土)는 목, 화, 금, 수(木, 火, 金, 水)의 기운이 부딪쳐서 조화를 이룬 기운이니 고로 사계절의 사이에서 강해지는데 음양(陰陽)에 있어서 기(氣)와 질(質)의 이치 또한 이와 같이 논한다.

명(命)을 배우고자 하는 자는 반드시 간지지설(干支之說)을 먼저 알아야 하는데 그런 후에야 입문(入門)할 수 있다. 명(命)은 그 이치가 매우 깊으니 갑자기 깨우칠 수 있는 것이 아니고 학자가 팔자를 많이 살펴보고 경험이 오랫동안 쌓이면 자연히 깨칠 수 있으며 문자(文字)로 도달할 수 있는 바가 아니다.

2. 간지론의 배경

(1) 음양(陰陽)의 이해

동양철학의 핵심은 음양 오행론(陰陽 五行論)이다. 동양철학에서는 우주(宇宙)와 자연(自然)의 변화를 관찰하고 연구해서 얻은 이치와 원리를 모든 생활과 학문에 적용을 해 왔는데 그것이 바로 음양오행의 법칙이다. "진리는 가까운데 있다."라는 말이 있듯이 우리의 생활 속에 깊숙이 자리 잡고 있는 음양오행의 법칙은 결코 추상적인 이론이 아니며 바로 가까운 곳에서 보고 느낄 수 있는 학문이다. 음양은 하나 속에 들어 있는 두 가지 기운이며 언제나 함께하는 짝이며 동시에 하나가 될 수 없는 관계이다. 음양은 혼자서는 존재할 수 없고 끝없이 변화하며 우주의 모든 만물에 존재하며 대자연(大自然) 속에 흐르는 기운(氣運)이다. 간지론을 정확하게 이해하기 위해서는 음양과 오행 그리고 천간과 지지를 전체적으로 분화되는 과정과 의미까지 정확하게 이해하지 않으면 안 되고 또한 글자를 아는 것으로 공부가 끝나면 안 된다. 음양이라는 것을 그냥 상대적인 운동이라고 막연히 구분 짓고 넘어가는 공부는 의미가 없다는 말이다. 그리고 음양은 여/남, 밤/낮, 겨울/여름 등 이미 구분지어진 것을 암기하는 식의 공부도 전혀 도움이 되지 못한다. 제1부에서 설명한 음양에 대한 이론을 정확하게 이해를 했다면 이 세상 모든 만물과 생각 그리고 기운까지도 음양으로 구분을 직접 할 수 있어야 한다. 그래야 정확히 음양을 알았다고 할 수 있다. 지금 이 글을 읽고도 직접 주변에 있는 모든 것들을 음양으로 분류해 보는 공부를 하지 않는 학인들은 더 이상 간지론을 논할 자격이 없다. 아니 간지론을 공부해도 발전이 없을 것이라고 본다. 지금 당장 음양으로 모든 만물을 분류하는 연습을 시작하기 바란다.

음양으로 대표되는 운동이 하루를 말하는데 밤과 낮으로 구분하여 하루를 음양운동이라고 한다면 하루 안에는 오행이 이미 존재하고 있다고 하겠다. 하루를 아침(木)과 낮(火) 그리고 낮과 밤의 기운을 이어주는 토(土)가 있고 저녁(金)과 밤(水)으로 구분 할 수 있다. 하루에는 12지지도 이미 포함하고 있는 것을 알 수 있는데 하루의 시간을 두 시간 단위로 묶어서 子시부터 亥시까지 12시간을 12지지로 표시하였다. 다시 말해서 음양 안에 오행이 있고 오행 안에 음양이 있으며 각각의 안에 공존한다고 보면 될 것이다. 10천간이나 12지지 안에도 음양이 존재하고 있고 음양과 오행 그리고 22간지는 따로 존재하지 않으므로 전체적인 측면에서 모두를 함께 아울러서 파악하고 정리를 해 두어야 할 것이다.

(2) 오행의 이해

오행을 이해하는데 있어서 가장 중요한 점은 각각 별도로 구분지어 음양 따로 오행 따로 천간 따로 지지 따로 공부를 하다 보니까 하나씩은 아는데 전체적인 분화과정과 서로 연결된 부분을 잘 알지 못한다는 것이다. 음양을 알고 오행과 10천간 그리고 12지지를 공부하고 합, 충, 형, 파를 공부하여 많은 것을 배웠는데도 실제 감명은 전혀 하지 못하는 경우가 많다. 그것은 모든 것을 따로 분리해서 생각하는데 문제가 있는 것이 아닌가 하는 생각이 든다.

음양이 분화 되어 오행이 되고 오행이 분화 되어 10천간이 되고 다시 12지지로 분화한다. 중요한 점은 음양과 오행의 개념에 대한 문제인 것 같다. 실제로 우리가 사주를 감명하는데 사용하는 글자는 22간지인데 음양오행에 대한 개념이 앞서서 작용을 한다는 것이다. 음양오행은 22간지의 탄생까지의 바탕이론을 제공하였을 뿐이고 우리는 22간지의 이론을 가지고 사주감명에 임해야 한다고 본다.

음양(陰陽)의 기운이 다섯 가지의 형상을 갖추어 운행을 하게 되는데 이것이 목, 화, 토, 금, 수 (木, 火, 土, 金, 水) 오행이다. 오행은 대자연의 다섯 가지 운동을 말하며 사계절의 변화로도 말 할 수 있다. 모든 만물은 뚫고 올라오는 기운(木)을 지나서 사방으로 확산하고 펼치는 기운(火)을 지나고 더 이상 확산을 막고 수렴 하려는 기운(金)을 지나서 완벽하게 재탄생을 위한 한 점의 씨앗으로 응축 시키는 기운(水)을 지난다. 목, 화, 금, 수(木, 火, 金, 水)를 중재하는 토

(土)가 있어서 변화과정의 사이에 존재하면서 팽창과 수축 운동이 원활하게 일어날 수 있도록 돕는 작용을 한다. 음양을 공부했듯이 오행 또한 마찬가지로 다섯 가지 움직임으로 이해를 하고 넘어가는 공부는 격용론에서는 몰라도 간지론에서는 안 된다. 오행을 바로 알았다고 인정을 할 수가 없는 것이다. 적어도 간지론을 공부하는 학인이라면 세상에 모든 만물을 오행으로 분류할 수가 있어야 한다. 그것을 지금 연습해야 하는 시기가 된 것이다. 여기서 지금 바로 연습을 하기 바란다. 그것을 실행하지 않고 넘어간다면 간지론을 공부 했다고 말할 자격이 없다. 아래에서는 제1부에서 나열한 오행에 대한 내용들보다 깊이 있는 설명으로 하루의 시간과 1년의 계절로 그리고 인생의 시기로 설명을 하고 있다. 아래에 있는 내용들은 암기하라고 적어 놓은 내용이 아니고 나열된 시간이나 계절 그리고 인생의 시기를 바탕으로 물상이나 기운으로 직접 확장을 해보라는 의미로 받아들이기 바란다. 물상으로 분류해 놓은 이유가 무엇이며 무엇을 기준으로 그런 분류를 했는지를 충분히 알아보고 본인도 직접 물상으로 분류를 연습하기 바란다.

가. 목(木)

목(木)이라는 것을 하루로 보면 아침을 뜻하고 방위로 보면 해가 뜨는 동쪽을 의미하며 일 년의 계절로는 봄에 해당하고 사람의 인생으로는 소년기를 말한다. 木은 새싹으로 생명이 시작 되는 출발점을 뜻한다.

물상으로 분류: 기상, 일출, 동방, 새싹, 교육, 학교, 계획

나. 화(火)

화(火)라는 것을 하루로 보면 해가 중천에 떠 있는 한낮의 모습이고 방위로 보면 남쪽을 의미하며 일 년의 계절로는 여름에 해당하고 사람의 인생으로는 청년기를 말한다. 火는 성장과 변화의 대명사로 강인한 정신력을 상징한다.

물상으로 분류: 열정, 활동, 남방, 피서지, 발산, 확장, 추진력

다. 토(土)

사행(四行)이 서로 대립하는 과정에서 통일을 이루기 위해서 발생한 기운이 토(土) 기운이다. 오행 중에 음양을 고루 갖추고 있는 것은 토(土)뿐이고 모든 것은 토(土)를 통하여 움직이고 변화한다. 모든 것을 수용하고 중화시키고 포용하면서 어느 것과도 연관을 맺고 있는 것이 토(土)라고 하겠다.

물상으로 분류: 매매, 알선, 중앙, 타협, 중계, 창고, 영업, 저장

라. 금(金)

금(金)이라는 것을 하루로 보면 저녁을 뜻하고 방위로 보면 해가 지는 서쪽이며 일 년의 계절로는 가을에 해당하며 사람의 인생으로는 장년기를 말한다. 금(金)은 단단하게 익은 열매나 곡식을 뜻하며 금전으로도 통용된다.

물상으로 분류: 마감, 결정, 서쪽, 결과물, 노련미, 의리, 금융

마. 수(水)

수(水)라는 것을 하루로 보면 밤을 뜻하고 방위로 보면 북쪽이며 일 년의 계절로는 겨울에 해당하며 사람의 인생으로는 말년이나 노년기를 말한다. 수(水)는 만물의 젖줄이고 정신의 원동력이다.

물상으로 분류: 야간, 북방, 얼음, 요양, 씨앗, 지혜, 경험

3. 10천간의 이해

음양오행의 논리는 실제 사주감명에는 직접 사용 되지는 않는다. 격용론에서는 오행의 상생과 상극논리가 많이 사용이 되지만 간지론에서는 오행의 논

리보다 10천간과 12지지의 논리가 사용이 된다. 정리하자면 간지론에서는 음양오행과 육친론의 상생과 상극논리는 사용하지 않고 천간지지의 각 글자들이 갖고 있는 특징을 사용하고 합, 충, 형, 파의 논리가 사용이 된다. 음양오행은 천간지지로의 분화과정으로만 이해를 하고 천간지지의 논리에 집중을 해야 간지론을 제대로 공부하는 것이 될 것이다. 아래에 천간을 팔괘와 글자로서의 의미 그리고 천간으로서 특징과 물상을 나열하는 뜻을 정확히 알아야 한다. 음양오행에서 설명을 했듯이 천간도 여러 가지 기준을 중심으로 물상이나 기운으로 무한확장을 할 수 있는 계기를 마련해 주기 위해서 아래에 내용을 나열하였다. 아래에 소개된 내용들을 암기하려는 어리석은 짓은 하지 않는 것이 좋겠고 아래에 소개하는 내용들을 충분히 이해하고 그것들을 기준으로 세상에 모든 만물을 물상으로 확장하는 연습을 해보기 바란다.

(1) 갑(甲)

가. 팔괘로서 의미

진(震)으로 벼락 진, 천둥, 떨다, 놀라다, 두려워하다, 움직이다, 성내다, 지진, 권위를 떨치다.

나. 글자로서 의미

거북이 갑으로 단단한 거북이 등껍질처럼 자기만의 세상에 빠져서 살아가니 고집이 세고 혼자서 연구하는 것을 좋아한다. 글 솜씨가 좋고 기억력이 뛰어나고 직관력, 예지력, 영감이 좋다. 히스테리, 불평불만, 신경질이 많은 경우도 있다. 여자의 경우는 이러한 성정 때문에 부부인연이 좋지 못하다.

다. 특징

甲은 하늘로 치솟는 성질을 가지며 火가 있으면 목화통명(木火通明)이라 좋다. 10천간의 첫 글자로 항상 앞장서서 사람들을 이끄는 두목의 기질을 가진다.

라. 물상

건축, 가구, 옷감, 기획, 성냄, 아집, 두목, 종이, 조경

(2) 을(乙)

가. 팔괘로서 의미

손(巽)으로 손괘, 동남쪽, 유순하다, 유연하다, 공손하다. 풍(風)에 속하고 바람에 흔들리는 나뭇잎을 보고 바람을 볼 수 있다고 하여 乙을 바람이라고 한다.

나. 글자로서 의미

새을 자로 공상과 아이디어가 풍부하다. 봄에 새싹이 꾸물꾸물 자라는 형상이나 날아가는 새를 본떠서 만든 상형문자다.

다. 특징

언변에 능하고 말로 먹고 사는 직업을 가진 사람들이 많다. 교육이나 상담과 같은 일에 적합하고 말이 청산유수인 사람이 많다.

라. 물상 – 교육, 문학, 서적, 보육, 교사, 패션, 미용, 장식

(3) 병(丙)

가. 팔괘로서 의미

리(離)로 떼어놓을 리, 가르다, 끊다, 나누다, 열다, 헤어지다, 물러나다, 떠나가다, 배반, 붙다, 부착. 태양의 정기로서 지상의 만물이 태양을 떠나서 생존할 수 없다.

나. 글자로서 의미

글자 모양이 포크처럼 생겨서 먹는 것을 즐기는 식도락가가 많다. 가마솥을 엎어 놓은 것 같은 글자 모양으로 뜨겁다는 뜻이 있고 재능과 재주가 많아 예능이나 예술, 문학에 조예가 깊다.

다. 특징

丙은 세력이 치열하여 水기와 金기를 능히 제압하나 辛을 만나면 누그러지고 土를 만나면 자비로워진다. 다혈질로 성질이 급하지만 예절이 바르고 추진력이 뛰어나다.

라. 물상

예술, 언론, 조명, 스포츠, 연예, 음악, 전기, 전파, 전자, 과학

(4) 정(丁)

가. 팔괘로서 의미

리(離) 음화(陰火)로 태양이 지고 난 후에 생(生)하므로 밤하늘에 별이라고 하였다. 등촉화(燈燭火)라고 하여 어두울 때 빛을 내는 등잔불이나 촛불에 비유하기도 한다.

나. 글자로서 의미

못 박을 때 나는 소리를 본뜬 글자이며 丁은 못을 뜻하고 한 곳에 머무는 일로 '머무르다'는 뜻을 가지고 있다. 고무래 정으로 뭐든지 모으기를 좋아한다.

다. 특징

丁은 부드럽고 중용을 지키니 강하여도 치열하지는 않고 甲만 있으면 가을

도 겨울도 좋다. 잃어버린 물건을 찾는 세밀한 작업에 능하다.

라. 물상

악기, 소리, 음향, 영화, 문화, 탐사, 수사, 성악, 오락

(5) 무(戊)

가. 팔괘로서 의미

간(艮)으로 어긋날 간, 거스르다, 그치다, 어려워하다. 태양이 지면 土가 되니 저녁노을이라고 한다.

나. 글자로서 의미

의식용이나 형벌 집행용 도끼 또는 '무릅쓰다'라는 뜻을 내포하고 있다. 모험심이 있고 적극적인 행동가로 의지가 강건하다. 성공에 대한 욕망이나 야망이 많고 성공 확률도 높다. 양기의 극단으로 밀어 붙이는 기운이 매우 강하다.

다. 특징

戊는 견고하고 중용을 지키는데 양기의 극단으로 추진력이 매우 강하고 한다면 하는 성격으로 큰일을 도모하는 경향이 많다.

라. 물상

추진력, 정치력, 무력, 중계, 보관, 알선, 권력, 야망

(6) 기(己)

가. 팔괘로서 의미

곤(坤)으로 '땅, 대지'라는 뜻이다. 하늘에서는 구름이라고 한다.

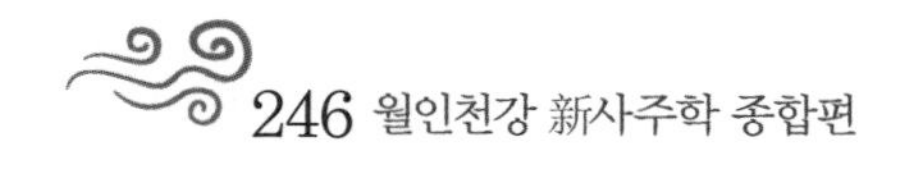

나. 글자로서 의미

'자기, 몸, 또렷하다, 들러붙다'라는 뜻이다. 변화가 많고 영리하며 적응력이 뛰어난 사람이 많다. 남녀가 모두 호색하여 배우자와 이별이나 이혼이 많다.

다. 특징

己는 본인의 의사를 잘 밝히지 않고 안으로 숨기는 경향이 많고 존재감이 부족하며 어느 쪽에도 속하지 않는 어중간한 행동으로 인해서 양쪽 모두에게 배척을 당하는 경우가 많다.

라. 물상

비밀, 중화, 소심, 풍류, 변덕, 실속, 세무, 중계, 공예

(7) 경(庚)

가. 팔괘로서 의미

건(乾)으로 '하늘 건, 임금'의 뜻이다. 하늘에서는 달에 비유 한다.

나. 글자로서 의미

종을 매달아 놓은 것을 본뜬 글자이다. 종처럼 소리만 요란하고 실속이 없는 사람이 많다. 종을 사용하는 승려, 무속인, 법사가 되는 사람도 있다.

다. 특징

庚은 강건함이 가장 앞서고 水를 득하면 청하고 火를 득하면 예리해지고 건조한 土(未, 戌)를 만나면 취약해지고 甲을 보면 극하지만 乙과는 합을 한다.

라. 물상

군인, 경찰, 검찰, 기계, 보안, 단순, 행동, 종교

(8) 신(辛)

가. 팔괘로서 의미

태(兌) 빛날 태, 기름지다, 서쪽, 지름길, 기뻐하다, 바꾸다. 하늘에서는 상(霜)이라 하여 서리에 비유한다.

나. 글자로서 의미

'매울 신'이라는 글자로 암살용 칼로도 쓰고 흑백논리가 분명하고 순진하고 외골수라서 교제 폭이 좁다. '다행할 행'자로도 쓰여서 돈 버는 재주도 가지고 있다.

다. 특징

辛은 연약하여 土가 많음을 무서워하고 水가 많음을 좋아하며 고집이 세고 자기주장이 강하여 남의 말을 들으려 하지 않는다.

라. 물상

냉정, 귀금속, 보석, 장신구, 도금, 용접, 계산, 거울, 칼

(9) 임(壬)

가. 팔괘로서 의미

감(坎)으로 구덩이 감, 험하다, 험난하다. 하늘에서는 '이슬'이라고 한다.

나. 글자로서 의미

실을 감아 놓은 실패를 본 따서 만든 글자. 음탕하고 색욕이 강하여 가정에 문제가 발생하는 사람이 많다. 문학적 재주가 비상하여 소설가나 문학가로서 이름을 떨치는 사람이 많고 재미있고 재주가 넘쳐 매력 있는 사람이 많다.

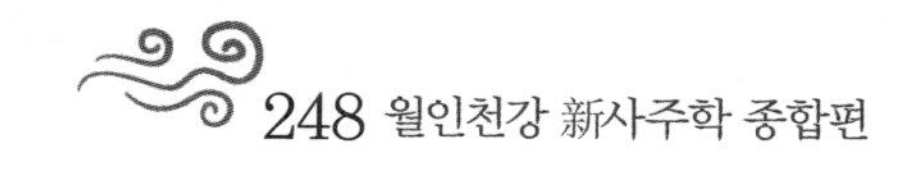

다. 특징

壬은 모으는 성질이 강해서 부자가 많고 음흉한 마음을 지니고 있다. 머리가 비상하고 융통성이 좋으나 자기 잘난 맛에 사는 경향이 있다.

라. 물상

비밀, 음흉, 연구, 정보, 문학, 탐정, 수집, 저축, 선민의식

(10) 계(癸)

가. 팔괘로서 의미

감(坎) 하늘에서는 봄비에 비유 한다.

나. 글자로서 의미

빙글빙글 돌린다는 핵심적인 뜻이 있다. 돈, 권력, 사랑 등을 찾아서 돌아다니는 정치꾼이나 도박꾼이 많다. 두뇌가 명석하고 재치가 넘치지만 스스로 너무 자만하고 과신하는 사람도 많다.

다. 특징

癸는 매우 약하고 유순하며 얼음과 같은 차가움이 있다. 본인 스스로 잘난체를 잘하여 주변으로부터 외면당하는 경우가 많다.

라. 물상

유통, 판결, 결벽증, 냉정, 여행, 얼음, 정치, 세탁

천간은 지지에 뿌리가 있으면 크게 사용됨이 있고 그렇지 못하면 생각으로 그치는 경우가 많다. 천간은 정신적인 성향이 강하고 지지는 물질적인 성향이 강하다. 천간이 지지와 다른 성향을 지닌다는 것을 충분히 인식하고 이해한 다

음에 물상으로의 확장을 스스로 연습하기 바란다.

4. 12지지의 이해

(1) 자(子)

가. 글자로서 의미

'아들 자'는 갓난아기를 본뜬 글자이다. 쥐는 동물 중에서 번식력이 너무 왕성하고 곡식을 축내는 것을 두려워해서 열두 띠 중에 하나로 만들었다고 한다. 계속하다, 불어나다, 작다는 핵심적인 뜻을 가지고 있다.

나. 성격

사교적, 눈치가 빠름, 인덕이 없다, 식성이 까다롭다

다. 물상

의약품 / 실험실 / 연구실 / 화장실 / 세면장 / 양식장 / 비밀정보 / 경찰 / 흥신소 / 수산업 / 유흥업 / 지하실 / 양어장 / 수영장 / 산부인과 / 소아과 / 선박 / 수협 / 비뇨기과 / 외교관 / 수행자 / 술 / 미생물 / 종묘 / 종자 / 발아

(2) 축(丑)

가. 글자로서 의미

'소 축'자는 손으로 물건을 잡아서 묶으려는 모양을 본떠서 만든 글자이다. 농경시대에 소는 매우 소중한 동물이자 집안의 재산이므로 그 소중함 때문에 열두 띠로 삼았다고 한다. '잡다, 묶다, 움츠리다'라는 핵심적인 뜻을 가지고 있다. 자신감과 자존심이 강하여 타인과 충돌하는 경우가 많다.

나. 성격

부지런함, 성실함, 행동이 느림, 착실하다

다. 물상

광산 / 금고 / 정육점 / 요식업 / 고물상 / 방앗간 / 농장 / 열쇠 / 숙박업 / 백사장 / 골재 / 주차장 / 증권 / 보험 / 중개업 / 주차장 / 철물점 / 전당포 / 제철소 / 세차장

(3) 인(寅)

가. 글자로서 의미

'범 인'자는 화살을 잃어버리지 않게 줄을 매단 모양을 본뜬 글자로써 날아가는 화살처럼 매우 빠르고 용맹하여 그 두려움에 열두 띠 중에 하나로 삼았다. 화살을 길게 당긴다는 핵심적인 뜻을 가지고 있다. 용모가 준수하고 웅변에 능한 사람이 많다.

나. 성격

염세적, 이기주의, 공격적, 무관심, 자포자기

다. 물상

학교 / 화랑 / 목재소 / 서점 / 터미널 / 통신 / 산림 / 우체국 / 신문사 / 학원 / 극장 / 전파사 / 전자제품 / 전기 / 자동차 / 공무원 / 안테나 / 인공위성 / 엔지니어 / 문구점

(4) 묘(卯)

가. 글자로서 의미

'토끼 묘'자는 모험을 한다는 뜻으로 만물이 땅위로 솟아나려는 것과 같은 모양이다. 토끼를 식육가축으로 매우 유용하게 생각하여 열두 띠 중에 하나로 삼았다. 막다, 무릅쓰다, 가늘고 길다는 핵심적인 뜻이 있다. 글자모양이 둘로 갈라진 모양이라서 이별수가 있고 사리 분별이 매우 뚜렷하다고 한다.

나. 성격

영리하다, 예술적 감각이 뛰어남, 성급, 논리적

다. 물상

붓 / 인쇄 / 약초 / 채소 / 미용실 / 인테리어 / 장식 / 의상실 / 패션 / 화장품 / 대서소 / 포목 / 디자인 / 설계 / 화원 / 과수원 / 농장 / 가구점 / 꽃집 / 공예품 / 봉제공장

(5) 진(辰)

가. 글자로서 의미

'별 진'자로 농경사회에서 농사는 기후와 관련이 많아 매우 중요한데 비구름을 관장하는 존재를 상상의 동물인 용으로 생각하여 열두 띠 중에 하나로 삼았다. 또한 농기구 모양과 비슷한 것을 본뜬 모양이다. 많다, 꿈틀꿈틀이라는 핵심적인 뜻을 가지고 있다.

나. 성격

통이 크고 현실에 집착하지 않으며 주변 눈치를 안 보고 마음대로 행동하는 사람이다.

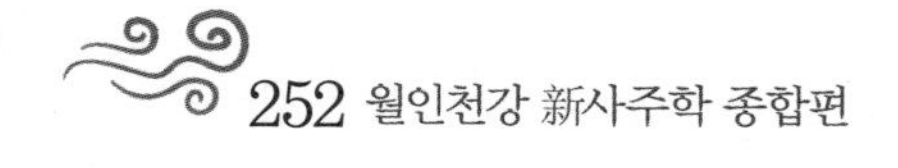

다. 물상

기상청 / 냉장고 / 물통 / 항만 / 부두 / 법원 / 지붕 / 사찰 / 교도관 / 군부대 / 경찰서 / 사당 / 묘지 / 전답 / 해물 / 염전 / 수산 / 세관 / 창고 / 중국집 / 목욕탕 / 호수 / 수력발전소

(6) 사(巳)

가. 글자로서 의미

'뱀 사'자는 뱀이 나무 사이를 기어가는 모양을 본 따서 만든 글자다. 구부렸다가 앞으로 나가는 게 땅을 긁는 모양이라 하여 긁다와 길다라는 핵심적인 뜻이 있다.

나. 성격

영리하고 숨은 재주가 많으며 사람들과의 교제가 오래가지 못하고 허영심이 많다.

다. 물상

플라스틱 / 고무 / 신발 / 타이어 / 석유 / 화학 / 공항 / 대사관 / 전산 / 예식장 / 염색 / 사진관 / 조명 / 레이저 / 광선 / 공연 / 주유소 / 화공약품 / 방송 / 광고 / 비행기

(7) 오(午)

가. 글자로서 의미

'낮 오'자는 절구대 모양을 본떠서 만든 글자로 올라갔다, 내려갔다 하는 것 같이 '교차하다, 어긋나다'라는 의미가 있다. 옛날에는 교통수단으로서 말이 매우 중요하였고 그 소중함 때문에 열두 띠 중에 하나로 삼았다.

나. 성격

실리적이고 환상에 치우쳐 게으른 사람이 많다.

다. 물상

보도 / 라이터 / 전화 / 렌즈 / 안과 / 시력 / 카메라 / 거울 / 유리 / 간판 / 정신과 / 대학교 / 연구소 / 경마장 / 번화가 / 무용 / 학자 / 배우 / 문화 / 예술 / 문필 / 적외선

(8) 미(未)

가. 글자로서 의미

'아닐 미'자로 나무가 무성한 모양을 본뜬 글자다. 양은 젖과 고기 그리고 털과 가죽까지 매우 유용한 가축이어서 열두 띠 중에 하나로 삼았다. 양은 사람이 먹을 수 있는 풀인지를 알아 볼 수 있는 첫 번째 사육동물이었다.

나. 성격

자존심이 매우 강하며 거만한 편이고 타인에게 좋고 싫음을 밖으로 표출하지 않는 사람이 많다.

다. 물상

공원 / 축구장 / 야구장 / 골프장 / 공연장 / 목장 / 갤러리 / 초원 / 학원 / 학교 / 식품업 / 산림업 / 이불 / 교회 / 제사 / 교량 / 토건 / 도자기 / 언덕

(9) 신(申)

가. 글자로서 의미

'납 신'자는 두렵고 무서운 귀신들의 대표 격으로 원숭이를 택하여 열두 띠

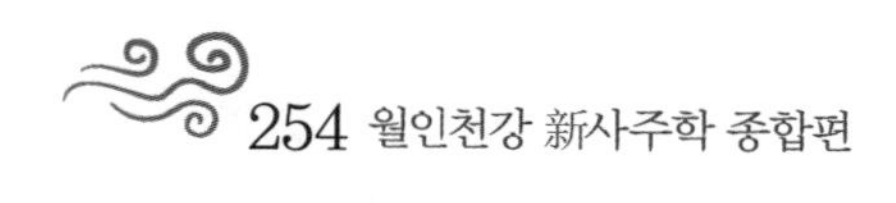

중에 하나로 삼았다. 하늘에서 번개가 빛을 뻗칠 때의 모습을 본 뜬 모양의 글자로 '뻗치다'라는 핵심적인 뜻을 지닌다.

나. 성격

명석하고 재주가 비상하고 약삭빠른 사람이 많다. 이기주의적인 성향이 강하고 유머가 많은 사람이다.

다. 물상

여행사 / 기차 / 철도 / 전철 / 조선소 / 정류장 / 관광 / 은행 / 사냥꾼 / 농기구 / 절단기 / 전선 / 야전부대 / 군부대 / 승강기 / 총포사 / 기계 / 무기 / 중장비 / 금속

(10) 유(酉)

가. 글자로서 의미

'닭 유'자는 아가리는 좁고 배가 불룩한 술 단지 모양을 본 뜬 글자이다. 제사를 지낼 때 바치는 재물로 집에서 사육하던 닭을 택하여 사용하였고 그 중요성에 닭을 열두 띠 중에 하나로 삼았다. '술, 술단지'라는 핵심적인 뜻을 가지고 있다.

나. 성격

필요 이상으로 생각이 많아서 신경과민으로 고생하는 사람이 많고 단순하고 의리가 있으나 사회적응이 어렵다.

다. 물상

주점 / 술잔 / 귀금속 / 다이아몬드 / 유리 / 정밀기계 / 시계 / 분쇄기 / 바

늘 / 거울 / 금융 / 칼날 / 총알 / 침술 / 마취 / 공구 / 알루미늄 / 치킨 / 트로피

(11) 술(戌)

가. 글자로서 의미

'개 술'자는 전투용 도끼를 본 뜬 모양의 글자. 무기는 사냥이나 본인의 생명을 지키기 위해서 꼭 필요한 필수품인데 개가 집을 지켜 주므로 戌자가 개가 된 것이다. '도끼, 개, 지키다'라는 핵심적인 뜻이 있다.

나. 성격

말주변이 탁월하고 달변가이며 음량이 풍부하고 다소 가벼운 언동을 하는 사람이 많다.

다. 물상

백사장 / 도자기 / 시멘트 / 광장 / 타일 / 벽돌 / 무대 / 운동장 / 관광지 / 도심지 / 지하상가 / 찜질방 / 도서관 / 불가마 / 정보부 / 감사원 / 통계청 / 반도체 / 극장 / 국회 / 서점 / 컴퓨터 / 무기

(12) 해(亥)

가. 글자로서 의미

'멧돼지 해'자는 사나운 멧돼지를 본떠서 만든 글자이다. 강하고 억센 뼈대와 어금니를 가지고 학학거리며 저돌적인 모습을 보고 '뼈대를 갖추다, 학학거리다'라는 핵심적인 뜻을 가진다.

나. 성격

희생정신이 강하고 독립심도 강하며 남이 안 하는 일을 해서 성공을 거두고

건망증이 심한 사람이 많다.

다. 물상

해변 / 무역 / 선박 / 축산 / 상수도 / 취사장 / 어장 / 수력발전 / 소방서 / 치과 / 빨래방 / 조선소 / 군함 / 배설 / 방광 / 욕실 / 돼지 / 선원 / 해초 / 어류 / 온천 / 부두

10천간과 12지지의 관계설정에 있어서 꼭 알아야 할 사실은 서로가 가는 길이 달라서 상생하거나 상극하지 않는 무관한 관계라는 것이다. 오직 천간과 지지의 관계는 12운성으로만 판단하는 것이 옳다고 본다. 다만 천간이 지지에 유근 하였는가와 지지가 천간에 투간 되었는가를 판단하여 사용할 따름이다. 천간은 정신적인 성향이 강하고 지지는 현실적이고 상황적인 경우가 많으므로 서로 상반 되는 부분을 잘 구별하기 바란다. 자칫 오행에 빠져서 22간지를 오행으로 분류하여 사용한다면 섬세한 잣대를 두고서 사용하지 못하는 것과 같을 것이다. 또한 육친에 빠지는 것도 간과해서는 안 될 것이니, 어느 글자를 사용 하느냐에 대한 한 글자 각각의 분석이 매우 중요하다. 10천간과 12지지에 대한 한 글자 한 글자의 개념과 뜻을 충분히 이해하고 분석하기 바란다. 22간지에 대한 중요성을 강조하기 위해서 여러 차례 반복하여 강조를 하였고 점진적인 심화 학습을 하는 것이다. 22간지론에 대한 이해와 확장을 연구하고 습득하여 실제 감명에 많은 활용이 있기를 바란다. 다시 강조하는데 음양오행과 천간지지에 대한 충분한 이해를 바탕으로 스스로 물상이나 기운으로 확장을 연습해 보는 시간을 많이 갖기를 바란다.

5. 12동물 띠 이야기

(1) 쥐띠(子) ----- 들끓는 색욕

(2) 소띠(丑) ----- 만삭의 모태

(3) 호랑이띠(寅) -- 어짊과 포악의 양면성

(4) 토끼띠(卯) --- 애욕의 화신

(5) 용띠(辰) ----- 용솟음치는 생명기운

(6) 뱀띠(巳) ----- 현실적 욕망에 탐닉

(7) 말띠(午) ----- 지배욕과 부의 상징

(8) 양띠(未) ----- 속죄와 종교심

(9) 원숭이띠(申) -- 반수반인의 손오공

(10) 닭띠(酉) ---- 이별의 그림자

(11) 개띠(戌) ---- 귀신을 제압하는 권능

(12) 돼지띠(亥) -- 번뇌의 집합처

사주팔자란 기(氣)의 성질을 표시한 여덟 개의 문자이자 일종의 부호이다. 이 여덟 개의 부호는 태아가 모태로부터 세상 밖으로 모습을 드러낼 때 천지를 운행하던 어떤 기운이 태아에게 배어들어서 인간이 태어나는 순간부터 그를 지배하는 필연적이고 초월적인 힘의 실체라는 것이 동양의 역학 이론이다.

여덟 개의 부호(사주팔자)를 자세히 분석하면 능히 운명의 행로를 판단할 수가 있다. 사실 인간은 동식물은 물론 미물에 이르기까지 모든 생명의 기운을 묶어 놓은 소우주체(小宇宙體)이기 때문에 그것들의 습성을 버리지 못한다. 그 중에서도 대표적으로 열두 가지 짐승과 가장 흡사한 성질을 지니고 있어서 인간의 마음은 열두 짐승의 성품을 그림자처럼 따라가고 있는 것이다. 그러므로 마음의 기질을 파악하려면 근본적으로 열두 짐승의 띠를 해석해내야 한다. 이제부터 띠를 차례로 하나씩 예를 들면서 함께 생각해 보도록 하겠다.

(1) 쥐띠 – 정자와 난자의 결합

첫째 띠는 쥐이며 이것을 자(子)라 한다.

시간은 밤에 속하는데 자정이며 계절은 일 년 중 밤의 길이가 가장 긴 동지에 해당한다. 방위는 북쪽이고 겨울의 음기 속에 만물을 탄생시킬 일점의 양기가 불씨처럼 점화 된다. 그러므로 자식을 의미하는 자(子)라 하였던 것이다.

아무것도 분별할 수 없는 어둠에서 현묘하게 양기가 비로소 시작되어 음기와 화합해서 만물의 씨앗을 잉태한 창조의 모습이며 소우주인 인간은 여성의 자궁 속에 정자가 난자와 결합해서 아이를 배는 것과 같은 현상이다.

자(子)의 마음은 고요한 본성을 깨고 인연을 찾아가기 위한 욕망의 그림자가 요동하는 찰나에 해당된다. 생명을 키워나가려는 강한 집념이 도사리고 있고 그만큼 색욕(色慾)도 들끓는다.

색욕은 음, 양의 결합으로 만물을 생산하려는 욕망의 기질이 끊임없이 육신을 자극하기 때문에 일어난다. 그런 면에서 야밤에 활동하며 수시로 색을 즐기고 부지런히 새끼를 낳는 짐승은 아마도 쥐가 으뜸이다.

그래서 자(子)를 쥐띠라 하였거니와 생산의 원기(元氣)가 가장 많이 흐르기에 사람도 색을 밝히고 아이를 많이 낳을 수 있는 체질인 것이다.

(2) 소띠 – 만삭이 된 모태

둘째 띠는 소이며 이것을 축(丑)이라 한다.

대지를 밝힐 태양이 아직 모습을 나타내지 않고 먼 곳에 숨어 있는 새벽 1시에서 3시 사이에 해당한다. 방위로는 동쪽이 시작되는 북쪽 끝자락에 위치하고 계절로는 봄이 되기 직전의 겨울이다.

축은 자(子)에서 잉태된 양기(陽氣)가 완전하게 성숙해서 곧 터져 나오려는 기질을 머금고 있다. 마치 만삭이 된 모태에서 아이가 세상 밖으로 모습을 드러내려 하는 것과 같다.

축(丑)은 태어나기 직전의 기질이므로 왕성한 힘과 의지가 굳으면서도 감상적이며 가장 세속적인 반면에 산중에 은거하고 싶은 도인적인 성품도 엿보인다. 이는 태어나면 세상일에 관여해 부지런히 일하며 욕망을 채우려는 기질과 고통스러운 삶에 대한 고뇌가 함께 상존하기 때문이다.

소는 새벽에 일터로 나가서 해가 저물어야 쉴 수 있는, 노동을 대표하는 짐승이다. 수레를 끄는 소의 멍에는 인간에게 운명의 속박이며 짐은 그리 될 수밖에 없는 업(業)이라 할 수 있다. 이와 같이 인간은 태어나면 소처럼 고달픈 운명의 길을 걷지 않으면 안 된다.

(3) 범띠 – 어짊과 포악의 양면성

셋째 띠는 호랑이며 이것을 인(寅)이라 한다.

시간으로는 아직 모습을 드러내지 않은 태양의 빛이 어둠 속을 헤집고 대지를 밝히는 새벽 3시부터 5시이며, 방향으로는 동쪽이 시작되는 처음 방위이고 계절로는 음력 1월 즉 봄이 추위를 뚫고 나오는 때다.

만삭이 된 축(丑)에서 비로소 만물이 모습을 드러내는 것을 의미한다. 마치 씨앗이 씨눈을 터뜨리고 병아리가 알을 깨고 나오며 아이가 열린 자궁 밖으로 머리를 내밀고 세상에 모습을 드러낸 것과 같다.

인(寅)의 마음은 욕망이 끓어올라 그 욕망의 대상을 찾아가는 현상에 비유된다. 처음으로 튀어나오는 기운이기에 생명력이 가장 왕성하고 강력하여 굽힐 줄 모르는 고집과 자존심이 작용한다. 그리고 그 기세만큼 성격이 급하고 포악한 일면이 있는가 하면 도(道)를 얻고 싶은 어진 심성이 있으며 무엇을 깨치는 능력도 탁월하다.

범은 백수의 왕으로 가장 용맹스러운 짐승이거니와 우렁찬 소리 하나만으로 능히 여러 생명을 떨게 하는 지배자로서 위엄 내지 포악성까지 겸비하고 있다. 불교에서는 붓다의 목소리를 사자후에 비유하고 웅변가의 기세당당한 소리 역시 사자의 포효에 곧잘 비유한다.

(4) 토끼띠 – 애욕의 상징

넷째 띠는 토끼이며 묘(卯)라 한다.

아침 해가 동쪽 방위에 불끈 솟아올라 찬란하게 대지를 밝히는 아침 5시부터 7시 사이다. 인(寅)에서 하늘 문을 열고 나온 뭇 생명들이 기지개를 켜고 성숙해지는 기운이 천지에 가득한 음력 2월이다. 이른 봄의 따사로운 햇빛이 추위를 서서히 밀어내는 시기다.

초목은 여리고 부드러운 싹을 틔워 부지런히 성장하고 모태를 벗어난 아이가 무럭무럭 자라서 소년시절을 보내는 것과 같다. 아직 어리고 가냘픈 싹이나 아이나 병아리처럼 순진해 보이지만 추위를 밀어내는 봄기운처럼 어떤 어려움도 이겨내는 인내와 솟구치는 기세가 대단해서 가슴 속에 뜨거운 욕심이 도사리고 있다.

묘(卯)의 기질은 아직 추위가 남은 이른 봄기운이 여름을 향해 열기를 더해 가듯이 성숙해지는 육신의 정력이 맹렬하게 타오르므로 이성을 동경하고 그리워하며 애욕을 참지 못한다. 정(精)은 응축된 생명의 기질일 뿐만 아니라 육체를 성장시키는 밑거름이자 번식을 위한 생식기의 원천이다.

애욕을 참지 못하는 기질에다 배속시킨 토끼는 어린 아이와 여린 새싹처럼 순진무구한 짐승이면서도 애욕의 대명사로 널리 알려질 만큼 시도 때도 없이 섹스를 즐기고 수시로 새끼를 낳는 짐승이다. 사람이 색을 밝히는 것도 토끼의 그런 생명 인자가 몸속을 흐르고 있다는 증거이다.

(5) 용띠 – 용솟음치는 생명기운

다섯째 띠는 용이며 진(辰)이라 한다.

시간으로는 아침나절인 7시부터 9시에 배치되고 동쪽의 끝 방위에 위치하며 봄기운이 한창 약동하는 음력 3월에 배속된다. 음력 3월은 산과 들에서 아지랑이가 불꽃처럼 이글거리면서 일제히 타오른다. 이처럼 자연계 모든 생명의 기운이 힘차게 솟아오르는 기상을 상상하면 흡사 용의 형상과 닮았다고 할 수도 있다.

초목에서 여린 잎사귀가 피어나고 성미가 급한 꽃은 망울을 터뜨리는 때인 것이다. 이때 청년기에 접어든 인간은 드높은 야망에 불타고 화려한 이상을 동경하며 거칠 것 없이 꿈을 키워나간다. 물고기가 용이 되어 겁 없이 빗줄기를 타고 하늘로 뛰어오르는 것처럼 욱일승천하고 싶은 욕망이 지나치게 솟구치는 기질이 담겨 있다.

독선과 아집이 강하게 나타나고 잘난 체하여 항상 남보다 앞서가려 하므로 눈살을 찌푸리게 하는 경향이 있다. 동양인이 생각하는 용은 서구의 드래곤과 달리 실체가 없는 상상의 동물이다. 그럼에도 인간으로서 최고의 지위에 도달한 자에게 부여되는 용의 형상은 어찌 보면 여러 생명의 모습 중 특징 있는 하나씩을 골고루 갖춘 괴이한 형상이라 할 수 있다.

긴 몸통은 물고기와 땅바닥을 기어 다니는 파충류를 대표하고 두 뿔은 소나 양과 같은 순진한 짐승에 비교될 수 있으며 흉측한 입은 포악한 맹수를 상징하며 발가락은 하늘을 나는 새가 되고 수염은 초목에 비유될 수 있다. 그리고 전체적인 얼굴 모양은 잡귀를 물리친다는 불교의 사대신장으로 설명될 수 있으며 변화무쌍한 성질은 인간을 닮았고 입에 문 여의주는 진리를 뜻하여 천지만물의 본성을 보여준다.

(6) 뱀띠 – 현실적 욕망에 탐닉

여섯째 띠는 뱀이며 이것을 사(巳)라 한다.

아침이 물러가고 태양이 높이 솟아오른 오전 9시에서 11시에 해당된다. 남쪽 방위의 첫머리로 여름이 시작되는 음력 4월 만물이 무성하게 자라나서 외형적으로 완전한 골격을 갖추고 성숙한 생명이 무르익어 가는 때다.

초목은 부지런히 뿌리를 뻗어 잎사귀와 꽃을 가꾸고, 동물은 먹이를 찾아 활발하게 산야를 누비며, 청년기를 보내고 중년의 나이에 들어선 인간은 욱일승천하던 기운을 꺾고 사회적 욕망을 채우기 위해 동분서주한다. 당장의 목표는 뱃속을 채우고 편히 쉴 수 있는 의식주(衣食住)에 골몰하고 그 다음은 지위와 부를 창출하는데 심신을 바치게 된다. 그래서 늘 몸과 마음이 조급하고 돌아다니기를 좋아한다.

감성도 풍부하여 뛰어난 웅변술이 있다. 그러나 아직 정서적으로 불안하여 우유부단한 면이 있고 의처증이나 의부증이 있는 성격으로 나타나기도 한다. 뱀은 끝내 용이 되지 못하고 일생을 수고롭게 배로 기어 다녀야 하고 작은 구멍이라도 찾아서 배를 채워야 하는 짐승이다. 그런가 하면 배가 부르면 한가롭게 똬리를 틀고 더는 먹을 것에 욕심내지 않고 배가 고프기를 기다린다.

(7) 말띠 – 부와 지배를 상징

일곱째 띠는 말이며 오(午)라 한다.

태양이 중천에 높이 솟아 대지에 뜨겁게 내리쬐는 정오에 해당되며 남쪽 방위에 위치하고 음력 5월 더위가 한창 기승을 부리는 한여름을 의미한다. 꽃은 시들어 떨어졌으나 짙은 푸른 초목이 울창하게 우거져 열매를 맺기 시작한다.

장년이 된 인간이 부지런히 부를 축재하고 사회적 명성을 쌓아온 결과 마치 말 위에 높이 앉은 늠름한 장수처럼 권위와 위엄이 드높은 기상이다.

오(午)의 기질은 불꽃같은 화기(火氣)로 처음 자(子)에서 잉태된 양기(陽氣)가 최고조에 달해 있는 분기점을 의미한다. 그러므로 낮과 밤의 길이가 같은 하지(夏至)가 되는데 음기와 양기가 교차하는 시기이기도 하다.

뜨거운 열기 속을 파고든 음기는 제자리에 안착하기 위해 안간힘을 쓰며 양기를 밀어 붙이고 미워한다. 사람의 성질도 이와 같아서 초라하게 보이기 싫어하는 허세와 움켜쥔 부와 명예를 지키기 위해 시기하고 의심이 많으며 눈치가 빠르다. 또 장년의 나이답게 의젓한 겉모습과는 달리 조급해지고 생각이 얕으며 담력도 약해진다.

말은 인간의 욕심을 상징하며 청운의 꿈을 이루고 높이 앉아 자신의 위대성을 뽐내는 교만의 도구이며 천하를 누비고 정복하여 군림하려 드는 끝없는 욕망을 상징한다.

여러 짐승 중에서 말은 두뇌가 뛰어나고 염치를 아는 짐승으로 사촌까지 알아보고 성관계를 맺지 않는 특성이 있다. 성(性)은 인간에게 가장 중요한 도덕의 하나이며 자연계의 질서를 깨뜨리지 않는 덕목의 하나다.

(8) 양띠 – 속죄와 종교심

여덟째 띠는 양이며 이것을 미(未)라 한다.

정오에 내리쬐던 태양의 열기가 땅을 데워서 하루 중 가장 무더운 오후 1시부터 3시까지에 배속된다. 남쪽 방위의 끝이며 여름이 막바지에 이른 음력 6월이다. 뜨거운 열기에 맺은 열매가 제 모양을 갖추고 초목은 더 이상 자라지 못하고 굳어졌으며 인간은 60대 늙음에 접어든 때다.

불꽃이 지기 직전에 힘차게 한 번 솟구치듯 양기가 기승을 부리는 것 같아도 음기가 세력을 더해 가므로 예전의 기상을 발휘할 수가 없다. 그러므로 미(未)의 기질은 허세만 있지 실속이 없으며 무절제하고 나태하며 공상적인 성격으로 변한다. 그리고 흐르는 음기 때문에 신경질적이면서 화려함을 동경하고 문학과 철학을 좋아하는 심성이기도 하다.

이런 성격은 성장을 멈추고 인생의 결실을 맺으며 늙어가는 심적 변화 현상으로 젊은 날의 패기는 사라지고 지난날을 회고하는 가운데 때때로 죽음을 의식하고 회한에 젖기도 하는데서 비롯된다.

일찍이 종교를 거부하고 저 잘난 기분에 도취되어 있던 사람도 문득 종교에 귀의하고 싶은 마음이 찾아들기도 하는데 세속의 그림자에 묻혀 왔던 본성이 중생의 허울을 걷어내려 함이며 신에게 의탁함으로써 목숨을 오래 보존하고 싶은 회한의 발로다.

(9) 원숭이띠 – 사람과 짐승의 중간

아홉째 띠는 원숭이이며 신(申)이라 한다.

해가 서산으로 기우는 오후 3시부터 5시이며 방위로는 서쪽이 시작되는 곳이고 음력 7월 한여름의 무더운 기운이 사라지고 아침, 저녁으로 서늘한 바람이 부는 가을이다. 과일이 여무는 이때 사람은 70에 가까운 나이가 된다.

자신의 생명을 이어갈 자손들이 푸른 과일처럼 주렁주렁 매달려 있어 거기에서 남은 인생의 즐거움을 찾으려 한다. 그러나 인생의 결실을 맺은 때라 늘 마음이 분주하고 근심 걱정이 많아지며 아이처럼 순진하다가도 독선적인 성질이 나타나고 이유 없는 고집을 부리기도 한다.

음습한 죽음의 그림자가 짙어졌으므로 고독한 심성을 보이며 잘 웃기도 하고 괴팍하게 행동하면서 밖으로 나돌기를 좋아한다. 육신은 굳어져서 마음만 바쁘지 움직이기 싫어진다. 그래도 아직 익지 못한 과일처럼 세속의 욕망을 다 채우지 못한 아쉬움이 남아서 더욱 얻은 것을 놓지 않으려 하고 더 가지려 드는 턱없는 야심을 드러낸다.

(10) 닭띠 – 이별의 기운

열째 띠는 닭이며 이것을 유(酉)라 한다.

해가 저물어가고 땅거미가 내리는 초저녁 5시부터 7시까지가 닭띠 시간이다.

방위는 서쪽이고 가을의 중심인 음력 8월에 해당된다. 오곡을 거두어들이고 익은 열매가 몸체와 분리되는 가을이기에 이별의 기운이 을씨년스러운 이때 인간은 생을 마감하고 죽음으로 돌아가는 것을 의미한다.

그렇기에 이 기질을 타고난 사람은 자주 감상에 젖고 눈물이 많으며 심하게 괴로워하다가도 철없는 아이처럼 웃기도 잘해서 갈피를 잡을 수 없는 변덕이 있다. 하지만 예민한 감수성만큼 뛰어난 문학성이 있으며 철학적 사고도 깊다.

유(酉)를 닭띠라 한 것도 이별과 죽음의 그림자가 짙게 드리워져 있기 때문이다. 본래 유(酉)는 서방정토로 열반의 세계를 의미한다. 그러나 죽음에 이른 인간은 여전히 본성을 깊이 감추고 중생심으로 죽어가기에 닭에 비유되는 것이다.

닭은 예로부터 땅의 소식을 하늘에 전하는 짐승으로 인식되어 왔다. 결혼식 때 천상의 조상과 신에게 소식을 알리는 일을 지금도 담당하고 있거니와 죽은 후 혼백을 천신과 지신에게 알리는 의미가 있는 것이다. 닭의 습성은 날이 저물면 즉시 둥지로 들어가고 해가 뜨기 직전에 홰를 쳐서 세상이 밝아 옴을 가장 먼저 일깨운다.

홰를 치는 것은 깊은 잠에서 깨어나 기지개를 켜고 활발하게 활동하려는 몸부림으로 사람이 죽은 후 긴 어둠을 거쳐 그 영혼이 다시 태어나서 고달픈 인생을 살아가게 됨을 의미한다. 어둠은 죽음이요 둥지는 죽음 이후에 쉬어야 할 한정된 공간이며 울음은 새벽잠을 깨우는 것이니 윤회하는 중생의 서글픈 삶을 깨닫게 한다.

(11) 개띠 – 귀신을 제압한다.

열하나째는 개이며 술(戌)이라 한다.

어둠이 짙어진 밤 7시부터 9시에 배속된 술(戌)은 서쪽 끝 방위에 자리하고 가을의 마지막이며 겨울로 넘어가는 길목이라 하겠다. 초목의 열매는 땅에 떨어져 흙에 묻혀 썩고 인간의 육신도 흙으로 돌아간다.

비록 열매는 썩어 없어지지만 그 씨앗은 봄에 다시 태어날 생명의 기운을 머금었고 흙이 된 인간의 주검도 혼은 하늘에서 오제의 영역에 갇히고 백은 땅으로 스며들어 오령에 귀속되어 인연을 만나면 다시 태어나게 된다.

개띠 술(戌)은 직간접으로 신의 세계와 관련이 있다. 술은 죽음 이후의 백을 의미하는 부호로 만물의 형상을 갖출 수 있는 기운을 모두 끌어안은 땅의 정령이라 하겠다. 따라서 온갖 잡스러운 귀신의 집이라 할 수도 있으므로 귀신을 볼 수 있고 지킨다는 개로 하여금 귀(鬼)가 함부로 날뛰지 못하게 하는 의미가 있는 것이다.

(12) 돼지띠 – 번뇌의 집합처

열두째 띠는 돼지이며 이것을 해(亥)라 한다.

어두움이 가장 짙은 밤 9시부터 11시가 돼지띠 시간이며 방위는 북쪽 첫머리이고 계절은 겨울의 시작이 된다. 모든 생명이 물에서 나왔으므로 큰 바다에 비유되는 해(亥)는 만물의 혼(魂)이 빠짐없이 수장되어 있는 태초 이전의 암흑의 세계로 이 세상의 시작과 끝이 동시에 존재한다.

여기에서 한 개의 양기가 시생해 자(子)가 되고 축(丑)으로 발전해서 인(寅)에서 다시 태어나거니와 소우주로 축소된 여성의 오묘하고 순수한 자궁 속과 같다. 자궁(子宮)이란 말은 자식을 생산하는 궁궐이란 뜻인데 보통 아기집이라고도 하며 만물의 집합체인 인간을 잉태시키는 신의 집과 같은 곳이다.

우리 풍습 중에 아직도 건재한 고사(告祀) 의식(儀式)에서 제물의 주인공이 바로 돼지란 사실을 곰곰이 생각해보면 잡귀를 물리치고 소원을 성취시켜주는 영험한 짐승임을 이해하게 된다. 그래서 돼지란 '되어 지다'의 준말이라 해석할 수 있다.

즉 만물이 해(亥)에서 되어져서 자(子) 축(丑) 인(寅)으로 탄생되고 사람의 일에서는 방해꾼을 물리치고 원하는 것을 '되어 지게' 한다는 뜻이 있는 것이다. 그 외 돼지는 본래 검은색이므로 어두움과 죽음의 세계를 뜻하기도 하고 중생의 기질을 다 갖추고 있으므로 인간을 대신하는 속죄의 제물(祭物)로도 인식되었다.

6. 새로운 대안 '간지론'

필자는 격국론과 용신론은 정격사주 감명에 꼭 필요하고 파격이 된 사주는 간지론으로 감명해야 한다고 본다. 오랜 기간 공부를 하고도 좌절하는 경우는 열심히 공부한 격국론과 용신론이 파격사주를 분석하기에는 아무리 대입을 해보아도 역부족이라는데 문제가 있다. 사실 사주를 감명해보면 정격으로 입격된 사주는 10명 중 한두 명밖에 없는 것을 알 수 있다. 정격과 비슷하다고 하여 끼워 맞추면 해석이 틀리게 되고 파격에 대한 감명법은 그 어디에서도 찾아볼 수가 없다. 10정격에 해당되지 않는 사주를 외격이나 종격 및 특수격을 적용해서 사주감명을 해 보아도 답을 얻기가 어렵다. 그래서 수많은 학인들이 오늘도 사주 책을 붙잡고 헤매고 있지 않는가.

옛날 신분사회에서 지도층 인사들만의 전유물이었던 사주학은 아마도 대부분 고객들이 정격에 가까운 사람들이었을 것이다. 하지만 시대가 바뀌어 신분에 관계없이 일반인들이 사주학을 많이 이용하게 되었고 그러한 시대적 변화로 인하여 격국론과 용신론이 쇠퇴의 길을 맞이하게 된 것이다. 이제는 파격을 감명할 수 있는 방법이 절실히 요구 되는 시대가 되었다고 판단한다. 파격사주의 정확한 분석을 위해서는 간지론이 꼭 필요하다. 격을 잡고 용신을 잡는 것과는 다르게 사주모양이나 생김새를 그대로 관찰하여 감명하는 것이 간지론이다. 현재 사주학의 적중률이 떨어져서 위기에 처한 사주학을 다시 유용하게 사용하기 위해서는 간지론이 대안이 되어야 한다.

기존의 신살론이나 격용론으로도 사주감명에 아무런 문제를 느끼지 않는다는 학인들은 내 이야기를 들을 필요가 없다. 하지만 10년 넘게 오랜 세월 공부를 했지만 뭔가 부족하고 잘 맞지 않는 해석으로 좌절을 맛 본 학인이라면 이제 사주공부의 방향을 한번 바꿔 볼 필요가 있지 않나 생각한다. 이제 새로 사주공부를 시작하는 학인들은 격용론도 간지론도 모르는 입장이니 헷갈릴 수도 있는데 우리는 격용론을 배척하는 것이 아니고 격용론으로 풀리지 않는 사주를 간지론으로 감명한다는 입장이기 때문에 크게 걱정할 필요 없이 간지론에 입문하면 되겠다. 내격 이외에 외격, 종격, 특수격 등으로 분류 된 사주를 격국론으로는 수많은 파격의 다양한 사주를 감명할 수 없다. 파격사주를 분석하는 간지론의 도구로서 근묘화실, 육친변용법, 12운성, 22간지를 잘 활용 한다면 아무 문제없이 해결이 될 것으로 본다.

제 2 장
성격(性格)

사주학에서 성격을 보는 방법으로는 크게 두 가지로 나눌 수가 있다. 첫째는 일간에 의한 성격 판단법이고, 둘째는 격에 의한 성격 판단법이다. 격에 의한 판단법은 월지에 의한 구분법으로 외적인 성격을 뜻하고 일간은 내적인 성격을 구분 짓는다고 할 수가 있겠다. 좀 더 자세히 접근을 하자면 양간과 음간의 특성 그리고 모두 양간으로 구성 되거나 모두 음간으로 구성된 모양으로 구분하여 판단할 수 있으며 오행이나 육친에 의한 성격 판단도 있을 수 있다. 성격 편에서는 개인의 생활습관, 행동양식, 문제의 해결방식 등을 알아 볼 수 있다.

1. 일간에 의한 성격 판단

사주팔자의 일간이 10천간 중에서 어느 글자냐에 따라서 사주 주인공의 성격을 파악할 수 있는데 그것은 내적인 성격에 가깝다고 하겠다. 외부에서 보았을 때는 일간의 특징이 잘 보이지 않을 수도 있는데 그런 이유는 월지의 영향력도 크게 작용하기 때문이다. 월지는 외부에서 보았을 때 나타나는 성격이므로 타인은 정작 일간의 기질을 알 수가 없는 경우가 많다. 우리가 보통 이중인격이라는 말들을 하는데 그것은 누구나 가질 수 있는 경향이라고 하겠다. 밖에서는 정말 좋은 사람인데 집안에서는 폭력적인 사람을 종종 발견할 수가 있는데 그것은 월지가 인수격으로 인자한데 반하여 일간의 성격이 매우 급한 丙(火)이거나 甲(木)인 경우가 해당 될 수가 있다. 단정적으로 丙이나 甲이 폭력적인 것은 아니고 예를 들어서 설명을 하자면 그렇다는 것이다. 어느 하나만을 보고 전체적인 성격을 판단하기는 어렵고 여러 가지 상황을 복합적으로 대입하여 판단하는 것이 현명하다고 하겠다. 아래에는 사주팔자의 일간에 있는 글자를 보고 성격을 판단하는 방법을 설명해 보겠다.

(1) 甲(木)

甲일간은 성격이 활발하고 적극적이며 새로운 일을 잘 도모하며 기획, 계획, 발명 등에 능하다. 직장생활보다 자유로운 업종을 선호하며 자존심이 강하여 남에게 굽히거나 지는 것을 싫어한다. 어질고 인자하고 착하지만 강직하고 단호한 면도 있다.

(2) 乙(木)

乙일간은 성격이 어질고 부드러우며 사교성이 많다. 사치와 장식을 좋아하며 활동성이 강하고 멋쟁이가 많다. 주로 말로 먹고사는 직업을 가진 사람이 많고 언변이 능하다. 개성이 강하여 타인과 마찰이 발생하기 쉽고 입이 가볍다.

(3) 丙(火)

丙일간은 예의를 소중하게 생각하며 밝고 명랑하며 열정적이다. 성격이 매우 급하지만 뒤끝이 없는 시원한 성격이다. 아는 것이 많고 남을 무시하는 경향이 있으며 과장이 심하다. 만물을 양육(養育)하는 태양의 기운으로 아는 것이 많으며 만물박사가 많다.

(4) 丁(火)

丁일간은 평소에는 지나칠 정도로 느긋하지만 때에 따라 불꽃같은 열정을 보이기도 한다. 겸손하고 총명하며 예민해서 판단력은 좋으나 소심함이 있다. 잔정이 많고 정에 약해서 손해 보는 점이 많고 배신을 잘 당한다. 남에게 악한 일은 잘 하지 않는다.

(5) 戊(土)

戊일간은 책임감 있고 성실하며 계획한 일을 박력 있게 밀어 붙이는 추진력이 남달리 강하다. 신용과 신의를 소중히 여기고 말과 행동에 신중함이 있다. 중용을 너무 지켜서 때로는 무능하게 보인다. 무게가 있고 중후하고 포용력이 있다.

(6) 己(土)

己일간은 어느 편에 속하지 않고 중도를 지키지만 때로는 중심이 없는 우유부단한 사람으로 오해를 받기도 한다. 사교적이고 인정이 많아 친구가 많다. 무게가 없고 말과 행동에 일치가 되지 않는 점이 흠이다. 바람둥이 기질이 있으며 이성으로 인한 아픔을 겪는 일이 많다.

(7) 庚(金)

庚일간은 결단력이 강하며 과감한 면이 있고 의협심이 강해서 불의를 보면 참지 못하는 성격이다. 냉정한 듯 보이지만 속은 따듯한 정이 많은 사람이다.

착하고 순진하여 이성으로 인한 슬픔을 겪는 일이 가끔 있다. 모든 일을 일사천리로 진행하는 성향이 강하다.

(8) 辛(金)

辛일간은 냉정하고 결단력이 강하며 정이 없지만 의리가 있다. 자만심이 강하고 대화와 타협을 할 줄 몰라서 사회적으로 교재에 어려움이 많다. 계산적이고 이기적이며 너무 까다로운 점이 단점이다. 지혜롭지만 너무 잘난척하는 경향이 많다. 약간의 결벽증이 있는 사람도 있다.

(9) 壬(水)

壬일간은 본인이 손해 보는 일은 절대로 하지 않으며 색정이 강해서 바람둥이 기질이 많다. 성격이 차고 냉정하지만 마음은 따듯하고 암기력과 기억력이 좋고 무엇이든 모으는 성질을 가져서 부자가 될 수 있는 기질을 가지고 있는 사람이 많다. 때로는 도덕과 법을 무시하는 경향이 있다.

(10) 癸(水)

癸일간은 겉은 인자하나 속은 냉정한 사람이 많고 계산이 빠르다. 목적을 위해서는 수단과 방법을 가리지 않는 사람이 많다. 자존심이 강해서 남의 말을 듣지 않으며 너무 개인적인 성향이 짙어 교제에 문제가 많다. 자기가 제일이어서 잘난 척을 잘하며 자비심과 냉정함을 동시에 지녔다.

2. 월지에 의한 성격 판단

월지에 어느 육친이 있는가에 따라서 판단하는데 일간에 의한 성격 판단법은 내적인 성향을 볼 수 있다면 월지에 의한 성격 판단법은 밖으로 표출되는 성향을 잘 볼 수가 있다. 겉으로 드러난 외형적인 성격을 파악하는 데 이용을 하면 좋은데 그것이 전부일 수는 없고 항상 속에 숨은 성향을 잘 살펴보아야 할 것이다. 월지에 있는 육친으로 성격을 알아보는 데 월지는 격국(格局)을 의미하기도 하므로 격국에 의한 성격 판단법이라고 해도 틀린 말은 아닐 것이다. 아래에는 월지에 있는 육친에 의한 성격을 알아보기로 하겠다.

(1) 비견(比肩)

월지에 비견이 있으면 온화하고 솔직하며 꾸밈이 없다. 내기를 좋아하고 동작이 빠르며 승부욕이 매우 강하다. 비견이 많으면 자존심이 강하고 사회성이 떨어지며 난폭하고 충을 맞으면 대인관계가 안 좋고 다툼을 좋아한다.

(2) 겁재(劫財)

월지에 겁재나 양인이 있으면 특별한 재능을 지니며 크게 일을 벌일 수 있는 힘이 있는 것으로 판단한다. 경쟁력이 뛰어나고 지는 것을 싫어하며 운에 따라 큰 재물을 모으는 원동력으로 본다. 겁재가 많으면 인간성이 졸렬하고 겉으로는 웃지만 속은 사악한 사람이 많다. 투쟁심이 강하고 담백하고 솔직한 사람이 많다.

(3) 식신(食神)

월지에 식신이 있으면 성격이 온화하고 너그러우며 명랑하고 풍류를 좋아한다. 식신이 많으면 재주는 많으나 헛고생을 많이 하고 발전성이 없다. 표현력이 뛰어나고 식복이 많으며 재주가 비상하고 총명하다. 식신이 너무 많으면 재주는 많으나 특별한 재주가 없는 사람으로 어렵게 살아가는 경우가 많다. 대체로 후덕한 성격의 소유자로 많은 사람과 교제를 한다.

(4) 상관(傷官)

월지에 상관이 있으면 천재성을 지니며 행동이 민첩하고 자존심이 매우 강하다. 법과 질서를 지키기 싫어하고 자기만의 세계에 빠지는 경향이 있고 상관이 많으면 교만하지만 숨김이 없고 말이 많다. 사주에 관성이 없으면 뜻이 크고 거만하다. 조직생활이 힘들고 개인적이며 충동적이고 유흥을 좋아한다. 사주에 재성이 없으면 잔재주에 능하다.

(5) 편재(偏財)

월지에 편재가 있으면 사업성이 강하며 술과 여자를 좋아한다. 남의 일에 참견하기를 좋아하며 말이 많다. 활동성이 강하여 돌아다니기를 좋아한다. 투기성이 있고 민첩하며 기교가 있으면서 빈틈이 없다. 편재가 많으면 욕심이 많고 돈을 잘 쓰며 낭비가 심하다.

(6) 정재(正財)

월지에 정재가 있으면 모든 일을 적당히 하는 성향이 있으며 돈이 없으면 짜증을 잘 내는 경향이 있다. 계산적이나 성실하고 세심하며 조심성이 있고 부지런하다. 정재가 많으면 게으르고 결단력이 없으며 구두쇠가 많다. 재성이 많고 신약하면 처에 의지하고 처가살이를 하는 경우가 있고 큰 재물을 관리하며 살아가는 사람도 많다.

(7) 편관(偏官)

월지에 편관이 있으면 의협심이 있고 모험을 좋아하며 승부욕이 강해서 이기는 것을 좋아하는 사람이 많다. 결단력이 뛰어나고 친화력도 좋다. 총명하고 과감성이 있으나 우월감이 많다. 편관이 많으면 힘든 직업이나 위험한 직종에 종사하게 된다. 편관이 강하고 식상이 없으면 성격이 매우 급하다.

(8) 정관(正官)

월지에 정관이 있으면 인자하고 관대하며 인격자이고 용모도 바르고 반듯하다. 정직하고 거짓이 없으며 매사에 바른 것을 좋아하고 명예를 따르는 사람이 많다. 관살이 혼잡 되면 색을 좋아하고 잔꾀에 능하고 충이 되면 관록이 오래 가지 못한다.

(9) 편인(偏印)

월지에 편인이 있으면 활달한 성격에 일처리가 빠르고 재능이 있다. 기다리고 인내하는 성질이 강하여 학문적으로 성공하는 사람이 많다. 재능은 있으나 시작은 있고 끝이 없으며 한 가지 일에 전념하지 못하고 변덕이 많다. 편인이 많으면 처음에는 근면하나 나중에는 태만하고 성질도 음탕하다.

(10) 정인(正印)

월지에 정인이 있으면 지혜가 많으며 너그럽고 총명하며 인자하다. 당당한 자부심의 소유자이며 항상 느긋하고 여유 있는 자태를 지니는 사람이 많다. 정인이 많으면 게으르고 자기본위가 되기 쉽고 인색하다. 정인이 충 되면 마음을 잡지 못하고 방황하게 된다.

3. 합, 충, 형의 논리

(1) 합(合) – 타협과 화합의 논리

사주에 천간 합(天干 合)이나 지지육합(地支六合) 또는 지지삼합이 있으면 대화와 타협 그리고 친화력이 뛰어나서 사람들을 많이 상대하는 영업직이나 외교, 상담, 접대사업이 잘 맞다. 합이 많으면 큰 뜻을 이루기 어렵고 인간관계로 인한 피해를 당하는 경우가 많다.

(2) 충(沖) – 경쟁과 역마의 논리

천간(天干)의 충은 두뇌가 총명함을 뜻하고 결단력이 뛰어난 것으로 판단하여 유능한 사람으로 본다. 지지(地支)의 충은 한자리에 있지 못하고 돌아다니는 역마로 보고 직업에 참조하며 성격을 판단할 때는 경쟁심이 강하고 정치력이 있는 것으로 분석한다. 투쟁심이 강하여 발전성이 많다.

(3) 형(刑) – 변화와 조화의 논리

사주에 형이 있으면 수선, 조립, 조정, 균형을 맞추는 능력이 있는 것으로 판단하고 특별한 재능을 가진 것으로 본다. 사주가 강하고 형이 있으면 의료, 법무, 세무 등의 직업에 적합하고 신약하면 본인이 수술을 받거나 범죄인이 되기도 하고 액난을 당하기도 한다.

4. 양간과 음간의 성격

십간(十干)은 오행이 음양(陰陽)으로 나뉘는데 그 작용력이 양간(陽干)과 음간(陰干)이 각각 다르다는 것이다. 일간이 양간일 때와 음간일 때를 나누어 분석한다.

양간(陽干): 甲 . 丙 . 戊 . 庚 . 壬
음간(陰干): 乙 . 丁 . 己 . 辛 . 癸

고서의 기록에 의하면 "오양종기부종세(五陽從氣不從勢), 오음종세무정의(五陰從勢無情義)"라는 말이 있다. 이 말의 뜻은 양간은 정신적 기운을 따르며 강직하고 음간은 세력을 따르고 정의가 없다고 해석 된다. 양간은 군자(君子)와 같아서 일간이 사주에 조금이라도 뿌리가 있거나 인수(印綬)가 있으면 약하다고 하여 종(從) 하지 않는다. 음간은 그렇지 않고 사주에 재관(財官)이 치우쳐서 강하면 종 재관(從 財官) 한다. 음간은 일간이 미약하게 뿌리가 있거나 월령지기(月令之氣)에 뿌리가 있어도 역시 세력을 쫓아서 종(從) 한다. 음간이 인수에 뿌리가 있으면 신약(身弱)을 꺼리지 않고 극함을 두려워하지 않는다. 이것이 양간(陽干)과 음간(陰干)의 성질이 다른 점이다.

일간이 양간인 사람은 명분을 중요시하여 어떠한 힘과 세력에도 굴하지 않고 자신의 뜻을 굽히지 않는 강인한 정신력과 행동력을 지닌다. 일간이 음간인 사람은 명분보다는 세력을 따라서 움직이는 경우가 많은데 사회생활을 잘 하려면 음간의 적응능력이 더 필요하지 않을까 생각한다. 양간이 대쪽 같은 선비정신을 추구 한다면 음간은 시대변화에 적응해 나간다는 면에서 장단점이 있다고 하겠다.

5. 양팔통과 음팔통 사주의 성격

양(陽): 천간 – 甲 . 丙 . 戊 . 庚 . 壬

지지 – 寅 . 辰 . 巳 . 申 . 戌 . 亥

음(陰): 천간 – 乙 . 丁 . 己 . 辛 . 癸

지지 – 子 . 丑 . 卯 . 午 . 未 . 酉

(1) 양팔통(陽八通) 성격

양팔통은 사주팔자 여덟 글자에 천간과 지지가 모두 양으로 구성된 사주를 말한다. 남자는 양기가 넘쳐서 자꾸 일을 벌이고 여자는 양기(남자)의 혜택을 입는다.

(2) 음팔통(陰八通) 성격

음팔통은 천간지지 사주팔자 여덟 글자가 모두 음으로 구성된 사주를 말한다. 남녀모두 소극적 성향을 띠며 펼치려는 기운이 약하다. 남자는 음기(여자)의 혜택을 입는다.

제 3 장

직업과 전공

왕과 신하의 구분이 엄격하고 신분차이가 뚜렷하던 과거에는 사주학은 왕족과 귀족들의 전유물이었다. 평민과 천민들은 사주학을 이용할 수가 없었으니 주 고객인 왕족과 귀족들이 사주학을 이용하여 무엇을 알고자 했겠는가. 왕족들은 왕이 될 수 있는 사주인가가 궁금하고, 귀족들은 과거시험에 급제하여 관직에 진출할 수 있는가가 궁금했을 것이다. 그리고 농업 이외에 다른 직업은 천시하였으며 대부분의 직업이 세습되던 시절이었다. 이 같은 시대에 만들어진 사주학인데 직업의 귀천이 사라지고 오만가지 다양한 직업이 생겨난 현대시대에 적용될 수 있는가 하는 의문이 생길 것이다.

물론 수천, 수만 가지의 직업이 생겨났다가 사라지는 시대의 변화에 사주학으로 직업과 전공을 맞추는 일은 불가능한 일인지도 모른다. 하지만 여러 가지 분석방법을 통하여 어느 분야에 진출하면 가장 길할 것인가를 알아내는 것은 불가능한 일만은 아니다. 사주팔자에 나타난 명조를 자세히 관찰하고 대운을 보면 어느 정도 분석이 가능해진다. 학생들이 사회에 첫발을 내딛는 시기에 전공과 직업을 정하는 것이 매우 중요하고 어려운 일이라고 생각 된다. 자칫 잘못 결정을 하면 적성에 맞지 않는 길을 오랫동안 가야 하는 힘든 삶을 살아야 할 것이다. 학생들이 적성에 잘 맞는 전공을 선택하게 해주고 사회에 진출하는 사람들에게 잘 맞는 직업과 직종을 알려주는 일이야말로 역술인들에게 중요한 책임이고 역할이라고 하겠다.

이런 중요한 책임을 완수하기 위해서는 사주학의 어떤 부분보다도 더 중요하게 다루어져야할 대목이라고 생각한다. 그래서 필자는 그 어떤 사주 책들보다 더 많은 정보를 제공하기 위해서 시간과 노력을 기울였다. 먼저 직장인사주와 상업사주를 분류하고, 오행에 의한 직업분류와 육친에 의한 직업분류를 하고, 실제 직업에 따른 분류를 하겠다. 상담을 하러 오는 사람들이 가장 많이 하는 질문 중에 하나가 "저는 뭘 해먹고 살아야 합니까?" 또는 "저에게 잘 맞는 장사는 무엇입니까?"이다. 본인의 적성이나 장점을 스스로 알지 못한다는 뜻이다. 인생을 살아가는데 있어서 타고난 소질을 십분 발휘하여 살아간다면 그만큼 성공확률도 높아질 것이고 적성에 맞는 일을 하기 때문에 삶에 질도 높아질 것이다. 그것을 역술인들이 정확히 알려줄 책임이 있다는 것이다. 그러기 위해서는 직업과 전공을 잘 배워서 실전에 활용해야 할 것이다.

우선 간단하게 본인이 태어난 해의 띠로 구분하여 살아가는 방법을 찾아보면 열두 가지 띠 중에서 子, 午, 卯, 酉 띠에 태어난 사람은 가업을 잇거나 한 가지 직업을 꾸준하게 평생 유지하거나 가문의 장자가 많고 장자가 아니어도 장자역할을 한다. 寅, 申, 巳, 亥 띠에 태어난 사람은 본업과 부업 두 가지를 유지하다가 부업을 본업으로 삼는 경우가 많고 혼자 스스로의 성공보다는 윗사람의 도움을 받는 경우가 많다. 辰, 戌, 丑, 未 띠에 태어난 사람은 한 가지 직업에 종사하지 못하고 조건에 따라서 직업의 순환이 이루어지고 재주의 다양성으로 직업변동이 많다고 본다. 아래에 오행과 육친으로 직업분류를 하는 방법과 직장인사주와 상업인사주를 구분하는 방법 그리고 12신살, 간섭인자, 실제 직업으로 직업을 분류하는 방법을 나열해 보겠으니 학인들의 깊은 연구가 있기를 바란다.

1. 오행으로 직업분류

사주팔자의 월지에 있는 오행을 가장 먼저 참작을 하고 사주에 많거나 강한 오행을 구분하여 분류한다. 오행은 다섯 가지라는 한정된 종류로 직업과 전공을 분류하는 데는 무리가 있겠지만 우선 큰 단위부터 점점 더 범위를 넓혀가는 방법으로 복식 판단법을 하기 위한 단계나 과정이라고 생각하면 되겠다. 먼저 포괄적인 의미로 오행으로 사주 주인공과 인연이 있는 직업이나 적성을 알아보기로 하겠다.

(1) 목(木)

건축 / 설계 / 건설 / 주택 / 서적 / 문방구 / 신문사 /의류 / 침구 / 포목 / 디자이너 / 이용원 / 미용실 / 교육 / 종이 / 섬유 / 가구점 / 목재소 / 야채 / 청과물 / 정미소 / 식물원 / 학원 / 양복점 / 패션 / 임업 / 산림업 / 농원 / 유치원

(2) 화(火)

전기 / 전자 / 방송 / 통신 / 정치인 / 간판 / 사진관 / 아나운서 / 영화 / 화장품 / 광고업 / 화공약품 / 언론 / 조명기구 / 기자 / 문인 / 예술가 / 항공 / 주유소 / 전자제품 / 반도체 / 홈쇼핑

(3) 토(土)

매매 / 알선 / 중계 / 토건업 / 농업 / 부동산 / 정육점 / 외교관 / 골동품 / 장례업 / 도예가 / 무역 / 하우스 / 축산업 / 경매사 / 숙박업 / 임대업 / 공예가 / 석재 / 설비 / 주차장 / 중고차매매 / 보험

(4) 금(金)

공업 / 기계 / 철도 / 조선소 / 자동차 / 정비업 / 중장비 / 보일러 / 철공소 / 총포사 / 금은방 / 시계 / 군인 / 무관 / 철물점 / 고물상 / 기계장비 / 철강 / 정밀금속 / 광업 / 공구

(5) 수(水)

수산업 / 양어장 / 수산물 / 유흥업 / 무역업 / 목욕탕 / 해양 / 해운업 / 유통업 / 강사 / 교수 / 야간업소 / 산부인과 / 비뇨기과 / 다방 / 냉동 / 유람선 / 여행 / 물류 / 주류 / 양조장 / 수행자

2. 육친으로 직업분류

월지에 있는 육친이 격국을 결정하므로 가장 힘 있는 오행인 월지를 중심으로 먼저 보고 사주팔자에 많은 육친이나 강한 육친을 기준으로 판단하여 직업을 해석한다. 먼저 상업인 사주와 직장인 사주를 구분하고 거기에 육친을 대입하여 판단하는 방법이기 때문에 단순히 육친으로만 판단하는 것보다는 조금 더 정밀한 진단이 될 것이다. 감명은 항상 여러 가지 경우를 대입시켜서 복합적으로 판단을 하는 습관을 길러야 하므로 크게는 상업인과 직장인을 구분하여 육친으로 직업을 분류하는 방법을 배워 보도록 하겠다.

(1) 상업인 사주

상업인 사주는 주로 사주팔자에 재성과 식상으로 업종을 구분하며 나머지 글자들과의 관계로 분류한다. 월지의 육친을 우선 참작하고 사주팔자에서 가장 강한 육친을 구분하여 분석하고 간섭하는 글자를 관찰하며 형, 충, 합의 작용을 참고한다.

가. 식신

사주팔자에 식신이 천간에 드러나 있는 경우는 정신적 상황을 말하므로 교육, 문학, 어학, 음악, 재능 등 교육적인 행위를 의미하고 식신이 지지에 있을 경우는 실제 행위로 기르거나 가르치는 행위로서 예술극단, 기술학원, 요식업, 제조업, 목장, 농장, 유치원 등이 있다.

나. 상관

사주팔자에 상관이 강한 경우는 식신과 비슷하지만 주로 기호식품(술, 아이스크림, 빵, 유흥)을 가리키며 남이 망한 자리에서 성공하거나 경매나 부가가치가 높은 장사를 하거나 비닐하우스 농사처럼 인위적인 힘을 가한 제조업을 한다. 기획부동산, 술집, 제과점, 화랑, 인테리어, 유흥주점, 경매사, 분양업 등이 있다.

다. 정재

사주팔자에 정재가 강한 경우 사업성이 강하지 않고 고정적인 수입이나 생필품 장사 또는 안정적 사업을 의미하며 대리점 장사를 뜻한다. 슈퍼, 주유소, 신발가게, 속옷판매, 가스판매, 대리점 등이 있다.

라. 편재

사주팔자에 편재가 강하고 식상이 없으면 유통업을 말하며 단위가 큰 재물이나 넓은 시장 또는 투기성이 강한 재물을 말하며 사업성이 강한 것이 편재이며 증권, 부동산, 투자금융, 무역, 사채업, 도매업, 물류 등이 있다.

마. 정관

사주팔자에 정관이 강하면 본래 직장과 인연이 있지만 재성이 간섭 하면 국가기관이나 큰 기업과 연관된 사업을 의미하므로 대리점 사업이나 조달청 납품 또는 국가기관이나 대기업 하청 등을 한다. 전자제품 대리점, 백화점 매장, 명품 대리점, 공공기관 하청, 도로포장, 상수도 관리 등이 있다.

바. 편관

사주팔자에 비겁이 많은데 관성이 있어서 제압을 하는 모양은 여러 사람이 하나의 간판을 다는 것과 같다고 하여 체인점사업이 좋다. 편관은 정관과 비슷한 경향을 보이지만 큰 기업과 연관된 납품이나 대리점, 체인점 등을 의미한다. 주로 대기업 납품이나 대리점을 하는 경우가 있다.

사. 인수

사주팔자에 인수가 강하면 임대사업을 하며 움직임 없이 재물을 취한다는 뜻으로 노래방, 당구장, 임대업, 창고업, 목욕탕, 찜질방, 영화관, 주차장, 수영장, 커피숍, 수련원, 여관 등이 있다.

아. 편인

사주팔자에 편인이 강하면 인수와 비슷하며 교육 사업이나 학원, 어린이집 등도 가능하다. 인수와 편인은 문서를 의미하여 사주에 인성이 없으면 사업장을 임대하여 사용하는 것이 좋으며 매입하여 사업을 하면 잘 되지 않는다. 교육사업, 광고업, 문화사업, 수예, 평론, 문필, 화가, 출판사 등이 있다.

자. 비견

사주팔자에 비견이 강하고 천간에 있을 경우 정신적인 경쟁심이나 승부욕 등을 뜻한다. 지지에 있을 경우 독립인자로 볼 수 있으며 스스로 독립하여 사업을 운영 할 수 있는 인자로 본다. 비겁이 지지에 없으면 독립업이 불가능 하며 동업이나 합자회사가 좋다. 비겁은 재성을 극하므로 유통업은 피하는 것이 좋고 주로 본인의 특별한 기술을 가지고 영업을 하는 서비스업이나 수리, 출장 서비스, 배달 등이 있다.

차. 겁재

사주에 겁재나 양인이 강하면 전문기술로 사업을 하거나 본인을 크게 도약시킬 수 있는 인자로도 보며 특별한 재능을 의미한다. 비겁이 많고 관성이 보이면 대리점을 많이 관리하는 사업이나 프랜차이즈를 하여 큰 재물을 모으는 힘이 된다. 증권, 부동산, 전당포, 술집, 기술직, 사채, 체육관, 정육점, 횟집 등이 있다.

(2) 직장인 사주

월지(月支)를 중심으로 강한 육친을 분석하고 간섭하는 글자를 관찰하고 형, 충, 합의 작용을 참고한다. 직장인 사주는 주로 관성과 인성으로 직업을 구성하며 나머지 글자들의 간섭으로 구별한다.

가. 정관

사주팔자에 정관이 천간에 있는 경우 중앙 공무원이나 기업은 본부에 근무하는 것으로 본다. 정관이 지지에 있는 경우는 지방 공무원이나 공사기관으로 본다. 정관과 인성이 가까이서 소통하고 있으면 관리자나 임원으로 성공한다.

나. 편관

사주팔자에 편관이 천간에 있는 경우 대기업이나 특수직 또는 별정직 공무원으로 본다. 지지에 있는 경우 지방 공무원이나 대기업의 지사로 본다. 편관이 식신이나 상관과 같이 있으면 선거를 통한 권력을 갖는 것으로 보아서 의원이나 자치단체장 등으로 본다.

다. 인성

사주팔자에 인성이 있고 강하면 글과 학문이 직업에 관여하며 편인은 전문자격으로 본다. 인성은 결재권을 의미하므로 높은 자리를 뜻하며 관성과 인성이 함께 소통하면 감투가 높다. 사주에 관성만 있고 인성이 없으면 승진과 관계가 없는 연구직이나 교사직이 좋다.

3. 직장인 사주

(1) 관성과 인성의 관찰

가. 관성이 있고 인성이 가까이서 소통하는 경우

나. 관성과 인성이 떨어져 있는 경우

다. 관성이 있고 인성이 없는 경우

라. 관성이 없고 인성이 있는 경우

(2) 실제 직장인 사주풀이

(예1)	시	일	월	년
	甲	甲	癸	戊
	子	午	亥	申

(풀이) 년지(年支) 申편관에 월지(月支) 亥편인이 소통하였으며 일주가 약하지 않으니 일찍 고시에 합격하였다.

(예2)	시	일	월	년
	丁	癸	丙	癸
	巳	亥	辰	酉

(풀이) 월지 辰정관이 년지 酉편인에 소통하여 있고 일주가 약하지 않으니 고시에 합격하였다.

(예3)	시	일	월	년
	壬	壬	丁	癸
	寅	子	巳	丑

(풀이) 월간지 丁巳 재성이 왕하고 년지의 丑정관이 합하고 있으나 인성소통이 없으니 지방 행정관 사주다.

4. 상업인 사주

(1) 식상과 재성의 관찰

가. 식상이 가까이서 재성을 생하는 경우

나. 식상과 재성이 떨어져 있는 경우

다. 식상이 숨고 재성이 노출된 경우

라. 재성이 숨고 식상이 노출된 경우

(2) 실제 상업인 사주풀이

(예1) 시 일 월 년
辛 壬 丙 甲
亥 寅 子 申

(풀이) 壬일주가 子월에 출생하여 신왕(身旺)하고 관성이 없고 월간에 丙편재가 있으며 년 천간에 甲식신이 있어 재성을 돕고 월간 丙편재가 일지에 12운성으로 장생지를 얻으니 중국의 갑부사주다.

(예2) 시 일 월 년
己 丙 己 丁
丑 午 酉 丑

癸 甲 乙 丙 丁 戊 (대운)
卯 辰 巳 午 未 申

(풀이) 丙일간이 午일지에 12운성으로 제왕을 만나고 酉정재가 월지에 있고 년지에 丑상관이 돕고 대운이 오래도록 일간을 도우므로 평생 대부호의 영화를 누린 중국 갑부사주다.

(예3) 시 일 월 년
甲 己 丙 甲
子 丑 寅 子

(풀이) 子재성과 寅관성이 왕성하고 월간의 丙인수도 소통되어 왕성한 정관을 인(印)으로 화하게 하여 재관이 인수와 서로 중화 되어 있는 중국의 재상사주다.

5. 12신살로 직업분류

사주팔자에서 직업에 관여하는 월지에 있는 신살이나 해당 육친에 신살을 접목시켜서 종합적인 판단을 하여야 한다.

(1) 지살

외교, 통상, 언론, 방송, 외근, 무역, 측량, 연예, 출장, 운전

(2) 년살

패션, 장식, 화장품, 보수, 수리, 교환, 페인트, 인테리어

(3) 월살

조명, 전기, 거울, 그릇, 칼, 주점, 약품, 가방, 음향기기

(4) 망신

속옷, 목욕용품, 화장실, 세면기, 출산용품, 숙박, 목욕탕

(5) 장성

보안, 체육, 법률, 무기, 보호시설, 호신, 경찰, 치안, 방범

(6) 반안

금고, 귀중품, 수표, 열쇠, 첨단, 비밀, 은행, 장롱, 장식품

(7) 역마

정보, 광고, 홍보, 편지, 통신, 라디오, 오디오, 인터넷, 교통

(8) 육해

유흥, 고물, 재생, 중고, 철거, 용역, 운수, 하수도, 일용직

(9) 화개

창고, 청소용품, 보관업, 전당포, 집회, 장식장, 서고, 보관업

(10) 겁살

화학류, 폭약, 증권, 사채업, 총기류, 폭파, 차압, 압류, 경매

(11) 재살

의료, 독극물, 사이버, 해커, 상비약, 시계, 온도계, 생명공학

(12) 천살

종교, 철학, 장의사, 사찰, 항공, 무속, 신당, 도학, 풍수

6. 간섭인자로 직업분류

(1) 관성과 식상이 함께 있는 경우

국정원, 특수기관, 법무부, 국회의원, 감사원, 선출직 명예 등

(2) 관성과 비겁이 함께 있는 경우

무관, 스포츠, 특수직, 교사, 강사, 체육, 레포츠, 변화 없는 조직

(3) 관성과 인성이 함께 있는 경우

교육, 언론, 방송, 행정, 공무원 등 임원급 이상으로 출세한다.

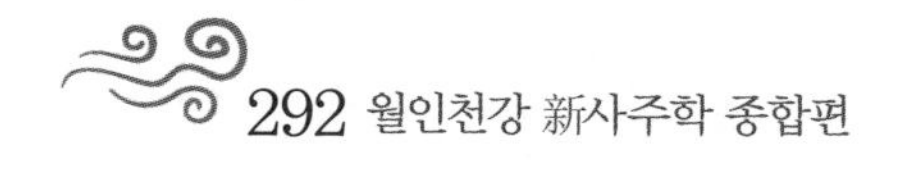

(4) 관성과 재성이 함께 있는 경우

금융, 재무, 서무, 총무, 경리, 회계, 세무, 심사진급에 유리

7. 실제 직업으로 분류

(1) 의료계에 종사할 명(命)

관성에 인성이 관여하여 자격, 인허가, 문서를 갖는 직업인 경우

관성에 식상이 관여하고 형살(刑殺)이 있는 경우

양인이 있고 인성이 관여하는 경우

(2) 법조계에 종사할 명

관성이 뚜렷하고 인성이 소통 되어 있는 경우

재, 관, 인이 뚜렷하고 소통 되어 있는 경우

사주팔자에 삼형살이 있고 관성이 뚜렷한 경우

(3) 예능계에 종사할 명

식신이나 상관이 왕(旺)하거나 많은 경우

가 상관격에 상관이 아름다운 경우

신강사주에 식상이 투간 된 경우

(4) 교육계에 종사할 명

인성이나 식상이 왕 하거나 많은 경우

인성이나 식상이 길신(吉神)인 경우

관성이 뚜렷하고 강한 경우

(5) 관계(官界)에 성공할 명

관성과 인성이 소통되어 있는 경우

관성이 재성의 도움을 받고 인성에 소통한 경우

신강하고 관성이 유력한 경우

(6) 제조업으로 성공할 명

식상이 재성을 가까이서 돕고 있는 경우

식상이 강하거나 많은 경우

양인이 있는 경우

가공이나 조립에 잘 맞는 형살이 있는 경우

(7) 유통업으로 성공할 명

재성이 뚜렷하고 인성이 있는 경우

유통업에 잘 맞는 재성이 강한 경우

(8) 임대업으로 성공할 명

인성이 뚜렷하고 재성이 있는 경우

인성이 많고 대운이 방해하지 않는 경우

(9) 무역업으로 성공할 명

명조에 토(土)가 없거나 수(水)가 많은 경우

명조에 巳와 亥가 있는 경우

(10) 중계업에 성공할 명

사주팔자에 토(土)가 많은 경우

사주팔자에 합(合)이 많은 경우

(11) 요식업으로 성공할 명

식신과 재성이 가까이서 합을 하고 있는 경우

식신이 왕 하고 재성이 있는 경우

(12) 유흥업으로 성공할 명

사주팔자에 수(水)가 많은 경우

상관과 재성이 합을 하고 있는 경우

상관이 투출 되고 재성을 돕는 경우

제 4 장

청탁(淸濁)과 부귀빈천(富貴貧賤)

청탁과 부귀빈천은 고서에 정리되어 있는 부분을 참고로 하기 위해서 옮겨온 부분이니 그 의미만 참작하기 바란다. 간지론 실제 감명에서는 신약과 신강을 구분하지 않으며 합, 충, 형을 좋고, 나쁘고 이분법으로 판단하지 않고 간섭인자로 해석을 한다. 예전에는 부귀빈천을 어떻게 구분을 하였는지를 알아보고 현대사회에서는 어떻게 해석을 하는 것이 좋을 것인가를 비교 판단하고 이해력을 높이기 위해서 이 장을 마련하였다.

1. 격이 청한 사주

⑴ 관성과 인성이 소통하고 천간에 드러나 있고 힘이 있다.

⑵ 식상이 재성을 돕고 천간에 드러나고 힘이 있다.

⑶ 식상이 재성과 멀지 않거나 관성과 인성이 멀지 않다.

(4) 모든 글자가 상생으로 연결되어 한 글자를 돕고 있다.

(5) 년, 월, 일, 시에 있어야 좋을 글자들이 그 자리에 있다.

(6) 육친들이 몰려 있어도 강한 글자를 깨는 글자가 없다.

(7) 재성과 관성의 뿌리가 튼튼하고 극하는 글자가 없다.

2. 격이 탁한 사주

(1) 식상, 재성, 관성이 공망 되어 있다.

(2) 사주 천간에 좋은 글자들이 합이 되어 역할을 상실하였다.

(3) 재성이나 관성 또는 강한 글자들이 충, 형을 당했다.

(4) 관성이 많거나 혼잡이 되고 뿌리가 없다.

(5) 재성이 노출되고 비겁에 겁탈 당해있다.

(6) 식상과 재성이 떨어져 있거나 드러나지 못하였다.

(7) 관인이 소통되지 못하거나 떨어져있다.

(8) 사주가 지나치게 덥거나 차가워서 조후를 잃었다.

(9) 형(刑)이 되어 있으면 탁하지만 그 속성을 취하여 사용한다.

3. 부(富)자 팔자

고서에 이르기를 "하지기인부(何知其人富) 재기통문호(財氣通門戶)"라 하여 집안에 재기가 통한 사람은 부자가 된다는 뜻이다.

(1) 식상이 재성을 도와 재기유통(財氣流通)하면 부자사주다.

(2) 신왕, 재왕 하거나 재성이 힘이 있으면 부자가 된다.

(3) 재성이 강하며 관성을 돕고 관성이 재성을 보호하면 부와 귀가 모두 갖추어진 팔자가 된다.

⑷ 식상과 재성이 있고 없고 그리고 강약과 합, 충, 형을 참작하여 판단한다.

(예)	시	일	월	년
	甲	丙	戊	己
	午	申	辰	巳

(풀이) 丙일간이 辰식신 월에 태어나고 년에 巳비견과 시에 午양인을 만나서 신약하지 않고 식신격으로 성격 되었다. 辰식신과 申편재가 가까이서 합하고 있으니 부자의 운명이다.

4. 귀(貴)할 팔자

⑴ 관성이 강하고 인성이 소통되어 있으면 귀할 명이다.

⑵ 재성이 강한데 관성이 소통시키면 귀한 명이 된다.

⑶ 재성, 관성, 인성이 삼기(三奇)로 구비되면 최고의 부귀 명이 된다.

⑷ 사주에 관성이 보이지 않으면 지장간에 암장된 관성으로 귀한 명이 된다.

⑸ 관성과 인성의 조화를 살펴서 판단한다.

(예)	시	일	월	년
	甲	乙	甲	戊
	申	亥	子	寅

(풀이) 비겁이 많아 戊재성을 두고 다투니 금전 복은 없으나 시에 申관성이 일지에 亥인성과 소통되니 귀할 명은 된다.

5. 빈(貧)할 팔자

⑴ 재성이 있어도 충이나 공망 하고 신약하여 재성을 능히 감당치 못하면 가난하게 된다.

⑵ 신약하고 식상이 많아서 인성이 무력하면 가난한 명이 된다.

⑶ 재성이 약하고 비겁이 많으며 식상이 없으면 가난한 팔자다.

⑷ 식상과 재성이 떨어져 있거나 신약해도 가난한 팔자다.

⑸ 식상과 재성을 관찰하고 일간의 신약, 신강을 구분하여 판단한다.

(예)	시	일	월	년
	癸	癸	丙	丙
	丑	丑	申	戌

(풀이) 년, 월에 丙정재가 있어서 재력 있는 가정에 태어났으나 년에 戌(土)이 12운성으로 재성의 입묘(入墓) 작용으로 불길하고 선부, 후빈 격으로 가난하여 중년에 굶어 죽었다.

6. 천(賤)할 팔자

⑴ 관성이 약하고 인성이 강하면 천한 운명이 된다.

⑵ 관살 혼잡하고 신약하면 천한 운명이 된다.

⑶ 재성이 약하고 비겁이 많은데 관성의 구함이 없으면 천하게 된다.

⑷ 비겁이 재성을 겁탈하고 충 하거나 양인이 겹치면 천하다.

⑸ 관성이 많은데 인성의 소통이 없으면 일은 많고 보상은 적다.

⑹ 식상이 많아서 관성을 충, 극하면 천하다.

제 5 장

쌍아사주의 해석

1. 기존의 학설

(첫째 사주)	시	일	월	년
	壬	丁	丙	戊
	寅	巳	辰	午

둘 중에 먼저 태어난 첫째사주를 작성해서 그 사주와 천간 합이 되는 글자와 지지 육합이 되는 글자를 산출하여 둘째의 사주를 작성해서 별도로 만들어진 사주로 감명을 했다.

(둘째 사주)	시	일	월	년
	丁	壬	辛	癸
	亥	申	酉	未

일란성 쌍아나 이란성 쌍아에 관계없이 사용되며 첫째사주를 기준으로 둘째 사주는 천간 합과 지지육합의 글자들을 찾아서 합이 되는 글자들로 구성한다는 것이다. 첫째의 년간(年干)이 戊(土)이므로 천간 합이 되는 癸(水)가 둘째의 년간이 된다는 것으로 천간 합인 戊 癸 (合) 火를 이용하여 둘째사주를 작성한다. 년지(年支)도 첫째의 午(火)와 지지육합이 되는 未(土)를 사용한다는 것으로 午 未 (合) 火를 이용하여 둘째사주를 작성한다. 이렇게 년, 월, 일, 시 모두를 대입하여 천간 합과 지지육합의 글자를 찾아내어 둘째사주를 작성하는 것이다. 대운의 적용은 남녀를 구분하여 사용하였다.

(풀이)

먼저 태어난 사람의 사주는 그대로 쓰고 다음으로 태어난 사람은 남자나 여자의 구분 없이 천간 합과 지지육합이 되는 글자를 조합해서 새로운 사주를 구성하여 본다는 것이다. 이때 문제점은 년, 월, 일, 시의 순서나 배열이 나올 수 없는 명조가 구성 된다는 것이다. 그리고 같은 부모에서 태어난 구조가 아니므로 모순점이 많이 발견 되어 사용하기 어렵다고 할 수 있겠다.

2. 대안론

첫째와 둘째는 같은 부모와 같은 환경에서 태어났으므로 사주는 같은 것으로 판명 할 수 있고 첫째가 남자이고 둘째도 남자라면 첫째와 둘째의 사주는 같으나 대운의 흐름을 반대로 보는 것이다. 첫째가 순행이면 둘째는 역행으로 보면 된다. 만약에 첫째가 여자이고 둘째가 남자라면 사주는 같은 사주를 사용하고 대운만 첫째의 대운과 반대로 둘째의 대운을 사용하면 된다. 남녀가 다르니 당연히 반대로 가겠지만 만약에 남자만 둘인 경우에도 마찬가지로 둘째는 대운을 반대로 보아야 한다는 것이다.

첫째 사주	시	일	월	년	(남명)
	壬	丁	丙	戊	
	寅	巳	辰	午	

癸 壬 辛 庚 己 戊 丁 (대운)
亥 戌 酉 申 未 午 巳

둘째 사주	시	일	월	년	(남명)
	壬	丁	丙	戊	
	寅	巳	辰	午	

己 庚 辛 壬 癸 甲 乙 (대운)
酉 戌 亥 子 丑 寅 卯

첫째 사주가 남자이고 년간(年干)이 양(陽)이라서 순행을 하고 둘째도 사주는 같이 사용하는데 대운을 같은 남자이지만 역행으로 사용한다는 것이다. 만약에 둘째가 여자라면 당연히 역행을 하면 된다. 쌍아사주는 이렇게 동일한 사주로 대운만 달리해서 보는 것이 요즘 대세로 자리를 잡아가고 있는 추세이다. 그렇다면 세쌍둥이 사주는 어떻게 볼 것이고 네쌍둥이 또는 다섯 쌍둥이 사주는 어떻게 볼 것인가를 묻는다면 달리 대답을 해줄 말이 없다. 현재까지는 첫째와 셋째, 둘째와 넷째가 같은 사주와 같은 대운을 사용하는 수밖에 달리 방법이 없다고 하겠다. 현재 사용하고 있는 대안론이 완벽한 것은 아니지만 앞으로 많이 연구를 해야 할 분야라고 생각한다. 세상 모든 것이 완벽하지 않고 어디나 예외가 있는 것이니 너무 완벽을 바라지 않는 것이 좋을 것 같다.

제 6 장

여명 팔간법(女命 八看法)

여자사주를 볼 때에 중요한 것은 일주(日主)가 중화되고 남편을 뜻하는 관성과 자녀를 뜻하는 식상의 유기(有氣)를 살핀다. 여자사주에 정관이 천간에 드러나 있고 지지에 뿌리를 두고 있으며 운이 재관(財官)으로 흐르면 남편이 발복하여 본인의 팔자가 편안한 삶이 될 것이다. 만약 일주가 태왕하거나 태약하면 불길한 명이고 지지가 형, 충(刑, 沖) 되거나 상관이 천간에 보이는 것을 심히 꺼린다. 순음(純陰)과 순양(純陽)으로 된 것도 좋지 못하고, 여명은 일주가 음간(陰干)으로 되어 있어야 당연하고, 양간(陽干)으로 되면 사주가 좋다 해도 음간을 가진 명(命)만 못하다고 본다. 여자가 남성적이면 순하지 못하고 여성미가 없기 때문이다.

여명 팔간법은 고서에 나와 있는 내용으로 이것을 현대적인 시각으로 재조명 해 보는 차원에서 수록을 하였으니 고서에 내용을 그대로 맹신하지 말고 현실에 맞게 재해석 하는 것으로 참고하기 바란다.

1. 순(純)

순할 순, 거스르지 않다, 도리를 따르다, 이어 받는다는 뜻이다. 관성이 오로지 하나만 있어야 한다는 것이다. 옛날 고전에서는 여자사주에 관살혼잡을 가장 흉하게 보는데 요즘은 여자도 평생직장을 갖고 사회활동을 하는 경우가 많기 때문에 그렇게 나쁘게 보는 것은 옳지 않다고 본다. 현대사회에서는 관살혼잡 사주가 주로 교사가 많다는 것을 보면 충분히 이해가 되리라 생각한다.

2. 화(和)

화할 화, 서로 응하다, 합친다는 뜻이다. 사주가 중화를 이루어 강하지도 약하지도 습하지도 조열하지도 않음을 말하고 형, 충 되지 않으면 귀명이라 하는 것이다. 사주가 지나치거나 모자라지 않고 중화를 중요하게 여기는 이유는 안정된 신분사회에서 각자의 신분에 맞게 무탈하게 사는 것이 가장 중요했던 시절이라서 그렇게 판단을 한 것으로 본다. 하지만 요즘은 남녀를 불문하고 어느 한 가지 육친이 매우 강해서 특별한 재능으로 성공하는 것을 원하기 때문에 시대의 변화에 따른 감명법으로 본다면 중화가 그렇게 좋다고는 볼 수 없다.

3. 청(淸)

맑을 청, 선명하다, 사념이 없다, 탐욕이 없다는 뜻이다. 청은 잡되지 않음을 말하는데 관성이 하나인데 재성이 관성을 돕고 인성이 관성을 보호하면 귀한 명이 될 것이다. 맑다는 것은 형, 충이 없는 것을 말하는데 물론 시대적 상황으로 볼 때 충분히 이해는 가지만 현대사회에서는 적당히 충도 필요하다고 생각한다. 여명 팔간법을 현대사회에 그대로 적용을 하기 위해서 여기에 소개하는 것이 아니고 옛날 시대와 현대시대를 잘 비교해서 이해를 시켜주기 위해서 소개하는 것이니 액면 그대로 받아들이는 것은 옳은 방법이 아니라는 것을 알아주기 바란다.

4. 귀(貴)

귀할 귀, 우수하다, 소중하다, 빼어나다는 뜻이다. 순일한 관성을 재성이 돕고 있는 모양이 이덕(二德)을 갖추었다고 하여 귀한 명이라 말한다. 사주에 육친 중에서 가장 중요한 것이 재성과 관성으로 부자와 권력자를 뜻한다. 돈과 명예를 이덕(二德)으로 보았다고 할 수 있겠다. 예나 지금이나 변하지 않고 사람들이 세상을 살아가면서 추구하는 공통적인 목적이 돈과 명예인 것은 틀림없는 것 같다.

5. 탁(濁)

흐릴 탁, 흐리게 하다, 흐림, 더러움을 뜻한다. 관살이 혼잡하고 식상과 재성이 없어 일주가 의지할 곳이 없음을 말하니 이런 사주는 미천한 여인이 된다. 관살이 혼잡한 것은 남자가 많다는 것이고 식상과 재성이 없다는 것은 자녀와 돈이 없다는 것이다. 관살혼잡에 관한 설명은 앞에서 했기 때문에 너무 나쁘게만 생각하지 않기를 바란다. 다만 요즘은 여자들도 직업을 갖는 시대가 되었으니 하나의 관성은 배우자를 뜻하고 또 하나의 관성은 본인의 직장을 뜻한다고 해석하면 될 것이다. 그 대신 평생 직업을 갖지 않았을 경우에는 관살혼잡의 해를 입게 될 수도 있을 것이다.

6. 람(濫)

퍼질 람, 넘치다, 퍼지다, 함부로 한다는 뜻이다. 관살혼잡에 도화가 일시에 있고 일주가 강하고 조열, 습하고 냉한 것을 뜻하니 이렇게 되면 온전한 가정을 이루지 못하고 화류지명(花柳之命)이라 한다. 도화가 있다는 것이 옛날에는 아주 음흉한 기생팔자를 뜻하는 것으로 해석을 하였으나 요즘은 오히려 연예계의 인기를 뜻하는 것으로 해석을 하는 경우가 많다. 옛날에 여자가 직업을 갖는다면 무엇이 있었겠는가. 아마도 기생이나 주막에 주모 정도가 다였지 않았나 생각한다. 하지만 현대시대에는 여자의 사회참여가 많아져서 사주풀이를 하는데 있어서 신중을 기해야 한다. 고서를 믿고 그대로 해석을 하다가는 실수를 하기 쉬울 것이다.

7. 창(娼)

몸 파는 여자 창이라는 뜻이다. 사주가 매우 강하여 관성이 자리 잡을 곳이 없거나 식상이 강하거나 관살이 혼잡 되었음을 뜻한다. 창녀가 되어 몸을 파는 운명이 된다고 한다. 고서에 내용은 이렇지만 현대사회에 이것을 그대로 해석할 사람은 아마도 없을 것이라고 본다. 여자사주에 식상이 강하다는 것은 관성을 극한다는 것으로 좋지 않은 해석을 했던 것인데 지금은 연예인 사주로 보거나 재능이 뛰어난 팔자로 해석을 한다. 물론 배우자 운은 불길한 것으로 판단하는 점은 있다고 볼 수가 있다.

8. 음(淫)

음란할 음, 간사하다, 어지럽다, 도리에 어긋난다는 뜻이다. 관살이 많거나 전혀 없는 것을 말하거나 지지의 지장간에 관살이 많이 숨어 있거나 천간에 여러 개가 있는 것을 말한다. 이러한 사람은 음란하여 한 가정을 꾸리기는 어렵다고 본다. 남자가 사주에 많다는 것을 옛날에는 아주 나쁜 여자사주라고 여러 차례 강조를 하는데 요즘은 그와 반대로 해석하는 경우도 많다. 흔하지 않던 이혼이 요즘은 일반화가 되었듯이 시대의 변화에 따라서 감명 방법도 많이 달라져야 한다는 것을 학인들은 명심하기 바란다.

제 7 장
인연법

배우자와 자녀 인연법은 남자는 사주에 재성과 관성을 살펴서 알 수가 있고 여자는 사주에 관성과 식상을 살펴서 알 수가 있는데 이것은 가족을 구성하는 최소 단위의 인연법을 알아보는 방법으로 공동체적인 운명을 분석하는 데 매우 중요한 부분이라고 하겠다. 가족은 운명 공동체적인 성격을 지니므로 서로 상호간에 직접적인 영향을 미치는 관계로 본인의 사주와 운에 관계없이 상대방의 사주와 운에 따라서 직접적인 영향을 받게 된다는 사실을 알아야 한다. 예를 들어서 본인의 사주는 단명한 사주가 아니라고 하더라도 배우자의 사주나 운에서 상대편 배우자와 일찍 사별하는 사주라면 어느 정도 영향을 받게 될 것이고 자녀가 부모를 일찍 사별하는 사주를 가지고 태어난다면 이 또한 부모에게 직접적인 영향을 끼칠 수가 있다는 것이다. 그래서 가족은 서로의 사주에 지대한 영향을 미치며 살아가는 운명 공동체적인 성향을 갖는다고 볼 수 있다.

옛날에는 배우자를 선택하는 데 있어서 본인의 선택권이 없이 부모의 선택에 따라서 운명적인 만남이 있었다면 현대사회에서는 본인의 선택에 의한 만남이 일반화되었기 때문에 본인의 선택이 운명에 큰 영향을 미치게 되었다. 자녀문제도 옛날에는 아이가 생기는 대로 낳는 것이 일반적이었다면 요즘은 가족계획을 세워서 한 명이나 두 명 정도를 계획하고 낳는 시대이기 때문에 사주에 나와 있는 자녀의 수도 맞지가 않고 또한 무자식 팔자라 하더라도 의학의 발달로 인하여 시험관 아기 등으로 팔자에 없는 자녀를 두는 경우도 많다. 배우자와 자녀의 인연뿐만 아니라 인간관계에서 나와 맞는 인연을 찾아보는 방법으로도 활용을 할 수가 있으니 깊이 있는 연구가 필요하다고 하겠다.

1. 배우자 인연법

배우자 인연법을 사주팔자에 정해져 있는 배우자를 운명적으로 만날 수밖에 없는 것으로 생각하는 사람들이 많은데 실제로는 본인의 선택에 따라서 얼마든지 달라지는 경우가 많다. 앞서 말했듯이 운명이란 이미 결정지어진 것이 아니고 선택에 따라서 달라질 수 있는 것이므로 어떤 배우자를 선택하는 것이 가장 본인에게 잘 맞고 지혜로운 선택인가를 알아보는 것이 배우자 인연법이다. 사주팔자에 어느 정도 배우자 복이 정해져 있는 것은 사실이지만 본인이 어떤 배우자를 선택하느냐에 따라서 인생의 행복과 불행이 결정되는 중요한 요소라고 하겠다.

(1) 투간법

천간이나 지지에 드러나 있는 재성이나 관성을 배우자 인연으로 삼는다. 남자는 정재를 배우자로 보며 천간이나 지지에 없으면 지장간을 보고 그래도 없다면 편재를 배우자로 본다. 천간에 정재가 있으면 동주하는 지지가 배우자 띠가 되는 것이다. 여자는 정관을 배우자로 보며 천간과 지지 그리고 지장간에도 없으면 편관을 배우자로 본다.

(남자사주 : 예)	시	일	월	년
	戊	乙	甲	壬
	寅	酉	辰	寅

甲辰 생 부인을 만났다.

(풀이) 乙(木)일주가 辰월 정재를 부인으로 삼고 辰, 酉(合) 金하여 재성과 관성이 합이 되어 자녀를 낳고 寅, 卯, 辰 운에는 재성이 木으로 방합 되어 변색하여 처가 겁재로 변하였다.

(2) 지장간법

남자사주에 편재가 천간이나 지지에 드러나 있어도 지장간에 정재가 있으면 정재가 있는 지지로 배우자를 삼는다. 寅, 申, 巳, 亥, 子, 午, 卯, 酉는 지장간에 있는 정재를 그대로 취하고 辰, 戌, 丑, 未는 정재가 있는 지장간을 충(沖)하여 열어주는 띠를 배우자로 삼는다. 辰의 지장간에 정재가 있다면 그것을 꺼내주는 열쇠가 되는 戌띠를 배우자로 삼고 丑의 지장간에 정재가 있다면 그것을 꺼내주는 열쇠가 되는 未띠를 배우자로 삼는다고 한다.

(3) 년, 월 우선법

사주에 재성이나 관성이 여러 개가 있는 경우 년, 월에 있는 재성이나 관성을 우선으로 배우자로 삼는다. 일이나 시에 있는 재성이나 관성은 일찍 사용하기 어렵다.

(남자사주 : 예)	시	일	월	년
	己	丙	辛	戊
	丑	午	酉	申

酉생 부인을 만났다.

(풀이) 첫 번째 부인은 申생 편재를 만나 자녀를 한 명 두고 두 번째 부인은 酉생 정재를 만났다. 申생 편재를 부인으로 만나게 된 이유는 申(戊, 壬, 庚)의 지장간에 壬편관이 있기 때문에 자녀를 품은 편재는 그냥 지나치기 어려운 인연이라고 볼 수 있다.

(4) 삼합법

삼합이 두자가 모여 있으면 삼합을 이루는 나머지 글자로 인연을 삼는다. 삼합의 결과물이 재성이나 식상을 만들면 더욱 강하게 작용을 한다고 보아야 한다.

(남자사주 : 예)	시	일	월	년
	戊	癸	丁	甲
	午	亥	卯	午

未생 부인을 만났다.

(풀이) 사주에 정재가 없어서 부득이 년지 午생 편재를 배우자로 만나게 되고 세력이 강하여 인연을 맺을 수 있으나 성정이 강하니 서로 다투고 亥, 卯가 있어서 삼합이 되는 未생이 인연이 될 수 있다.

(5) 공재법

남자사주에 재성이 없거나 편재만 있는 경우 그 글자를 공협하여 숨은 지지가 배우자가 된다.

(예) 癸卯 일주에 丁巳시 생은 卯와 巳 사이에 辰을 배우자로 삼는다.

(남자사주 : 예)	시	일	월	년
	丁	癸	0	0
	巳	卯	0	0

辰생 부인을 만났다.

(6) 입록법

사주팔자가 극히 신약하여 재, 관을 감당하기 어려울 때 지지의 록(祿)지를 배우자로 삼는다.

(예)	시	일	월	년
	丁	丁	癸	己
	未	酉	酉	亥

丙午생 배우자

(풀이) 丁(火) 일주가 신약하여 午생(祿支)을 배우자로 삼는다.

(7) 2자 합연법

남녀 모두 사주의 년, 월에 천간이나 지지에 같은 글자가 있을 때 그 글자가 합하는 자가 배우자 인연이다.

(예) 시 일 월 년
戊 癸 甲 壬
午 巳 辰 辰

戊子생 배우자를 만났다.

(풀이) 년, 월에 辰, 辰 두 글자가 삼합 글자인 子를 합하여 子생이 배우자가 되었다.

(8) 일지법

일지가 배우자 자리이므로 일지에 있는 글자의 띠를 그대로 배우자로 삼는다. 사주팔자가 신약하거나 쉽게 재성을 삼기 어려울 때 사용된다.

(예) 시 일 월 년
甲 癸 庚 戊
寅 亥 申 申

辛亥생 배우자를 만났다.

(풀이) 1등 인연은 午생이 조후로서 좋고 2등 인연은 寅생이 지장간에 丙(火)이 있어서 정재가 되므로 좋고 3등으로 일지에 있는 亥생도 배우자로 좋다. 대운의 시기에 따라서 배우자의 등급이 달라지는 경우가 많고 인연법이 어려우면 일지를 인연으로 삼는 것이 가장 좋다.

(9) 귀인법

사주팔자에 천을귀인이나 문창귀인 등으로 배우자를 삼고 그러한 세운 해에 인연이 온다.

(예) 시 일 월 년
癸 癸 丙 庚
亥 未 戊 寅

辛卯생 부인을 만났다.

(풀이) 일지와 시지가 삼합 하는 글자가 亥, 卯, 未로 卯생이면서 천을귀인에 해당한다.

(10) 무자법

사주팔자에 재성이 없거나 늦게 인연이 되는 시에 있으면 사주에 없는 오행 글자를 배우자로 삼는다.

(예) 시 일 월 년
癸 戊 丁 甲
丑 午 卯 辰

戊申생 부인을 만났다.

(풀이) 조후나 없는 글자인 申, 酉, 戌 (金)띠로 대용하다가 훗날 亥, 子, 丑 생을 만난다.

(11) 입고법

일간을 중심으로 입묘시키는 글자의 띠가 배우자가 된다. 본인의 일간을 입고시키는 辰, 戌, 丑, 未의 띠가 해당한다.

(예) 시 일 월 년
癸 乙 丁 乙
未 卯 亥 卯

戌생 부인을 만났다.

(풀이) 亥, 卯, 未 목(木)국으로 삼합 하여 재성이 변색되고 戌생은 乙과 丙을 입묘시키는 작용이 있어서 상대가 편안함을 느낀다. 사주팔자에 辰, 戌, 丑, 未와 같이 입묘 작용을 하는 글자가 많으면 인기가 좋으며 상대방을 끌어들이는 인자가 많다고 본다.

2. 자녀 인연법

(1) 남자의 경우

가. 편관을 아들로 삼고 정관을 딸로 본다.

나. 자식이 오는 순서는 년간, 년지, 월간, 월지, 일간, 일지, 시간, 시지 순서로 작용한다.

다. 간지에 드러나 있는 관성은 성공이 가능한 자녀로 보고, 지장간에 숨어 있으면 자식이 있는 것으로 보는데 발전하기 힘든 자녀로 판단 한다.

라. 관성과 유정하면 아들이 먼저이고 상관이 유정하면 딸이다.

마. 사주팔자에 오행이 고르면 아들, 딸이 고르게 온다.

(2) 여자의 경우

가. 일간이 양간 음간에 관계없이 식신을 아들, 상관을 딸로 본다.

나. 식상이 사주에 드러나 있으면 자녀가 출세하고 지장간에 숨어 있으면 발

전하지는 않으나 있는 것으로 본다.

다. 사주팔자에 식상을 극하는 인성이 강하면 자식의 수가 드문 것으로 본다.

라. 팔자에 인성이 많으면 식상이 반가운데 이럴 때는 식신, 상관에 구분 없이 아들로 삼는다.

(3) 행운에서 오는 순서

가. 아들과 딸은 사주팔자 내에서 순서가 정해지며 세운에서 오면 자녀가 생산된다.

나. 남자사주를 기준으로 사주팔자에 있는 어느 천간이든 세운에서 천간 합으로 오는 자는 아들이 된다.

다. 남자사주를 기준으로 사주팔자에 있는 어느 지지든지 세운에서 육합을 이루는 자는 아들의 인연이 된다.

라. 남자 사주팔자에 세운에서 지지 삼합을 이루어 오는 자는 딸이 된다.

마. 망신살 해에 생산하는 자녀는 딸이 많다.

바. 팔자에 卯, 酉 충이 있으면 남녀 모두 자녀를 두기 어렵다.

사. 합도 되고 충도 되는 불안한 합은 유산이나 부실한 자녀가 인연으로 온다. 합중에 상충이면 작용력이 매우 심하다.

제 8 장

대운과 세운의 학설들

1. 대운과 세운의 기본개념

(1) 남녀의 구분

남자는 기본적으로 양(陽)에 속하므로 寅, 卯, 辰, 巳, 午, 未 양의 운을 지날 때 불리하고 **여자는** 기본적으로 음(陰)에 속하므로 申, 酉, 戌, 亥, 子, 丑 음의 운을 지날 때 불리하다. 음(陰)운과 양(陽)운의 구분을 좀 더 자세히 해 본다면 삼합의 운동성으로 구분해서 보아야 한다. 삼합으로 구분하여 음운과 양운을 나눈다면 음(陰)의 운은 申, 子, 辰(水) 운과 巳, 酉, 丑(金) 운이 되겠고 양(陽)의 운은 寅, 午, 戌 (火) 운과 亥, 卯, 未(木) 운이 되겠다.

(2) 대운

대운은 지지를 기준으로 하여 보는데 계절을 의미하고 큰 환경의 변화 그리고 주거지의 변동을 뜻한다. 대운의 변화는 30년을 기준으로 하여 변하므로 일생동안 작게는 두 번 많게는 세 번의 변화를 맞는다. 대운은 사주팔자의 월 간지를 기준으로 하여 산출이 되므로 계절의 연장이라고 보아야 할 것이다. 대운은 인생의 큰 흐름을 말하는데 대운이 좋으면 절대 잘못 되는 일이 없고 약 30년 주기가 상승기면 세운에 따라서 작은 어려움은 있을지 몰라도 발전하는 기류는 변하지 않는다.

(3) 세운

세운은 올해 당해 연도를 의미하고 해당 년도에 일어날 수 있는 사건, 사고, 현상 등을 해석한다. 세운은 따로 정하는 법이 없고 누구나 올해를 맞이하는 공통된 것이 세운이라고 하겠다. 그것을 본인의 사주팔자 일간을 대조하여 해석을 하므로 각자 똑같은 세운이라도 다르게 적용이 되는 것이다. 세운이 좋아도 대운이 하락세가 되면 큰 흐름상 흉을 면할 수가 없을 것이고 어려움 중에서 작은 기쁨 정도는 있을 것이다.

2. 개두(蓋頭)

개두는 덮을 개, 머리 두 라는 뜻이다. 머리 위로 드러난 것이 중요하다는 의미로 팔자에서 천간은 사람의 얼굴이나 머리를 의미하며 지지는 사람의 몸을 의미하며 지장간은 몸속에 장기를 의미한다는 것이다. 예를 들어서 甲 일간이 戊, 己,(土) 庚, 辛,(金)이 좋은 운일 때 甲, 乙,(木) 丙, 丁(火)은 나쁜 운이 되는데 대운에서 천간에 戊, 己, 庚, 辛이 오면 개두가 된 것이니 좋고 甲, 乙, 丙, 丁이 오면 나쁘다고 본다. 혹시 대운 지지에 未, 申, 酉, 戌이 있다고 하여도 천간에 甲, 乙, 丙, 丁이 개두 하였다면 나쁘다고 판단한다. 그 이유는 甲, 乙, 丙, 丁이

戊, 己, 庚, 辛을 덮어씌우고 있기 때문이라는 것이다. 그래서 戊, 己, 庚, 辛이 얼굴을 드러내기 힘들다고 본다. 대운의 지지가 좋은 운에 해당 되어도 대운의 천간이 나쁜 운이면 길하지 않고 대운의 지지가 나쁜 운이라도 대운의 천간이 좋은 운이면 흉하지 않다고 판단하는 것이다. 개두는 사주나 운에서 천간을 뜻하는 것으로 천간의 중요성을 강조한 학설이라고 볼 수가 있다.

3. 절각(截脚)

절각은 끊을 절, 다리 각이라는 뜻이다. 절각이란 庚 일간이 甲, 乙을 좋은 운으로 반기는데 지지에 이를 극하는 오행을 만난 것을 말하는바 申과 酉를 만난 경우이다. 천간에 甲, 乙운이 올 경우라도 지지에서 어떤 영향을 받고 있는지를 참작하여 판단한다는 것이다. 甲子 운은 水의 생을 받아서 좋고, 甲辰 운은 辰(乙, 癸, 戊)의 여기 정도의 힘을 가졌다고 보고, 지지가 寅(戊, 丙, 甲)이라면 정기의 힘을 가졌다고 보아 천간의 甲의 힘을 가늠하는 것이다. 예를 들어서 甲申, 乙酉 대운을 만났다면 절각되어 있는 상태로 죽은 나무와 같아서 각 10년씩 모두 흉 운으로 본다는 것이다. 이는 대운에 지지의 영향력을 크게 보는 학설이라고 하겠다.

필자는 천간과 지지는 상생과 상극을 하지 않으며 오직 12운성으로 파악한다고 설명을 했었다. 여기에 개두나 절각 같은 학설들을 소개하는 이유는 고서에서 주장하는 학설들이 제각각이어서 학인들이 어느 학설이 맞는지를 선택하기 어려워하는 것을 알고 있기에 정확하게 어떤 선택을 하는 것이 좋을지를 경험을 바탕으로 도움을 주고자 함이다. 학인들은 여기서 어떤 학설들이 전해져 오는지를 폭넓게 공부해 보는 시간으로 활용하기 바란다.

4. 대운과 세운의 관계

(1) 전극(戰剋)

싸울 전, 싸움, 전쟁, 두려워한다는 뜻이다. 전극이란 대운과 세운의 천간이 상극 되는 것을 말한다. 사주에서 金을 필요로 할 때 庚, 申 대운이면 세운이 壬, 癸 운처럼 火기운이 약하거나 힘이 없어야 길하고 丙, 午 세운처럼 대운과 극을 하면 흉하게 된다는 것이다. 전극도 개두처럼 천간을 중요시 하는데 전극은 대운과 세운의 천간이 서로 극하거나 충 하는 것을 나쁘게 해석하는 것이다.

(2) 충(沖)

대운의 지지와 세운의 지지가 서로 충(沖)하는 것을 말한다. 子 대운이 午 세운을 만난 것을 말한다. 水를 필요로 하는데 戊子 대운에 壬午 세운을 만나면 서로 상충하여 불리하게 된다. 여기서 충은 천간을 말하는 것이 아니고 주로 지지 충을 말하는 것으로 대운과 세운의 지지가 서로 충 하는 것을 좋지 않게 본다는 것이다.

(3) 화(和)

대운 천간과 세운의 천간이 서로 합하는 것을 화(和)라고 하고 지지 삼합이나 육합은 합(合)이라고 한다. 합이 되어 필요로 하는 오행으로 변하면 길하고 흉신으로 변하면 불길하다고 본다. 또한 합이 되어 변화를 이루지 못하고 이러지도 저러지도 못하는 상황이 되면 기반이라고 하여 답답하고 불길해진다. 화(和)는 대운천간과 세운천간이 천간 합을 하는 것을 말하고 그 합에 의해서 생산되는 합의 결과물이 좋은 운에 해당하면 좋고 나쁜 운에 해당하면 좋지 않다는 해석이다.

(4) 호(好)

좋을 호, 마땅하다, 아름답다, 자상하다는 뜻이다. 대운과 세운의 오행이 같은 것을 말한다. 金운을 필요로 할 때 대운이 庚申년이고 세운이 같거나 辛酉년을 만나는 것을 말한다. 좋은 운으로 작용하거나 나쁜 운으로 작용하는 힘이 매우 강하게 활동하는 결과를 낳는다. 천간과 지지가 같은 오행이라는 것은 12운성으로도 건록지나 제왕지에 해당하므로 아주 강한 기운을 발산한다는 의견에는 이견이 없다.

대운과 세운의 관계를 전극, 충, 화 등으로 설명을 하는 고서들이 있는데 필자는 동의할 수 없다. 계절과 하루가 극하거나 충을 하지 않듯이 흘러가는 길들이 다르고 세운과 월운이 극하거나 충을 하지 않듯이 전혀 관계가 없다고 본다. 여러 고서에서 등장하는 학설들에 의해서 사주학을 공부하는 학인들이 선택에 어려움을 겪고 있는 것이 현실이라서 필자가 모든 학설들을 설명하고 선택에 도움을 주고자 수록한 것이니 참고만 하기 바란다.

제 9 장
대운과 세운의 해석

1. 대운(大運)

고서에서 전해오는 학설에 의하면 대운이 庚子년일 때 천간과 지지가 각각 5년씩 나누어 주관 한다고 하여 庚이 5년을 주관하고 子가 5년을 주관한다는 학설이 있다. 그리고 어떤 고서에서는 천간을 중요시해야 한다고 하고 어떤 책은 지지를 중요시해야 한다고 주장한다. 또 다른 고서에서는 천간과 지지의 기운을 3:7이나 4:6으로 봐야 한다고 하여 천간이 3년 또는 4년을 주관하고 지지가 7년 또는 6년을 주관 한다고 주장하는 학설도 있다. 이처럼 통일 되지 않은 학설들에 의하여 학인들은 할 수 없이 실전에서 여러 가지 학설들을 직접 적용하고 경험에 의하여 제각각 선택을 달리하는 방법을 택하고 있는 실정이다. 처음 사주공부를 하는 초보학인들은 혼란이 생길 수밖에 없는 것이 현실이다. 그래서 필자는 여러 가지 학설들을 정리하고 직접경험에 의하여 체득한 가장 논리적인 방법으로 대운을 감명하는 법을 정해서 후학들에게 알려주기로 하였다.

대운은 사주의 월주에서 나온 것이고 월주의 간지는 함께 10년을 주관한다고 보아야 한다. 사주는 좋은데 운이 나쁘면 좋은 차가 험한 도로에 들어 선 것이고 사주는 나쁜데 좋은 운이 좋다면 조각배가 순풍을 만난 격이니 이처럼 운의 영향력이 크다고 보겠다. 옛 고서에서는 대운은 지지를 중시하고 세운은 천간을 중시한다는 학설도 있는데 그것은 옳지 않다고 본다. 대운과 세운의 한자 한자를 모두 사주원국의 간지와 비교하여 종합적으로 관찰하여 길흉을 판단해야 할 것이다. 천간은 동(動)이라 움직임이고 지지는 정(靜)이라 고요함이다. 천간과 지지는 서로 상생하거나 상극할 수 없고 천간은 천간끼리 지지는 지지끼리 합, 충, 형을 할 수 있는 것이다. 사주 천간의 庚(金)은 대운 천간의 甲(木)과 충을 할 수 있어도 대운지지 寅(木)의 지장간 甲(木)을 충 할 수는 없다. 또 대운지지 寅의 지장간 甲(木)은 사주 천간의 庚(金)을 충 할 수 없다는 것이다.

결론적으로 대운 천간의 역량은 약하고 대운 지지의 역량은 강해서 대운 천간이 사주에 미치는 영향이 좋다고 해도 복이 크지 않으며 대운 지지가 사주에 미치는 영향이 좋다고 하면 길함이 크다고 본다. 대운의 천간은 사주의 천간에 미치는 영향을 살피고 기준은 반드시 지지로 보아야 한다는 것이다. 그러므로 대운은 한 글자에 십년을 함께 보아야 하고 천간과 지지를 모두 관찰하고 대운은 사주와 배합하고 나서 길흉을 판단하니 대운의 한 글자는 사주의 간지와 배합하고 나서야 길흉을 알 수 있다. 대운은 월지의 계절을 기준으로 나열을 하기 때문에 계절을 뜻하는 지지의 영향력이 지배적이라고 보고 대운 천간은 사주팔자의 천간과 합, 충의 관계를 따져서 해석에 참고할 따름이다.

2. 세운(歲運)

세운을 태세(太歲)라고도 부르고 일 년을 관장하며 대운이 길해도 세운이 흉하면 그 해는 소흉을 당하게 된다. 대운이 흉하고 세운이 길하면 흉중에 소길 하게 된다. 대운의 간지가 10년을 관장 한다면 세운은 1년을 관장하는 것으로 해석을 하며, 대운은 상승기와 하락기를 뜻한다면 세운은 그 상승기 중에서도 좋고 나쁨을 또는 하락기 중에서도 좋고 나쁨을 나타내는 1년 운세라고 하겠다. 하지만 사람이 흥하고 망하고 살고 죽고는 모두 당해 년 세운에 있음을 알아야 한다.

3. 대운지지의 반대편 해석

상담자의 질문은 대부분 대운지지의 반대편 육친에 대한 문제점 즉, 억제된 육친에 대한 문제로 상담을 한다. 子, 午, 卯, 酉의 대운을 지날 때는 모든 글자가 양보하지 않는 강한 기운이므로 운명에 큰 변화가 생기는 격동기를 맞게 된다. 辰, 戌, 丑, 未의 대운을 지날 때는 입묘작용으로 누군가의 희생에 의한 변화 또는 이중생활의 아픔이 올 수 있는 것으로 본다.

(1) **비견 운** – 편재를 극하여 금전, 여자문제
(2) **겁재 운** – 정재를 극하여 금전지출, 처의 문제
(3) **식신 운** – 편관을 극하여 남자는 자녀, 여자는 남자문제

(4) **상관 운** – 정관을 극하여 남자는 직장, 여자는 남편문제

(5) **편재 운** – 편인을 극하여 학업문제

(6) **정재 운** – 인수를 극하여 모친문제, 학업문제

(7) **편관 운** – 비견을 극하여 형제, 친구문제

(8) **정관 운** – 겁재를 극하여 건강, 지인문제

(9) **편인 운** – 식신을 극하여 남자는 제조, 여자는 자녀문제

(10) **인수운** – 상관을 극하여 남자는 직장, 여자는 자녀문제

4. 대운과 세운 정리

전해오는 고서들이 대운과 세운을 설명하는데 각기 주장이 다를 뿐만 아니라 번역하는데 번역자의 실수도 많아서 혼란이 가중되고 있는바 이를 명확히 해야 할 필요가 있겠다. 대운과 세운이 운명에 끼치는 영향력이 매우 커서 사주명조가 좋은 것보다 대운과 세운을 잘 만나는 것이 더 좋다고 하였다.

필자는 "자평진전"에서 설명하는 대운감명법을 적용하기로 하였는데, 대운이나 세운을 감명할 때 사주원국을 논하는 것과 다르지 않다고 생각하는바 지지를 기준으로 천간을 참작하는 방법이 옳다고 생각한다.

대운과 세운의 관계에서도 서로 연관 시키지 말고 각자 따로 사주에 대입하여 해석을 하는 것이 옳고 대운과 세운을 별도로 대입하여 연관 시키는 것은 옳은 해석 방법이 아니라고 본다.

5. 대운과 사주의 변화

대운이 사주의 간지와 배합하여 발생하는 변화를 살펴보겠는데 대운과 사주팔자의 상호작용에 의해서 일어나는 변화들을 아래에 나열하겠다.

(1) 사주 천간과 대운 천간이 합이 되는 경우

대운천간과 사주천간이 모두 길신이거나 흉신으로써 작용하지 못한다. 천간합은 역할을 정지시키는 작용을 하기 때문이다.

(2) 같은 오행이라도 음양에 따라서 길흉이 달라지는 경우(천간)

木 중에서도 甲과 乙의 작용력을 달리 본다는 것으로 사주에 합이나 충으로 작용력을 잃을 수 있기 때문이다.

(3) 대운지지가 같은 오행이라도 음양에 따라서 길흉이 달라지는 경우

사주에 있는 지지의 글자와 배합관계를 살펴야 하기 때문이다.

(4) 대운의 간지가 같은 오행이라도 천간은 길신이고 지지는 흉신일 수 있는 경우

甲 일간이 酉월에 태어나고 천간에 辛이 있어서 정관격인데 신강하다면 재성의 도움을 필요로 할 것인데 지지에 申은 정관을 강하게 만들지만 천간에 庚은 관살 혼잡을 만들어 불리하게 된다.

(5) 사주에 지지를 대운의 지지가 충(沖)하여 길함과 흉함이 달라지는 경우

흉신에 해당하는 지지를 충(沖)하면 길하고 희신에 해당하는 지지를 충(沖)하면 흉해진다.

(6) 대운에 의하여 성격(成格)과 파격(破格)이 되는 경우

대운에 따라서 격국이 일시적으로 변하는 것을 말하는데 대운의 기간 동안 작용하는 것으로 본다. 파격이 성격으로 변하면 길하고 성격이 파격으로 변하면 흉하다. 壬 일간이 亥월에 태어나 건록격인데 대운에서 寅을 만나면 寅, 亥(合) 木으로 식신격이 된다는 것이다.

6. 육친에 의한 대운, 세운, 일진

운에서 만나는 육친을 해석하는데 있어서 대운과 세운 그리고 일진에서 만났을 때 각각 다르게 해석되는 부분을 잘 관찰하여 해석에 틀림이 없기를 바란다. 양간(陽干)은 반응이 빠르지만 실속이 없고 음간(陰干)은 반응이 느리지만 실속이 있다. 대운과 세운은 운명을 감정하는데 매우 중대한 영향력을 끼치고 정확도 또한 의심할 여지가 없는데 월운(月運)이나 하루의 일진은 정확성이 많이 떨어진다. 상담하러 오는 사람들이 전하는 말에 의하면 어디에 사주를 보러 갔는데 거기서는 몇 월에 사고 수가 있고 몇 월에 부동산 거래가 된다는 식으로 아주 상세한 감명을 해준다고 한다. 그것은 아마도 토정비결로 감명을 하는 경우가 해당이 될 것으로 본다. 사주학으로 감명을 못한다는 뜻은 아니고 할 수는 있지만 월운이나 일진은 정확성이 떨어지기 때문에 잘 사용을 하지 않는 편이다. 사주학이 토정비결보다 정확성이 떨어지는 학문이라는 것은 아니고 각 학문마다 장점이나 특징이 있는데 사주학은 대운과 세운에 의한 포괄적이고 전체적인 감명을 하는데 장점이 있는 반면에 월운이나 일진을 감명하는데 조금 약하다는 것이다. 필자가 실제로 미니달력을 들고 다니면서 일진과 월운을 몇 년간 연구한 적이 있는데 그렇게 좋은 결과를 얻지 못했다. 그렇다고 실망할 것은 없고 자신이 주력으로 공부하는 학문의 특징과 장단점 정도는 미리 알아 두는 것도 좋지 않을까 해서 일러두는 말이니 참고하기 바란다. 아래에 운에서 만나는 육친이 대운과 세운 그리고 일진에서 어떻게 다르게 적용이 되는지를 살펴보겠다.

(1) 비견 운

대운에 분리나 독립을 하고 세운에 재물정체가 있으며 일진에 금전 지출이 있다.

(2) 겁재 운

대운에 동업을 하거나 손해를 보고 세운에 금전손실이 있으며 일진에 실수가 있다.

(3) 식신 운

대운에 의식주 확장이 있고 세운에 새로운 시작을 하며 일진에 식복이 있다.

(4) 상관 운

대운에 소모지출이 있고 세운에 바쁘게 활동을 하며 일진에 유흥에 빠진다.

(5) 편재 운

대운에 금전유통이 있고 세운에 바쁘고 일진에 번거롭다.

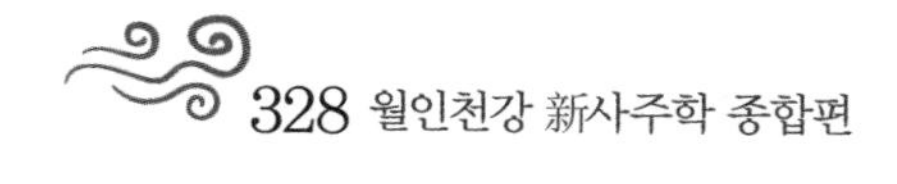

(6) 정재 운

대운에 재물 안정이 있고 세운에 금전발전이 있으며 일진에 금전회전이 잘 된다.

(7) 편관 운

대운에 감투발전 있고 세운에 건강악화가 있으며 일진에 실속이 없다.

(8) 정관 운

대운에 명예발전이 있고 세운에 무사태평하며 일진에 소식이 온다.

(9) 편인 운

대운에 문서재산발전이 있고 세운에 활동둔화가 있으며 일진에 일의지연이 있다.

(10) 인수 운

대운에 문서발전이 있고 세운에 보증을 주의해야 하고 일진에 무사 안정한다.

제 10 장
새로운 학설들

1. 새로운 도전

새로운 학설이라는 것은 기존에 사주학에서 응용이 되지 않던 감명방법을 새롭게 시도하는 것을 말하며 그러한 시도는 일반 학문에서도 많이 있는 일이라고 하겠다. 기존에 전해오는 학문의 내용을 습득하는 것도 중요하지만 시대의 변화에 따라서 진리는 항상 변하고 있기 때문에 새로운 시도는 학문 발전에 많은 기여를 해왔다. 일반적인 학문에서도 학위를 받기 위해서 논문이란 것을 쓰는데 주로 그동안 알려지지 않던 내용을 집중적으로 연구 분석하여 새로운 학설을 기재하고 있다. 그런 학설들은 어느 정도의 시간동안 실험과 검증을 거쳐서 실용성이 입증이 되면 정식학문으로 인정받는 과정을 거치게 된다. 설에서 론으로 자리매김을 하는 것이라고 하겠다. 사주학 발전을 위해서 이러한 노력은 계속 되어야 하고 특히 대한민국 역학계에서는 세계적으로 알려진 학자가 없는 것이 사실인데 가장 큰 이유는 세계적으로 인정받을 만한 학설이나 감명법을 세상에 내 놓은 학자가 없었기 때문이다. 국내에서는 많이 알려진 학자들이 몇 명 있기는 하지만 세계적으로는 인정을 받지 못하는 이유는 자기만의 학문이 없고 새로운 학설을 내 놓지 못한 것이 가장 큰 이유라고 생각한다. 앞으로 사주공부를 하는 학인들이 노력해야 할 부분이 바로 이런 부분이라고 본다.

필자는 천간 합에 대한 새로운 견해를 만들어서 이미 책에 수록을 하였고 천간 충에 대한 견해도 새롭게 정리하여 책에 올렸다. 그리고 직장과 학교 인연설과 배우자 성씨 인연설도 올렸다. 또한 이번에 새롭게 22간지를 물상으로 확장하는 방법을 제시하였다. 현재 교육현장에서 음양과 오행 그리고 천간과 지지가 분화되는 과정을 하나로 묶어서 설명하는 강의를 하고 있으며, 지장간에 대한 올바른 해석법도 지도하고 있다. 이러한 학설들은 검증기간을 거쳐서 학문으로 발전해 나갈 것이라고 믿는다. 보다 많은 학설들이 여러 학인들에게 전파가 되어 실험과 검증을 거쳐서 대한민국 사주학계 발전에 밑거름이 되기를 바라는 마음이다.

2. 직장과 학교 인연설

사주팔자에 있는 관성을 살펴서 출신 학교 이름이나 앞으로 들어갈 인연이 있는 학교명 그리고 인연이 있는 직장명을 알아보는 방법을 아래에 소개하겠다. 앞으로 많은 실험과 연구로 설을 넘어서 법으로 자리 잡기를 바라는 마음이다.

성명학에서 사용하는 각 **오행별 발음**은 아래와 같다.

목(木): ㄱ . ㅋ

화(火): ㄴ . ㄷ . ㄹ . ㅌ

토(土): ㅇ . ㅎ

금(金): ㅅ . ㅈ . ㅊ

수(水): ㅁ . ㅂ . ㅍ

(1) 학교이름 알아보기

사주팔자에 관성이 천간에 있으면 서울이나 중앙을 뜻하고 지지에 있으면 지방학교를 뜻한다. 사주팔자에 관성이 정관이면 국립이나 공립학교를 말하고 편관이면 사립학교를 말한다. 사주팔자에 있는 관성의 오행이 무엇이냐에 따라서 거기에 성명학에서 사용하는 오행별 발음을 대입하여 학교 이름을 추리해 보는 방법이다. 이미 졸업을 한 학교를 검증해 보는 방법도 있겠지만 앞으로 들어갈 학교와 인연을 따져 볼 때 훨씬 더 유용하게 사용 될 수가 있을 것이다. 이미 졸업한 학교는 본인과 인연이 아니었지만 부득이한 사정에 의해서 졸업을 했을 수도 있는데 들어갈 학교는 본인과 인연이 깊은 학교이기 때문에 들어갈 수 있는 확률이 그만큼 높다고 보아야 할 것이다. 학인들의 많은 활용을 기대하며 아래에 학교명 알아보기를 소개한다.

가. 관성의 오행: 목(木)

사주팔자에 관성이 오행으로 목(木)이면 학교이름에 ㄱ, ㅋ의 발음이 들어가는 학교명과 인연이 많다는 것이다. 예를 들면 국민 초등학교나 광산 고등학교를 입학하거나 졸업할 인연이 있다는 것이다.

나. 관성의 오행: 화(火)

사주팔자에 관성이 오행으로 화(火)이면 학교이름에 ㄴ, ㄷ, ㄹ, ㅌ의 발음이 들어가는 학교명과 인연이 많다는 것이다. 예를 들면 남산 초등학교나 대명 고등학교를 입학하거나 졸업할 인연이 있다는 것이다.

다. 관성의 오행: 토(土)

사주팔자에 관성이 오행으로 토(土)이면 학교이름에 ㅇ, ㅎ의 발음이 들어가는 학교명과 인연이 많다는 것이다. 예를 들면 우리 초등학교나 한국 고등학교를 입학하거나 졸업할 인연이 있다는 것이다.

라. 관성의 오행: 금(金)

사주팔자에 관성이 오행으로 금(金)이면 학교이름에 ㅅ, ㅈ, ㅊ의 발음이 들어가는 학교명과 인연이 많다는 것이다. 예를 들면 중앙 초등학교나 충청 고등학교를 입학하거나 졸업할 인연이 있다는 것이다.

마. 관성의 오행: 수(水)

사주팔자에 관성이 오행으로 수(水)이면 학교이름에 ㅁ, ㅂ, ㅍ의 발음이 들어가는 학교명과 인연이 많다는 것이다. 예를 들면 무등 초등학교나 부산 고등학교를 입학하거나 졸업할 인연이 있다는 것이다.

단, 대학교의 이름은 관성과 관련이 있지만 학과를 선택할 때 전공은 인성으로 대입하는 것이 좋을 것 같다. 그 이유는 대학교는 학과에 따라서 전공이 있고 졸업장 대신 학사학위를 받는 관계로 그렇게 해석을 하는 것이 옳다고 본다. 육친으로 인성은 자격증이나 문서를 상징하기 때문에 그렇게 판단했다고 보면 된다.

(예)	시	일	월	년
	0	甲	0	0
	0	0	申	0

위 사주는 申편관을 쓰고 있으므로 사립학교를 뜻하고 지지에 자리하기 때문에 지방에 있는 학교와 인연이 많다고 볼 수 있다. 학교이름으로는 金을 관성으로 사용하므로 ㅅ, ㅈ, ㅊ의 발음이 들어가는 학교와 인연이 많다.

위 사주의 주인공은 초, 중, 고 모두 사립학교를 졸업했으며 모두 지방에 있는 학교이다. 출신학교 이름은 농성 초등학교, 숭일 중학교, 송원 고등학교로 모두 ㅅ발음이 들어간다. 위 사주는 인성이 子(水)를 쓰는데 대학교 전공은 ㅁ, ㅂ, ㅍ의 발음과 관련이 있는 법학과를 졸업했다.

(2) 직장이름 알아보기

사주팔자에 있는 관성의 오행이 무엇이냐에 따라서 거기에 성명학에서 사용하는 오행별 발음을 대입하여 직장이름을 추리해 보는 방법이다. 사회에 첫 진출을 하는 사람이 어느 직장과 인연이 있는지를 알아보는 방법으로 사용하면 매우 유익할 것이라고 본다. 입사시험을 보거나 면접시험을 볼 때 아무래도 본인과 인연이 있는 회사를 찾아서 지원을 한다면 합격 가능성도 매우 높아지리라고 보는 것이다. 사주에 관성을 살펴서 직장이름을 알아보는 방법은 위의 학교이름 알아보기와 같다. 그럼 자세한 설명을 아래에 올리도록 하겠다.

가. 관성의 오행: 목(木)

사주팔자에 관성이 오행으로 목(木)이면 직장이름에 ㄱ, ㅋ의 발음이 들어가는 직장명과 인연이 많다는 것이다. 예를 들면 국민은행이나 국제상사 또는 코리아리서치와 같이 ㄱ, ㅋ발음이 들어가는 회사나 기관과 인연이 있다는 것이다.

나. 관성의 오행: 화(火)

사주팔자에 관성이 오행으로 화(火)이면 직장이름에 ㄴ, ㄷ, ㄹ, ㅌ의 발음이 들어가는 직장명과 인연이 많다는 것이다. 예를 들면 랑콤화장품이나 대명콘

도와 같은 직장과 인연이 있다는 것이다.

다. 관성의 오행: 토(土)

사주팔자에 관성이 오행으로 토(土)이면 직장이름에 ㅇ, ㅎ의 발음이 들어가는 직장명과 인연이 많다는 것이다. 예를 들면 우리은행이나 한국타이어와 같은 직장과 인연이 있다는 것이다.

라. 관성의 오행: 금(金)

사주팔자에 관성이 오행으로 금(金)이면 직장이름에 ㅅ, ㅈ, ㅊ의 발음이 들어가는 직장명과 인연이 많다는 것이다. 예를 들면 중앙고속이나 서울은행과 같은 직장에 인연이 있다는 것이다.

마. 관성의 오행: 수(水)

사주팔자에 관성이 오행으로 수(水)이면 직장이름에 ㅁ, ㅂ, ㅍ의 발음이 들어가는 직장명과 인연이 많다는 것이다. 예를 들면 명성콘도나 농협과 같은 직장에 인연이 있다는 것이다.

해당 한글 발음이 학교명이나 직장명에 앞이나 뒤에 어느 부분이든 들어 있으면 되고 발음으로 들어가도 인연이 있는 것으로 본다. 앞으로 많은 연구와 실험을 통하여 실전에 사용되기를 바란다.

3. 배우자 성씨 인연설

배우자의 성을 알아보는 방법으로 남자의 경우는 사주팔자에 재성의 오행을 보고 여자의 경우는 사주팔자에 관성의 오행을 본다. 남녀 모두 배우자와 궁합이 잘 맞는 성씨를 찾는다는 것은 아니고 어떤 성씨를 가진 사람과 인연이 있는지를 알아보는 방법이다. 배우자 문제를 떠나서 나에게 도움이 되는 사람인지 해가 되는지를 알아보는데도 활용이 가능한데 그것은 다음 기회에 설명하도록 하고 여기서는 단순하게 재성과 관성의 오행을 통해서 배우자 성씨를 추측해 보는 방법을 나열해 보도록 하겠다.

성명학에서 사용하는 각 **오행별 발음**은 아래와 같다.

목(木): ㄱ . ㅋ

화(火): ㄴ . ㄷ . ㄹ . ㅌ

토(土): ㅇ . ㅎ

금(金): ㅅ . ㅈ . ㅊ

수(水): ㅁ . ㅂ . ㅍ

(1) 남편 성씨 알아보기

여자사주에 관성의 오행이 무엇인가를 살펴서 추측을 한다.

가. 관성의 오행: 목(木)

여자 사주팔자에 관성이 목(木)이면 남편 성씨에 ㄱ, ㅋ의 발음이 들어간다는 것이다. 예를 들면 김, 강, 고, 구, 국, 곽 씨 등과 인연이 있다고 본다.

나. 관성의 오행: 화(火)

여자 사주팔자에 관성이 화(火)이면 남편 성씨에 ㄴ, ㄷ, ㄹ, ㅌ의 발음이 들어간다는 것이다. 예를 들면 나, 남, 문, 안, 윤, 전 씨 등과 인연이 있다고 본다.

다. 관성의 오행: 토(土)

여자 사주팔자에 관성이 토(土)이면 남편 성씨에 ㅇ, ㅎ의 발음이 들어간다는 것이다. 예를 들면 이, 안, 양, 오, 한, 홍, 황 씨 등과 인연이 있다고 본다.

라. 관성의 오행: 금(金)

여자 사주팔자에 관성이 금(金)이면 남편 성씨에 ㅅ, ㅈ, ㅊ의 발음이 들어간다는 것이다. 예를 들면 정, 전, 장, 주, 최, 선, 추 씨 등과 인연이 있다고 본다.

마. 관성의 오행: 수(水)

여자 사주팔자에 관성이 수(水)이면 남편 성씨에 ㅁ, ㅂ, ㅍ의 발음이 들어간다는 것이다. 예를 들면 문, 민, 박, 변, 반, 편, 김 씨 등과 인연이 있다고 본다.

(2) 부인 성씨 알아보기

남자사주에 재성의 오행이 무엇인가를 살펴서 추측을 한다.

가. 재성의 오행: 목(木)

남자 사주팔자에 재성이 목(木)이면 부인 성씨에 ㄱ, ㅋ의 발음이 들어간다는 것이다. 예를 들면 김, 강, 고, 권, 국, 간 씨 등과 인연이 있다고 본다.

나. 재성의 오행: 화(火)

남자 사주팔자에 재성이 화(火)이면 부인 성씨에 ㄴ, ㄷ, ㄹ, ㅌ의 발음이 들어간다는 것이다. 예를 들면 나, 남, 문, 안, 윤, 전 씨 등과 인연이 있다고 본다.

다. 재성의 오행: 토(土)

남자 사주팔자에 재성이 토(土)이면 부인 성씨에 ㅇ, ㅎ의 발음이 들어간다는 것이다. 예를 들면 이, 안, 양, 오, 한, 홍, 현 씨 등과 인연이 있다고 본다.

라. 재성의 오행: 금(金)

남자 사주팔자에 재성이 금(金)이면 부인 성씨에 ㅅ, ㅈ, ㅊ의 발음이 들어간다는 것이다. 예를 들면 정, 전, 장, 주, 최, 천, 추 씨 등과 인연이 있다고 본다.

마. 재성의 오행: 수(水)

남자 사주팔자에 재성이 수(水)이면 부인 성씨에 ㅁ, ㅂ, ㅍ의 발음이 들어간다는 것이다. 예를 들면 문, 민, 박, 변, 반, 피, 김 씨 등과 인연이 있다고 본다.

사주학의 묘미는 사주팔자에 사용되는 22간지나 육친을 물상으로의 무한확장에 있다고 해도 과언이 아니다. 그것은 사주학을 어렵게 만드는 것이 아니고 우리에게 무한한 상상력과 창의력을 요구한다. 사주공부는 공식에 의한 답을 얻는 학문이 아니고 글자 한자 한자 속에 들어 있는 깊은 의미와 뜻을 이해하고 그것을 자유롭게 정신이나 사물로 확장하여 사주풀이에 응용하는 학문이라고 하겠다. 이렇게 자유자재로 천간지지와 육친을 다룰 수 있는 경지에 올라야만 간지론의 고수가 되는 것이다. 고전에 의지해서 문자나 암기하는 수준에 머무르지 말고 항상 창의력을 가지고 새롭게 도전하는 학인이 될 것을 당부 하는 바이다.

제 11 장
사주해석의 우선순위

1. 남자사주 해석

(1) 재물 인연(재성)

정재는 안정적 수입을 의미하고 편재는 사업성이 강하고 불규칙적인 금전융통을 뜻한다. 재물 복이 좋은 사람의 사주모양을 아래에 순서대로 기재를 하겠으니 참고하기 바란다.

가. 식상과 재성이 가까이서 합을 하거나 상생하고 있다.

나. 천간 재성이 지지에 뿌리가 있고 강하다.

다. 재성이 있고 식상이 없다.

라. 식상이 있고 재성이 없다.

마. 재성이 지장간에 있다.

바. 식상이 지장간에 있다.

(2) 배우자 인연(재성)

정재가 사주에 있으면 잘 맞는 배우자와 인연이 있고 편재가 사주에 있으면 만족스럽지 못한 배우자와 인연이 있다.

가. 재성이 년, 월에 있으면 배우자 인연을 빨리 만나고 재성이 일, 시에 있으면 배우자 인연을 늦게 만난다.

나. 재성과 관성이 무리지어 있으면 배우자와 자녀가 함께 있는 모양으로 재성 혼자 있는 경우보다 배우자가 될 인연이 깊다.

다. 식상과 함께 있는 재성은 사업성이 강한 배우자를 말한다.

라. 식상이 없으면 남자는 여자를 다루는 방법을 모른다.

마. 식상이 정재를 생하거나 정재가 뿌리가 있고 강하면 좋은 배우자를 만난다.

(3) 명예 인연(관성)

천간에 있는 관성은 중앙이나 서울을 의미하고 지지에 있는 관성은 지방을 의미한다. 정관은 공무원이나 공립, 공사를 뜻하며 편관은 사기업, 이공계 등을 뜻한다. 아래에 명예 운이 좋은 순서대로 기재를 하겠으니 참고하기 바란다.

가. 관성이 인성과 소통되어 있으면 관리자가 된다.

나. 관성이 강하고 인성이 떨어져 있다.

다. 인성이 있고 관성이 없으면 연구직이 좋다.

라. 관성이 많으면 직업변동이 많다.

마. 인성이 많으면 공부에 비해 직위가 낮다.

(4) 자식의 인연(관성)

남자사주에 편관은 아들을 의미하고 정관은 딸을 의미한다. 좋은 자녀와 자

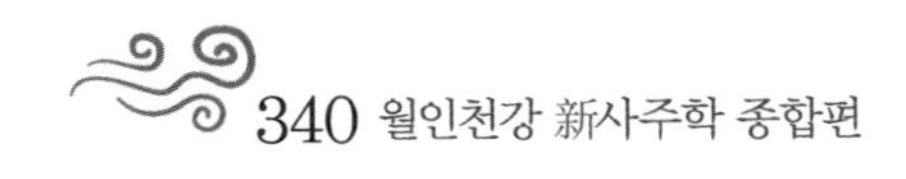

녀 덕을 살피는 방법을 아래에 기재하겠으니 참고하기 바란다.

가. 천간과 지지에 소통된 관성은 명실상부한 자녀를 두게 된다.

나. 천간에 드러나 있으면 명예가 높고 지지에 있으면 능력 있는 자녀를 두게 된다.

다. 재성과 무리 지은 관성이 자녀를 뜻한다.

라. 시(時)는 자녀 자리인데 그 자리에 식상이 있으면 관성을 극하기 때문에 시에 식상이 있는 것은 좋지 못하다.

(5) 직업 인연(관성, 재성)

사주에 관성을 사용하여 직업을 갖는 경우와 사주에 재성을 사용하여 사업을 하는 사업가로 구분된다. 아래에 직장인 사주와 사업가 사주를 구분하여 기재하겠으니 참고하기 바란다.

가. 직장인 인연(관성과 인성)

조직성, 사회성을 의미하며 관성과 인성의 모양을 살펴보고 간섭하는 인자를 잘 관찰해 보면 직업의 모양을 알 수 있다.

나. 사업가 인연(식상과 재성)

경제성과 사업성을 의미하며 식상과 재성의 모양을 살펴보고 간섭인자를 잘 관찰해 보면 사업의 모양을 알 수 있다.

ㄱ. 식신이 있을 경우

요식업, 음식점, 제조, 생산업, 기르거나 가르치는 업종, 자연식품

ㄴ. 상관이 있을 경우

유흥업, 기호식품(술, 커피, 빵, 과자, 등) 제조, 생산, 보육, 인공식품

ㄷ. 정재가 있을 경우

생필품(슈퍼, 편의점, 속옷, 기름, 신발, 쌀 등) 매장, 대리점

ㄹ. 편재가 있을 경우

넓은 시장이나 큰 재물이 들어오고 나가는 것이 많은 사업성이 강한 재물로 간주한다.

ㅁ. 양인을 사용할 경우

전문기술로 제조, 생산이 가능하다.

ㅂ. 식상이 형(刑) 될 경우

의료, 기술, 약물, 술, 약용식품 등이 좋다.

ㅅ. 재성이 공망 된 경우

뒷골목 장사로 번영한다.

2. 여자사주 해석

(1) 배우자의 인연(관성)

여자사주에 정관은 잘 맞는 배우자를 의미하며 편관은 금전과 애정 중에 한쪽만 채워주는 배우자를 의미한다. 아래에 배우자 인연에 관해서 기재를 하겠으니 참고하기 바란다.

가. 정관이 인성에 소통되어 있으면 좋은 배우자를 만난다.

나. 정관이 충, 형, 공망 되어 있으면 편관으로 격이 떨어진다.

다. 편관도 동거하지 않고 떨어져 지내면 정관역할을 한다.

라. 관성과 인성이 소통하면 남자가 가정을 주도하고 식상과 관성이 합하면 가정생활을 여자가 주도한다.

마. 여자사주에 식상이나 관성을 합하는 운에 이성을 만나는 연애사가 발생한다.

바. 정, 편관이 혼잡 된 여자사주는 남자를 상대하는 직업이나 장사를 하면 좋다.

사. 관성이 충 되면 배우자가 역마성 직업에 종사하면 좋다. 본인이 역마성 직업을 가져도 된다.

아. 관성이 형 되면 배우자가 의료, 법무, 세무 등에 종사하면 형에 관련 된 해를 입지 않는다. 본인이 형과 관련된 직업을 가져도 된다.

(2) 자식의 인연(식상)

식신은 아들을 의미하고 상관은 딸이다. 좋은 자녀 인연과 자녀 덕을 아래에 기재하겠으니 참고하기 바란다.

가. 식상과 인성이 조화로우면 벼슬이 높은 자식을 둔다.

나. 식상이 천간에 드러나 있고 강하면 출세할 자식을 둔다.

다. 지지에 식상이 있으면 명예보다 실속 있고 능력 있는 자식을 둔다.

라. 식상이 공망 되면 자식을 잃어버리거나 헤어져 산다.

마. 여자는 인성 대운에 자식의 병고가 많이 발생하는데 그 이유는 육친으로 인성이 식상을 극하기 때문이다.

(3) 금전의 인연(재성)

여자사주에 재성은 금전 환경을 의미하고 시가집을 뜻하기도 한다. 여자사주에 금전 운과 시가집과의 관계를 아래에 기재하겠으니 참고하기바란다.

가. 금전 인연은 남자의 경우와 비슷하고 다만 재성을 시부모로 보아 일, 시에 재성이 있으면 늦게까지 시부모를 모시는 경우가 많다.

나. 재성이 강하고 인성이 약하면 부잣집에 시집가서 식모처럼 사는 것을 의미한다.

다. 식상이 재성을 돕고 재성이 뿌리가 있으면 금전 복이 많다.

(4) 사회활동 인연(재성과 관성)

여자사주에 재성과 관성이 강하거나 투출되면 본인이 직업을 갖거나 장사를 하는 경우가 많다. 아래에 여자사주가 사회진출을 하는 경우를 기재하겠으니 참고하기 바란다.

가. 식상이 재성을 가까이서 생하면 본인이 경제활동을 직접 하는 경우가 많다.

나. 관성이 인성에 소통되어 있으면 본인이 직접 사회활동을 하는 경우가 많다.

다. 관성이 미약하면 배우자 덕이 없어서 본인이 직접 생계를 책임지는 경우도 있다.

라. 여자사주가 시(時)에 관성이 유력할 경우 본인이 직업을 갖거나 사회단체나 봉사단체에서 명예를 갖는 경우를 많이 볼 수 있다.

제 1 2 장

서해강론

제3부 사주분석의 응용편은 사주를 감명하는 방법의 차원을 넘어서 좀 더 구체적으로 실전연습을 하는 단계로 사주실력을 한 단계 끌어올리는 단계라고 하겠다. 먼저 간지론에 대한 이야기로 시작한 이유는 필자가 추구하는 감명 방법이 간지론이라는 점도 있지만 격국용신론이 현대사회에 들어와서 사주감명에 한계상황을 맞이하여 사람들의 믿음을 잃어가고 있는 시점에서 대안을 제시한다는 차원에서 간지론을 제시한 것이다. 그렇다고 격국용신론이나 신살론을 완전히 배제하는 것은 아니기 때문에 제2부에 신살론과 격용론을 기재하였고 격용론의 10정격도 채택을 한 것이다. 다만 외격과 종격 그리고 특수격으로는 파격사주를 감명하는 방법으로 적당하지 못하기 때문에 간지론을 접목시켜야 한다는 주장을 하는 것이다. 그리고 간지론이라고 하는 분야도 고전에 나와 있는 내용이고 전혀 새로운 분야가 아니라는 것을 알리고 싶었다.

그 누구보다도 사주학에 애정이 많은 필자가 본인뿐만 아니라 수많은 학인들이 그렇게 오랫동안 작게는 10년 많게는 3~40년씩 사주공부에 매달리고도 혼란에 빠져서 고민하고 고통스러워하는 것을 모두 지켜와 보았고 또한 직접 느껴 보았기 때문에 그들에게 무엇이 절실히 필요한가를 잘 알고 있다. 우리는 모두 대안을 찾고 있었고 이대로는 안 된다는 공통적인 생각을 갖고 있었다고 생각한다. 그래서 지금이 간지론을 이야기해야 할 때라고 본다. 하지만 격용론을 공부하던 사람이 간지론을 공부하기란 쉽지가 않다. 그 이유는 전혀 새로운 방식으로 다시 공부를 해야 하기 때문이다.

처음 기초부분에서 가볍게 넘어갔던 음양과 오행 그리고 천간지지 문제를 간지론에서는 매우 중요하게 취급하며 훨씬 더 깊은 이해를 필요로 한다. 그리고 오행이론에 빠져 있는 생각을 천간과 지지로 의식을 확장시켜야 한다. 격용론에서는 다섯 가지 오행으로 사주를 보았다면 간지론에서는 22가지의 천간과 지지로 사주를 보아야 하기 때문이다. 이것 하나만 비교를 해도 알 수가 있듯이 사주를 실제로 풀이하는 것을 비교해 보면 큰 차이를 보이는데 격용론으로 사주를 풀이하면 3분 이상 상담할 말이 없다. 그러나 간지론으로 사주를 풀이하면 1시간 이상을 상담해도 시간이 길지가 않다. 그것은 그만큼 자세하게 감명을 할 수 있다는 뜻이 될 것이다. 지면관계상 여기서 간지론에 대한 모든 이야기를 다 할 수는 없고 격용론의 부족한 부분을 완벽하게 채워줄 수 있는 대안으로써 간지론이 현대사회에 꼭 필요한 이론이라는 사실을 많은 학인들이 빨리 받아 들여서 방황의 길을 접고 고통 속에서 빠져 나오기를 바란다. 이런 말은 초보 학인들에게 해당 되는 말은 아니고 어느 정도 수준에 오른 학인들 중 더 이상 학문에 발전이 없고 발이 묶여 있는 상황을 경험한 자들에게 해당이 된다고 하겠다.

그럼 제3부에 설명한 것들을 어떻게 활용할 것인가를 살펴보도록 하겠다. 사람은 성격에 따라서 삶이 결정되는 부분이 많은 관계로 "저 사람은 성질머리 때문에 안 된다."라는 말도 있다. 성격을 고치면 운명도 바뀐다. 그러나 타고난 성격을 바꾼다는 것이 그렇게 쉬운 일은 아니다. 그래서 성격이 운명에 미치는 영향이 그만큼 크다는 것이다. 사주 주인공의 성격을 자세히 알아보는 것은 사주의 주인공이 어떤 상황에 직면했을 때 성격상 어떤 선택을 할 것인지를 알아보기 위한 방법이 된다. 그래서 성격부분을 자세히 공부해야 운명을 보는 데 도움이 될 것이다.

직업과 전공 분야는 시중에 나와 있는 책들 중에서 아마도 필자의 책이 가장 많은 사례와 내용을 수록하고 있다고 생각한다. 그렇게 많은 시간과 공을 들인 이유는 사주를 보는 목적이 대부분 "뭘 해먹고 살지?"라는 것 때문이다. 직장을 다녀야 할지, 장사를 해야 할지, 장사를 한다면 무슨 장사를 해야 할지를 모르기 때문에 사주 주인공의 팔자를 보고 직장을 다녀야 하는지, 장사를 해야 하는지, 장사를 한다면 무슨 장사를 해야 하는지를 상담해 주기 위해서 직업과 전공은 사주감명에 핵심이라고 생각한다. 이 부분만 제대로 공부를 해 놓는다면 전문적인 직업상담인으로 부족함이 없을 것이라고 본다.

대운과 세운 부분은 고서에도 수많은 학설들이 있어서 많은 학인들이 스스로 모두 한 번씩은 직접 실제 감명에 대입을 해 가면서 선택을 했을 것으로 본다. 초보학인들 입장에서는 참으로 난감한 부분이고 어느 고서를 따라야 할지 알 수가 없는 대목이기 때문에 특별히 필자가 고서에 나오는 여러 학설들을 책에 모두 수록하면서 어떤 논리가 가장 논리적이고 이상적인가를 논하고 실제 경험을 통한 선택방법을 알려주고자 했다. 대운과 세운에 대한 문제 하나만이라도 속 시원하게 해결이 되는 것만으로도 얼마나 많은 시간과 노력을 줄이는 결과인가는 경험이 있는 학인들은 다 알 것이다. 대부분 어느 학설을 선택하든지 본인 스스로에게 맡기는 형식의 책들로 인해서 필자도 많은 시간을 허비해야만 했기에 선배로서 베푸는 인심이라고 생각하기 바란다. 대운과 세운은 사주팔자를 해석하는 데 차지하는 비중이 70%에 해당하는 매우 중요한 분야이다. 정확하게 이해가 될 때까지 충분한 시간을 가지고 연구해서 본인 것으로 만들어야 할 것이다.

새로운 학설 분야는 필자가 그동안 여러 가지 시도를 통해서 얻게 된 경험들 중에서 함께 공유할 가치가 있다고 생각 되는 부분을 공개해서 같이 검증시간을 갖고자 기재를 한 것이다. 이는 몰래 감춰야할 비법은 아니고 누구나 쉽게 응용이 가능한 이론이다. 이런 이론을 가끔 책에 공개를 하면 어떤 학인들은 이것이 무슨 큰 비밀인 양 필자에게 전화를 해서 비법을 너무 많이 공개를 하는 것이 아니냐고 따지는 사람들도 더러 있다. 내가 무슨 남에게 피해를 준 것도 아닌데 왜 그러는지는 알 수가 없다. 그럴 때 필자는 이렇게 대답한다. "저는 그 이론을 비법이라고 생각하지 않습니다." 사주공부를 하는 사람들 중에서 비법을 좋아하는 사람들이 의외로 많은 것으로 알고 있다. 시중에서 수천만 원씩 한다는 비법 책도 여러 권 보았다. 비싸게 주고 산 비법 책이 있다고 한번 봐달라고 해서 보았는데 잡다한 이론들을 종합해서 엮어 놓은 출처가 불분명한 복사본으로 특별할 것이 전혀 없었고 그만한 가치도 느끼지 못했다.

결론은 비법은 없다. 물론 비법으로 오해를 하는 경우가 있기는 하다. 책에 어떤 이론을 올린다는 것은 어느 정도 실제 연습과 검증을 거친 다음에 올리는 경우가 많고 어떤 것은 책에 올리기에 문제의 소지가 있는 내용들도 많이 있다. 예를 들자면 집이나 가게가 잘 나가지 않아서 사용하는 매매나 임대가 잘 되게 하는 방법들이나 전생에 상대방과 나와의 관계 등 여러 가지 이론들을 무조건 책에 수록하기는 어렵다는 말이다. 또한 사주학이라는 틀 안에 넣기가 힘든 내용들도 존재하는데 그것을 비법이라고 말하기는 힘들다. 그런 부분들을 오해하고 일부러 비법을 감춘 것이라고 생각하면 그것은 틀린 생각이다.

사주학은 비법을 알아야 공부를 잘하는 학문이 아니고 근본적인 원리를 파고들어서 그것을 정확하게 이해를 해야만 알 수가 있는 학문이다. 쉽게 말하면 사주팔자는 10천간과 12지지의 조합을 통해서 만들어진 60갑자의 의미와 뜻을 정확하게 한자 한자 해석할 수 있는 능력을 갖추면 된다. 그 글자들의 정확한 기운이나 뜻을 모르기 때문에 오랫동안 문자놀이만 하고 있는 것이다. 이렇게 정확한 뜻을 알기 위해서 찾아 들어가다 보면 무엇을 사람들이 비법이라고 하는지도 알게 된다. 필자에게 비법을 알려달라고 하는 학인들이 있었는데 필자의 답은 이것이다. "모든 비법은 기본에 있으며 22간지에 담겨져 있다." 기본에 충실하다 보면 언젠가는 다 알게 될 것이다.

사주해석의 우선순위는 성별구분이다. 실제사주 감명에서 남자와 여자의 경우가 다르다. 남자사주를 감명할 때 무엇을 기준으로 보아야 하는가를 알아보고 여자사주를 감명할 때 무엇을 기준으로 보아야 하는지 각자 다른 입장에서 연습해 보아야 하기 때문에 기재를 하였다. 초보학인들은 보통 사주공부를 시작하고 책 한 권을 끝내면 사주풀이를 멋지게 잘 할 수 있을 것이라고 생각한다. 그것은 잘못된 생각이다. 독학으로 몇 년씩 공부를 해도 사주감명을 전혀 못하는 경우가 허다하다. 제2부에 나오는 사주감명 방법들을 배웠다면 바로 주변에 아는 지인들 10여명 사주를 모아서 분석을 해 보아야 한다. 그리고 제3부에서는 점점 세련된 응용을 통하여 풀리지 않았던 내용들을 하나씩 알아가는 시기이다. 눈으로 보는 공부는 실력이 빨리 늘지 않고 연습문제를 많이 풀어보는 공부방법이 훨씬 빨리 발전한다고 본다. 나중에 모든 공부가 끝난 다음에 자동으로 통변을 잘하게 될 것이라는 생각은 틀린 생각이다. 사주공부를 해가면서 본인사주에 하나씩 대입해서 익히는 방법이 가장 좋은 방법이라고 본다. 사주달인이 되는 방법은 끊임없이 노력하고 반복해서 연습하여 모든 지식을 본인의 것으로 만드는 방법 이외에는 다른 방법이 없다고 하겠다.

제 4 부

사주분석의 연구

제 1 장

오행의 연구

1. 상생과 상극의 변용

오행의 상생과 상극은 글자를 보면 알 수가 있듯이 서로 상(相)이 의미하듯 상호간에 일어나는 현상을 뜻하므로 상생(生)과 상극(克)은 일방적일 수 없다. 상생은 서로 돕는다는 뜻으로 내가 돕는 자가 나를 극하는 자를 막아서 나를 보호해 주는 역할을 하여 서로 도움을 주고받음을 말한다. 상극은 서로 극한다는 뜻으로 내가 극하는 자가 다시 나를 극하는 자를 생해서 나를 극하도록 한다는 말이다. 오행의 상생과 상극을 단순하게 내가 돕는 것과 내가 극하는 것을 넘어서 깊이 있게 살펴보면 서로 상호작용을 하고 있다는 것을 알 수가 있다. 그것을 아래에 자세하게 설명을 할 것이니 참고하기 바란다.

(1) 역생법(逆生法)

내가 생(生)하는 자가(식상) 나의 도움을 받고 나를 위해서 나를 극하는 자를(관성) 억제시켜서 나를 보호해준다. 이것은 일방적인 생(生)의 관계가 아닌 서로 돕는 관계를 유지한다고 말할 수 있다는 것이다. 인간의 삶에서도 내가 베풀면 나중에 내가 어려워질 때 도움을 받을 수 있는 원리와 같다고 하겠다. 일반적인 시각으로 생(生)을 이해하는데서 이제는 좀 더 고차원적인 시각으로 접근을 해 보아야 할 것이다. 내가 베푸는 것으로 끝나는 것이 아니고 그것은 결국 나에게 다시 돌아온다는 인과응보의 원리를 말해주고 있다. 사주학이 자연학이고 자연의 이치가 곧 인간의 삶에 이치와 다르지 않다는 교훈을 역생법과 역극법에서 우리에게 다시 알려주고 있는 것이다.

생(生) 극(克)

목(木)일간 -------> 화(火)식상 -------> 금(金)관성

극(克)

금(金)관성 -------> 목(木)일간이 극을 당하는 것을 막아 준다.

(해석) 木 일간이 火 식상을 생(生)해 주고 화(火) 식상이 金 관성이 자신을 도와준 木 일간에게 해를 끼칠 것에 대비해서 火 극 金으로 미리 억제를 시켜서 木을 보호해 주는 모습이다.

(2) 역극법(逆克法)

내가 극하는 자가(재성) 나에게 극을 받고서 다시 나를 극하는 자를(관성) 생(生)해서 나를 극하게 만든다. 이것은 일방적인 극(克)의 관계가 아닌 서로 상극하는 관계를 유지 한다고 말할 수 있다는 것이다. 인간관계에서도 내가 못

살게 하는 사람은 언젠가 반드시 나를 해치기 위해서 다른 사람을 동원해서 나를 해치고 만다는 것이다. 내가 극하는 사람은 일방적으로 당하는 것처럼 보이지만 뒤로는 나를 극하는 자를 조정해서 나를 극하게 만든다고 이해하면 된다.

극(克) 생(生)
목(木)일간 -------> 토(土)재성 -------> 금(金)관성

극(克)
금(金) -------> 목(木) 土가 金을 통하여 일간을 극한다.

(해석) 木 일간이 土 재성을 극하니까 土는 金 관성을 생해서 木 일간을 극하도록 조정을 하고 있는 모습이다.

(3) 반생법(反生法)

음양의 이치에서 음이 양을 극하거나 양이 음을 극하는 것이 아니고 음양은 서로 반대가 아닌 상대적이라는 사실은 이미 배워서 알고 있을 것이다. 반대가 아니고 상대적이라는 것은 한마디로 짝이라고 설명을 할 수 있다. 상극이라는 뜻도 극(克)은 억제하는 것이 아니고 자극을 주어서 움직이게 하는 것으로 해석을 할 수 있다. 사주에 土가 너무 많은데 木이 없다면 土는 무용지물이 된다는 것이다. 사주에 金이 너무 많은데 火가 없다면 이것 또한 무용지물로써 항상 상대적으로 자극을 주는 짝이 있어야만 사용이 가능한 오행이 된다는 것이다. 극을 억제하는 것으로만 볼 것이 아니고 오히려 기능을 상실할 것을 살리는 작용을 할 때도 있음을 알아야 한다는 뜻이다.

(4) 반극법(反克法)

항상 나를 생(生)한다고 생각을 했던 오행도 너무 많으면 오히려 나를 무력하게 만드는 작용을 하는 법이다. 나를 생 하는 육친이 인성이라고 생각을 하고 있는데 인성도 너무 많으면 오히려 나를 돕는 것이 아니고 무용지물로 만들어서 극(克)하는 작용을 하게 된다는 것이 반극법이라고 하겠다. 예를 들어서 土일간이 火가(인성) 지나치게 많으면 오히려 쓸모가 없어지는 것과 같다고 하겠다. 적당한 자극은 오히려 도움을 주고 지나친 도움은 무기력하게 만든다는 이치를 설명하는 것이다.

2. 오행의 12운성

오행의 기운이 계절의 변화에 따라서 어느 정도의 기운에 변화를 보이는지를 관찰해 보기로 하겠다. 각 오행이 어느 계절에 가장 강하고 어느 계절에 가장 약하게 작용을 하는지 파악하여 실전에 활용하기 바란다. 오행의 12운성으로 보는 것이 맞는지, 10천간의 12운성으로 보는 것이 맞는지에 대한 정확한 결론이 정해지지 않고 현재 논란이 일고 있는 것이 현실이다. 여기서는 우선 오행의 12운성을 계절별로 알아보고 또 가장 빠르게 파악하는 방법도 알아보기로 하겠으니 참고하기 바란다.

(1) 오행의 계절별 기운

오행의 계절별 기운은 12운성으로 보는데 여기서 알 수 있는 것은 오행의 상생과 상극이론과 다른 점을 발견 할 수가 있다. 오행의 상생은 목–생–화, 화–생–토, 토–생–금, 금–생–수, 수–생–목인데 12운성으로는 火와 土가 하나로 묶여서 목–생–화, 화–생–금, 금–생–수, 수–생–목이 된다. 그리고 오행 상극은 목–극–토, 토–극–수, 수–극–화, 화–극–금, 금–극–목인데 12운성으로는 금–극–목, 수–극–화가 된다. 잘 살펴보면 오행 상생과 12운성의 다른 점은 화–생–토, 토–생–금이 土가火와 하나로 통합 되어서 화–생–금으로 변했다.

목-화(토)-금-수 순서대로 생한다고 하겠다. 오행 상극과 12운성의 다른 점은 목-극-토, 토-극-수, 화-극-금이 土가 火와 하나로 통합 되어서 금-극-목, 수-극-화로 봄과 가을의 기운이 반대고 여름과 겨울의 기운이 반대로 정리가 되었다는 것이다. 이것을 알기 쉽게 아래에 정리를 하였으니 참고하기 바란다.

가. 목(木)

木은 봄에 가장 왕성한 기운을 가지고 다음으로 겨울에도 기운이 강하지만 여름에는 설기작용에 의해서 조금 약화되고 가을에 가장 기운이 약하다고 할 수 있다.

나. 화(火)

火는 여름에 가장 왕성한 기운을 가지고 다음으로 봄에도 기운이 강하지만 가을에는 설기작용에 의해서 조금 약화되고 겨울에 가장 기운이 약하다고 할 수 있다.

다. 토(土)

土는 火와 12운성이 같기 때문에 火를 참고하기 바란다.

라. 금(金)

金은 가을에 가장 왕성한 기운을 가지고 다음으로 여름에도 기운이 강하지만 겨울에는 설기작용에 의해서 조금 약화되고 봄이 가장 기운이 약하다고 할 수 있다.

마. 수(水)

水는 겨울이 가장 왕성한 기운을 가지고 다음으로 가을에도 기운이 강하지만 봄에는 설기작용에 의해서 조금 약화되고 여름이 가장 기운이 약하다고 할 수 있다.

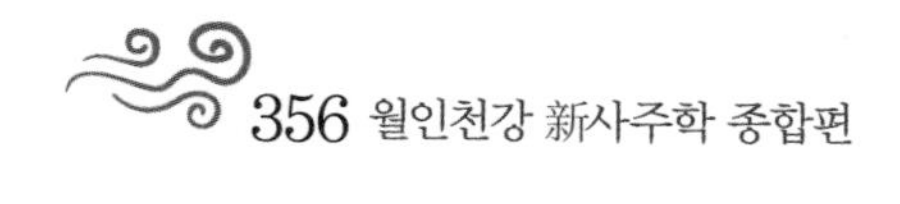

(2) 오행의 기운 판단법

오행의 기운을 12운성으로 알아보는 방법은 10천간 중에서 오행의 양간을 12운성에 대입을 해서 보면 된다. 다시 말하면 오행의 12운성을 보려면 木은 천간 甲과 乙중에서 양간인 甲의 12운성으로 본다는 것이다. 이것이 木오행의 12운성을 보는 방법이다. 그리고 삼합을 대입 시켜서 삼합의 첫 글자는 12운성의 장생이고 중간글자는 제왕이고 마지막 글자는 입묘지라는 기준을 가지고 적용을 시키면 가장 빠르게 오행의 12운성을 알 수가 있다. 그리고 이것을 이용한다면 한해 신수를 보는 방법으로도 유용하게 사용을 할 수 있다. 오행 중에서 어느 글자를 재성으로 사용을 하는지 또는 어느 글자를 관성으로 사용하는지를 알면 12운성에 대입하여 대운이나 세운을 보면 지금에 상황을 바로 파악 할 수가 있는 것이다. 아래에 각 오행 별로 삼합을 대입시켜서 기운을 알아보는 방법을 기재하겠으니 참고하기 바란다.

가. 목(木)

삼합으로 木국은 亥, 卯, 未인데 원래 12운성으로 木의 기운은 천간으로 甲이나 乙을 대입 시켜서 알아보았는데 오행의 기운이라는 것은 음간의 12운성을 인정하지 않는다는 뜻에서 나온 이론이기 때문에 甲을 대입시키는 것이 木오행의 12운성을 보는 것이라고 하겠다. 그래서 木은 亥에 장생하고 卯에 제왕하며 未에 입묘한다. 이것을 풀어서 해석하면 亥, 子, 丑, 寅, 卯는 장생부터 제왕까지 왕성한 기운을 가지고 발전하는 단계이고 辰, 巳, 午, 未, 申까지는 약해져 가는 과정이라고 정리하면 된다. 이 방법은 삼합만 알면 바로 오행의 기운을 12운성으로 파악하는데 유용하게 사용이 되고 더불어서 한해의 운세를 감정하는 것으로 사용하는데 가장 이상적인 방법이라고 하겠다.

나. 화(火)

삼합으로 火국은 寅, 午, 戌인데 火는 12운성으로 寅에 장생하고 午에 제왕하며 戌에 입묘한다. 寅, 卯, 辰, 巳, 午까지 발전을 하고 未, 申, 酉, 戌, 亥까지는 약해져가는 과정이다. 이것을 사주감명에 직접 활용을 한다면 만약 火를 재성으로 사용하는 사람이 있다면 그 사람은 올해 세운이 甲午년 이라면 火는 午에 제왕이 되어 올해는 금전 운이 매우 좋은 운이고 내년부터는 쇠퇴의 길을 가게 된다는 것으로 풀이한다. 이렇게 재성이나 관성을 오행으로 구분하여 삼합을 이용해서 12운성을 파악 한다면 가장 빠르게 대운이나 세운의 길흉을 알아 볼 수 있다고 하겠다. 火는 土와 12운성이 같이 진행이 되므로 土에 대한 설명은 생략하도록 하겠다.

다. 금(金)

오행의 기운을 알아보는 방법으로 사용하는 것이 12운성인데 12운성의 가장 핵심적인 부분을 모아 놓은 것이 지지삼합이다. 그래서 오행이나 천간의 기운을 알아보는 방법으로 삼합을 이용하는 것이다. 삼합으로 金국은 巳, 酉, 丑인데 金은 12운성으로 巳에 장생하고 酉에 제왕하며 丑에 입묘한다. 金은 巳, 午, 未, 申, 酉까지 발전을 하게 되고 戌, 亥, 子, 丑, 寅까지 쇠락의 길을 가게 된다. 만약에 金을 관성으로 사용하는 사주가 있다면 올해가 甲午년인데 직장운이 어떻겠냐고 물어 온다면 뭐라고 답을 해줘야 옳은 답인지 생각해 보자. 이것을 단순하게 오행의 상생과 상극의 개념으로 대답을 한다면 火극 金하여 관성을 극하니 좋지 않다는 해석이 나올 것이고 육친의 개념으로 대답을 한다면 金을 관성으로 사용한다는 것은 일간이 木이 되므로 火는 육친으로 식상운이 된다. 식상이 관성을 극하니 좋지 못하다는 해석이 되는 것이다. 그러나 두 가지 답 모두 틀렸다. 이렇게 오행이나 육친의 상생과 상극논리는 실제 감명에서 틀린 답을 만들어 내기 때문에 필자가 오행과 육친의 상생과 상극논리에 빠지지 말라고 머리말에서 강조했던 것이다. 그러면 12운성으로 해석을 하자면 金관성은 巳에 장생하고 午에 목욕하며 未에 관대하는 상승하는 단계에 있다고 해석을 해야 맞는 풀이가 된다. 金관성을 사용하는 사람은 甲午년에 발전해 가고 있다는 해석이 왜 정답인지를 알 때까지 반복해서 이 글을 읽고 또 읽어서 그 의미를 새겨두기 바란다.

라. 수(水)

삼합으로 水국은 申, 子, 辰인데 水는 12운성으로 申에 장생하고 子에 제왕하며 辰에 입묘한다. 水는 申, 酉, 戌, 亥, 子까지 발전을 해 나가고 丑, 寅, 卯, 辰, 巳까지 하락세를 보인다. 水 오행을 재성이나 관성으로 사용하는 사주팔자는 대운이나 세운의 지지를 12운성에 대입하여 그 기운이나 상승기와 하락기의 방향을 알아보는데 아주 긴요하게 사용을 할 수 있다는 것을 충분히 알았으리라고 본다. 만약에 아직도 이해가 되지 않는 학인이 있다면 다시 앞에서부터 천천히 살펴보도록 하라. 이 부분은 매우 중요한 부분인 만큼 꼭 습득하여 본인 것으로 만들기 바란다.

오행으로 보는 12운성 감명법을 잘 이용을 해서 대운이나 세운에 육친의 발전이나 쇠락을 볼 수 있다면 사주풀이를 하는데 오행이나 육친의 상생과 상극의 논리에 빠지지 않고 운세를 정확하게 분석을 할 수 있는 가장 훌륭한 방법이라고 하겠다.

제 2 장

물상론 연구

1. 오행 물상론

木, 火, 土, 金, 水라는 글자는 여러 가지 기운이나 물상으로 분류를 할 수가 있다. 지금까지 학인들은 주로 이미 분류된 물상들의 내용을 암기하는 방식으로 공부를 해 왔었다. 무슨 이유로 그렇게 분류가 되었는지는 알지 못하고 무조건 외우는데 집중하였을 것이다. 그러나 그렇게 분류한 이유도 모르고 암기를 한다는 것은 불가능한 일이다. 암기를 했다고 해도 금방 잊어버리거나 자기 것이 될 수가 없다는 것이다.

그래서 필자는 그 이유를 정확하게 알아야 한다는 점과 무엇을 기준으로 그런 물상이 나오는지에 대한 근본원인을 학인들에게 제공하여 스스로 오행을 물상으로 확장을 할 수 있는 능력을 키워주고자 한다. 이것이 바로 물고기를 잡는 법을 배우는 것이라고 하겠다. 물고기를 몇 마리씩 나눠주는 식의 교육방법으로는 더 이상 큰 발전을 기대하기 어렵고 물고기를 잡는 방법을 알려주므로 인해서 학인들은 지금보다 몇 단계 높은 경지에 오르게 될 것임을 확신하는 바이다.

아래에 이미 책에서 물상으로 분류를 해 주었던 내용들을 정리해서 올려놓았으니 각각 무엇을 기준으로 해서 그런 물상으로의 분류가 되는지를 구분해 보기 바란다. 그것을 충분히 이해를 한 다음에 스스로 더 많은 물상으로 분류를 해 보아야 할 것이다. 어떤 학인들은 또 필자가 분류해 놓은 내용들을 암기하려고 할지도 모른다. 그것은 필자의 의도를 정면으로 배반하는 행위로써 본인이 크게 발전할 수 있는 기회를 스스로 져버리는 행위가 될 것이다. 지금 아래에 직접 분류를 해 보아야할 내용들은 개인적인 주관에 따라서 각각 다를 수 있다. 물상으로 분류는 정답이 있는 것이 아니고 스스로 생각하는 바에 따라서 얼마든지 다를 수 있음을 알아야 한다. 분류작업을 연습해 본 다음에는 학인들 스스로 한 개라도 직접 확장연습을 해야만 그것이 본인들 것이 된다는 것을 명심하기 바란다.

물상분류를 연습하는 방법은 먼저 연필로 분류작성을 하고 나중에 다시 보아서 생각이 바뀌면 수정을 하는 방식으로 여러 차례에 걸쳐서 복습을 해야 한다. 그리고 어느 정도 훈련이 되면 이제 스스로 새로운 물상을 만들어 보는 창의력을 길러야 완성이 된다고 하겠다.

(1) 목(木)

창작, 교육, 화술, 기획, 설명, 발명, 학자, 언론, 장식, 미용, 종이, 문구, 의류, 가구, 목공, 화원, 건축, 조경, 섬유, 성냄, 놀람, 계획, 고집, 학교, 학문, 학원, 보육, 농장, 유치원, 기숙사, 일출, 시작, 아침, 출발, 기상, 준비, 산림, 웅변, 식물원, 철탑, 설계, 디자인, 인테리어, 모종, 출근, 뉴스, 발아, 성장, 발육, 사춘기, 탄생, 창조, 외곽, 개장, 서점

가. 계절 봄을 기준으로 분류

봄은 사계절의 시작이고 모든 만물이 음기를 뚫고 올라오는 시기라는 점을 상상하여 여러 가지 물상으로 확장을 한다면 위의 내용 중에서 어느 것이 해당이 되는지 아래에 적어보기 바란다.

나. 인생을 기준으로 분류

오행의 木은 인생에 비유하자면 청소년기를 말하며 주로 학생신분으로 배우고 자라나는 시절이라는 점을 상상하여 여러 가지 물상으로 확장을 한다면 위의 내용 중에서 어느 것이 해당이 되는지 아래에 적어보기 바란다.

다. 시간을 기준으로 분류

木을 시간에 비유하자면 아침시간대를 말하며 주로 하루를 시작하는 준비단계라는 점을 상상하여 여러 가지 물상으로 확장을 한다면 위의 내용 중에서 어느 것이 해당이 되는지 아래에 적어보기 바란다.

라. 운동성을 기준으로 분류

운동성에 비유하자면 木은 솟아오르는 운동을 의미하므로 위로 올라간다는 점을 상상하며 여러 가지 물상으로 확장을 한다면 위의 내용 중에서 어느 것이 해당이 되는지 아래에 적어보기 바란다.

마. 재성을 기준으로 분류

木을 재성으로 사용을 한다면 어떤 장사를 하느냐를 알아보는 것으로 여러 가지 물상으로 확장을 한다면 위의 내용 중에서 어느 것이 해당이 되는지 아래에 적어보기 바란다.

바. 관성을 기준으로 분류

木을 관성으로 사용을 한다면 어떤 직업에 맞느냐를 알아보는 것으로 여러 가지 물상으로 확장을 한다면 위의 내용 중에서 어느 것이 해당이 되는지 아래에 적어보기 바란다.

사. 물질을 기준으로 분류

물질을 비유하자면 나무를 재료로 사용하여 만들어지는 물건이나 물상으로 확장을 한다면 위의 내용 중에서 어느 것이 해당이 되는지 아래에 적어보기 바란다.

(2) 화(火)

꽃, 정열, 발산, 밝음, 빛, 소리, 정치, 활달, 탐색, 수사, 과학, 전자, 전파, 항공, 성급, 통신, 이동, 방송, 음악, 성악, 악기, 노래, 빌딩, 조명, 전기, 언덕, 가스, 화학, 운동, 찜질방, 사우나, 열기, 시내, 중심가, 시장, 공연, 영업, 업무, 연락, 소통, 연주, 영화, 청년, 광고, 홍보, 보일러, 카메라, 망원경, 화장품, 장신구, 시상식, 안경, 절정, 주연

가. 계절 여름을 기준으로 분류

여름은 무성하게 자라고 퍼져나가는 운동으로 모든 만물이 사방으로 기운을 확장하는 시기라는 점을 상상하여 여러 가지 물상으로 확장을 한다면 위의 내용 중에서 어느 것이 해당이 되는지 아래에 적어보기 바란다.

나. 인생을 기준으로 분류

오행의 火는 인생에 비유하자면 청년기를 말하며 주로 왕성한 활동으로 생활하는 시절이라는 점을 상상하여 여러 가지 물상으로 확장을 한다면 위의 내용 중에서 어느 것이 해당이 되는지 아래에 적어보기 바란다.

다. 시간을 기준으로 분류

火를 시간에 비유하자면 하루 중에서 한낮 시간대를 말하며 주로 가장 바쁘게 일하는 상태라는 점을 상상하여 여러 가지 물상으로 확장을 한다면 위의 내용 중에서 어느 것이 해당이 되는지 아래에 적어보기 바란다.

라. 운동성을 기준으로 분류

운동성에 비유하자면 火는 번져나가는 운동을 의미하므로 사방으로 퍼져나간다는 점을 상상하며 여러 가지 물상으로 확장을 한다면 위의 내용 중에서 어느 것이 해당이 되는지 아래에 적어보기 바란다.

마. 재성을 기준으로 분류

火를 재성으로 사용을 한다면 어떤 장사를 하느냐를 알아보는 것으로 여러 가지 물상으로 확장을 한다면 위의 내용 중에서 어느 것이 해당이 되는지 아래에 적어보기 바란다.

바. 관성을 기준으로 분류

火를 관성으로 사용을 한다면 어떤 직업에 맞느냐를 알아보는 것으로 여러 가지 물상으로 확장을 한다면 위의 내용 중에서 어느 것이 해당이 되는지 아래에 적어보기 바란다.

사. 물질을 기준으로 분류

물질을 비유하자면 불이나 열기를 재료로 사용하여 만들어지는 물건이나 물상들로 여러 가지 확장을 한다면 위의 내용 중에서 어느 것이 해당이 되는지 아래에 적어보기 바란다.

(3) 토(土)

중계, 매매, 알선, 연결, 결합, 통일, 중화, 포용, 중앙, 실천, 표현, 조절, 비밀, 저장, 타협, 농업, 토목, 중매, 잡기, 토건, 숙박, 부동산, 설비, 도자기, 창고, 화물, 물류, 주차장, 건축자재, 백화점, 마무리, 정리, 종합, 결산, 정지, 억제, 제어, 통제, 무역, 벽돌, 기와, 타일, 조화, 중간, 교류

가. 양과 음을 연결해 주는 역할을 기준으로 분류

봄, 여름의 자라고 펴져나가는 운동을 멈추게 하고 가을과 겨울의 결실과 저장의 기능으로 연결시켜주는 작용을 한다는 점을 상상하여 여러 가지 물상으로 확장을 한다면 위의 내용 중에서 어느 것이 해당이 되는지 아래에 적어보기 바란다.

나. 인생을 기준으로 분류

오행의 土는 인생에 비유하자면 청년기와 장년기를 연결해 주는 역할로 성장을 멈추고 완숙기로 접어드는 시절이라는 점을 상상하여 여러 가지 물상으로 확장을 한다면 위의 내용 중에서 어느 것이 해당이 되는지 아래에 적어보기 바란다.

다. 시간을 기준으로 분류

土를 시간에 비유하자면 하루 중에서 아침과 낮 시간대와 저녁과 밤 시간대를 연결시켜주는 역할이라는 점을 상상하여 여러 가지 물상으로 확장을 한다면 위의 내용 중에서 어느 것이 해당이 되는지 아래에 적어보기 바란다.

라. 운동성을 기준으로 분류

운동성에 비유하자면 土는 성장을 멈추고 결실로 나아가는 운동을 의미한다는 점을 상상하며 여러 가지 물상으로 확장을 한다면 위의 내용 중에서 어느 것이 해당이 되는지 아래에 적어보기 바란다.

마. 재성을 기준으로 분류

土를 재성으로 사용을 한다면 어떤 장사를 하느냐를 알아보는 것으로 여러 가지 물상으로 확장을 한다면 위의 내용 중에서 어느 것이 해당이 되는지 아래에 적어보기 바란다.

바. 관성을 기준으로 분류

土를 관성으로 사용을 한다면 어떤 직업에 맞느냐를 알아보는 것으로 여러 가지 물상으로 확장을 한다면 위의 내용 중에서 어느 것이 해당이 되는지 아래에 적어보기 바란다.

사. 물질을 기준으로 분류

물질을 비유하자면 흙을 재료로 사용하여 만들어지는 물건이나 물상들로 확장을 한다면 위의 내용 중에서 어느 것이 해당이 되는지 아래에 적어보기 바란다.

(4) 금(金)

열매, 껍질, 수축, 결실, 건조, 군경, 의사, 침구, 공업, 거울, 바늘, 매듭, 기술, 보석, 칼, 고기, 과일, 곡류, 병, 통조림, 금융, 의리, 광업, 철물, 금속, 자동차, 총기, 철강, 시계, 공구, 경비, 보안, 용접, 침술, 술병, 마취, 구멍, 유리, 수확, 철거, 수집, 결과물, 노련미, 안정, 숙련, 보장, 소득, 재산, 마감, 정리, 실적, 퇴근, 씨앗

가. 계절 가을을 기준으로 분류

가을은 성장을 멈추고 결실을 맺고 아래로 떨어뜨리는 운동으로 모든 만물이 메마르고 건조해져서 떨어지는 시기라는 점을 상상하여 여러 가지 물상으로 확장을 한다면 위의 내용 중에서 어느 것이 해당이 되는지 아래에 적어보기 바란다.

나. 인생을 기준으로 분류

오행의 金은 인생에 비유하자면 장년기를 말하며 주로 완숙한 생활을 하는 시절이라는 점을 상상하여 여러 가지 물상으로 확장을 한다면 위의 내용 중에서 어느 것이 해당이 되는지 아래에 적어보기 바란다.

다. 시간을 기준으로 분류

金을 시간에 비유하자면 하루 중에서 저녁 시간대를 말하며 주로 일을 마무리해야 하는 상태라는 점을 상상하여 여러 가지 물상으로 확장을 한다면 위의 내용 중에서 어느 것이 해당이 되는지 아래에 적어보기 바란다.

라. 운동성을 기준으로 분류

운동성에 비유하자면 金은 열매를 맺는 운동을 의미하므로 건조하고 딱딱해져서 아래로 떨어뜨린다는 점을 상상하며 여러 가지 물상으로 확장을 한다면 위의 내용 중에서 어느 것이 해당이 되는지 아래에 적어보기 바란다.

마. 재성을 기준으로 분류

金을 재성으로 사용을 한다면 어떤 장사를 하느냐를 알아보는 것으로 여러 가지 물상으로 확장을 한다면 위의 내용 중에서 어느 것이 해당이 되는지 아래에 적어보기 바란다.

바. 관성을 기준으로 분류

金을 관성으로 사용을 한다면 어떤 직업에 맞느냐를 알아보는 것으로 여러 가지 물상으로 확장을 한다면 위의 내용 중에서 어느 것이 해당이 되는지 아래에 적어보기 바란다.

사. 물질을 기준으로 분류

물질을 비유하자면 金을 재료로 사용하여 만들어지는 물건이나 물상들로 확장을 한다면 위의 내용 중에서 어느 것이 해당이 되는지 아래에 적어보기 바란다.

⑸ 수(水)

수면, 저장, 씨앗, 고독, 수축, 얼음, 종교, 야간, 음지, 비밀, 애정, 물, 자궁, 생명, 숙박, 유흥, 음란, 술, 지혜, 학문, 해운, 수산, 주류, 유통, 무역, 통상, 외교, 여행, 목욕, 냉동, 연구, 정보, 특허, 음료, 세탁, 소방서, 수영장, 조선소, 배, 욕실, 온천, 어장, 물고기, 해물, 선원, 은둔, 보관, 종자, 정지, 지하, 죽음, 양식장

가. 계절 겨울을 기준으로 분류

겨울은 결실을 맺은 결과물을 수렴하고 저장하는 운동으로 모든 만물을 모으고 저장하려는 시기라는 점을 상상하여 여러 가지 물상으로 확장을 한다면 위의 내용 중에서 어느 것이 해당이 되는지 아래에 적어보기 바란다.

나. 인생을 기준으로 분류

오행의 水는 인생에 비유하자면 말년을 말하며 주로 노년기 생활을 하는 시절이라는 점을 상상하여 여러 가지 물상으로 확장을 한다면 위의 내용 중에서 어느 것이 해당이 되는지 아래에 적어보기 바란다.

다. 시간을 기준으로 분류

水를 시간에 비유하자면 하루 중에서 한밤중 시간대를 말하며 주로 취침을 해야 하는 상태라는 점을 상상하여 여러 가지 물상으로 확장을 한다면 위의 내용 중에서 어느 것이 해당이 되는지 아래에 적어보기 바란다.

라. 운동성을 기준으로 분류

운동성에 비유하자면 水는 저장을 하는 운동을 의미하므로 모으고 수렴하여 저장을 한다는 점을 상상하며 여러 가지 물상으로 확장을 한다면 위의 내용 중에서 어느 것이 해당이 되는지 아래에 적어보기 바란다.

마. 재성을 기준으로 분류

水를 재성으로 사용을 한다면 어떤 장사를 하느냐를 알아보는 것으로 여러 가지 물상으로 확장을 한다면 위의 내용 중에서 어느 것이 해당이 되는지 아래에 적어보기 바란다.

바. 관성을 기준으로 분류

水를 관성으로 사용을 한다면 어떤 직업에 맞느냐를 알아보는 것으로 여러 가지 물상으로 확장을 한다면 위의 내용 중에서 어느 것이 해당이 되는지 아래에 적어보기 바란다.

사. 물질을 기준으로 분류

물질을 비유하자면 水를 재료로 사용하여 만들어지는 물건이나 물상들로 확장을 한다면 위의 내용 중에서 어느 것이 해당이 되는지 아래에 적어보기 바란다.

2. 10천간 물상론

10천간을 물상으로 확장을 하는 연습을 하는 것은 간지론을 공부하기 위해서는 필수적으로 이루어져야 하는 공부방법이다. 격용론과는 달리 천간과 지지에 대한 이해와 무한확장은 간지론 감명법을 사용하기 위해서는 가장 기본이 되기 때문이다. 10천간 물상론은 오행 물상론보다 더욱 세분화 된 작업으로 22간지로 사주를 보는 우리 학파에게는 꼭 필요한 공부라고 하겠다. 10천간 한 글자 한 글자에 담겨져 있는 기운과 운동성 등을 충분히 이해하고 물상으로 확장을 연습해 본다면 사주학 실력에 대단한 발전이 있을 것으로 본다. 이러한 공부방법이 기반이 되어 있어야 간지론으로 사주를 감명할 수가 있게 된다. 처음에는 어려움이 있겠으나 열심히 반복연습을 하면 어느새 자유자재로 10천간을 보면 물상이 떠오르는 경지에 올라 있을 것이다. 계절과 인생 그리고 운동성과 재성, 관성, 물질 등을 기준으로 확장하고 분류하는 연습을 충분히 해두기 바란다.

(1) 木

교육, 창작, 기획, 고집, 발명, 통솔력, 명랑성, 비타협, 창조, 벼락, 천둥, 놀람, 성냄, 권위, 건축, 가구, 원예, 산림, 조경, 학원, 강사, 학교, 교수, 목수, 학자, 종이, 문구, 의류, 목공, 화원, 섬유, 계획, 학문, 보육, 농장, 유치원, 기숙사, 일출, 시작, 아침, 출발, 기상, 준비, 산림, 웅변, 식물원, 철탑, 설계, 모종, 출근, 뉴스, 발아, 성장, 발육, 사춘기, 탄생, 외곽, 개장, 서점, 화술, 언론, 장식, 미용, 디자인, 인테리어, 대화, 패션, 영업, 판매, 상담, 발전, 지식, 논리

가. 甲

(가) 계절 초봄을 기준으로 분류

초봄은 사계절의 시작이고 모든 만물이 음기를 뚫고 올라오는 시기라는 점을 상상하여 여러 가지 물상으로 확장을 한다면 위의 내용 중에서 어느 것이 해당이 되는지 아래에 적어보기 바란다.

(나) 인생을 기준으로 분류

甲은 인생에 비유하자면 유아기를 말하며 주로 새로운 것들을 배우고 자라나는 시절이라는 점을 상상하여 여러 가지 물상으로 확장을 한다면 위의 내용 중에서 어느 것이 해당이 되는지 아래에 적어보기 바란다.

(다) 운동성을 기준으로 분류

운동성에 비유하자면 甲은 대지를 뚫고 올라오는 운동을 의미하므로 위로 올라간다는 점을 상상하며 여러 가지 물상으로 확장을 한다면 위의 내용 중에서 어느 것이 해당이 되는지 아래에 적어보기 바란다.

(라) 재성을 기준으로 분류

甲을 재성으로 사용을 한다면 어떤 장사를 하느냐를 알아보는 것으로 여러 가지 물상으로 확장을 한다면 위의 내용 중에서 어느 것이 해당이 되는지 아래에 적어보기 바란다.

(마) 관성을 기준으로 분류

甲을 관성으로 사용을 한다면 어떤 직업에 맞느냐를 알아보는 것으로 여러 가지 물상으로 확장을 한다면 위의 내용 중에서 어느 것이 해당이 되는지 아래에 적어보기 바란다.

(바) 물질을 기준으로 분류

물질을 비유하자면 나무를 재료로 사용하여 만들어지는 물건이나 물상들로 확장을 한다면 위의 내용 중에서 어느 것이 해당이 되는지 아래에 적어보기 바란다.

나. 乙

(가) 계절 늦봄을 기준으로 분류

늦봄은 모든 만물이 음기를 뚫고 올라온 다음에 사방으로 벌어지는 시기라는 점을 상상하여 여러 가지 물상으로 확장을 한다면 위의 내용 중에서 어느 것이 해당이 되는지 아래에 적어보기 바란다.

(나) 인생을 기준으로 분류

乙은 인생에 비유하자면 소년기를 말하며 주로 학업을 배우고 자라나는 시절이라는 점을 상상하여 여러 가지 물상으로 확장을 한다면 위의 내용 중에서 어느 것이 해당이 되는지 아래에 적어보기 바란다.

(다) 운동성을 기준으로 분류

운동성에 비유하자면 乙은 솟아오른 줄기가 옆으로 벌어지는 운동을 의미하므로 벌어진다는 점을 상상하며 여러 가지 물상으로 확장을 한다면 위의 내용 중에서 어느 것이 해당이 되는지 아래에 적어보기 바란다.

(라) 재성을 기준으로 분류

乙을 재성으로 사용을 한다면 어떤 장사를 하느냐를 알아보는 것으로 여러 가지 물상으로 확장을 한다면 위의 내용 중에서 어느 것이 해당이 되는지 아래에 적어보기 바란다.

(마) 관성을 기준으로 분류

乙을 관성으로 사용을 한다면 어떤 직업에 맞느냐를 알아보는 것으로 여러 가지 물상으로 확장을 한다면 위의 내용 중에서 어느 것이 해당이 되는지 아래에 적어보기 바란다.

(바) 물질을 기준으로 분류

물질을 비유하자면 나무를 재료로 사용하여 만들어지는 물건이나 물상들로 확장을 한다면 위의 내용 중에서 어느 것이 해당이 되는지 아래에 적어보기 바란다.

(2) 火

꽃, 정열, 발산, 밝음, 빛, 확장, 폭죽, 소리, 정치, 활달, 탐색, 수사, 과학, 전자, 전파, 항공, 성급, 통신, 이동, 방송, 음악, 성악, 악기, 노래, 빌딩, 조명, 전기, 언덕, 가스, 화학, 운동, 찜질방, 사우나, 열기, 시내, 중심가, 시장, 공연, 영업, 업무, 연락, 소통, 연주, 영화, 청년, 광고, 홍보, 보일러, 카메라, 망원경, 화장품, 장신구, 시상식, 안경, 예술, 연예, 오락, 활동, 취업, 직장, 배우, 주연

가. 丙

(가) 계절 초여름을 기준으로 분류

초여름은 모든 만물이 사방으로 확산되어지는 시기라는 점을 상상하여 여러 가지 물상으로 확장을 한다면 위의 내용 중에서 어느 것이 해당이 되는지 아래에 적어보기 바란다.

(나) 인생을 기준으로 분류

丙은 인생에 비유하면 청년기를 말하며 주로 사회생활 초년기 시절이라는 점을 상상하여 여러 가지 물상으로 확장을 한다면 위의 내용 중에서 어느 것이 해당이 되는지 아래에 적어보기 바란다.

(다) 운동성을 기준으로 분류

운동성에 비유하면 丙은 사방으로 확장하는 운동을 의미하므로 발산한다는 점을 상상하며 여러 가지 물상으로 확장을 한다면 위의 내용 중에서 어느 것이 해당이 되는지 아래에 적어보기 바란다.

(라) 재성을 기준으로 분류

丙을 재성으로 사용을 한다면 어떤 장사를 하느냐를 알아보는 것으로 여러 가지 물상으로 확장을 한다면 위의 내용 중에서 어느 것이 해당이 되는지 아래에 적어보기 바란다.

(마) 관성을 기준으로 분류

丙을 관성으로 사용을 한다면 어떤 직업에 맞느냐를 알아보는 것으로 여러 가지 물상으로 확장을 한다면 위의 내용 중에서 어느 것이 해당이 되는지 아래에 적어보기 바란다.

(바) 물질을 기준으로 분류

물질을 비유하자면 불을 재료로 사용하여 만들어지는 물건이나 물상들로 확장을 한다면 위의 내용 중에서 어느 것이 해당이 되는지 아래에 적어보기 바란다.

나. 丁

(가) 계절 늦여름을 기준으로 분류

늦여름은 모든 만물이 사방으로 확산되고 그 뒤에 2차로 확장이 되는 시기라는 점을 상상하여 여러 가지 물상으로 확장을 한다면 위의 내용 중에서 어느 것이 해당이 되는지 아래에 적어보기 바란다.

(나) 인생을 기준으로 분류

丁은 인생에 비유하자면 청년기를 말하며 주로 왕성한 사회활동을 하는 시절이라는 점을 상상하여 여러 가지 물상으로 확장을 한다면 위의 내용 중에서 어느 것이 해당이 되는지 아래에 적어보기 바란다.

(다) 운동성을 기준으로 분류

운동성에 비유하자면 丁은 사방으로 2차 발산을 한다는 점을 상상하며 여러 가지 물상으로 확장을 한다면 위의 내용 중에서 어느 것이 해당이 되는지 아래에 적어보기 바란다.

(라) 재성을 기준으로 분류

丁을 재성으로 사용을 한다면 어떤 장사를 하느냐를 알아보는 것으로 여러 가지 물상으로 확장을 한다면 위의 내용 중에서 어느 것이 해당이 되는지 아래에 적어보기 바란다.

(마) 관성을 기준으로 분류

丁을 관성으로 사용을 한다면 어떤 직업에 맞느냐를 알아보는 것으로 여러 가지 물상으로 확장을 한다면 위의 내용 중에서 어느 것이 해당이 되는지 아래에 적어보기 바란다.

(바) 물질을 기준으로 분류

물질을 비유하자면 불을 재료로 사용하여 만들어지는 물건이나 물상들로 확장을 한다면 위의 내용 중에서 어느 것이 해당이 되는지 아래에 적어보기 바란다.

(3) 土

중계, 매매, 알선, 연결, 결합, 통일, 중화, 포용, 중앙, 실천, 표현, 조절, 비밀, 저장, 타협, 농업, 토목, 중매, 잡기, 토건, 숙박, 부동산, 설비, 도자기, 창고, 화물, 물류, 주차장, 건축자재, 백화점, 마무리, 정리, 종합, 결산, 정지, 억제, 제어, 통제, 무역, 벽돌, 기와, 타일, 의지, 돌격, 전진, 팽창, 인내, 도전, 추진, 군인, 사업, 정치, 무관, 두목, 선장, 소극적, 실속, 농장, 목장, 모래, 자갈

가. 戊

(가) 양 운동의 극단을 기준으로 분류

여름운동의 극단으로 모든 만물이 사방으로 확산되어 팽창된 모습의 시기라는 점을 상상하여 여러 가지 물상으로 확장을 한다면 위의 내용 중에서 어느 것이 해당이 되는지 아래에 적어보기 바란다.

(나) 인생을 기준으로 분류

戊는 인생에 비유하자면 청년기의 절정을 말하는 시절이라는 점을 상상하여 여러 가지 물상으로 확장을 한다면 위의 내용 중에서 어느 것이 해당이 되는지 아래에 적어보기 바란다.

(다) 운동성을 기준으로 분류

운동성에 비유하자면 戊는 사방으로 발산하여 정점에 달했다는 것과 양과 음을 연결 시켜준다는 점을 상상하며 여러 가지 물상으로 확장을 한다면 위의 내용 중에서 어느 것이 해당이 되는지 아래에 적어보기 바란다.

(라) 재성을 기준으로 분류

戊를 재성으로 사용을 한다면 어떤 장사를 하느냐를 알아보는 것으로 여러 가지 물상으로 확장을 한다면 위의 내용 중에서 어느 것이 해당이 되는지 아래에 적어보기 바란다.

(마) 관성을 기준으로 분류

戊를 관성으로 사용을 한다면 어떤 직업에 맞느냐를 알아보는 것으로 여러 가지 물상으로 확장을 한다면 위의 내용 중에서 어느 것이 해당이 되는지 아래에 적어보기 바란다.

(바) 물질을 기준으로 분류

물질을 비유하자면 土를 재료로 사용하여 만들어지는 물건이나 물상들로 확장을 한다면 위의 내용 중에서 어느 것이 해당이 되는지 아래에 적어보기 바란다.

나. 己

(가) 음 운동의 시작을 기준으로 분류

음 운동의 시작으로 모든 만물이 성장을 멈추고 결실을 준비하는 시기라는 점을 상상하여 여러 가지 물상으로 확장을 한다면 위의 내용 중에서 어느 것이 해당이 되는지 아래에 적어보기 바란다.

(나) 인생을 기준으로 분류

己는 인생에 비유하자면 청년기를 지나서 장년기로 접어드는 시기로 음 운동의 시작을 말하는 시절이라는 점을 상상하여 여러 가지 물상으로 확장을 한다면 위의 내용 중에서 어느 것이 해당이 되는지 아래에 적어보기 바란다.

(다) 운동성을 기준으로 분류

운동성에 비유하자면 己는 발산을 멈추고 이제 결실운동을 준비하는 시기에 접어들었다는 점을 상상하며 여러 가지 물상으로 확장을 한다면 위의 내용 중에서 어느 것이 해당이 되는지 아래에 적어보기 바란다.

(라) 재성을 기준으로 분류

己를 재성으로 사용을 한다면 어떤 장사를 하느냐를 알아보는 것으로 여러 가지 물상으로 확장을 한다면 위의 내용 중에서 어느 것이 해당이 되는지 아래에 적어보기 바란다.

(마) 관성을 기준으로 분류

己를 관성으로 사용을 한다면 어떤 직업에 맞느냐를 알아보는 것으로 여러 가지 물상으로 확장을 한다면 위의 내용 중에서 어느 것이 해당이 되는지 아래에 적어보기 바란다.

(바) 물질을 기준으로 분류

물질을 비유하자면 土를 재료로 사용하여 만들어지는 물건이나 물상들로 확장을 한다면 위의 내용 중에서 어느 것이 해당이 되는지 아래에 적어보기 바란다.

(4) 金

열매, 껍질, 수축, 결실, 건조, 군경, 의사, 침구, 공업, 거울, 바늘, 매듭, 기술, 보석, 칼, 고기, 과일, 곡류, 병, 통조림, 금융, 의리, 광업, 철물, 금속, 자동차, 총기, 철강, 시계, 공구, 경비, 보안, 용접, 침술, 술병, 마취, 구멍, 유리, 수확, 철거, 수집, 결과물, 노련미, 안정, 숙련, 보장, 소득, 재산, 마감, 정리, 실적, 퇴근, 씨앗

가. 庚

(가) 계절 초가을을 기준으로 분류

초가을은 모든 만물이 성장을 멈추고 결실을 맺는 운동을 하는 시기라는 점을 상상하여 여러 가지 물상으로 확장을 한다면 위의 내용 중에서 어느 것이 해당이 되는지 아래에 적어보기 바란다.

(나) 인생을 기준으로 분류

庚은 인생에 비유하자면 장년기를 말하며 주로 안정적인 삶을 유지하고 결과물을 만드는 시절이라는 점을 상상하여 여러 가지 물상으로 확장을 한다면 위의 내용 중에서 어느 것이 해당이 되는지 아래에 적어보기 바란다.

(다) 운동성을 기준으로 분류

운동성에 비유하자면 庚은 결실을 맺는 운동을 의미하므로 마무리로 열매를 맺는다는 점을 상상하며 여러 가지 물상으로 확장을 한다면 위의 내용 중에서 어느 것이 해당이 되는지 아래에 적어보기 바란다.

(라) 재성을 기준으로 분류

庚을 재성으로 사용을 한다면 어떤 장사를 하느냐를 알아보는 것으로 여러 가지 물상으로 확장을 한다면 위의 내용 중에서 어느 것이 해당이 되는지 아래에 적어보기 바란다.

(마) 관성을 기준으로 분류

庚을 관성으로 사용을 한다면 어떤 직업에 맞느냐를 알아보는 것으로 여러 가지 물상으로 확장을 한다면 위의 내용 중에서 어느 것이 해당이 되는지 아래에 적어보기 바란다.

(바) 물질을 기준으로 분류

물질을 비유하자면 쇠를 재료로 사용하여 만들어지는 물건이나 물상들로 확장을 한다면 위의 내용 중에서 어느 것이 해당이 되는지 아래에 적어보기 바란다.

나. 辛

(가) 계절 늦가을을 기준으로 분류

늦가을은 모든 만물이 결실을 맺고 씨앗을 만드는 운동을 하는 시기라는 점을 상상하여 여러 가지 물상으로 확장을 한다면 위의 내용 중에서 어느 것이 해당이 되는지 아래에 적어보기 바란다.

(나) 인생을 기준으로 분류

辛은 인생에 비유하자면 장년기 말기를 말하며 주로 결과물을 만들고 사회생활을 마무리 하는 시절이라는 점을 상상하여 여러 가지 물상으로 확장을 한다면 위의 내용 중에서 어느 것이 해당이 되는지 아래에 적어보기 바란다.

(다) 운동성을 기준으로 분류

운동성에 비유하자면 辛은 열매와 씨앗을 몸체와 분리하는 운동을 의미하므로 떨어뜨린다는 점을 상상하며 여러 가지 물상으로 확장을 한다면 위의 내용 중에서 어느 것이 해당이 되는지 아래에 적어보기 바란다.

(라) 재성을 기준으로 분류

辛을 재성으로 사용을 한다면 어떤 장사를 하느냐를 알아보는 것으로 여러 가지 물상으로 확장을 한다면 위의 내용 중에서 어느 것이 해당이 되는지 아래에 적어보기 바란다.

(마) 관성을 기준으로 분류

辛을 관성으로 사용을 한다면 어떤 직업에 맞느냐를 알아보는 것으로 여러 가지 물상으로 확장을 한다면 위의 내용 중에서 어느 것이 해당이 되는지 아래에 적어보기 바란다.

(바) 물질을 기준으로 분류

물질을 비유하자면 정교한 쇠를 재료로 사용하여 만들어지는 물건이나 물상들로 확장을 한다면 위의 내용 중에서 어느 것이 해당이 되는지 아래에 적어보기 바란다.

(5) 水

수면, 저장, 씨앗, 고독, 수축, 얼음, 종교, 야간, 음지, 비밀, 애정, 물, 자궁, 생명, 숙박, 유흥, 음란, 술, 지혜, 학문, 해운, 수산, 주류, 유통, 무역, 통상, 외교, 여행, 목욕, 냉동, 연구, 정보, 특허, 음료, 세탁, 소방서, 수영장, 조선소, 배, 욕실, 온천, 어장, 물고기, 해물, 선원, 은둔, 보관, 종자, 정지, 지하, 죽음, 양식장

가. 壬

(가) 계절 초겨울을 기준으로 분류

초겨울은 모든 만물이 기운을 씨앗으로 수렴하는 운동을 하는 시기라는 점을 상상하여 여러 가지 물상으로 확장을 한다면 위의 내용 중에서 어느 것이 해당이 되는지 아래에 적어보기 바란다.

(나) 인생을 기준으로 분류

壬은 인생에 비유하자면 노년기를 말하며 주로 휴식과 인생을 마무리 하는 시절이라는 점을 상상하여 여러 가지 물상으로 확장을 한다면 위의 내용 중에서 어느 것이 해당이 되는지 아래에 적어보기 바란다.

(다) 운동성을 기준으로 분류

운동성에 비유하자면 壬은 모든 기운을 씨앗에 저장하는 운동을 의미하고 휴식기에 들어간다는 점을 상상하며 여러 가지 물상으로 확장을 한다면 위의 내용 중에서 어느 것이 해당이 되는지 아래에 적어보기 바란다.

(라) 재성을 기준으로 분류

壬을 재성으로 사용을 한다면 어떤 장사를 하느냐를 알아보는 것으로 여러 가지 물상으로 확장을 한다면 위의 내용 중에서 어느 것이 해당이 되는지 아래에 적어보기 바란다.

(마) 관성을 기준으로 분류

壬을 관성으로 사용을 한다면 어떤 직업에 맞느냐를 알아보는 것으로 여러 가지 물상으로 확장을 한다면 위의 내용 중에서 어느 것이 해당이 되는지 아래에 적어보기 바란다.

(바) 물질을 기준으로 분류

물질을 비유하자면 물을 재료로 사용하여 만들어지는 물건이나 물상들로 확장을 한다면 위의 내용 중에서 어느 것이 해당이 되는지 아래에 적어보기 바란다.

나. 癸

(가) 계절 늦겨울을 기준으로 분류

늦겨울은 모든 만물이 기운을 수렴하고 저장하는 운동을 하는 시기라는 점을 상상하여 여러 가지 물상으로 확장을 한다면 위의 내용 중에서 어느 것이 해당이 되는지 아래에 적어보기 바란다.

(나) 인생을 기준으로 분류

癸는 인생에 비유하자면 노년기를 말하며 주로 휴식과 인생을 마무리 하는 시절이라는 점을 상상하여 여러 가지 물상으로 확장을 한다면 위의 내용 중에서 어느 것이 해당이 되는지 아래에 적어보기 바란다.

(다) 운동성을 기준으로 분류

운동성에 비유하자면 癸는 모든 기운을 땅속에 저장하는 운동을 의미하고 휴식기에 들어간다는 점을 상상하며 여러 가지 물상으로 확장을 한다면 위의 내용 중에서 어느 것이 해당이 되는지 아래에 적어보기 바란다.

(라) 재성을 기준으로 분류

癸를 재성으로 사용을 한다면 어떤 장사를 하느냐를 알아보는 것으로 여러 가지 물상으로 확장을 한다면 위의 내용 중에서 어느 것이 해당이 되는지 아래에 적어보기 바란다.

(마) 관성을 기준으로 분류

癸를 관성으로 사용을 한다면 어떤 직업에 맞느냐를 알아보는 것으로 여러 가지 물상으로 확장을 한다면 위의 내용 중에서 어느 것이 해당이 되는지 아래에 적어보기 바란다.

(바) 물질을 기준으로 분류

물질을 비유하자면 물이나 얼음을 재료로 사용하여 만들어지는 물건이나 물상들로 확장을 한다면 위의 내용 중에서 어느 것이 해당이 되는지 아래에 적어보기 바란다.

3. 12지지 물상론

간지론 전문서적이기 때문에 깊이 있게 오행과 10천간 그리고 12지지에 대한 물상확장 연습을 기재하였으니 학인들은 연습을 게을리 하지 말아야 할 것이다. 간지론 해석법을 중심으로 책을 출판한 이후 벌써 10년여의 시간이 지났다. 필자는 그동안 수업을 통해 많은 후학들을 직접 가르치면서 얻은 경험과 지혜를 모아 간지론 학습의 교과서가 될 만한 책을 출판해야겠다는 마음을 갖게 되었다. 간지론에 대한 각종 이론들이 시중에 돌아다니고는 있지만 체계적이고 종합적인 내용으로 정리된 책이 없었다. 필요에 의해서 간지론 책을 내기는 했지만 그동안 아쉬움이 많이 남아 있었다. 이번 기회에 필자는 이 책을 기준으로 간지론이 대한민국 명리학계에 뿌리내리는 계기가 되기를 희망한다. 아래에 12지지의 물상을 기재하였으니 어떤 이유로 그런 물상이 나왔는지에 대한 근원을 찾아보기 바란다. 천간과 지지의 다른 점은 천간은 정신적인 면을 기준으로 하고 지지는 물질적인 면을 기준으로 확장을 하는 것이다. 천간과 지지에 모두 힘을 가지고 있다면 두 가지 모두를 실행할 수 있을 것이다. 이런 점을 유념하고 물상분류를 한다면 틀림이 없을 것이다.

(1) 木

교육, 창작, 기획, 고집, 발명, 통솔력, 명랑성, 비타협, 창조, 벼락, 천둥, 놀람, 성냄, 권위, 건축, 가구, 원예, 산림, 조경, 학원, 강사, 학교, 교수, 목수, 학자, 종이, 문구, 의류, 가구, 목공, 화원, 섬유, 계획, 학문, 보육, 농장, 유치원, 기숙사, 일출, 시작, 아침, 출발, 기상, 준비, 산림, 웅변, 식물원, 철탑, 설계, 모종, 출근, 뉴스, 발아, 성장, 발육, 사춘기, 탄생, 외곽, 개장, 서점, 화술, 언론, 장식, 미용, 디자인, 인테리어, 대화, 패션, 영업, 판매

가. 寅

(가) 계절 초봄을 기준으로 분류

초봄은 사계절의 시작이고 모든 만물이 음기를 뚫고 올라오는 시기라는 점을 상상하여 여러 가지 물상으로 확장을 한다면 위의 내용 중에서 어느 것이 해당이 되는지 아래에 적어보기 바란다.

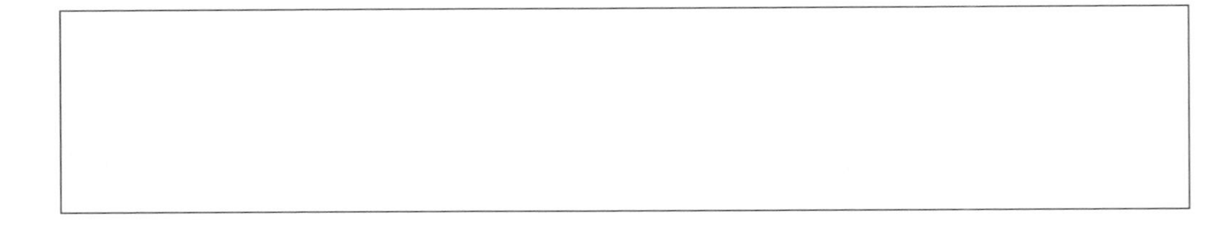

(나) 인생을 기준으로 분류

寅은 인생에 비유하자면 유아기를 말하며 주로 새로운 것들을 배우고 자라나는 시절이라는 점을 상상하여 여러 가지 물상으로 확장을 한다면 위의 내용 중에서 어느 것이 해당이 되는지 아래에 적어보기 바란다.

(다) 운동성을 기준으로 분류

운동성에 비유하자면 寅은 대지를 뚫고 올라오는 운동을 의미하므로 위로 올라간다는 점을 상상하며 여러 가지 물상으로 확장을 한다면 위의 내용 중에서 어느 것이 해당이 되는지 아래에 적어보기 바란다.

(라) 재성을 기준으로 분류

寅을 재성으로 사용을 한다면 어떤 장사를 하느냐를 알아보는 것으로 여러 가지 물상으로 확장을 한다면 위의 내용 중에서 어느 것이 해당이 되는지 아래에 적어보기 바란다.

(마) 관성을 기준으로 분류

寅을 관성으로 사용을 한다면 어떤 직업에 맞느냐를 알아보는 것으로 여러 가지 물상으로 확장을 한다면 위의 내용 중에서 어느 것이 해당이 되는지 아래에 적어보기 바란다.

(바) 물질을 기준으로 분류

물질을 비유하자면 나무를 재료로 사용하여 만들어지는 물건이나 물상들로 확장을 한다면 위의 내용 중에서 어느 것이 해당이 되는지 아래에 적어보기 바란다.

나. 卯

(가) 계절 늦봄을 기준으로 분류

늦봄은 모든 만물이 음기를 뚫고 올라온 다음에 사방으로 벌어지는 시기라는 점을 상상하여 여러 가지 물상으로 확장을 한다면 위의 내용 중에서 어느 것이 해당이 되는지 아래에 적어보기 바란다.

(나) 인생을 기준으로 분류

卯는 인생에 비유하자면 소년기를 말하며 주로 학업을 배우고 자라나는 시절이라는 점을 상상하여 여러 가지 물상으로 확장을 한다면 위의 내용 중에서 어느 것이 해당이 되는지 아래에 적어보기 바란다.

(다) 운동성을 기준으로 분류

운동성에 비유하자면 卯는 솟아오른 줄기가 옆으로 벌어지는 운동을 의미하므로 벌어진다는 점을 상상하며 여러 가지 물상으로 확장을 한다면 위의 내용 중에서 어느 것이 해당이 되는지 아래에 적어보기 바란다.

(라) 재성을 기준으로 분류

卯를 재성으로 사용을 한다면 어떤 장사를 하느냐를 알아보는 것으로 여러 가지 물상으로 확장을 한다면 위의 내용 중에서 어느 것이 해당이 되는지 아래에 적어보기 바란다.

(마) 관성을 기준으로 분류

卯를 관성으로 사용을 한다면 어떤 직업에 맞느냐를 알아보는 것으로 여러 가지 물상으로 확장을 한다면 위의 내용 중에서 어느 것이 해당이 되는지 아래에 적어보기 바란다.

(바) 물질을 기준으로 분류

물질을 비유하자면 나무를 재료로 사용하여 만들어지는 물건이나 물상들로 확장을 한다면 위의 내용 중에서 어느 것이 해당이 되는지 아래에 적어보기 바란다.

다. 辰

辰을 삼합작용으로 申, 子, 辰 = 水국으로 水를 입묘시키고 저장하는 기능을 기준으로 물상을 분류한다면 어떤 것들이 해당이 되는지 아래에 적어보기 바란다.

(2) 火

꽃, 정열, 발산, 밝음, 빛, 확장, 폭죽, 소리, 정치, 활달, 탐색, 수사, 과학, 전자, 전파, 항공, 성급, 통신, 이동, 방송, 음악, 성악, 악기, 노래, 빌딩, 조명, 전기, 언덕, 가스, 화학, 운동, 찜질방, 사우나, 열기, 시내, 중심가, 시장, 공연, 영업, 업무, 연락, 소통, 연주, 영화, 청년, 광고, 홍보, 보일러, 카메라, 망원경, 화장품, 장신구, 시상식, 안경, 예술, 연예, 오락, 활동, 취업, 직장, 배우, 주연

가. 巳

(가) 계절 초여름을 기준으로 분류

초여름은 모든 만물이 사방으로 확산되어지는 시기라는 점을 상상하여 여러 가지 물상으로 확장을 한다면 위의 내용 중에서 어느 것이 해당이 되는지 아래에 적어보기 바란다.

(나) 인생을 기준으로 분류

巳를 인생에 비유하면 청년기를 말하며 주로 사회생활 초년기 시절이라는 점을 상상하여 여러 가지 물상으로 확장을 한다면 위의 내용 중에서 어느 것이 해당이 되는지 아래에 적어보기 바란다.

(다) 운동성을 기준으로 분류

운동성에 비유하면 巳는 사방으로 확장하는 운동을 의미하므로 발산한다는 점을 상상하며 여러 가지 물상으로 확장을 한다면 위의 내용 중에서 어느 것이 해당이 되는지 아래에 적어보기 바란다.

(라) 재성을 기준으로 분류

巳를 재성으로 사용을 한다면 어떤 장사를 하느냐를 알아보는 것으로 여러 가지 물상으로 확장을 한다면 위의 내용 중에서 어느 것이 해당이 되는지 아래에 적어보기 바란다.

(마) 관성을 기준으로 분류

巳를 관성으로 사용을 한다면 어떤 직업에 맞느냐를 알아보는 것으로 여러 가지 물상으로 확장을 한다면 위의 내용 중에서 어느 것이 해당이 되는지 아래에 적어보기 바란다.

(바) 물질을 기준으로 분류

물질을 비유하자면 불을 재료로 사용하여 만들어지는 물건이나 물상들로 확장을 한다면 위의 내용 중에서 어느 것이 해당이 되는지 아래에 적어보기 바란다.

나. 午

(가) 계절 늦여름을 기준으로 분류

늦여름은 모든 만물이 사방으로 확산되고 그 뒤에 2차로 확장이 되는 시기라는 점을 상상하여 여러 가지 물상으로 확장을 한다면 위의 내용 중에서 어느 것이 해당이 되는지 아래에 적어보기 바란다.

(나) 인생을 기준으로 분류

午는 인생에 비유하자면 청년기를 말하며 주로 왕성한 사회활동을 하는 시절이라는 점을 상상하여 여러 가지 물상으로 확장을 한다면 위의 내용 중에서 어느 것이 해당이 되는지 아래에 적어보기 바란다.

(다) 운동성을 기준으로 분류

운동성에 비유하자면 午는 사방으로 2차 발산을 한다는 점을 상상하며 여러 가지 물상으로 확장을 한다면 위의 내용 중에서 어느 것이 해당이 되는지 아래에 적어보기 바란다.

(라) 재성을 기준으로 분류

午를 재성으로 사용을 한다면 어떤 장사를 하느냐를 알아보는 것으로 여러 가지 물상으로 확장을 한다면 위의 내용 중에서 어느 것이 해당이 되는지 아래에 적어보기 바란다.

(마) 관성을 기준으로 분류

午를 관성으로 사용을 한다면 어떤 직업에 맞느냐를 알아보는 것으로 여러 가지 물상으로 확장을 한다면 위의 내용 중에서 어느 것이 해당이 되는지 아래에 적어보기 바란다.

(바) 물질을 기준으로 분류

물질을 비유하자면 불을 재료로 사용하여 만들어지는 물건이나 물상들로 확장을 한다면 위의 내용 중에서 어느 것이 해당이 되는지 아래에 적어보기 바란다.

다. 未

未를 삼합작용으로 亥, 卯, 未 = 木국으로 木을 입묘시키고 저장하는 기능을 기준으로 물상을 분류한다면 어떤 것들이 해당이 되는지 아래에 적어보기 바란다.

(3) 金

열매, 껍질, 수축, 결실, 건조, 군경, 의사, 침구, 공업, 거울, 바늘, 매듭, 기술, 보석, 칼, 고기, 과일, 곡류, 병, 통조림, 금융, 의리, 광업, 철물, 금속, 자동차, 총기, 철강, 시계, 공구, 경비, 보안, 용접, 침술, 술병, 마취, 구멍, 유리, 수확, 철거, 수집, 결과물, 노련미, 안정, 숙련, 보장, 소득, 재산, 마감, 정리, 실적, 퇴근, 씨앗, 분리, 퇴출

가. 申

(가) 계절 초가을을 기준으로 분류

초가을은 모든 만물이 성장을 멈추고 결실을 맺는 운동을 하는 시기라는 점을 상상하여 여러 가지 물상으로 확장을 한다면 위의 내용 중에서 어느 것이 해당이 되는지 아래에 적어보기 바란다.

(나) 인생을 기준으로 분류

申은 인생에 비유하자면 장년기를 말하며 주로 안정적인 삶을 유지하고 결과물을 만드는 시절이라는 점을 상상하여 여러 가지 물상으로 확장을 한다면 위의 내용 중에서 어느 것이 해당이 되는지 아래에 적어보기 바란다.

(다) 운동성을 기준으로 분류

운동성에 비유하자면 申은 결실을 맺는 운동을 의미하므로 마무리로 열매를 맺는다는 점을 상상하며 여러 가지 물상으로 확장을 한다면 위의 내용 중에서 어느 것이 해당이 되는지 아래에 적어보기 바란다.

(라) 재성을 기준으로 분류

申을 재성으로 사용을 한다면 어떤 장사를 하느냐를 알아보는 것으로 여러 가지 물상으로 확장을 한다면 위의 내용 중에서 어느 것이 해당이 되는지 아래에 적어보기 바란다.

(마) 관성을 기준으로 분류

申을 관성으로 사용을 한다면 어떤 직업에 맞느냐를 알아보는 것으로 여러 가지 물상으로 확장을 한다면 위의 내용 중에서 어느 것이 해당이 되는지 아래에 적어보기 바란다.

(바) 물질을 기준으로 분류

물질을 비유하자면 쇠를 재료로 사용하여 만들어지는 물건이나 물상들로 확장을 한다면 위의 내용 중에서 어느 것이 해당이 되는지 아래에 적어보기 바란다.

나. 酉

(가) 계절 늦가을을 기준으로 분류

늦가을은 모든 만물이 결실을 맺고 씨앗을 만드는 운동을 하는 시기라는 점을 상상하여 여러 가지 물상으로 확장을 한다면 위의 내용 중에서 어느 것이 해당이 되는지 아래에 적어보기 바란다.

(나) 인생을 기준으로 분류

酉를 인생에 비유하자면 장년기 말기를 말하며 주로 결과물을 만들고 사회생활을 마무리 하는 시절이라는 점을 상상하여 여러 가지 물상으로 확장을 한다면 위의 내용 중에서 어느 것이 해당이 되는지 아래에 적어보기 바란다.

(다) 운동성을 기준으로 분류

운동성에 비유하자면 酉는 열매와 씨앗을 몸체와 분리하는 운동을 의미하므로 떨어뜨린다는 점을 상상하며 여러 가지 물상으로 확장을 한다면 위의 내용 중에서 어느 것이 해당이 되는지 아래에 적어보기 바란다.

(라) 재성을 기준으로 분류

酉를 재성으로 사용을 한다면 어떤 장사를 하느냐를 알아보는 것으로 여러 가지 물상으로 확장을 한다면 위의 내용 중에서 어느 것이 해당이 되는지 아래에 적어보기 바란다.

(마) 관성을 기준으로 분류

酉를 관성으로 사용을 한다면 어떤 직업에 맞느냐를 알아보는 것으로 여러 가지 물상으로 확장을 한다면 위의 내용 중에서 어느 것이 해당이 되는지 아래에 적어보기 바란다.

(바) 물질을 기준으로 분류

물질을 비유하자면 정교한 쇠를 재료로 사용하여 만들어지는 물건이나 물상들로 확장을 한다면 위의 내용 중에서 어느 것이 해당이 되는지 아래에 적어보기 바란다.

다. 戌

戌을 삼합작용으로 寅, 午, 戌 = 火국으로 火를 입묘시키고 저장하는 기능을 기준으로 물상을 분류한다면 어떤 것들이 해당이 되는지 아래에 적어보기 바란다.

(4) 水

수면, 저장, 씨앗, 고독, 수축, 얼음, 종교, 야간, 음지, 비밀, 애정, 물, 자궁, 생명, 숙박, 유흥, 음란, 술, 지혜, 학문, 해운, 수산, 주류, 유통, 무역, 통상, 외교, 여행, 목욕, 냉동, 연구, 정보, 특허, 음료, 세탁, 소방서, 수영장, 조선소, 배, 욕실, 온천, 어장, 물고기, 해물, 선원, 은둔, 보관, 종자, 정지, 지하, 죽음, 양식장, 수협, 어항, 수족관, 약물, 은퇴, 멈춤, 항만, 해양, 양식, 선박, 해외, 장례, 산소, 묘지

가. 亥

(가) 계절 초겨울을 기준으로 분류

초겨울은 모든 만물이 기운을 씨앗으로 수렴하는 운동을 하는 시기라는 점을 상상하여 여러 가지 물상으로 확장을 한다면 위의 내용 중에서 어느 것이 해당이 되는지 아래에 적어보기 바란다.

(나) 인생을 기준으로 분류

亥는 인생에 비유하자면 노년기를 말하며 주로 휴식과 인생을 마무리 하는 시절이라는 점을 상상하여 여러 가지 물상으로 확장을 한다면 위의 내용 중에서 어느 것이 해당이 되는지 아래에 적어보기 바란다.

(다) 운동성을 기준으로 분류

운동성에 비유하자면 亥는 모든 기운을 씨앗에 저장하는 운동을 의미하고 휴식기에 들어간다는 점을 상상하며 여러 가지 물상으로 확장을 한다면 위의 내용 중에서 어느 것이 해당이 되는지 아래에 적어보기 바란다.

(라) 재성을 기준으로 분류

亥를 재성으로 사용을 한다면 어떤 장사를 하느냐를 알아보는 것으로 여러 가지 물상으로 확장을 한다면 위의 내용 중에서 어느 것이 해당이 되는지 아래에 적어보기 바란다.

(마) 관성을 기준으로 분류

亥를 관성으로 사용을 한다면 어떤 직업에 맞느냐를 알아보는 것으로 여러 가지 물상으로 확장을 한다면 위의 내용 중에서 어느 것이 해당이 되는지 아래에 적어보기 바란다.

(바) 물질을 기준으로 분류

물질을 비유하자면 물을 재료로 사용하여 만들어지는 물건이나 물상들로 확장을 한다면 위의 내용 중에서 어느 것이 해당이 되는지 아래에 적어보기 바란다.

나. 子

(가) 계절 늦겨울을 기준으로 분류

늦겨울은 모든 만물이 기운을 수렴하고 저장하는 운동을 하는 시기라는 점을 상상하여 여러 가지 물상으로 확장을 한다면 위의 내용 중에서 어느 것이 해당이 되는지 아래에 적어보기 바란다.

(나) 인생을 기준으로 분류

子는 인생에 비유하자면 노년기를 말하며 주로 휴식과 인생을 마무리 하는 시절이라는 점을 상상하여 여러 가지 물상으로 확장을 한다면 위의 내용 중에서 어느 것이 해당이 되는지 아래에 적어보기 바란다.

(다) 운동성을 기준으로 분류

운동성에 비유하자면 子는 모든 기운을 땅속에 저장하는 운동을 의미하고 휴식기에 들어간다는 점을 상상하며 여러 가지 물상으로 확장을 한다면 위의 내용 중에서 어느 것이 해당이 되는지 아래에 적어보기 바란다.

(라) 재성을 기준으로 분류

子를 재성으로 사용을 한다면 어떤 장사를 하느냐를 알아보는 것으로 여러 가지 물상으로 확장을 한다면 위의 내용 중에서 어느 것이 해당이 되는지 아래에 적어보기 바란다.

(마) 관성을 기준으로 분류

子를 관성으로 사용을 한다면 어떤 직업에 맞느냐를 알아보는 것으로 여러 가지 물상으로 확장을 한다면 위의 내용 중에서 어느 것이 해당이 되는지 아래에 적어보기 바란다.

(바) 물질을 기준으로 분류

물질을 비유하자면 물이나 얼음을 재료로 사용하여 만들어지는 물건이나 물상들로 확장을 한다면 위의 내용 중에서 어느 것이 해당이 되는지 아래에 적어보기 바란다.

다. 丑

丑을 삼합작용으로 巳, 酉, 丑 = 金국으로 金을 입묘시키고 저장하는 기능을 기준으로 물상을 분류한다면 어떤 것들이 해당이 되는지 아래에 적어보기 바란다.

4. 육친 물상론

일반적으로 오행과 천간지지 물상론은 알고 있으나 육친물상론에 대해서는 아는 사람들이 별로 없을 것이다. 22간지의 물상확장도 중요하지만 육친의 물상 확장도 매우 중요하다. 그 이유는 육친에 대하여 정확히 알고 확장을 할 줄 알아야만 아주 다양한 사주풀이가 가능해진다. 천간지지 물상을 아무리 자유자재로 확장을 할 수 있다고 하여도 사주해석이 매끄럽지 못한 이유는 육친물상을 잘 알지 못하기 때문이다. 진정한 고수로 도약을 하기 위해서 필수적으로 알아야 할 부분이 바로 육친물상이다. 아래에 육친을 여러 가지 기운이나 물상으로 확장을 해 놓았는데 이것을 무조건 암기하기보다는 무슨 이유로 그렇게 확장을 하였는지를 연구해 보는 시간을 갖도록 하자. 육친은 주로 일간을 기준으로 22간지를 대인관계로 설정을 하여 설명을 하고 그 육친에 의해서 극을 당하는 육친의 피해를 설명하려고 확장을 하는 것이다. 예를 들면 비견은 대인관계로는 형제나 친구이고 비견이 많으면 경쟁심이 강하고 적으면 건강이 좋지 못하고 없으면 독립이 어렵다고 보고 지출이나 소비는 비견이 편재를 극하는 상황을 대입해서 나오는 확장이라는 것이다. 이렇게 여러 상황을 미리 계산해서 확장을 하였다는 것을 이해하고 그 이유를 찾는 연습을 하고 뒤에 스스로 확장을 연습해 보기 바란다. 아래에 육친의 확장을 소개하겠으니 확실히 터득하기 바란다.

(1) 물상분류

가. 비견

형제, 친구, 조카, 독립, 행동, 협조, 분배, 동업, 자매, 지출, 소비, 비방, 고집, 고독, 분산, 건강, 경쟁심, 자존심

나. 겁재

위협, 야망, 파행, 독단, 약탈, 도박, 부도, 강탈, 타의, 투쟁, 배신, 도둑, 군인, 재벌, 손재, 폭력, 변덕, 우환, 프로, 투기

다. 식신

아들, 장모, 투자, 사교, 재능, 봉사, 긍정적, 낙천적, 식복, 지혜, 장수, 총명, 대화, 천연과일, 도시락, 표현력, 움직임, 가산, 복록, 의식주, 풍만, 인덕

라. 상관

총명, 처갓집, 언론, 방송, 신문, 공상, 천재성, 예술, 손재주, 불화, 고독, 파격, 비판, 개성, 유흥, 인공과일, 직업의 다양성, 잡기, 방해, 경쟁, 반항, 교만, 불만, 소모지출, 환상

마. 편재

상업성이 강하고 잡기에 능하며 술과 도박을 즐긴다. 아버지, 첩, 시가집, 횡재, 풍류, 융통성, 투기, 낭비, 술꾼, 술수, 금전욕심, 총명, 전국무대, 봉사, 수완가, 투자, 성급, 이성문제

바. 정재

부인, 시댁, 인정, 정직, 책임감, 노력, 인색, 고정소득, 보수적, 근검절약, 월급, 현금재산, 고정무대, 안정된 사업, 구두쇠 기질, 자비, 번영, 명예, 신용, 단정, 금융, 자산, 정의, 봉사

사. 편관

아들, 애인, 무관, 검찰, 경찰, 특수조직, 권모술수, 영웅심, 용기, 투쟁성, 권력, 정치성, 강제성, 개혁, 제어장치, 협객, 군인, 성급, 도둑, 반역, 고집, 횡폭,

구설, 장애

아. 정관

딸, 남편, 통솔, 지배, 정직, 정의, 모범, 신용, 판결, 질서, 보수적, 행정기관, 안정성, 신호등, 규범, 인덕, 품위, 단정, 발전, 권위, 명예

자. 편인

계모, 이모, 눈치, 처세, 신통력, 예술, 의약, 이공계, 기술, 기능, 스포츠, 종교, 철학, 임기응변, 발명, 속임수, 편고, 변태적, 부동산, 문서, 자격증, 의사, 변덕, 이별, 고독, 박명, 예술

차. 정인

어머니, 장인, 학식, 자비, 종교, 명예, 보수성, 학위, 선비적 기질, 의무, 책임, 당당함, 정통성, 자기과신, 학문, 문서, 인허가, 지폐, 인문계

(2) 육친의 확장

오행이나 천간지지를 정신이나 물상으로 확장하기 위해서는 각 글자의 근본적인 의미와 운동성을 정확하게 파악을 해야만 가능하다고 이야기한 적이 있다. 육친도 마찬가지로 정확한 이해가 바탕이 되어야만 확장이 가능하며 누가 이미 개인적인 관점에서 확장을 해 놓은 이론을 외우려고 한다면 그것은 진정한 공부가 되지 못하고 자신의 것으로 만들 수도 없으며 암기하는데도 한계가 있다. 어렵더라도 본인이 육친을 정확하게 파악하고 이해를 한 다음에 직접 정신이나 물상으로 확장을 해 보아야만 자기공부가 된다. 이 방법은 본인이 육친을 충분히 이해하지 못했다면 확장은 불가능 할 것이고 직접 확장을 해 본 것은 외우지 않아도 스스로 이해를 해서 나온 확장이기 때문에 잊을 수가 없게

되는 것이다. 이런 방법으로 오행과 천간지지 그리고 육친을 정신이나 물상으로 수 없이 확장하는 연습을 해야만 진정한 '간지론'을 터득하게 될 것이다.

육친은 여러 가지로 확장을 할 수가 있는데 학인들의 이해를 돕기 위해서 물상과 학문 그리고 건강 등으로 확장을 해 보기로 하겠다. 후학들은 이것을 외우는데 노력하면 안 되고 근본을 이해하고 스스로 확장하는 연습을 해야 한다는 것을 또다시 강조하며 확장에 참고할 수 있도록 나열을 해 놓으니 무엇 때문에 그렇게 분류가 되는지 이해를 하고 넘어 가기를 바란다.

가. 물상으로 확장

물상으로 확장이 정해진 정답은 아니고 각자의 생각에 따라서 충분히 달라질 수도 있으므로 무조건 외우고 보는 단조로운 의식에서 벗어나 이것을 바탕으로 이해하고 스스로 확장을 해보기를 바란다.

비견: 친구, 동업, 협동조합, 정당, 친목계, 동창회, 후원회

겁재: 반대파, 경쟁자, 노동조합, 야당, 이익단체, 시민단체

식신: 식품, 의류, 의약품, 농장, 제조생산, 재능, 동물원

상관: 방목장, 언론사, 광고, 교육, 유치원, 어린이집, 하우스

편재: 전국시장, 천연자원, 증권회사, 투자신탁, 재물, 도박장

정재: 생필품, 월급, 현금, 상품권, 매장, 상가, 곡물, 지폐

편관: 무관, 경찰관, 위험물, 구속영장, 감사원, 교도소, 태풍

정관: 행정기관, 관공서, 자격증, 공문서, 인허가증, 국가기관

편인: 임대, 문서, 골동품, 종교시설, 운동기구, 학원, 토지

인수: 논문, 학위, 집문서, 대학교, 도서관, 신문사, 자격증

나. 학문으로 확장

비견: 교통법, 행정학, 정치학, 사회학, 건축법, 인류학

겁재: 노동법, 복지학, 신문방송학, 체육학, 범죄심리학

식신: 농축산법, 식품학, 영양학, 의학, 약학, 수의학

상관: 연예학, 심리학, 철학, 교육학, 기상학, 언론학

편재: 증권투자법, 재정학, 무역학, 금융학, 경영학

정재: 조세법, 회계학, 설계학, 경영학, 경제학, 가정학

편관: 형법, 병역법, 군사학, 세균학, 군법, 형사소송법

정관: 국회법, 헌법, 민법, 상법, 행정법, 공무원법, 법규

편인: 역학, 공연법, 이공계, 종교학, 고고학, 임대법

인수: 심리학, 지리학, 국어학, 철학, 정치학, 부동산법

다. 건강으로 확장

비견: 자신의 건강을 믿고 과로를 하여 피로로 인한 병이 많다.

겁재: 과다 경쟁으로 정신적 스트레스나 노이로제 질환이 많다.

식신: 운동부족으로 인한 비만 또는 폭식으로 인한 질환이 많다.

상관: 일반적인 질환보다는 재난으로 인한 사고, 수술이 많다.

편재: 피로에서 오는 신경통이나 과로로 인한 질병이 많다.

정재: 과로에 의한 신경계통, 시력, 간질환자 등이 많다.

편관: 상해사고가 많고 과중한 업무에 피로에 지칠 수 있다.

정관: 사고나 재해로 인한 문제가 있으나 대체로 양호하다.

편인: 좌절 불운에 의한 충격에 심장계통의 질환에 잘 걸린다.

인수: 시력이 나쁜 사람이 가장 많고 호흡기나 위장장애가 있다.

라. 여러 가지 확장

육 친	자동차	상 업	일 반
비 견	배기량	동일업종	친구
겁 재	경쟁자	옆 가게	라이벌
식 신	가속기	일반 상품	음식
상 관	터보기능	기획 상품	기호식품
편 재	무거운 짐	전국 장터	적금통장
정 재	배터리	점포	월급
편 관	경찰관	세무서	납부 고지서
정 관	신호등	손님	편지, 전화
편 인	주차장	휴업	휴가
정 인	브레이크	휴일	쉬는 날

일반인과 장사를 하는 사람 그리고 자동차를 대상으로 육친을 확장하는 연습을 하였다. 육친은 그 특성과 성질 그리고 운동성을 파악 한다면 얼마든지 무한확장이 가능해진다. 이러한 것들이 요즘 많이 알려진 '물상론'이고 무한확장인데 이것을 잘해야 실제 감명에서 탁월한 실력을 발휘할 수가 있고 모든 비법은 이러한 자유자재의 확장에서 만들어진다고 하겠다.

마. 육친의 나이에 따른 변용법

육친은 좋은 육친과 나쁜 육친이 정해져 있는 것이 아니고 시기에 따라서 필요한 육친이 다르기 때문에 그 해석 또한 달라져야 한다는 것이다. 재성의 경우에도 어린 시절 공부를 해야 하는 시기에 만난다면 학업중단의 해를 입게 되고 너무 늦게 노년에 만난다면 나이가 들어도 쉬지 못하고 생업을 위해서 일을 해야 하는 좋지 못한 결과를 낳게 된다는 것이다. 공부를 해야 할 시기에는 인성 운이 좋고 경제활동을 해야 할 시기에는 재성이나 관성 운이 좋다는 것이다. 어느 시기에 만나느냐에 따라서 똑같은 육친도 해석이 달라진다는 것을 아래에 설명을 하겠으니 잘 습득하여 통변에 활용하기 바란다.

(가) 초년(1~20세) 육친적용법

ㄱ. 비견

건강에 도움이 되고 친구관계가 원만하며 활동력이 좋고 육체성장에 도움이 된다.

ㄴ. 겁재

투쟁심이 강하고 경쟁력이 좋으나 부친과 불화하고 금전문제가 불리하다고 하겠다.

ㄷ. 식신

재능이 있고 금전적으로 여유가 생기며 표현력이 좋다.

ㄹ. 상관

천재성을 지니고 활동력이 좋으나 반항기가 있고 유흥에 빠지기 쉽다.

ㅁ. 편재

융통성 있고 금전적으로는 풍부하지만 학업중단이나 여자문제가 많다.

ㅂ. 정재

보수적이고 구두쇠기질이 있으나 금전적으로 풍부하고 상속을 받는다.

ㅅ. 편관

승부욕이 강하고 지도력이 있으나 도박을 좋아하고 사고위험이 있다.

ㅇ. 정관

모범적이고 절제력이 있어서 바른생활을 하며 지도자의 길을 간다.

ㅈ. 편인

눈치가 빠르고 특별한 재능이 있어서 자격증을 가지고 기술직에 맞다.

ㅊ. 인수

인내심이 강하고 도덕심이 있어서 학문으로 대성할 수 있다.

(나) 중년(20~40세) 육친적용법

ㄱ. 비견

친구나 형제 그리고 친척들과의 인간관계는 좋으나 그로 인한 금전손실이 있을 수 있다.

ㄴ. 겁재

주변 사람들로 인한 다툼이나 금전손실의 우려가 있다.

ㄷ. 식신

재능이 많고 금전적인 발전을 기대할 수가 있고 사업에 유리하다.

ㄹ. 상관

예체능 쪽으로 능력을 발휘할 수는 있으나 직장생활에는 불리하다.

ㅁ. 편재

상술에 뛰어나 금전적으로는 유리하지만 여자문제가 발생할 수 있다.

ㅂ. 정재

안정적인 직장생활이나 작은 점포를 운영하며 경제적 안정을 갖는다.

ㅅ. 편관

이공계나 특수직에 종사할 수 있고 관재구설에 시달릴 수 있다.

ㅇ. 정관

공무원이나 좋은 직장에서 안정된 생활을 할 수가 있는 시기이다.

ㅈ. 편인

직장생활을 하는데 좋은 운이지만 상업을 하는 사람에게는 불리하다.

ㅊ. 인수

직장승진이나 발전은 좋으나 상업사주에게는 불리하다.

중년에는 재성이나 관성 운을 만나는 것이 제일 좋고 상업사주나 직장인 사주를 구분하여 상업사주는 식상과 재성을 만나야 길하고 직장인 사주는 관성과 인성을 만나야 길할 것이다. 상업을 하는 사람이 인성을 만나면 식상을 극하여 재물 생산이 힘들고 행동에 제약이 많이 따르며 직장인이 재성을 만나면 뇌물이나 금전으로 인한 문제가 발생하기도 한다.

(다) 장년(40~60) 육친적용법

ㄱ. 비견

재물손해가 있고 남자는 배우자와의 문제가 발생할 수가 있다.

ㄴ. 겁재

사고나 시비 또는 구설에 휘말릴 수가 있는 시기이다.

ㄷ. 식신

새 집으로 이사하거나 새 차로 바꾸는 시기이며 금전발전이 있다.

ㄹ. 상관

금전발전은 있으나 낭비가 심하고 여자는 배우자와의 문제가 발생할 수 있다.

ㅁ. 편재

사업발전이 있으나 남자는 여자문제가 발생할 수 있는 시기이다.

ㅂ. 정재

금전소득이 안정적이고 발전할 수 있는 시기라고 하겠다.

ㅅ. 편관

명예발전이나 승진 등이 있을 수 있으나 불편한 일이 발생할 수 있다.

ㅇ. 정관

명예나 금전발전이 있고 안정적인 생활을 영위하는 데 불편함이 없다.

ㅈ. 편인

부동산이나 문서를 취득하는 시기이나 여자는 자녀로 인한 문제가 발생할 수 있는 시기이다.

ㅊ. 인수

직장승진이나 문서재산을 취득할 수 있고 결재권을 가질 수 있다.

장년기는 중년기와 비슷하게 분류할 수 있으며 노령화 사회로 가는 마당에 일할 수 있는 연령이 늘어남에 따라서 재성과 관성을 사용하는 시기로 볼 수 있다. 청년기에 학업을 계속하는 경우를 제외 하고는 재성과 관성을 반길 것이고 장년기에도 빠른 은퇴가 아니라면 재성과 관성을 반기는 것으로 볼 수 있다. 각자 상황에 따라서 사용하는 운이 다를 것이니 명리는 단순하게 단식판단을 하는 것은 위험하며 항상 전체적인 상황을 파악하여 복식판단을 하여야 할 것이다.

(라) 노년(60~80) 육친적용법

ㄱ. 비견

체력이 상승하고 건강이 좋아지며 장수할 수 있는 시기이다.

ㄴ. 겁재

소비지출이 많고 낭비가 많으며 자녀에게 상속을 해주는 시기이다.

ㄷ. 식신

의식주가 풍부하고 금전발전이 있으며 건강도 원만한 시기이다.

ㄹ. 상관

여행이나 오락 또는 유흥을 즐기며 여자는 남편문제가 발생한다.

ㅁ. 편재

건강이 좋지 못하고 번거로운 일이 발생하며 수명이 단축 될 수 있다.

ㅂ. 정재

보험이나 연금소득 또는 임대소득이 생기고 금전적 발전이 있다.

ㅅ. 편관

사고나 재해 그리고 급성질환이 발생할 수 있는 시기이다.

ㅇ. 정관

사회단체나 봉사단체에서 감투를 쓰거나 직책을 맡아서 일을 한다.

ㅈ. 편인

건강이 좋지 못하고 생식기질환이나 수족에 문제가 발생할 수 있다.

ㅊ. 인수

신앙생활이나 수행 또는 휴식을 취하는 편안한 노년기를 보낸다.

어릴 때는 공부를 해야 하고 자라서는 직장을 다니거나 장사를 하여 생활을 영위해야 하며 나이가 들어서는 안락하고 편안한 휴식을 필요로 한다. 재성과 관성은 꼭 필요한 시기에 만나야 길하며 너무 일찍 만나거나 늦게 만나면 그로 인해서 피해가 발생한다고 하겠다.

제 3 장

방문목적 아는 방법

일명 래정법(來情法)이라고 하며 상담자가 무엇을 상담하러 왔는가를 알아 맞히는 기법이라고 하겠다. TV 예능프로에서 점쟁이 분장을 한 연예인이 방문자가 찾아와서 방바닥에 무릎이 닿기도 전에 무엇을 물으러 왔는지를 알아맞히는 놀라운 연출을 하는 모습을 보았다. 일반적으로 점집에서 용하다는 점쟁이들은 대부분 이런 맞히기를 잘 하는 것으로 알고 있다. 사주학계에서도 앞다투어 여러 가지 기법들을 대입 시켜서 무엇 때문에 방문을 하였는가를 맞히기 위해서 많은 노력들을 하였고 그 결과 비법이라는 이름으로 전해져 내려오고 있는데 그것이 대부분 래정법이다.

필자도 한때 여러 가지 방법을 통해서 필살기를 연습하듯이 상담자의 직업을 귀신같이 맞히거나 배우자 성씨를 맞혀서 방문자들을 놀라게 한 적이 있었다. 그렇게 해야만 처음부터 방문자들의 기선을 제압하고 나를 믿게 만들 수 있다고 생각을 했기 때문이다. 하지만 오랜 시간이 지난 후에 그것이 아무런 의미가 없다는 것을 깨달았다. 상담자의 방문목적을 맞히는 것이 중요한 것이 아니고 상담자가 당면한 문제를 해결해 주는 것에 중점을 두어야 한다는 것을 알게 되었기 때문이다. 점을 보는 것과 사주를 보는 것은 다르다. 점은 지나간 일을 잘 알아맞히지만 사주는 다가올 미래에 어떤 식으로 대처를 해야 하는지를 잘 가르쳐 줄 수 있는 특징이 있다. 서로의 특징이 다른데 무지한 상담자들이 점술과 사주를 구분하지 못하고 그런 요구를 한다고 해서 점쟁이 흉내를 내고 있으면 어찌 되겠는가. 시중에 상식이 부족한 사람들이 점술과 사주학을 구분하지 못하고 동일시 취급하는 것에 우리는 반드시 그들을 일깨워 줘야 한다. 신을 이용한 점술과 학문이 다르다는 것을 알려줄 필요가 있다. 필자는 래정법에 불필요한 시간을 낭비할 필요가 없다고 생각을 하는데 여기서는 참고하는 차원에서 래정법에는 어떤 방법들이 있는가를 알아보기로 하겠다.

1. 일진으로 보는 방법

방문자의 일간을 기준으로 일진을 대입하여 육친으로 분석을 하는 방법이라고 하겠다. **戊** 일간의 남자가 **寅**날에 방문했다면 육친으로 **편관**에 해당하므로 직장이나 자녀 문제로 왔을 가능성이 많다고 보는 것이다.

戊 일간의 **남자**의 경우
寅날에 온 상담자 --- **편관**일 --- **아들, 직장문제**
申날에 온 상담자 --- **식신**일 --- **처가, 건강문제**
巳날에 온 상담자 --- **편인**일 --- **문서, 장사문제**
亥날에 온 상담자 --- **편재**일 --- **금전, 여자문제**

2. 세운으로 보는 방법

방문자 일간을 기준으로 해당 년도를 육친으로 대입하여 보는 방법으로 비견, 재성, 관성, 인성, 식상 운에 따른 문제를 예측할 수 있다.

(1) 비견 년

비견: 사업 변동이나 동업. 인간관계에 의한 손재 발생

겁재: 부도, 배우자 문제, 재물의 손해, 타인에 의한 손재

(2) 재성 년

정재: 사업문제, 혼인문제, 금전문제, 이성문제

편재: 학업중단, 재산소송, 남자는 처첩 문제

(3) 관성 년

정관: 명예문제, 안정추구, 신용문제, 직장문제

편관: 질병문제, 소송문제, 사고, 여자는 남자문제

(4) 인성 년

인수: 학문발전, 문서문제, 자격증, 부동산, 임대사업

편인: 교육문제, 사업부진, 관재구설, 여자는 시가와 갈등

(5) 식상 년

식신: 재물생산, 바쁜 일정, 직업변화, 경제활동, 금전발전

상관: 직장문제, 법률위반, 조직이탈, 여자는 남편문제

3. 색상으로 보는 방법

상의는 정신적 상황을 뜻하고 하의는 현실적 상태를 뜻한다.

(예) 水 일간의 여자

木 (식상) ------ 청색 (배우자문제)

土 (관성) ------ 황색 (사고문제)

火 (재성) ------ 적색 (문서문제)

金 (인성) ------ 백색 (건강문제)

水 (비겁) ------ 흑색 (금전문제)

水일간의 여자가 청색 옷을 입었다는 것은 청색은 木을 의미하고 木은 水일간에게는 식상에 해당하고 육친으로 식상은 관성을 극하기 때문에 배우자나 남자 문제로 방문을 했다고 판단하는 것이다.

水일간의 여자가 흑색 옷을 입었다는 것은 흑색은 水를 의미하고 水는 비겁에 해당하고 육친으로 비겁은 재성을 극하기 때문에 금전적인 어려움 때문에 방문을 했다고 판단하는 것이다.

4. 방문일과 시간으로 보는 방법

일진을 방문자 위주로 살펴 일간 대 시지의 다양한 육신 관계를 알아보고 판단한다. 방문자가 찾아온 날짜와 시간을 일간지와 시간지로 작성을 한다.

(1) 일간(日干)을 대비하여 시지(時支)의 관계로 살펴본다.

시지(時支)

비견: 직장의 월급, 직책 등과 관련해 좋은 일이 있다.

겁재: 주변 사람들과 다툼, 배신, 소송이 생긴다.

식신: 진로확장, 의식주, 금전발전, 경제활동을 한다.

상관: 아랫사람으로 인한 고통, 자녀문제가 생긴다.

재성: 재물발전, 금전 활동, 경제적 풍요, 산업발전을 한다.

정관: 승진, 좋은 직장, 명예발전, 좋은 일이 생긴다.

편관: 관재구설, 질병, 소송, 사고 등 좋지 못한 일이 생긴다.

(2) 일지(日支)대 시지(時支)의 관계로 살펴본다.

일지의 글자와 시지의 글자가 같으면 접(接)이라 하여 모든 일이 꼬이기 쉽고 일신의 횡액을 조심해야 한다.

시지의 글자가 일지를 생하면 주변 사람의 협조를 구할 수 있고 일지가 시지를 생하면 타인을 돕는다는 것을 암시한다.

시지의 글자가 일지를 극하면 상황이 역전되는 암시가 있고 일지가 시지를 극하면 현재 상황이 당분간 지속됨을 예고합니다.

(3) 형, 충, 회, 합(刑沖會合)의 작용력

육친의 성분으로 구분되는 길흉은 형, 충, 회, 합의 작용에 의해 성패와 직결되는 변화가 생긴다. 일지를 중심으로 시지와의 관계를 살피는 것이 중요하고 월지와의 관계는 따지지 않는다.

가. 형, 충 작용

형이나 충이 되면 일의 변동으로 성사가 쉽지 않음을 말한다. 형, 충은 두 글자를 개고시켜 장간의 합(合) 작용을 일으킨다. 이것은 일지자체도 불안한 상황을 만들므로 형, 충이 성립되면 필시 해당 글자의 기물이 손상되는지의 여부를 살펴야 한다. 이때 두 글자 중에서 어느 한 글자라도 손상되어 유실되면 일간 주체가 내딛을 발판이 사라지므로 매우 불길한 형국이라 할 수 있다. 두 글자 모두 유실되면 고통을 피해갈 방법이 없다. 반면 형, 충이 성립되었음에도 불구하고, 합(合)의 작용이 나타나지 않아 글자가 온전하게 보존된다면 비록 일말의 장애가 발생했다 하더라도 발전과 성과를 기대할 수 있다. 따라서 형, 충일 경우에는 시간의 글자가 관건이 된다. 형, 충의 작용력은 해당 글자의 위에 있는 천간의 의미를 증폭시키므로 시간의 글자 육친으로 더욱 구체적인 사건에 접근할 수 있다는 뜻이다.

나. 삼합과 반합 작용

삼합과 반합의 현상은 길이 변해서 흉이 되고 또는 흉이 변해서 길이 되는 변화를 예고하는 것이다. 이것은 합화오행이 길신과 흉신 어느 것에 속하는지에 따라 길흉이 좌우되는 것이라 할 수 있다.

다. 육합의 작용

육합은 길흉의 어느 측면이든 작용력이 반감되는 것을 의미하는 것으로 본다. 보통 화합을 의미하여 좋은 의미로 해석되지만 결과적으로 흉은 반감되고 길은 배가되는 것을 뜻하지는 않는다. 합(合)이 되면 일지를 주체로 두고 합이 되는 글자의 육신을 살펴 애정이나 사건 등의 구체적인 문제를 살펴야 한다.

라. 기타

일진과 시지의 관계에서 육친 이외에도 각기 작용력을 갖는 관계 성분들이 존재하는데 간과하기 어려운 몇 종의 주요 요소들을 살펴보고자 한다.

(가) 천을귀인

천을귀인으로 시지가 귀인에 속하면 흉신의 역할이 반감되며 길신의 힘은 배가되는 상황이 된다. 일시가 모두 귀인의 글자가 되는 호환귀인이 되면 시간의 육친에 대비해서 구체적인 문제를 알아볼 수 있다.

(나) 공망(空亡)

공망은 시지가 공망되면 길흉은 성립되지 않는 것으로 길한 일이나 흉한일 모두 사라지는 것으로 해석 한다. 빈터를 암시하기도 해서 상대의 형편은 휴식의 차원으로 성패와는 무관하게 처신하는 경우가 많다.

(다) 묘(墓)

일간 대비 시지가 묘(墓)의 글자에 해당하면 진행하는 일에 장애나 막힘이 많은 것으로 보게 되고 이것은 성패를 좌우하는 직접적인 요인으로 보는 것은 아니다.

(라) 장생(長生)

장생(長生)의 글자에 해당하면 길한 의미를 한결 더하게 되는데 이것은 누군가의 은혜와 원조를 입는다는 것과 동시에 좋은 일로 활동량이 왕성해지기 쉽다. 그러나 만일 생의 글자가 공망에 해당되면 좋은 의미는 모두 사라지고 새롭게 도모한 일이 난관에 봉착하기 쉽다.

(마) 목욕(沐浴)

욕(浴)의 글자에 해당하면 이를 패신(敗神)이라 해서 이성문제를 예견하게 된다. 이때는 특히 일지의 글자를 주목해야 하는데 패신과 파쇄(破碎)가 동시에 성립되면 가정이 깨지게 된다.

5. 대운지지의 반대편으로 보는 방법

대운은 계절의 연장으로 한번 만나면 대략 30년을 관장하는 관계로 대운지지에 의해 오랫동안 극을 당하는 육친은 상당한 고통을 피할 수 없는 관계로 방문자의 문제를 알아 낼 수 있다. 건강문제도 마찬가지로 동방의 木대운을 지나는 사람은 대체로 위장질환을 앓는 경우를 흔히 볼 수 있을 것이다. 대운의 반대편 육친과 세운을 잘 참작 한다면 방문자의 상황을 대략 짐작 할 수 있다고 생각한다. 방문자가 찾아온 목적을 학문적으로 연구하여 발전시켜 나아가는 데에는 올바른 학문발전으로 찬성을 하지만 자칫 족집게 도사를 연상시켜서 사주를 점술처럼 생각하는 형태를 우려하는 바이다. 다시 말하면 맞추기 논쟁에 빠지는 상황을 우려 한다는 것인데, 어느 술사는 사주로 모든 사건사고나 상황을 100% 맞출 수 있는 만능 요술방망이로 주장하는 경우가 있다. 래정법을 잘 아는 술사가 최고의 술사인 것처럼 설명하는 사람들도 많이 보았고 심지어는 래정법을 비법이라고 하여 많은 돈을 들여서 자료를 사고 배우는 사람들도 있다. 무엇 때문에 온 것을 맞추고 배우자 띠를 맞추고 또는 직업을 맞춘다고 한들 무엇이 방문자에게 도움이 되겠는가? 지나온 과거의 일이나 방문목적 같은 것은 신점으로 보면 될 일이지 사주가 무슨 소용이 있다는 것인지 이해가 되지 않는다. 사주를 공부하여 상담을 하는 사람은 방문자가 어떤 재능을 가지고 있으며 어떤 일을 하고 살아가야 하며 지금 어떤 선택을 해야 하는가를 정확하게 알려 주어야할 의무를 가지는 것이다. 학문의 본질적인 접근과 이해가 필요한 것이지 단편적인 기술이 필요한 것이 아니라는 것이다.

사주는 완벽한 학문이고 노력하면 세상만사 모든 일을 꿰뚫어 볼 수가 있을 것이라는 상상은 하지 말아야 한다. 똑같은 사주를 가지고 태어난 사람들이 있다고 하면 어느 나라에 태어나느냐가 중요하고 어느 부모 밑에서 태어나느냐가 매우 중요하다고 하겠다. 그것은 전생의 업에 의한 숙명적인 인연이고 그것으로 인해서 결정지어진 문제는 사주팔자와 관계가 없는 것이다. 출발점이 다른 관계로 같은 사주라고 하여도 살아가는 과정이나 인생이 전혀 다르게 나타나는 것을 볼 수 있다. 무조건 사주가 모든 것을 좌우한다고 보는 것은 문제가 있고 모든 것을 사주학적 측면으로 설명할 수가 없다는 것이다. 명리는 자연의 이치와 삶의 이치를 가르쳐 주는 훌륭한 학문이다. 이 세상에 완벽한 것은 존재하지 않으며 하물며 학문이 이와 다를 수가 없다는 것이다. 더 자세히 말을 하자면 사주는 자연의 운동성과 기운을 의인화 하고 일정한 구간을 글자로 표현하여 운명을 예측하는 학문이다. 거기에서 발생할 수 있는 오류도 인정을 해야 하고 어느 곳이나 예외는 존재하는 것이다. 다만 포괄적인 면에서 운명의 특징과 운의 행로를 파악하여 앞날을 제시하는 정도로 생각을 해야 한다. 좀 더 세밀하고 정확한 사건 사고는 그것만을 분석하는 학문이 따로 있는데 그것이 바로 육효 또는 육임, 주역점 등이 있다. 후학들은 완벽주의나 정해진 운명론에 빠지지 말고 유연한 자세와 생각으로 사주학의 원리를 파악해 나가기 바란다.

제 4 장
운명을 개선하는 방법

일명 개운법이라고 하여 예로부터 좋지 않은 운명을 개선하려는 시도는 수없이 많이 있어 왔고 비밀리에 전해 오는 비법이나 방책 같은 것들도 많이 전해지고 있다. 운명을 개선한다는 의미는 흉(凶)을 피하고 길(吉)을 쫓는 것을 뜻하며 안정됨을 추구하고 재앙이 없도록 한다는 뜻이다. 타고난 운명을 바꾼다는 것은 불가능 하지만 그래도 여러 가지 방법들을 통해서 무언가를 한다는 것 자체가 위안이 된다는 것은 부정할 수 없을 것이다.

마음에 위안을 넘어서 어느 정도 효험이 입증이 된 것들도 있는데 그것은 아마도 믿음에 따른 결과가 아닐까 생각한다. 예를 들어서 부적을 한 장 지녔다고 가정을 해보자. 부적을 믿지 않는 사람들은 지니고 있어도 별 효과가 없을 것이다. 부적을 믿는 사람은 그것을 지님으로 인해서 액운을 벗어날 수 있을 것이라는 믿음이 강해서 좋은 결과로 나타날 수가 있다는 것이다. 오래전부터 전해오는 전통적인 방법과 현대적인 방법이 있는데 아래와 같은 운명 개선방법이 있어서 소개를 한다. 어떤 방법이 옳고 그름을 따지기 이전에 운명 개선방법에 어떤 것들이 있는지를 알아보는 시간을 갖도록 하겠다.

1. 전통적인 방법들

(1) 묘지(풍수지리)

풍수에서 묘지는 음택이라고 하여 죽은 자의 집을 뜻한다. 옛날에는 집안이 잘 되기 위해서는 조상 묘를 잘 써야 한다는 생각이 주류를 이루었던 시절로 산소문화가 가장 중요시 되어 명당을 차지하기 위한 경쟁이 치열했었고 왕실에 상소문 중에서 묘지 문제가 80%를 차지할 정도로 매우 중요한 문제로 인식이 되었다. 지금도 떠도는 소문에 의하면 모 대통령이 후보시절에 당선을 위해서 조상 묘를 명당으로 옮겨서 당선이 됐다는 소문이 돌고 있을 지경이다.

그러나 시대의 변화에 따라서 현대사회에서는 장례문화의 변화로 납골당, 화장, 풍장, 수목장 등이 나타남으로 인해서 풍수에 대한 관심이 많이 줄어들었다고 하겠다. 살아생전에 좋은 일을 해야 좋은 묘지 터에 들어갈 수 있을 것이고 생전에 악행을 일삼았던 사람도 명당으로 들어가고 명당에만 묻히면 무조건 자녀들이 발복한다는 것은 이치적으로 앞뒤가 맞지가 않다고 생각한다. 어찌 보면 명당에 묻히는 것도 선행의 결과물이 아닐까 하는 생각이 든다. 조상님을 좋은 명당에 모신다는 것은 집안의 발전을 위해서도 있겠지만 조상님에 대한 효심의 표현이라고 보는 것이 옳다고 본다. 요즘에는 웬만한 좋은 자리에는 모두 묘지나 집들이 차지하고 있는바 풍수지리가 명당을 잡는 수단으로 사용 되는 것보다 좋지 못한 자리를 피하는 정도의 방법으로 사용되고 있다. 그래서 수맥을 잡는 탐사 봉을 사용하여 물길을 피해서 묘 터를 잡는 방법을 쓰는 것을 신풍수라고 부른다. 무슨 방법이든지 맹신하는 것보다는 적당히 참고하는 정도가 가장 좋은 선택법이 아닐까 생각한다.

(2) 집터(주거지)

풍수에서 집터는 양택이라고 하여 산사람의 집을 뜻한다. 집터를 잘 잡아야 집안이 발전 한다는 것으로 겨울에는 따듯하고 여름에는 시원한 자리에 집터를 잡고 앞에는 강물이 흐르고 뒤에는 작은 산이 있는 모습은 누구나 그려보는 아름다운 집터가 아닐까 생각한다. 요즘은 터의 중요성보다는 편안한 쉽터로서의 조건이 중요하지 않는가를 따져 보아야 할 것이다. 주변 환경과 교통 그리고 아늑함을 줄 수 있는 집이라면 현대판 명당이 아닐까 하는 생각이다. 또한 가족 수에 비해 너무 넓은 집은 좋지 못한 것으로 보고 작은 집에 많은 식구가 사는 것은 좋은 것으로 본다. 안 좋은 일이 자주 일어날 때는 이사를 해보는 것도 하나의 방법이고 주로 원룸 형태의 작은 공간으로 가는 것이 좋을 것이다. 근래에는 집터는 물론이고 아파트 또는 가구 배치나 인테리어까지 풍수적인 이론이 많이 첨가되어 학문으로 발전 되어 있는 것으로 알고 있다. 시대의 변화에 따라서 집터보다는 주변 환경이나 여건이 중요한 시대가 되었고 이제는 가구배치나 실내인테리어에 더 많은 활용이 되지 않을까 기대해 본다.

(3) 이름(작명)

요즘 개명을 하는 사람들이 많아지고 있는 추세인데 법원에서 쉽게 개명을 허락해주는 추세가 개명증가를 확산시키는데 일조 하는 것 같다. 발음이나 소리가 듣기 거북하거나 놀림을 받을 수 있는 이름을 바꾸는 사람들도 있고 사주에 부족한 오행을 채워주는 의미로 팔자에 도움이 되기 위한 개명도 하고 있다. 이름만으로 성공을 보장 받는다면 누구나 대통령의 이름을 짓거나 재벌의 이름을 지어 성공한 삶을 살 것이다. 사주학에서 이름은 전체 운명의 약 5%에서 7% 정도의 영향을 미치는 것으로 보고 있다. 사주팔자에 부족한 오행을 이름으로 보충해 주는 것이 기본이 되겠다. 사주팔자를 참고하지 않고 수리로만 이름을 짓는 것은 잘못된 것이라고 본다. 개인의 사주를 먼저 분석한 다음에 필요한 오행을 찾아 맞춤형 이름을 지어야 한다는 것이다. 사주에 부족한 오행의 영향으로 단명 사주로 태어났다면 그것을 벗어나게 해주는 방법으로는 가장 현명한 방법이 작명이 아닐까 생각한다. 비록 사주팔자로 보았을 때 10%가 안 되는 영향력이지만 후천적으로 운을 개선하는 방법으로는 상당히 큰 효과로 볼 수 있겠다.

(4) 부적

부적은 하늘의 언어 또는 천상의 글씨라고도 하며 많은 사람들이 의지하고 있는 것이 현실이다. 하지만 부적이 모든 문제를 해결 할 수 있다고 생각하는 사람은 없을 것이다. 다만 내가 지닌 부적이 나를 지켜주고 행운을 줄 것이라는 나의 믿음이 나를 안심하게 만드는 마음작용이나 힘이 아닐까 생각한다. 신뢰하고 믿는 마음이 없다면 백약이 무효할 것이니 믿는 사람들 에게는 부적의 효험이 없다고는 말 할 수 없다는 것이다. 부적을 미신으로 생각하는 사람도 있고 믿는 사람도 있는데 그것은 서로 생각의 차이니 흑백을 가릴 수는 없는 일이고 믿음의 차이로 보는 것이 옳다고 생각한다. 필자는 미신이라고 무조건 배척하지는 않는다. 귀신의 존재도 없다고 생각하지 않는다. 단지 거기에 빠져서 정상적인 삶을 살아가지 못하는 것에는 반대를 한다. 뭐든지 과한 것을 경계하는 것이 좋다. 불치병에 걸린 사람들은 현대의학의 힘을 빌려서 치료를 하다가 효과가 없어서 의사가 포기를 하면 민간요법을 써 보거나 귀신의 힘을 빌리기도 한다. 그러다가 가끔씩 낫기도 하는데 그것은 잘못된 생각이나 행위가 아니고 안 되면 여러 가지 방법을 사용해 보는 지혜도 있어야 한다는 것이다. 무조건 현대의학만 맹신하다가 죽어야 하는 것이 옳은 방법은 아니라는 것이다. 필자도 종종 믿음이 기적을 낳는 것을 보았기 때문이다. 부적은 믿음의 차이라고 정리를 해 두는 것이 좋겠다.

2. 현대적인 방법들

(1) 음식 선택

사주팔자에 木이 없거나 부족하면 녹색 채소나 과일 그리고 동물의 간이나 쓸개를 먹는 것이 좋다. 사주팔자에 火가 없거나 부족하면 붉은색 채소나 과일 그리고 동물의 심장이나 소장을 먹는 것이 좋다. 사주팔자에 土가 없거나 부족하면 노란색 채소나 과일 그리고 동물의 비장이나 위장을 먹는 것이 좋다. 사주팔자에 金이 없거나 부족하면 흰색 과일 그리고 동물의 대장이나 폐를 먹는 것이 좋다. 사주팔자에 水가 없거나 부족하면 검정색 곡물 그리고 동물의 신장이나 방광을 먹는 것이 좋다. 보통 몸에 병이 온다는 것은 사주팔자에 없거나 부족한 오행 때문에 발생하는 경우가 많은데 각각 오행마다 담당하는 오장육부가 있어서 선천적으로 약하게 태어난 장기를 보강해 줄 수 있는 음식을 섭취함으로 인해서 질병을 예방하거나 치료할 수가 있다는 것이다. 심각한 질병에는 약을 쓰는 것이 당연하겠지만 타고난 체질에 따라서 미리 약한 장기를 보충해 주는 음식섭취는 질병예방이 큰 도움이 될 것이라고 믿는다.

(2) 색상 선택

木은 파란색이나 녹색, 火는 빨강색, 土는 노란색, 金은 흰색, 水는 검은색에 속한다. 사주팔자에 없거나 부족한 오행에 속하는 색상에 근거하여 옷이나 침구류 및 가구류 등의 색상을 선택하여 배치하면 운명개선의 효과를 얻을 수 있다. 木이 사주에 없거나 부족한 사람들은 파란색이나 녹색 옷을 입어줌으로 인해서 본인의 건강에 좋고 좋은 기운을 불러들인다는 것이다. 火가 사주에 없거나 부족한 사람들은 빨간색 옷이나 침구류를 사용함으로 인해서 건강에 도움이 되고 좋은 기운을 받는다는 것이다. 土가 사주에 없거나 부족한 사람들은 노란색이나 황토색 옷이나 침구류를 사용함으로 인해서 건강에 도움이 되고 좋은 기운을 받는다는 것이다. 金이 사주에 없거나 부족한 사람들은 흰색 옷이나 침구 또는 가구류를 사용함으로 인해서 건강이나 운에 도움을 받는다는 것이다. 水가 사주에 없거나 부족한 사람들은 검정색 옷이나 침구류를 사용함으로 인해서 건강이나 운에 도움을 받는다는 것이다. 다섯 종류의 색상을 선택하여 오링 테스트를 해 보면 부실한 장기를 바로 알 수 있는데 색상을 통한 치유법이나 운명개선법이 현재도 각광을 받고 있다.

(3) 직업 선택

사주팔자에 많거나 강한 오행을 찾은 다음에 그 오행에 맞는 직업을 선택하면 운명개선의 효과를 얻을 수 있다. 木이 많거나 강한 사주를 가진 사람들은 木과 관련이 있는 직업에 종사하는 것이 좋다는 것이다. 木과 관련이 있는 직업으로는 건축, 설계, 농장, 교육, 강사, 원예, 화원, 가구, 목수 등이 되겠다. 火가 많거나 강한 사주를 가진 사람들은 火와 관련이 있는 직업에 종사하는 것이 좋다는 것이다. 火와 관련이 있는 직업으로는 방송, 통신, 광고, 홍보, 전자, 전기, 화학 등이 되겠다. 土가 많거나 강한 사주를 가진 사람들은 土와 관련이 있는 직업에 종사하는 것이 좋다는 것이다. 土와 관련이 있는 직업으로는 중계, 매매, 알선, 토건, 설비, 농업, 부동산 등이 되겠다. 金이 많거나 강한 사주를 가진 사람들은 金과 관련이 있는 직업에 종사하는 것이 좋다는 것이다. 金과 관련이 있는 직업으로는 군인, 경찰, 철강, 금융, 자동차, 고기, 과일, 곡류 등이 되겠다. 水가 많거나 강한 사주를 가진 사람들은 水와 관련이 있는 직업에 종사하는 것이 좋다는 것이다. 水와 관련이 있는 직업으로는 술, 유흥, 비밀, 보안, 경비, 지식, 종교, 얼음 등이 되겠다.

강한 오행을 직업으로 삼는다는 것은 본인이 가장 잘할 수 있는 일을 하는 것이고 그럼으로 인해서 일하는 것이 노동이 아니고 즐거운 일이 될 수 있다고 하겠다. 먹고살기 위해서 억지로 못하거나 하기 싫은 일을 하는 것보다는 소질이 있고 잘할 수 있는 일을 일하는 것에서 즐거움을 느낄 수가 있기 때문이다.

(4) 배우자 선택

사람의 팔자는 결혼을 하면서 한번 바뀌고 자녀를 낳으면 또 바뀐다고 한다. 그것은 가족 구성원 사이에 흐르는 기운의 변화 때문이고 서로 간에 주고받는 팔자의 영향력 때문일 것이다. 부부가 서로 부족한 오행을 채워주는 관계는 좋은 운명의 변화를 가져다주는 인연이 될 것이 틀림없다고 하겠다. 남자사주가 장수할 수 있는 팔자를 타고 났다고 해도 여자사주가 남편과 사별하는 팔자를 가졌다면 어떤 결과를 낳게 될 것인가를 생각해 보자. 예부터 궁합을 볼 때에 가장 먼저 보는 것이 바로 상부살이나 상처살인데 그것은 한마디로 배우자를 잡아먹는 팔자라고 해서 가장 흉한 살로 취급하였다. 본인의 사주와는 전혀 상관없이 상대방에 의해서 피해를 입는 경우라고 하겠다. 필자도 그런 경우를 실제로 많이 보았는데 다행이도 이혼을 하여 생명을 이어가는 경우도 많이 목격을 하였다. 어떤 배우자와 인연이 있는가는 보통 사주에 나와 있지만 꼭 그렇게 만나지 않는 경우도 많이 있다. 전에도 필자가 말을 했듯이 100% 정해진 것이 사주팔자가 아니라는 것이다.

인생을 살아가면서 당면한 상황에서 무엇을 선택하느냐에 따라서 삶은 여러 갈래로 바뀔 수가 있다는 것이다. 만나게 되는 것까지는 운명이라고 볼 수도 있지만 결혼을 하고 안 하고는 본인의 선택인 것이다. 그런데 보통 사람들은 현재의 배우자를 만나게 된 것이 이미 사주에 나와 있고 이미 결정지어진 것에 결과물이라는 생각들을 한다. 그런 착각을 하는 이유는 이미 결정 되어진 현실을 자기 합리화시키는 것으로 볼 수 있다. 지나고 나서 보니까 운명인 것처럼 느껴진다는 것이다. 내 팔자가 부족한 부분이 많지만 좋은 팔자의 배우자를 만나서 잘 사는 경우를 주변에서 볼 수가 있다. 그러한 선택은 본인의 의지에 의해서 선택된 팔자라고 본다. 이러한 측면에서 본다면 배우자를 선택하는 일은 매우 중요한 일로 한 사람의 운명이 달려 있다고 해도 과언이 아닐 것이다. 선택에 따라서 운명은 항상 변하게 되어 있다.

3. 필자가 추천하는 방법들

(1) 적선(積善)

글자를 그대로 풀이하면 쌓을 적, 착할 선으로 착한 일을 해서 복을 쌓는다는 뜻이다. 팔자를 고치는 방법 중에서 가장 확실한 방법은 동서고금을 막론하고 '적선'이라고 하겠다. 착한 일을 하면 복을 받고 악한 일을 하면 죄를 받는다는 것을 모르는 사람들은 없을 것이다. 이것은 누구나 아는 사실이고 최고에 진리라고 할 수 있다. 적선은 물질로만 베풀 수 있는 것이 아니고 가진 것이 없어도 따듯한 말 한마디로도 타인에게 도움을 줄 수가 있으며 몸으로 봉사하는 일도 있을 것이다. 자고로 비록 작은 선행이라도 지속적으로 베풀어 공덕을 쌓으면 하늘이 감동하여 상을 내린다고 하였다. 뿌린 대로 거둔다는 말이 있듯이 운명을 바꾸는 가장 확실한 방법은 매일 선행을 하여 덕을 쌓는 일이라고 하겠다. 매일 한 가지씩 선행을 하면서 많은 덕을 베풀면 전생(前生)의 죄업을 경감하고 금생(今生)의 운명을 개선할 수 있다. 주변에서 알아주기를 바라는 듯이 거창하게 봉사활동을 하는 것은 진정한 적선이 아니다. 소리 소문 없이 티 안 나게 조용히 주변사람들을 돕는 독지가들이 나타날 때마다 사람들은 깊은 감동을 받고 아직은 우리사회가 살만한 사회라고 입을 모은다. 적선은 그렇게 하는 것이다.

(2) 명상과 심신(心身)의 안정

불교에서는 사람이 버려야할 3가지 독으로 탐, 진, 치를 꼽는다. 탐욕과 성냄 그리고 어리석음을 뜻하는데 이 3독을 버리고 심신의 안정을 도모하면 운명개선의 효과를 얻을 수 있다. 명상수련을 통해서 자신을 바로 알고 분수를 지키며 만족할 줄 아는 삶을 살아가면 운명개선의 효과를 얻을 수 있다. 탐욕은 욕심인데 내가 바라는 대로 세상일이 되지 않는 것에 대한 불만으로 성냄이 발생하여 화를 내게 되는 것이다. 화를 내는 원인은 어리석기 때문인데 본래 세상일은 본인 뜻대로 되지 않는 것이 당연한 이치이기 때문이다. 3독 중에서 가장 근본원인은 어리석기 때문에 발생 한다고 본다. 세상에 모든 것은 변한다는 것을 알지 못해서 변하지 않기를 바라는 마음이 어리석은 마음이다. 이러한 무지를 깨닫게 하는 것이 마음공부이고 명상이다. 앞뒤가 뒤바뀐 생각을 바로 잡고 진리를 추구해서 무명을 씻는 것이 세상을 순리대로 살아갈 수 있는 방법이라고 하겠다. 날마다 탐욕에 물들어 요동치는 마음을 명상을 통해서 심신의 안정을 찾는다면 분명히 운명은 바꿀 수 있다고 본다. 상담하러 오는 모든 사람들은 본인의 잘못이 없고 세상이 문제라고 말한다. 그렇다고 세상을 바꾸기는 매우 어렵고 불가능 하다고 생각이 되며, 본인 자신이 바뀌면 세상이 달리 보인다. 매일 틈틈이 명상을 한다면 반드시 운명이 개선된다고 믿는다.

(3) 지명(지역이름)

사주팔자에 없거나 부족한 오행이 있으면 그것을 땅의 지기에서 취하는 방법으로 도시의 이름을 오행으로 따져서 맞는 지역에 살아야 한다는 것이다. 木이 사주에 없거나 부족한 사람들은 본인이 사는 지역이 나무와 산이 있는 지역이 좋으며 지역명이 ㄱ, ㅋ이 들어가는 지명이 잘 맞는 것이다. 예를 들면 김천이나 고창 같은 지명이 좋다고 하겠다. 火가 사주에 없거나 부족하면 빌딩이나 도심지가 좋으며 지역명이 ㄴ, ㄷ, ㄹ, ㅌ가 들어가는 지명이 잘 맞다. 예를 들면 나주나 담양 같은 지명이 좋다고 하겠다. 土가 사주에 없거나 부족한 사람들은 중앙이나 넓은 평야지대가 좋으며 ㅇ, ㅎ이 들어가는 지명이 잘 맞다. 예를 들면 안양이나 양산 같은 지명이 좋다고 하겠다. 金이 사주에 없거나 부족한 사람들은 공장지역이나 관공서 주변이 좋고 ㅅ, ㅈ, ㅊ이 들어가는 지명이 잘 맞다. 예를 들면 수원이나 충주 같은 지명이 좋다고 하겠다.水가 사주에 없거나 부족한 사람들은 바닷가나 강가처럼 물 주변에 사는 것이 좋으며 지명에 ㅁ, ㅂ, ㅍ이 들어가는 지명이 잘 맞다. 예를 들면 목포나 포항 같은 지명이 좋다고 하겠다. 오행이 한쪽으로 치우친 사주는 단명하기 쉬운데 부족한 오행의 기운을 채우는 방법으로 지역이름이나 주변 환경을 이용한다는 차원이다. 사업을 하는 장소와는 별개로 본인이 주거지로 삼은 지역을 말한다.

(4) 긍정을 선택

세상만사를 부정적으로 보는 시각과 긍정적으로 보는 시각이 있는데 '일체유심조(一切唯心造)'라는 말이 있듯이 모든 것은 마음먹기에 달려 있다. 어떤 일을 시작도 하기 전에 미리 안 될 것을 생각 한다면 무슨 일이든 안 되는 것이 당연한 일 것이다. 우주는 커다란 반사 거울과도 같아서 나의 마음가짐이나 생각 또는 말에 대답을 하는데 꼭 될 것이라는 생각과 믿음은 곧 일의 성과로 돌아온다는 것이다. 성공한 사람들의 말을 들어 보면 그들은 대부분 긍정적인 마음을 가지고 있는 것으로 조사 되는데 할 수 있다는 생각과 도전하는 행동은 운명을 바꾸는 첫 단추가 아니겠는가.

얼마 전에 방송에서 노벨상을 받은 사람들의 이야기를 방영한 적이 있다. 그들의 공통점은 사람들이 모두 불가능하다고 하는 일에 도전을 해서 업적을 이루어낸 사람들이었다. 그 사람들의 생활방식이 부정적이었을까 아니면 긍정적이었을까. 그들이 부정적이었다면 확률이 거의 없는 일에 도전을 했을까. 아마도 시작도 하지 않았을 것이다. 할 수 있다는 긍정적인 생각으로 시작을 했기 때문에 노벨상을 수상했다고 필자는 생각한다. 사주공부에 도전하는 많은 학인들이 자주 하는 질문 중에 하나가 "제 사주가 사주공부에 잘 맞습니까?"이다. 사주공부에 잘 맞는 사주도 있고 안 맞는 사주도 있겠지만 그것보다는 본인이 사주공부를 하는 것이 즐겁고 좋은지 아니면 어쩔 수 없이 하는지가 더 중요하다. 하고 싶어서 하는 일은 즐겁지만 하기 싫은데 해야 하는 일은 힘들기 때문이다. 모든 일에 부정적인 시각을 가지고 사느냐 아니면 모든 일에 긍정적인 시각을 가지고 사느냐가 매우 중요하다. 누구나 할 수 있는 일에 도전을 하는 것은 그 결과물이 크지 않을 것이지만 아무나 할 수 없는 일에 도전을 한다면 그 결과물이 매우 클 것이고 이루었다는 성취감도 훨씬 더 클 것이다. 사주공부를 선택함에 있어서도 이와 다르지 않다.

제 5 장
사주학의 오해와 진실

1. 점술과 사주학

일반인들은 조상신을 모셔 놓고 점을 보는 사람과 사주공부를 해서 학문적으로 사람의 운명을 감정하는 사람을 구분하지 못한다. 신점을 보는 점집에 가면 먼저 무슨 문제로 왔는지를 알아맞히는 경우가 많다. 그래서 방문자들이 명리상담사도 같은 부류로 생각을 하고 본인이 무슨 문제로 왔는지도 모르느냐고 반문하는 경우가 많다. 방문자들의 요구에 의하여 명리상담사들은 래정법을 터득하려고 했는지도 모른다. 하지만 점술과 사주학은 전혀 다른 분야이기 때문에 비슷할 것으로 착각을 하는 방문자들의 기대에 명리상담사들이 따라갈 필요가 없다. 점술과 사주학이 전혀 다른 분야라고 방문자들에게 설명을 해주면 될 일이다.

사주공부를 하는 학인들 중에서도 누가 어디 가서 사주를 보니까 사주주인공이 장애인인 것을 금방 맞히더라는 이야기를 한다. 그러면서 사주학에서는 어떤 방법으로 알 수가 있느냐를 물어온다. 그것은 사주공부에 상식이 전혀 없는 사람들 이야기로 점집에서 장애인인 것을 맞춘 것을 가지고 사주보는 곳에서도 맞힐 것이라고 생각을 한 것이다. 점술이라는 것의 특징이 지나간 과거는 귀신을 부려서 금방 알아맞힌다. 그러나 앞으로 다가올 미래의 일은 귀신도 모르는 일이다. 그런데 사주학은 지나간 과거보다는 다가올 미래의 상황을 내다볼 수가 있으며 선택의 순간에 무엇을 선택하는 것이 최상의 선택인지를 알려줄 수가 있다. 물론 오행의 치우침이나 운의 흐름을 보아서 대략 신체의 어느 부위가 좋지 못하다거나 어느 부위를 다칠 수가 있다는 정도의 내용은 알 수가 있겠지만 단정적으로 어느 부위의 장애를 알아맞힌다는 것은 매우 어려운 일이라고 하겠다.

사주팔자 여덟 글자와 대운과 세운의 흐름만으로 사람에게 일어나는 모든 경우에 수를 다 알 수가 있다면 얼마나 좋겠는가. 시중에 사주학자들 중에는 사주팔자로 모든 것을 다 알 수가 있다고 호언장담하는 학자들도 있다고 들었다. 그것은 어리석음에서 나오는 말이라고 필자는 생각한다. 이 세상에 완벽한 것은 아무것도 없으며 그래도 학문적으로 사람의 운명을 알아보는 방법으로는 사주학 만한 것이 없다는 것이 중요하다. 사주학보다 더 운명을 잘 관찰하고 예지할 수 있는 학문이 있다면 그것을 배우면 되지만 아직까지는 그런 학문이 존재하지 않는다. 사주학을 완벽한 학문으로 생각하고 사주공부를 하거나 점술에 비교를 하려고 한다면 스스로 완벽주의 함정에 빠져서 그 누구도 벗어나게 해 줄 수 없는 지경에 이르게 될 것이다. 혹여 주변에서 사주학에 대해서 잘 알지 못해서 하는 말들이 있거든 진실을 잘 알려줘서 오해가 없도록 만들어 줘야한다. 오히려 그 말에 휩쓸려서 본인이 혼란을 겪는 일이 있어서는 안 될 것이다. 점술과 사주학은 비교 대상이 아니며 전혀 다른 분야인데 다만 미래를 예측 한다는 측면에서는 어느 정도 유사한 점이 있다고 하겠다.

2. 사주학의 사회적 역할

점술을 하는 사람들은 본인의 의사와 관계없이 신들의 행위에 지배를 받는 경우가 많아서 자신을 통제하기가 어렵지만 사주공부를 하는 사람들은 학자이기 때문에 본인의 의사결정을 스스로 한다. 요즘 사회에서 점술로 인해서 피해를 입은 사례가 종종 나오고 있지만 그것은 우리가 관여할 분야가 아닌 전혀 다른 분야이기 때문에 여기서 논할 가치가 없다고 하겠다. 하지만 사주상담을 하는 상담사들에게 금전적 피해나 정신적인 피해를 입었다는 사람들도 많이 있는 것으로 알고 있다.

그런 피해를 입힌 상담사들은 주로 사주공부가 깊게 되지 않은 초보학자들이 많은데 학문에 목적을 두고 공부를 한 것이 아니고 재물에 목적을 둔 사람들이라고 볼 수 있다. 그들의 공통점은 상담에는 관심이 없고 무엇을 문제 삼아서 그것을 해결해 주는 조건으로 금전을 요구할 것인가를 연구한다. 또 한 가지 공통점은 막말을 자주 한다는 점이다. 자녀들이 크게 다친다거나 남편이 죽을 수도 있다는 식으로 협박을 한다. 상담에 목적이 오직 돈을 벌기 위해서로 맞춰져 있다는 것이 특징이다. 일부에서 벌어지는 그런 사건 사고들 때문에 선량한 명리상담사들이 사회적으로 부정적인 인식을 받고 있으며 모두 똑같은 취급을 받는 경우가 많다고 본다.

사주공부의 깊이도 중요하지만 그런 사이비 상담사들 때문에 사주학이 사회적으로 지탄을 받는 경우가 많아지면 많아질수록 명리상담사들이 설 자리가 없어지게 되고 존재의 이유도 흐려진다. 명리상담사들은 삶이라는 굴레 속에서 한치 앞도 알 수가 없는 상황에 직면한 사람들에게 어떤 선택을 해서 살아가는 것이 가장 현명한 길인가를 알려주는 삶의 안내자로 중요한 사회적 책임을 가진다. 그런 막중한 책임을 가진 상담사들을 일부 몰지각한 상담사들로 인해서 다수의 선량한 상담사들이 더 이상 오해받는 일이 없었으면 좋겠다. 상담사들도 처신을 바르게 하여 명리상담사의 이미지 개선에 힘을 써주기 바란다. 앞으로 훌륭한 명리상담사들이 많이 나와서 현실구제라는 이름 아래 길을 몰라서 헤매는 수많은 사람들의 등불이 되어주기를 바란다.

3. 역술인 오불언설(五不言說)

(1) 극단적인 말은 하지마라.

사주상담을 할 때 막말을 하는 경우를 말하는데 주로 누가 죽는다거나, 망한다거나, 헤어진다거나 하는 식으로 불행이 확실히 일어날 것이라고 단정 지어서 말을 하는 것이다. 사주학이 그렇게 단정적인 언어를 사용할 수 있는 학문도 아니고 여러 가지 정황상 이런저런 일이 있을 경우에 수를 말할 수는 있어도 정확하게 어떤 일이 벌어질 것이라고 단정을 하는 것은 옳지 못한 표현이다. 사실 불행한 일이 일어날 것이라고 확신이 들더라도 그것을 꼭 직접적으로 표현을 하다는 것은 좋은 방법이 되지 못한다는 것이다. 혹시 그것을 미끼로 금전을 요구할 심산이 아니라면 그런 상담방법은 사용하지 않는 것이 좋다. 사실 누가 죽을 수 있는 운이 왔다고 하더라도 살려낼 방법이 없다면 미리 죽음을 확신하는 말을 해서 누구에게 무슨 이득이 있는가를 생각해 보아야 한다.

불행한 운이 온다면 그것을 피할 수 있는 방법을 알려주는 것이 중요한 것이지 극단적인 말은 오히려 방문자에게 또 다른 좌절만을 안겨줄 것이다.

⑵ 충고보다는 위로를 하라.

방문자를 상대할 때 그들의 애로사항이나 불만들을 잘 들어주고 맞장구도 잘 쳐주며 위로를 해주는 상담사들이 있는 반면에 상대방의 말이 끝나기도 전에 말을 끊고 설교를 하거나 교육을 시키려는 상담사들도 있다. 과연 어떤 방법이 상대방에게 도움이 될 것 인가를 생각해 보자. 방문자들은 교육을 받으러 온 것이 아니고 설교를 들으러 온 것이 아니다. 그들은 상처받은 영혼들로 위로받고 싶고 본인 편을 들어 주기를 바라며 자기 이야기를 들어 주는 것만으로도 기뻐한다. 그들이 원하는 것이 무엇이겠는가를 생각해 보면 답이 나올 것이다.

⑶ 진실보다 중요한 것은 희망이다.

어느 초보학인이 이런 말을 한 적이 있다. 본인은 스승님 말씀대로 상담할 때 절대 거짓말 안 하고 진실만을 말해 왔다고 한다. 그런데 이상하게 손님이 없다고 했다. 그런 경우는 아직은 실력이 부족해서 손님이 없는 것도 있겠지만 상담방법에 문제가 있는 경우가 더 많다. 사주를 보러 오는 상담자들 대부분은 별로 특별할 것도 없는 그저 평범한 민초들이 많다. 그들의 사주를 보고 있으면 가슴이 답답해지고 미래가 암담해서 할 말이 없는 경우가 많은데 그럴 때마다 사실 그대로 상담을 해 준다면 듣는 사람들의 심정은 어떻겠는가 말이다.

그래도 진실만을 말하고 싶다면 그렇게 하라. 말리지는 않겠지만 아마도 10년 정도 배고픈 설움을 겪어 봐야 필자의 말뜻을 알게 될 것이다. 사주팔자를 사실대로 거짓 없이 알려줘야 한다는 것이 정직한 것이라면 그것은 옳은 상담방법이다. 또한 부족한 사주팔자이고 좋지 않은 운이라고 해도 희망을 주는 거짓말을 해주는 것도 옳은 상담방법이다. 두 가지 방법 중에서 옳고 그름을 판가름하기 위함이 아니다. 모두 옳은 방법임에는 틀림이 없으나 방문자와 상담사 두 사람 모두에게 결과적으로 무엇이 좋을 것인가를 생각해 보아야 한다. 단순히 거짓을 말하라는 것이 아니고 적어도 상담자가 조그마한 희망이라도 갖고 돌아가게 아량을 베푸는 것이 상담사의 의무가 아니겠는가.

(4) 남녀관계에 관여하지 마라.

방문자들 중에서 남녀가 함께 오는 경우는 흔치 않지만 만약에 같이 온 경우라면 십중팔구는 부부사이가 아니라는 것이다. 부부행세는 하지만 부부가 같이 와서 궁합을 물어 볼 이유가 없기 때문이다. 어떤 방문자들은 사촌오빠와 여동생 사이로 가장을 해서 애인을 옆에 두고서 궁합을 묻는 경우도 있다. 그 앞에서 궁합이 좋지 못하다거나 도움이 안 되는 관계라는 말을 하다가 큰 화를 당하는 경우도 있다. 남녀 사이에 헤어져야겠다는 상담도 주의를 해야 한다. 여자 방문자가 남편과 헤어져야겠다며 상담을 하는 경우가 있는데 상담사가 거기에 동조를 해서 헤어지라고 하면 나중에 남편이 찾아와서 당신이 뭔데 헤어지라고 하느냐고 따지는 경우도 있다. 어떤 여자 방문자는 본인이 실컷 남편 욕을 해놓고 상담사가 그 정도면 헤어지라고 말하면 정색을 하고 오히려 화를 내는 경우도 있다. 본인은 욕해도 되지만 남이 욕하는 꼴은 못 본다는 심보인 것 같다. 보통 남녀관계는 둘만이 알 뿐이고 남들은 알 수가 없다고들 말한다. 괜히 남에 가정사나 연애사에 끼어들어서 말이라도 잘못해서 문제가 발생하면 큰일이기 때문에 아예 관여를 하지 않는 것이 현명한 일이라는 것이다. 개인적인 남녀관계의 일에는 관여하지 않는다는 원칙을 세우는 것도 좋은 방법이 되겠다.

(5) 사주를 평가하지 말고 길을 제시하라.

방문자는 본인 사주를 평가 받으러 온 것이 아니고 이런 어려움이 있으니 어떻게 하면 좋겠는가를 물으러 온 것이다. 그런데 학자들 중에는 사주가 이래서 나쁘고 저래서 안 좋다는 식의 상담을 하는 경우가 있다. 만약에 길이 보이지 않거든 차라리 덕담이라도 해주는 것이 좋다. 사주공부를 많이 해서 지식이 높다고 하여 손님이 많이 찾아오는 것은 아니다. 방문자들이 원하는 것이 무엇인지를 먼저 알고 그것을 제공해 주는 상담이 최고의 상담인 것이고 그래야만 방문자들이 많이 오는 것이다. 상담을 오래하다 보면 앞으로 힘든 삶을 살게 될 사람들의 사주들을 수없이 많이 만나게 되는데 그럴 때마다 상담자의 마음도 별로 편치가 않다. 그리고 할 말이 별로 없음도 알게 될 것이다. 방문자들은 모두가 본인이 이 세상에 태어난 이유는 천지신명께 쓰임이 있어서이고 때가 되면 자신은 분명히 귀히 사용될 것이고 언젠가는 크게 발전할 것이라는 막연한 믿음을 가지고 산다. 상담사가 보면 비록 그것이 헛된 망상일지라도 본인에게는 소중한 믿음인지도 모른다. 그러한 믿음을 망상이라고 일깨워 주려고 하지 말고, 본인사주가 별 볼일 없다고 포기시키려고 하지 말고, 앞으로도 좋은 운은 오지 않을 것이라고 설득하지 말고, 앞으로 어떻게 살면 잘 될 것이라고 길을 제시하는 상담을 해야 한다. 명리상담사로서 책임감을 가지고 사회에 꼭 필요한 상담사가 되기를 바란다.

제 6 장
궁합(宮合)

1. 궁합 이전에 사주의 중요성

남녀의 궁합을 본다는 것은 서로 다른 환경에서 자란 두 사람이 만나서 함께 자녀를 두고 백년해로를 할 수 있는가를 알아보는 것으로 매우 중요한 일이라고 하겠다. 남녀 사주의 특성을 살펴서 성격이나 추구하는 성향을 맞춰 보는 것도 중요하지만 각자의 사주를 살펴보는 일이 더 우선이라고 본다. 부부란 한 가족으로 서로의 운명에 끼치는 영향이 매우 크기 때문에 한 사람의 사주와 상관없이 상대방의 사주에 의해서 운명이 결정되는 경우가 발생을 하므로 궁합에 앞서 상대방의 사주를 살펴보는 것이 더 중요하다고 하겠다. 남자사주는 별다른 문제가 없는 일반적인 사주라고 하더라도 여자사주에 배우자와 사별을 하거나 이별을 하는 기운이 들어 있다면 그것은 궁합과 관계없이 그러한 일들이 벌어질 수 있기 때문이다.

반대로 여자사주는 문제가 없어도 남자사주에 자녀와 인연이 없거나 여자문제가 발생할 소지가 많은 사주라면 이 또한 궁합 이전에 남자사주의 문제점부터 따져 봐야할 문제인 것이다. 궁합에 앞서 이런 개인적인 사주에는 문제가 없는지를 살펴본 연후에 궁합을 보는 것이 합당하다고 생각한다. 사주팔자가 음양의 치우침이 극단적 성향을 지님으로 인해서 단명할 사주도 있을 것이고 그러한 사주는 운에 따라서 이성의 혜택을 받지 못하는 경우가 발생할 수 있다. 그리고 사주에 합이 많으면 정이 많아서 이별이 어렵겠지만 충이 많으면 쉽게 헤어지는 일이 발생할 수 있는 것이다. 궁합이라는 것이 고정된 관계가 아니고 시기에 따라서 변화하기 때문에 운의 관찰 또한 매우 중요하다.

특별한 경우도 있는데 여자의 사주에 관성이 없는 명이라도 상대방 남자의 사주에도 재성이 없다면 서로에 대한 기대감이 없기 때문에 좋은 궁합이 될 수도 있는 것이다. 남자사주에 재성이 멀리 떨어져 있는 모양이라도 여자사주에 관성이 멀리 떨어져 있는 모양이라면 이 또한 오히려 좋은 궁합이 되는 것이다. 이처럼 궁합 이전에 서로의 사주모양을 잘 관찰하여 판단을 해야 할 것들이 많다는 것이다.

2. 띠로 보는 궁합

태어난 띠를 기준으로 상대방과 삼합(三合)이 되는 띠를 가진 사람을 최고의 궁합으로 보는데 일반적으로 4살 차이는 궁합도 안 보고 결혼을 한다는 말이 있다. 띠 궁합은 일반인들에게 가장 널리 알려진 궁합법인데 전혀 근거가 없는 것은 아니고 어느 정도는 일리가 있다고 하겠다. 서로의 띠를 보아서 삼합에 해당하면 서로의 성향이 비슷하고 추구하는 바도 방향이 같다고 판단해서 좋은 궁합이라고 하는 것이다.

(申 – 子 – 辰) (巳 – 酉 – 丑) (寅 – 午 – 戌) (亥 – 卯 – 未)

남녀의 띠가 (申, 子, 辰)과 같이 삼합이 되는 띠끼리는 인생관이나 행동양식이 비슷하여 가족이나 친구처럼 잘 어울려 산다. 남자의 띠가 원숭이 띠고 여자의 띠가 쥐띠면 해당이 되고 남자의 띠가 쥐띠고 여자의 띠가 용띠면 해당이 된다. 남녀가 반대의 띠에 해당이 되도 마찬가지로 좋고 나이차이도 4살 차이가 된다. 남자의 띠가 원숭이 띠고 여자의 띠가 용띠에 해당이 되어도 삼합은 형성이 되는데 나이 차이는 8살이 차이가 나지만 삼합에 해당하므로 궁합이 좋은 것으로 본다. 물론 같은 띠끼리도 마찬가지로 삼합에 해당이 되는데 예를 들어서 쥐띠와 쥐띠도 삼합관계라서 띠 궁합이 좋은 것으로 본다. 申, 子, 辰 삼합 이외에도 나머지 삼합도 마찬가지의 방법으로 해석을 하면 틀림이 없을 것이다.

3. 오행 궁합

봄에 태어난 남자는 가을에 태어난 여자와 궁합이 잘 맞고 여름에 태어난 남자는 겨울에 태어난 여자와 궁합이 잘 맞는다고 본다. 남녀가 서로 반대기운의 계절에 태어나면 좋다는 뜻인데 이것은 서로에게 부족한 오행을 채워주는 역할을 하는 것으로 볼 수가 있고 기본적인 음양의 이치에서 보아도 서로 반대되는 성격이 오히려 잘 맞는다는 생각에서 그러한 판단을 했을 것으로 생각한다. 반대기운의 계절에 태어났다는 것은 몸이 더운 남자는 몸이 찬 여자와 잘 어울린다는 이치이고부부가 몸이 같이 차거나 같이 더운 경우는 가까이 하기를 꺼려 한다는 이치로 이해를 하면 될 것이다. “부부일심동체”라는 의미로 본다면 서로에게 부족함을 채워준다는 의미에서 오행의 궁합은 매우 일리가 있는 궁합법인데 특히 자녀생산의 문제에 해당된다고 보면 된다.

4. 밤 궁합(속궁합)

남녀 모두 水의 기운을 기본으로 충족해야 한다. 水는 오행으로 볼 때 모든 만물은 물이 없는 곳에는 생명이 없다는 것을 뜻하고 사람의 장기로는 생식기나 신장, 방광을 의미하기 때문이다. 水는 정력을 뜻하기도 하지만 자녀생산 능력으로도 본다.

(1) 일지 동(日支同): 남녀의 일지가 같다.

남자일주가 戊子이고 여자일주가 庚子이면 일지가 子로 같은 경우로 동일한 일지를 갖는다는 것은 안방의 환경이 같다는 의미일 것이고 생활리듬이나 생체리듬도 같다는 것을 의미 한다고 하겠다. 일간과는 상관없이 일지가 12지지 중에서 같은 글자면 해당이 되는데 일지가 같은 글자면 속궁합이 가장 잘 맞는 배우자로 볼 수가 있다.

(2) 일지 삼합(日支三合): 남녀의 일지가 삼합

남자일지가 戊子이고 여자사주가 庚辰이면 일지가 子, 辰으로 삼합을 이루는데 삼합의 운동성은 같은 방향성을 의미하고 함께 모이려는 성향이 강하여 잘 맞는 속궁합을 의미 한다고 하겠다. 남자사주의 일지가 申과 여자사주의 일지가 辰에 해당이 되거나 여자사주의 일지가 申과 남자사주의 일지가 子에 해당이 되어도 마찬가지로 해석을 한다. 나머지 삼합들도 이와 같이 해석을 하면 된다.

(3) 일지 충(日支沖): 남녀의 일지가 상충된다.

남자일지가 戊子이고 여자일주가 丙午이면 일지가 子, 午충을 하는데 충의 작용은 원래 서로 자극을 주어서 활발하게 움직이는 작용을 하는 것으로 상대적인 만족을 줄 수 있는 조건으로 본다. 6개의 지지충이 모두 해당이 되고 남녀의 일지가 충을 하면 속궁합이 좋은 것으로 해석을 한다. 丑 - 未, 寅 - 申, 巳 - 亥, 卯 - 酉, 辰 - 戌 남녀 모두 일지에서 서로 충을 하면 해당이 된다.

5. 유정법과 무정법

(1) 운의 영향력

남자의 경우 대운에서 정재를 극하는 비겁 운이 오면 사주구조와 상관없이 부부관계에 어려움을 겪게 되는 시기라고 하겠다. 보통 대운은 20년을 주기로 오기 때문에 금방 참고 넘어가기가 어려운 시간이고 그 영향력은 매우 크다고 하겠다. 여자의 경우 대운에서 정관을 극하는 상관 운이 오면 사주구조와 상관없이 부부관계에 어려움을 겪게 된다. 물론 대운이 배우자를 극하는 운이 온다고 해서 모두 잘못 된다는 것은 아니고 순탄치 않은 세월을 보내게 될 경우가 많다는 뜻이다. 세운에서도 12년마다 배우자를 극하는 운이 2년씩 들어오는데 남자의 경우 비겁 운이 오면 재성을 극하여 배우자와의 문제가 발생하게 된다. 여자도 마찬 가지로 식상 운이 12년마다 2년씩 들어와서 배우자와의 관계가 어려워진다는 것이다. 대운에는 걸리지 않는 사람들이 많겠지만 세운에는 누구나 거쳐 가는 과정이다. 사주구조에 별다른 문제가 없는 사람들은 그냥 지나가는 경우가 많지만 사주에 문제를 안고 있던 사람들은 이런 세운에 문제가 발생하는 경우가 제일 많다. 배우자를 극하는 세운도 신혼 초에 만난다거나 어린 자녀가 있는 경우는 쉽게 넘어갈 수 있겠지만 사랑이 유효기간을 넘기고 자녀들도 어느 정도 성장을 했을 때 만나게 되면 문제가 발생할 수도 있다. 물론 요즘에는 황혼 이혼이라고 해서 나이 드신 분들도 노년에 갈라서는 경우가 많아지긴 했으니 이것도 세상의 변화에 따라 감명방법을 달리 해야겠다.

(2) 일지와 시지의 충

일지는 배우자 자리이고 시지는 자녀의 자리가 되는데 두 자리가 충을 한다는 것은 배우자와 자녀가 서로를 용납하지 않는다는 뜻이므로 둘 중 한 사람만 동거할 수 있는 것으로 판단한다. 여자사주가 일지에 관성이 있고 시지에 식상이 있는데 둘이 충을 하고 있다면 남편과 동거하고 자녀가 16세 이상이 되면 유학을 보내거나 기숙사 생활을 하게 만들어서 둘 사이를 격리 시키는 것이 좋다는 것이다. 여기서 일지가 관성이며 안방이고 시지는 담 밖으로 보고 식상이 있기 때문에 자녀가 나가서 산다고 해석을 한다. 여자사주가 일지에 식상이 있고 시지에 관성이 있다면 안방에 자녀가 있는 모양으로 자녀가 16세 이상이 되면 배우자가 직업이나 일문제로 타지에서 생활하며 오고가는 형태를 취하는 것이 좋다는 것이다. 여기서 자녀는 아들을 뜻하고 딸은 관련이 없다고 보는데 그 이유는 옛날에는 남아 선호사상으로 인해서 대를 이을 남자아이만 자식으로 생각을 했기 때문이다.

(3) 배우자와 갈등인자

남자사주에 인성이 많으면 식상을 극하여 처가와 갈등이 생길 수 있고 비겁이 많으면 재성을 극하여 배우자와 갈등이 생길 수 있다. 여자사주에 식상이 많으면 관성을 극하여 배우자 갈등이 생길 수 있고 비겁이 많으면 재성을 극하여 시집과 갈등이 생길 수 있다. 이렇게 사주에 육친의 균형이 잘 맞지 않고 어느 한쪽으로 치우쳐서 배우자와의 갈등 인자를 가지고 있는 사주는 그런 사정을 미리 염두에 두고 각별히 노력을 해야만 가정생활을 유지할 수가 있다. 부부갈등의 인자를 가지고 있다는 자체로 문제가 되는 것은 아니고 육친이 자리한 위치나 합, 충, 형의 형태를 잘 살펴서 판단을 해야 할 것이다.

6. 단식 판단법의 문제점

단식 판단이라는 것은 매우 위험한 감명방법으로 신살론을 통한 감명이나 고서에 나오는 글을 보고 한가지로만 판단을 하는 것이다. 신살론에 나오는 도화(桃花)살이 있는데 이런 살이 있으면 끼가 많거나 바람둥이라는 선입견에 따라서 무조건 사주에 도화살이 있는 사람은 바람둥이라는 것으로 판단을 해버리는 것이다. 또한 도화(桃花)가 있는 사람만 보면 끼가 많거나 바람둥이가 아닐까 하는 생각을 가지고 사람을 대하게 된다는 것이다. 고서에 보면 "일지(日支) 비견은 별부지명(別夫之命)이라"는 말이 있는데 이 글귀 하나로 모든 사주를 감명할 때 일지에 비견만 있으면 이혼했거나 이혼할 사주로 보인다는 것이다. 여자사주가 "관살혼잡" 된 것도 대표적으로 고서에서 나쁘게 말하는 사주 중에 하나인데 주로 기생이나 술집여자로 여러 남자를 상대한다고 해석을 해놓았다. 이런 것들이 선입견이 되어서 이와 유사한 사주들을 보면 바로 단식판단을 하게 된다는 것이다. 실제로 지금도 도화살이나 일지비겁 또는 관살혼잡을 그대로 해석하는 학자들도 많이 있는 것으로 안다. 물론 감명을 해 보면 맞는 경우가 없다는 것은 아니지만 그렇다고 전부 그렇게 판단할 수는 없다는 것이다. 필자의 경험에 의하면 관살혼잡 사주는 평생 직업을 갖는 여자들이 많았고 주로 교사들이 많다는 사례가 있다. 도화를 가진 여자들도 바람둥이나 끼가 있는 여자가 아니고 애교가 많고 이성에게 인기가 많은 경우에 해당한다고 본다. 한 가지만을 보고 판단을 하는 방법은 옳지 않다는 것이고 사주 감명은 항상 전체적인 모습을 보고 대운과 세운을 대입해서 종합적인 복식판단을 해야 올바른 해석법이 될 것이다.

제 7 장

공망의 연구

1. 공망의 의미

일간지를 기준으로 적용하며 오행은 있는 것으로 보고 육친의 작용력은 없는 것으로 본다. 10천간이 12지지를 짝 짓고 남은 2개를 말하고 지지가 공망이면 천간도 같이 공망이 된다. 격용론을 공부하는 학인들은 공망을 사용하지 않는 경우가 많은데 필자는 공망을 사용한다. 하지만 고서에 나오는 그대로 적용을 하지는 않고 경험에 의해서 약간 변형된 방법으로 사용을 하고 있다. 아래에 공망 적용방법을 상세히 기재하겠으니 많은 활용이 있기를 바란다.

2. 공망의 작용력

(1) 작용의 범위

필자는 고서에 나오는 내용처럼 공망이 된 육친을 무조건 없는 것으로 간주

하지는 않고 한 단계 낮게 사용을 하거나 보이지 않는 곳에서 사용을 하는 것으로 판단을 한다. 공망이 된 식신은 상관처럼 되므로 교육사업, 기호식품 판매, 제조, 생산업에 적합하며 공망이 된 재성은 대로변보다는 골목 안쪽에서 활동하는 것이 좋은 것으로 변형해서 사용을 한다. 또한 공망의 특징을 살려서 사용하는 경우가 있는데 만약에 상관이 공망이 되었다면 비어서 망한다는 의미와 유사한 방법으로 가운데에 구멍이 난 빵이나 뻥튀기 장사 또는 뽑기 장사 같은 것을 하면 잘 된다고 해석을 한다.

(2) 충과 합에 의한 작용력 변화

충(沖)은 공망을 80% 정도 해소시키고 육합과 삼합은 40% 정도 해소를 시키는 것으로 보고 방합은 작용력이 없는 것으로 본다.

3. 공망의 적용

(1) 근묘화실에 적용

년이 공망 되면 조상의 덕이 없거나 박한 것으로 보고 월이 공망이면 부모 형제와 인연이 없거나 부친의 가업을 잇지 못하는 것으로 본다. 시가 공망이면 자녀 덕이 없거나 말년의 외로움으로 해석한다. 일지 공망은 년을 기준으로 보는데 이것은 사용하지 않는다. 지지가 공망에 해당하는 육친은 물론이고 천간에 함께 있는 육친도 공망이며 년, 월, 일, 시에 위치한 자리도 공망으로 취급하여 해석을 하는 것이다. 일명 자리 공망이라고도 한다.

(2) 육친에 적용

육친 중에서 인성이 공망이면 모친 덕이 없고 학문성과 도덕심이 부족한 것으로 판단한다. 비겁이 공망이면 형제자매와 인연이 없고 경쟁심이 약한 것으로 판단한다. 식상이 공망이면 남자는 제조업이 불가능하며 여자는 자녀와의 인연이 없는 것으로 판단한다. 재성이 공망이면 남자는 부인복이 없고 금전 운이 부족하고 여자는 금전 운이 부족한 것으로 판단한다. 관성이 공망이면 남자는 직장 운이나 자식 운이 없고 여자는 남편 덕이 부족한 것으로 판단한다.

가. 그릇의 크기 – 재성, 관성의 공망

사주팔자에 재성과 관성이 공망이 되면 세속의 뜻이 약하며 수명은 늘어난다. 세상을 살아가는데 돈과 명예가 없거나 직업과 배우자가 없다면 그 인생은 차라리 속세를 떠나서 출가의 명이라고 볼 수 있다.

나. 부모의 혜택 – 재성, 인성의 공망

사주팔자에 재성과 인성이 공망이면 부친과 모친의 인연이 약하다. 재성은 부친이고 인성은 모친으로 보는데 둘 다 공망이라면 부모의 혜택이나 인연이 없는 것으로 판단한다.

다. 형제와의 관계 – 비겁의 공망

사주팔자에 비견과 겁재가 공망이면 형제인연이 약하다. 형제와의 인연 외에 경쟁심이나 자립심이 약하고 의지력이 약하다고 판단한다.

라. 두뇌와 학문 – 인성의 공망

사주팔자에 인성이 공망이면 학문은 높으나 크게 쓰지 못하고 절반만 사용하게 된다. 인성은 공망 작용이 약하며 문서로도 보는데 시골에 구석진 논, 밭으로도 판단한다.

마. 직업 – 관성의 공망

사주팔자에 관성이 공망이면 재성을 중심으로 사회활동을 구한다. 명예나 직장을 중심으로 살아가기보다는 상업을 위주로 살아가는 방법을 택해야 한다. 남자의 경우 없는 것에 대한 욕구가 강하여 상업으로 성공 후에 공망되어 없어진 관성에 집착하여 선거에 출마하여 피해를 보는 경우가 많다고 판단한다.

바. 부인의 인연 – 재성의 공망

사주팔자에 재성이 공망이면 배우자 인연이 약하거나 좋은 배필을 만나지 못하는 경우가 많다. 하지만 오히려 남자가 재성이 없는 경우와 여자가 관성이 없는 경우라면 두 사람은 좋은 배필이 될 수 있다. 서로 없는 배우자에 대한 기대감이 없기 때문이다. 경제적 안정을 기대하기 힘들고 상업의 길로 간다 하여도 본인의 매장이나 상점을 갖기 어렵다고 판단한다.

사. 건강 – 식상의 공망

사주팔자에 식상이 공망이면 수명이 단명한 것을 말한다. 건전한 배설처가 없는 경우와 같고 재능과 재주가 없고 표현력이 부족하며 행동이 느리다고 판단한다.

(3) 운의 적용

공망을 적용하는 데 있어서 대운에 적용은 안 하며 세운에 작용력이 큰 것으로 본다. 공망 운에는 시험이나 재판에서 떨어지거나 지는 경우가 많이 발생한다. 나이가 많으면 공망 운에 사망하는 경우도 있다. 공망 운에 일을 잘 지켜 나가면 공망을 빠져 나가면서 급속도로 크게 발전하는 경우도 있다.

(4) 공망된 육친의 피해크기 – 공망의 피해 순위

재성 〉 관성 〉 식상 〉 인성 〉 비겁

공망에 해를 가장 크게 받는 순서를 말하며 재성이 가장 크게 해를 입고 비겁이나 인성은 가장 해가 작다는 뜻이다.

4. 공망 기타

(1) 제로 공망

시(時)의 간지에 壬, 癸나 亥, 子, 丑과 같이 水가 있는 것을 말한다. 문 밖에 불이 꺼져 있는 상황이나 대문 앞에 강물이 막혀 고립되어 있는 형국으로 보아 일종의 공망으로 본다. 제로 공망이 있으면 노년에 조용하고 한적한 산골이나 시골에 들어가서 살기를 바란다. 주로 노년기에 은둔을 뜻한다.

(2) 3위 공망

사주팔자에 년, 월, 시 3자리가 공망일 때를 말한다. 고서에는 3위 공망을 오히려 대길한 것으로 보는데 실제경험에 의하면 그렇지는 않고 공망이 하나나 둘일 때보다는 나쁘지 않지만 대길하지는 않는다. 주로 일지를 가지고 살아가는데 일지가 배우자 자리이므로 남자는 부인과 함께 일을 하거나 처가와의 인연으로 살아가는 경우가 많았다. 변화 없는 조직사회나 집안일을 할 때는 무사태평하지만 큰 발전은 없고 큰 해도 입지 않는다는 것으로 판단한다.

5. 공망을 쉽게 찾는 법

공망을 쉽게 찾는 방법으로 수장도라는 손바닥을 이용하면 된다. 왼손 약지 손가락 뿌리에서부터 출발하여 왼쪽으로 한 바퀴 손가락 매듭 끝을 하나씩 짚어 나가면 12개의 지점을 만들 수가 있다. 그 다음 子, 丑, 寅, 卯, 辰, 巳, 午, 未, 申, 酉, 戌, 亥 순으로 12지지의 자리를 배정하여 외운다. 예를 들어서 갑인

(甲寅) 일주의 공망을 찾아보기로 하겠다. 일지 寅은 약지 손가락 뿌리에서 출발하여 세 번째 자리로 子, 丑, 寅의 자리인 검지손가락 뿌리 부분에 해당한다. 거기서 부터 일간 甲을 얹고 10천간을 돌려 나간다. 甲을 寅 자리에서 출발하여 천간 끝까지 간다. 그러면 해(亥)자리에서 계(癸)로 끝이 나니까 子 丑이 공망이 된다.

다시 연습을 위해서 정유(丁酉) 일주의 공망을 예로 찾아보기로 하겠다. 子부터 시작하여 10번째 자리가 酉자리이고 거기서 일간 丁에서 출발 시켜서 나가면 戊, 己, 庚, 辛, 壬, 癸로 여섯 단계에서 천간이 끝이 나고 그 자리는 지지로 卯자리에 해당이 된다. 그러면 다음 글자인 辰과 巳가 공망이 된다. 공망은 수장도를 통해서 몇 번만 연습하면 쉽게 찾을 수 있으니 감명에 많은 활용이 있기 바란다.

제 8 장

삼합의 연구

1. 삼합. 12운성, 12신살의 연관성

삼합은 만물이 탄생하고, 펼치고, 사라지는 시간적의미를 말한다. 오행이 탄생하고 성장하여 소멸되고 다시 탄생하는 자연현상을 윤회적으로 표현해 놓은 운동이 12운성인데 그것의 핵심을 뽑아서 정리를 해 놓은 것이 삼합이다. 반대로 말하면 12운성은 삼합의 운동 방향을 세밀하게 설명해 놓은 것이고 12신살은 12운성의 작용에 의해서 일어나는 사건들을 나열해 놓은 것이라고 할 수 있다. 그러므로 이 3가지를 잘 관찰하고 연구해야 사주학을 정확히 이해할 수 있을 것이다. 12운성과 12신살 그리고 삼합을 연계해서 잘 이해를 해야 하는데 아래에 세 가지를 비교분석하여 기재를 하였으니 잘 이해하기 바란다.

삼합(三合)은 亥, 卯, 未 – 木국과 寅, 午, 戌 – 火국 그리고 巳, 酉, 丑 – 金국과 申, 子, 辰 – 水국이 있다. 아래에 한 가지 예로 오행 중에서 丙(火)이 시간의

변화에 따라 나타났다가 사라지는 현상을 12운성과 12신살로 표현해 놓은 것을 설명해 보기로 하겠다.

(1) 삼합의 첫 글자

寅(木)은 丙(火)이 寅(木)에 12운성으로 장생(長生)하여 태어나고 12신살은 지살(地殺)이 된다. 寅시는 새벽 3시에서 5시이고 태양이 떠오르는 시간이며 12운성으로 탄생을 의미하고 12신살은 새로운 환경으로 이사를 가는 것을 뜻한다.

(2) 삼합의 둘째 글자

午(火)는 丙(火)이 午에 12운성으로 제왕(帝王)자리이며 12신살은 장성(將星)에 해당된다. 午시는 낮12시 정오를 말하며 태양이 가장 높은 곳에 위치하는 시간이 되고 12운성은 왕(旺)하여 양보하지 않는 기세를 의미하며 12신살은 권위와 위엄을 뜻한다.

(3) 삼합의 셋째 글자

戌(土)은 丙(火)이 戌에 12운성으로 묘(墓)의 자리이며 12신살로는 화개(華蓋)에 해당된다. 戌시는 저녁 7시에서 9시가 되어 태양이 지는 시간을 말하며 12운성은 묘지, 멈춤을 뜻하고 12신살은 화려함을 덮는 화개를 의미하며 마무리를 말한다.

(4) 재생의 길

12운성의 戌 묘지에 입묘 된 丙(火)이 그 후로 亥에 절지가 되고 子에 잉태되어 丑에 양이 되어 새로운 재생을 준비하는 단계이고 다시 寅(木)에 장생을 시킨다. 이렇듯 각 오행이 생로병사를 거쳐서 다시 윤회하는 대자연의 변화와 조화를 12운성과 삼합 그리고 12신살을 통하여 분명하게 보여주고 있는 것이다.

2. 삼합과 장사

삼합을 이용하여 장사가 잘되게 하는 방법이 있는데 그것은 본인의 태어난 띠를 기준으로 바로 앞글자의 삼합을 찾아내고 거기서 중앙에 위치한 글자의 방위로 출입문을 내는 것이다. 어떤 원리로 이러한 이론이 만들어졌는가를 설명해 보겠다. 장사를 하면 손님으로 오는 사람들은 본인과 전생에 아는 지인들이나 친인척 관계라고 보고 그들과 본인이 소통하는 방위가 있다고 보는 것이다. 그래서 그 소통방위를 출입문으로 삼으면 자유롭게 전생에 인연들과 만날 수가 있어서 손님들이 많이 온다는 논리이다.

주인의 띠가 쥐(子)띠라면 바로 앞 글자가 亥가 되고 亥와 연관된 삼합은 亥, 卯, 未가 된다. 여기서 중앙에 위치한 글자의 방위는 卯 방위로 동쪽에 해당하여 점포의 출입문 방위가 동쪽으로 나있으면 전생에 인연들인 손님과 소통이 잘 되어 장사가 잘 된다는 것이다. 한 가지만 더 예를 들면 호랑이(寅) 띠의 주인이 있다면 바로 앞 글자가 丑이 되고 삼합은 巳, 酉, 丑이 되며 출입문 방위는 酉방위인 서쪽이 되어야 한다는 것이다. 각각의 띠를 대입해 보면 4가지 방위가 나오는데 각 방위마다 3개의 띠가 해당 되는 것을 알 수가 있다. 申, 子, 辰의 띠들은 공통적으로 바로 앞 글자의 삼합이 亥, 卯, 未가 된다. 申의 바로 앞 글자가 未가 되고 子의 바로 앞 글자가 亥가 되며 辰의 바로 앞 글자가 卯가 되는 것이다. 그래서 申, 子, 辰 띠들은 장사를 할 때 출입문 방위가 공통적으로 卯방위로 동쪽으로 출입문이 나있으면 좋다고 하겠다. 이런 방법으로 삼합을 전체적으로 대입을 하면 바로 위의 삼합과 바로 밑의 삼합관계를 알 수가 있을 것이다. 이것을 이용하여 각 띠들에게 장사가 잘 되는 출입문 방위를 알아내서 상업사주에 활용하기 바란다.

3. 삼합과 궁합

삼합을 궁합에 활용하는 방법은 위에서 언급한 방법을 응용하는 것인데 申, 子, 辰 띠들의 한 글자 앞의 삼합이 亥, 卯, 未라고 했다. 그렇다면 한 글자 앞의 띠들이 다음글자의 삼합 띠들 보다 전생에 윗사람이었다고 볼 수가 있다. 그러면 申, 子, 辰보다 한 글자 다음 글자들의 삼합은 巳, 酉, 丑이 되어 전생에 아랫사람이었다는 것이 되겠다. 앞과 뒤가 있었다면 삼합이 4개가 되므로 나머지 하나는 반대성향의 삼합이 있는데 그것은 寅, 午, 戌이 되겠다.

이것을 종합하여 궁합을 보면 남자의 띠가 전생에 여자의 띠보다 위가 된다면 여자는 음에 성향이 강해서 순종하는 데 별 문제가 없을 것이고 만약에 반대로 여자의 띠가 남자의 띠보다 위가 되었을 경우가 문제가 되는 것이다. 남자는 본래 양에 성향이 강해서 인내심이 부족한 관계로 여자를 윗사람으로 모시고 살기가 어렵다고 보는 것이다. 그래서 궁합으로 보면 여자가 위의 띠고 남자가 아래의 띠가 만나면 해로하기가 어려운 것으로 본다. 가장 좋은 관계는 같은 삼합에 해당하는 띠가 되겠고 평범한 관계는 반대가 되는 삼합이라고 할 수 있는데 그 둘의 관계는 비록 적대관계였지만 서로 계산적인 사이로 관계를 유지하므로 상대방이 하나를 주면 나도 하나를 주는 관계로 별 탈이 없다고 본다. 이렇게 전생의 상하관계와 대립관계를 기준으로 궁합에 참조하면 감명에 많은 도움이 될 것이다.

4. 삼합과 인간관계

예전에 대기업 면접시험에 유명한 술사들이 면접관으로 참여를 했다는 소문은 들어서 알고 있는 사람들이 많이 있을 것이다. 주위에서 개인 사업을 하는 사람들이 상담을 하러 와서 직원문제로 고민을 털어 놓는 경우를 종종 보게 된다. 직원을 뽑았는데 사장의 말을 듣지 않고 본인이 사장노릇을 하려고 한다거나 어떤 직원은 뜻은 잘 통하는데 같이 놀라고 한다는 것이다. 우리가 가까운 지인들을 만나도 나이를 떠나서 어떤 사람하고는 마음이 잘 통하고 어떤 사람하고는 많이 부딪치고 또 어떤 사람한테는 그 사람 뜻에 내가 잘 따라가고 반대로 내 뜻에 잘 따라주는 사람도 있을 것이다. 이런 모든 관계가 삼합으로 보면 전생의 서열에 따라서 현생에 습관으로 이어져 내려온 것이라고 한다.

앞에서 설명한 삼합관계를 다시 예를 들어서 설명을 하겠다. 직원을 채용한다면 본인의 띠보다 다음 글자의 삼합 띠들을 뽑는다면 전생에 아랫사람이었던 습관에 의해서 나의 말을 잘 따라 줄 것이다. 본인이 쥐(子)띠라면 다음글자는 丑이 되고 삼합은 巳, 酉, 丑이 되어 이 띠들은 직원으로 채용하면 내 말을 잘 듣고 편안한 사람들이 되겠다. 반대로 뽑지 말아야할 띠들은 바로 한글자 위의 띠 삼합이 되겠다. 亥가 한 글자 앞이고 亥, 卯, 未 띠들은 전생에 윗사람이라서 내 말을 듣지 않고 오히려 자기가 윗사람 노릇을 하려 한다는 것이다. 가장 잘 통하는 사이는 아무래도 전생에 가족이나 친인척이었던 같은 삼합에 속하는 띠라고 하겠다. 이렇게 삼합을 이용하여 일상생활에 활용하는 것들이 많은데 여기서 지면으로 모두 밝히지는 못하고 간단하고 쉽게 사용이 가능한 몇 가지만 기재를 하였으니 잘 습득하여 실전에 많은 활용이 있기를 바란다.

제 9 장

감명 잡론

1. 남명 잡론(男命雜論)

* 월령(月令)에 비겁이 있는 사주는 부친을 의미하는 편재를 극하는 이유로 재성이 튼튼하여야 하고 천간에 재성과 관성이 투간 됨을 기뻐하며 운이 재성이나 관성 운으로 흘러가야 길하고 만약에 비겁 운으로 흐른다면 파재하여 큰 재앙이 있을 것이다.

* 신왕(身旺)한 사주는 비겁이나 인성대운으로 향하는 것은 크게 불길하고 신약(身弱) 사주는 반대로 비겁이나 인성대운을 만나면 크게 발복할 수 있다.

* 사주에 양인(羊刃)이 있으면 흉명이라고 하는데 일간이 약하여 도움이 절실 할 때는 오히려 도움이 되니 속단하여 판단하지 말고 오행의 중화를 살펴서 감명하기 바란다.

* 양인(羊刃)은 일간의 강약을 떠나서 충을 꺼리고 합을 좋아하는데 사주에 칠살이나 상관이 있어 합을 하면 오히려 귀명이다.

* 합과 충에 있어서 희신은 천간 합이나 지지 충이 되면 그 작용력이 상실되어 불리하고 기신은 천간 합을 하여 작용력을 제안하면 길하고 지지 충을 하여 충격을 주면 불리하다고 하겠다.

* 火를 희신으로 사용하는 사주가 子월이나 亥월에 출생하고 火기가 미약하면 시력이 나쁘거나 눈에 질환이 많이 생기고 안경을 쓰는 사람이 많을 것이다.

* 사주에서 생극 관계는 양간(陽干)이 양간을 생하거나 음간(陰干)이 음간을 생하면 그 작용력이 크고 양간이 음간을 생하거나 음간이 양간을 생하면 그 작용력이 미약하다고 본다.

* 식상이 재성을 생하는 데 있어서 상관은 정재를 생하고 식신은 편재를 생하는 작용력이 크다고 본다.

* 남명에 정재가 지장간에 숨어 있고 편재가 투출이 되어 있으면 첩이 오히려 처의 권한을 빼앗아 권리를 행사하게 된다.

* 사주에 편인이 있어 식신을 극하는 모양을 가진 사람은 후덕함이 없고 정이 없으며 간사한 사람일 것이다.

* 격국을 이룬 사주는 충을 만나면 깨져서 파격이 되고 합을 만나도 좋지 못하고 형 또한 길하지 못하는바 오로지 격은 간섭하는 인자가 없어야 길하다고 하겠다.

* 남명은 재성을 처로 보는데 일지에 비겁이 있으면 처궁이 불길하여 처가 병으로 고생하거나 의처증이 생길 수 있으며 가정불화를 면하기 어렵다고 본다.

* 남명이 일지에 인성이 있으면 처가 억세고 잔소리가 심하며 모친과도 불화가 있어서 이혼하기 쉽다.

* 일지가 충을 당하여도 불길하니 안방을 충(沖)하면 배우자와의 인연이 불길하다고 본다.

* 비겁이 왕성한 사주는 부부인연이 불길한 명이라고 본다.

2. 여명 잡론(女命雜論)

* 여명(女命)의 일지에 식상이 있으면 남편을 섬기는 자세가 되어 있지 못하고 자기주장을 내세워 원만한 가정을 이루기 어렵다.

* 여명이 신강하면 모든 일에 이롭지 못하며 오직 중화를 이루어야 완만한 가정을 이루고 산다.

* 여명이 가장 꺼리는 것은 관살이 혼잡하여 여러 개의 관을 보는 것인데 본 남편을 버리고 수차례 결혼을 하는 것으로 본다.

* 여명이 년간(年干)에 상관을 보면 첫 남편과 인연이 없다.

* 여명에 인성이 지나치게 강함을 꺼리는데 이것은 식상을 극하여 자녀가 없거나 인연이 박하고 남의 남자를 탐하고 남자는 많으나 한명도 같이 살아줄 남자는 없고 남의 재물에 손해를 끼친다고 본다.

* 여명에 재성과 관성이 투출 된 사주는 온화한 성정에 가정이 화목하고 부유하게 될 것이다.

* 여명에 재성과 관성이 천간에 드러나 있지 않으면 고집이 세고 남편을 무

시하여 원만한 가정을 이루기 어렵다.

* 여명은 아무리 좋은 사주라도 양 일간을 가졌다면 음 일간을 가진 사주만 못하다고 본다.

* 여명이 순양(純陽)이나 순음(純陰)이면 독수공방 하게 된다.

3. 기타 잡론

* 년간(年干)은 조부(祖父)의 길흉과 덕을 살피고 월간(月干)은 부친(父親)의 길흉과 덕을 살피며 일간(日干)은 본인 자신을 의미하고 시간(時干)은 아들의 유무와 덕을 살핀다.

* 년지(年支)는 조모(祖母)의 길흉과 덕을 살피고 월지(月支)는 모친(母親)의 길흉과 덕을 살피며 일지(日支)는 배우자의 길흉과 덕을 살피고 시지(時支)는 딸의 길흉과 덕을 살핀다.

* 남자사주를 하늘 건(乾)이라고 하고 여자사주를 땅 곤(坤)이라고 표기한다.

* 사주에서 귀(貴)의 상태를 구분하기 위해서는 관성(官星)을 살피고 부(富)의 크기를 구분하기 위해서는 재성(財星)을 살핀다.

* 관성이 너무 많아서 감당하기 힘들면 오히려 귀하지 못하고 재성이 너무 많아서 감당하지 못하여도 오히려 가난할 것이다.

* 도화살이 년이나 월에 있으면 장내도화라 하여 해로울 것이 없고 일이나 시에 있으면 장외도화라 하여 문란함이 많다고 본다.

* 여명에 비겁이 중중하면 반대로 재성과 관성이 미약하여 가정의 살림을

책임져야 하는 경우가 많고 아무리 일을 해도 그 공이 없고 배우자를 바꾼다 하여도 마찬가지다.

* 여명에 가장 좋은 육친은 재성과 식신인데 그것은 재성이 관성을 생하니 남편을 섬기는 마음이고 식신은 재성을 생하니 시가 어른을 받드는 마음이라 해석한다.

* 사주에 재성이 비겁과 동주(同柱)하면 재물을 모으지 못한다. 감명잡론 편은 고서에 전해져 내려오는 이론으로 현재에도 통용이 되는 내용도 있고 그렇지 못한 경우도 있는데 모든 이론들이 옳다고 생각이 되어서 수록한 것은 아니고 여러 가지 고전들을 섭렵함으로서 더 넓은 시야를 가질 수 있도록 하기 위함이니 이러한 이론들도 있다는 것을 참고하기 바란다.

제 10 장

사주분석의 연구

1. 사주분석 순서

10정격에 해당이 되지 않아서 수십 가지의 외격이나 종격, 특수격으로 해석을 하기 보다는 대안으로 '간지론' 해석법을 사용하는 것이 옳다는 견해를 가진 필자는 이 책에서 간지론 해석법을 중심으로 설명해 놓았다. 아래에 간지론을 통한 사주분석에 방법들을 자세하게 나열을 하였으니 하나하나 사주명조에 대입하여 분석 작업을 해 보면 통변에 많은 발전이 있을 것이다. 사주명조를 적어 놓고 아래에 나열한 순서대로 사주를 분석하는 습관을 들여 보도록 하자. 처음에는 숙달이 되지 않아서 무엇부터 볼 것인가를 잘 알지 못하므로 사주명조 밑에 아래의 순서를 적어 놓고 차례대로 해석을 붙이는 방법이 좋겠다. 사주분석은 많이 해 볼수록 좋은데 주변에 아는 지인들의 사주명조를 받아서 실제 통변연습을 자주해 보는 방법이 제일 좋은 훈련 방법이라고 하겠다.

(1) 사주에 없는 오행과 육친

사주명조에 어느 오행이 없는지, 어느 육친이 없는지를 아는 것은 매우 중요한 사주분석 방법으로 만약에 木이 사주에 없다면 앞에서 배운 것과 같이 대화와 타협을 잘하지 못하고 계획이나 시작을 잘 못하는 경향을 보인다. 木이 육친으로 재성에 해당한다면 남자는 여자와 재물에 인연이 없거나 약해서 배우자 인연이 약하거나 상업능력이 떨어진다고 해석하는 것이다. 대부분 사주분석에 핵심은 무언가가 부족하거나 없어서 생기는 문제가 가장 중요한 포인트가 되는 것이다.

(2) 사주에 많은 오행과 육친

사주명조에 어느 오행이 많은지, 어느 육친이 많은지는 사주에 강한 오행이나 육친을 알아내서 사주의 주인공이 가장 잘할 수 있는 것이 무엇이고 어떤 재능을 가졌는지를 알아내는 중요한 방법이라고 하겠다. 이것은 사주 주인공이 어떤 문제에 당면했을 때 어떤 방식으로 문제를 해결해 나갈 것인가를 알아보는 수단이 되기도 한다. 木이 사주에 많다면 대화와 타협을 통한 해결방식을 좋아하고 또한 언변에 능통할 것이고 계획을 세우는 일이나 무슨 일을 시작하는 것을 잘 할 것이다. 木이 육친으로 재성이라면 남자는 여자와 재물에 인연이 많다는 것이 되어 배우자나 여자와 인연이 많고 상업능력이 뛰어나며 금전인연도 좋다고 볼 수 있다.

(3) 근묘화실

근묘화실은 년, 월, 일, 시 어느 자리에 어느 육친이 있는 것이 가장 좋은지를 먼저 설정해 보고 거기에 반대가 되는 육친이 자리했을 때 일어나는 현상을 설명하는 것이다. 남자사주에 일지는 배우자 자리이므로 정재가 자리해야 마땅한데 정재를 극하는 비겁이 있다면 당연히 배우자와의 인연이 박하다고 봐야할 것이다. 반대로 여자사주에 일지가 배우자 자리이므로 당연히 정관이 자리를 해야 하는데 정관을 극하는 상관이 자리를 하고 있다면 남편과의 인연이 좋지 못함을 보여주는 것이라고 해석한다. 앞에서 배웠듯이 각 자리에 어느 육친이 배치가 되어 있는가에 따른 해석은 가장 빠른 감명법이라고 본다. 사주팔자를 적으면서 바로 해석이 가능한 감명법이 바로 근묘화실이다.

(4) 육친변용법

간지론에서 중요한 감명법은 22간지를 물상으로 무한확장을 하는 방법인데 육친을 물상으로 변환하는 것 또한 매우 중요한 감명법에 속한다. 육친을 단순히 인간관계로만 해석을 해서는 안 되고 물상으로 확장을 하는 연습을 많이 해야 한다. 사주명조에 식신과 상관을 남자사주에서는 육친으로 처갓집을 의미하지만 사업적으로는 제조, 생산, 교육, 보육, 음식, 재능 등으로 확대 해석을 하며 장사를 할 때도 상관과 재성이 있는 경우에 먹는장사를 한다면 기호식품 장사를 하는 것이 좋고 식신과 재성이 있으면 요식업을 하는 것이 좋은 것으로 해석을 한다. 육친을 폭넓게 해석할 수 있어야 고수가 될 수 있다.

(5) 12운성

12운성 활용법을 잘 모르고 있는 학인들이 많아서 일간대비 사주에 지지를 대입해서 일간의 강약을 구분하는 방법으로 사용을 하는데 그것도 나쁜 방법은 아니지만 사주에 재성이나 관성을 대운이나 세운에 대입을 시켜서 12운성으로 어느 자리에 해당하는지를 알아보는 것이 더 좋은 활용법이라고 본다. 사주 주인공이 庚(金)을 재성으로 사용한다면 올해 甲午년에 금전 운은 어떻다고 설명을 해 주겠는가. 오행으로 본다면 火극 金하여 나쁘다고 해석을 할 것이고 육친으로 본다면 庚(金)을 재성으로 사용한다는 것은 일간이 火일 것이므로 육친으로 본 해석은 비겁이 재성을 극하여 좋지 못하다는 해석이 나올 것이다. 하지만 12운성으로 해석을 하면 전혀 다른 해석이 나온다. 庚(金)은 12운성으로 巳에 장생을 하고 午에 목욕을 한다. 그래서 현재 상승곡선을 타고 있으며 앞으로 많은 발전이 있을 것으로 해석을 한다. 이것은 오행과 육친의 상생과 상극논리에 빠져서 잘못된 해석을 하게 되는 전형적인 실수에 해당이 되는 대목이다. 그것을 방지하기 위해서는 12운성을 활용한 해석이 가장 정확한 해석임을 명심해야 할 것이다.

(6) 辰, 戌, 丑, 未의 입묘작용

사주명조에 辰, 戌, 丑, 未가 있으면 12운성으로 어느 오행이나 육친이 입묘가 되는지를 점검해야 하며 대운이나 세운에서 진, 술, 축, 미를 만나도 어느 오행이나 육친이 입묘가 되는지를 꼭 확인하고 넘어가야 한다. 그냥 土라는 오행이나 육친으로만 해석을 하고 넘어가면 큰 실수를 저지르게 된다. 丁(火) 일간인 남자가 일지에 丑이 있다면 육친으로 식신이 되어 배우자 운이 좋다고 판단하겠지만 그렇지 않다. 12운성으로 丑은 庚(金) 정재를 입묘시키는 작용을 하기 때문에 배우자와의 인연이 나쁘다고 해석하는 것이다. 이렇게 진, 술, 축, 미의 12운성으로 입묘작용을 잘 관찰해야 하며 운에서 만나도 마찬가지로 어느 오행과 육친을 입묘시키는지를 잘 관찰해야 할 것이다.

(7) 22간지론

간지론의 꽃이라 할 수 있는 것은 아무래도 22간지를 물상으로 무한 확장하는데 있다고 봐도 과언이 아닐 것이다. 木을 관성으로 사용을 한다는 것은 목재, 종이, 패션, 교육, 건설, 기획, 미용 등이 해당이 되는데 간지론 입장에서는

甲, 乙, 寅, 卯로 분류하여 더욱 현실에 가깝게 접근할 수가 있다는 것이다. 甲, 乙은 천간으로 생각이나 기운을 뜻하므로 교육, 기획, 미용기술 등에 해당이 된다. 寅, 卯는 지지로 실제 물질이나 현실을 뜻하므로 목재, 종이, 패션, 건설, 장식 등에 해당이 된다는 것이다. 더 분류를 하자면 甲은 교육, 기획이고 乙은 미용기술로 꾸미고 장식하는 능력을 말한다. 이렇게 천간과 지지로 구분하고 22글자 하나하나에 대한 물상으로 확장을 연습하면 그야말로 신기한 통변을 선보일 수가 있게 된다.

(8) 지장간

사주팔자에 없는 오행이나 육친도 지장간에 있으면 있는 것으로 간주를 한다. 비록 드러나 있지는 않지만 때에 따라서 나타났다가 사라지는 역할을 하기 때문에 지장간을 잘 해석해야 실수가 없다. 보이지 않는다고 없다고 판단을 해서는 안 되고 지장간을 잘 살펴서 언제 모습을 드러내서 활동을 하게 되는지를 잘 알아서 해석을 해야 한다. 비록 지장간에 있지만 결코 약하지 않은 오행이나 육친이 있는데 그것은 寅(戊, 丙, 甲)에 丙이라고 할 수 있다. 12운성으로 丙은 寅에 장생을 하기 때문에 장생지에 안에 들어 있는 丙은 약하지 않고 힘 있는 육친이라고 해석을 하는 것이다.

지장간의 진정한 의미는 지지에 들어 있는 지장간들이 사주의 주변 글자나 운에서 오는 글자들에 의해서 오행의 성질이 변한다는 데 있다. 子, 午, 卯, 酉는 오행의 성질이 변하지 않지만 寅, 申, 巳, 亥는 본래의 오행이 삼합의 글자들에 의해서 오행의 성질이 한번은 변하는 글자들이다. 辰, 戌, 丑, 未는 본래의 오행이 방합과 삼합의 글자들에 의해서 오행의 성질이 두 번 변하는 글자다. 오행의 성질이 변한다는 것은 해당육친의 작용을 하지 않는다는 뜻으로 중요한 의미를 갖는다. 이러한 점들은 통변을 하는데 중요한 수단이 되며 지장간을 잘 알아야 고수가 된다는 말이 왜 나왔는지를 알게 해 주는 대목이다.

(9) 간섭인자

간섭인자는 합, 충, 형을 말하는 것으로 오행이나 육친에서 상생이나 상극개념은 잊고 22간지에서는 합, 충, 형의 논리에 적용을 받는다. 어느 육친이 어느 육친을 합 하느냐, 충 하느냐, 형 하느냐를 그대로 해석하는 것이다. 기본적으로 합은 돕는 개념이고 충은 역마개념이고 형은 특별한 재능을 의미한다. 형이 있으면 의료, 법무, 세무라는 특별한 직업에 인연을 가지고 충은 역마의 의미를 갖는다고 해석을 한다. 합은 가까이서 합을 하는 경우 식신과 정재가 합을 하면 요식업으로 성공하는 명조가 되고 인성을 재성이 합을 하면 학문에 돈이 관여를 하므로 학원사업이나 인허가권 또는 자격증을 통한 사업으로 해석을 한다. 여러 가지 상황이나 환경을 있는 그대로 읽어내어 해석하는 방법으로 간섭인자는 사주풀이의 단초를 제공한다고 하겠다.

(10) 대운과 세운

사주 명리학에서는 기3 운7이라는 말을 자주 듣게 된다. 그 뜻은 타고난 사주팔자가 30%라고 한다면 운이 70%를 차지 한다는 것이다. 그렇게 말을 하고서는 실제로 많은 선생들은 실제사주를 설명할 때 대운이나 세운은 빼고 풀이를 하는 경우를 많이 볼 수가 있다. 대운과 세운을 안 본다는 것은 70%라는 운을 빼고 사주를 해석한다는 것이 된다. 아무리 좋은 사주팔자를 타고 났다고 해도 운이 따라주지 않고 반대로 간다면 그 뜻을 펼치지 못하고 세월만 낭비하는 팔자가 될 것이다. 역사에서도 보았듯이 강태공이라는 사람은 60세가 넘도록 빈 낚싯대를 드리우고 세월을 낚으며 때를 기다렸던 인물이다. 때를 만나지 못하면 좋은 사주도 아무 소용이 없게 되는 것이다. 그렇다면 사람들이 흔히들 말하는 세상에 순응하며 사는 방법은 무엇일까. 그것은 사주팔자에 타고난 재능을 따라서 사는 것이 아니고 대운을 따라서 사는 것이라고 하겠다. 이렇게 중요한 운을 어찌 사주감명에 넣지 않을 수가 있겠는가.

2. 사주분석 방법

(1) 사주팔자의 글자를 관찰

가. 사주에서 재성으로 사용하는 글자가 무엇인지 관성으로 사용하는 글자가 무엇인지를 관찰한다.

나. 합과 충을 관찰하여 간섭인자를 관찰한다.

다. 일간이 어떤 글자이며 월지가 어떤 글자인지를 관찰한다.

(2) 오행관계를 관찰

가. 오행의 많고 적음을 관찰한다.

나. 팔자에 미치는 영향과 해결책을 생각한다.

다. 사주를 방합으로 구분하여 강력한 세력의 오행을 관찰한다.

(3) 육친관계를 관찰

가. 육친의 많고 적음을 관찰한다.

나. 사주에 없는 육친을 관찰하여 부족한 논리를 생각해 본다.

다. 부족한 것으로 인하여 생기는 관심사를 생각해 본다.

(4) 근묘화실을 관찰

가. 근묘화실을 이용하여 년, 월, 일, 시를 관찰한다.

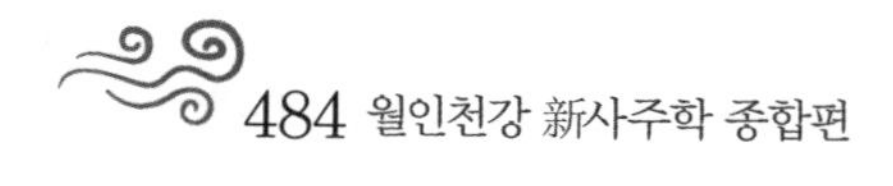

나. 육친의 년, 월, 일, 시의 배치를 보고 문제점을 관찰한다.

다. 년, 월과 일, 시를 따로 관찰하여 어느 육친을 빨리 사용하고 늦게 사용하게 되는지를 살펴본다.

(5) 격국 용신을 관찰

10정격에 해당하는 사주는 격국용신론을 대입하여 해석을 한다.

가. 월지에 육친을 관찰한다.

나. 파격이라면 파격의 정도를 관찰한다.

다. 관성과 인성, 식상과 재성으로 분리하여 관찰한다.

라. 가장 필요한 글자가 무엇인지 관찰한다.

(6) 공망의 관찰

가. 일주를 중심으로 공망된 육친을 관찰한다.

나. 년, 월, 일, 시에 어느 자리가 공망인가를 관찰한다.

다. 공망의 세운을 만났을 때 발생할 수 있는 일들을 관찰한다.

(7) 사주의 특징을 관찰

가. 재물과 명예의 크기를 관찰한다.

나. 처와 자식의 인연을 관찰한다.

다. 년, 월의 기운을 중심으로 직업이나 전공을 관찰한다.

라. 재물을 벌어들이는 수단을 관찰한다.

마. 월지에 간섭하는 인자를 관찰한다.

(8) 대운의 관찰

가. 어떤 대운이 좋을지를 생각해 본다.

나. 대운의 반대편 육친의 피해를 알아본다.

(9) 대운과 세운을 연관 지어 관찰

가. 대운이 좋고 세운이 나쁘다거나 대운이 나쁘고 세운이 좋으면 그 작용력이 약하다.

나. 좋은 사주는 대운과 세운 중 어느 하나만 좋아도 충분히 사용할 수 있다.

다. 나쁜 사주는 대운과 세운 중 어느 하나만 나빠도 고통을 당하기 쉽다.

라. 대운은 큰 환경이고 세운은 그 날의 날씨와 같다.

3. 사주분석 기술

(1) 낙화작용

낙화라는 것을 글자 그대로 해석하면 꽃을 딴다, 용납하지 않는다는 뜻이다. 낙화는 작용력이 공망보다 더 크다. 역마의 작용이 강하고 두 글자 모두 영향을 받는다. 아래에서 설명이 될 격각살과 겹치는 부분이 있으므로 낙화를 격각살에 포함해서 이해를 해도 무방할 것으로 본다. 아래에 낙화의 이유를 설명하겠으니 참고하기 바란다.

가. 申 --- 戌

申은 申-子-辰 水국을 만드는 장생지의 역할을 하는 글자고 戌은 寅- 午-戌 火국을 만드는 글자로 火를 저장하였다가 寅-장생을 만나면 결국 火를 낳을 것이므로 申과 戌은 반대운동을 하는 글자로서 申은 火를 저장한 戌을 용납하지 않는다.

나. 亥 --- 丑

亥는 亥-卯-未 木국을 만드는 장생지의 역할을 하는 글자고 丑은 巳-酉-丑 金국을 만드는 글자로 金을 저장하였다가 巳-장생을 만나면 결국 金을 낳을 것이므로 亥는 丑과 반대운동을 하는 글자로서 亥는 金을 저장한 丑을 용납하지 않는다.

다. 寅 --- 辰

寅은 寅-午-戌 火국을 만드는 장생지의 역할을 하는 글자고 辰은 申-子-辰 水국을 만드는 글자로 水를 저장하였다가 申-장생을 만나면 결국 水를 낳을 것이므로 寅은 辰과 반대운동을 하는 글자로서 寅은 水를 저장한 辰을 용납하지 않는다.

라. 巳 --- 未

巳는 巳-酉-丑 金국을 만드는 장생지의 역할을 하는 글자고 未는 亥-卯-未 木국을 만드는 글자로 木을 저장하였다가 亥-장생을 만나면 결국 木을 낳을 것이므로 巳는 未와 반대운동을 하는 글자로서 巳는 木을 저장한 未를 용납하지 않는다.

寅, 申, 巳, 亥는 삼합의 장생지로서 辰, 戌, 丑, 未가 품고 있는 삼합의 기운을 펼칠 수 없게 미리 싹을 자른다는 의미로 해석 된다.

(예)	시	일	월	년
	0	丙	0	0
	0	申	戌	0

(풀이) 丙일간이 戌(土)월에 일지 申(金)을 도와 土(生)金 할 것 같으나 낙화

작용에 의하여 도울 수 없고 오히려 申이 戌을 극하여 사용하지 못하게 만든다는 것이다.

(2) 격각살(隔角殺)

격각(隔角)은 12지지의 글자들이 서로 앞뒤로 한 글자를 건너서 격각이 된다고 보면 된다. 예를 들어서 子의 격각은 앞 글자인 亥를 건너서 다음 앞 글자인 戌이 격각이 되고 뒤 글자인 丑을 건너서 다음 뒤 글자인 寅이 격각이 된다고 보면 된다. 격각은 음양이나 육친관계를 떠나서 삼합의 운동성을 기준으로 반대기운이 되므로 서로 돕지 않는다고 해석한다. 음양 운동에서 申, 子, 辰 - 水운동이 일어나면 寅, 午, 戌 - 火는 활동력을 잃어버리는 결과를 가지는데 子가 일어나면 丑은 일어날 준비를 하는 것이고 寅은 가장 밑바닥에서 다시 올라오기 위한 준비를 하는 것이다. 격각은 삼합 운동성에 대하여 알고 있으면 크게 어려울 것이 없다고 본다. 子와 寅은 오행으로 본다면 水(生)木이 되는데 여러 차례 강조한 바 22간지에서는 오행의 개념이 통하지 않는다. 둘의 사이는 격각으로 서로 돕지 못한다고 해석을 하는 것이다. 그 이유는 삼합의 운동성이 정반대인 물과 불인 이유에서 그렇다고 하겠다. 격각은 12지지의 글자들이 한 칸 건너서 앞뒤의 글자와 삼합의 반대 운동을 한다는 점을 알게 될 것이다. 예를 들어서 寅(木)의 한 칸씩을 건너서 앞뒤 글자를 보면 子와 辰이다. 이 두 글자는 水국을 이루는 글자들이어서 寅과는 반대 운동을 한다. 이러한 원리로 격각은 서로 돕지 않는다고 해석을 하는 것이다.

(3) 재성과 관성의 중요성

이 세상을 살아가는 사람들은 대부분 부와 명예를 추구하며 살아가는 것이 당연한 목표라고 할 것이다. 부는 육친으로 재성이고 명예는 육친으로 관성에 속한다. 따라서 간지론 입장에서는 모든 사주의 용신은 재성과 관성밖에 없으며 신약, 신강에 관계없이 강한 오행의 대세에 따르거나 그 오행을 사용하여 살아가는 것이 현명한 방법이라고 본다. 신약과 신강의 정확한 구분은 사실상 불가능에 가까우며 모든 것은 상대적이라는 것을 보더라도 기준이 애매하여 구분이 어렵다고 본다. 사주가 신약하다고 해서 재물이나 명예를 갖지 못하는 것은 아니고 신강하다고 해서 재물이나 명예를 갖는 것도 아니라는 것이다. 사주의 강함과 약함에 관계없이 누구나 재물과 명예를 추구하며 그것을 가질 수 있다. 사주를 분석할 때 재성을 추구하는 사주인지 관성을 추구하는 사주인지를 구분하여 대운을 참작한다면 사주 주인공이 어떤 방식으로 살아가야 하고 어느 시기에 어떤 변화를 가져야 하는가를 알 수가 있다. 재성과 관성은 사주팔자를 해석하는 데 가장 중요한 부분을 차지하는 육친이라고 할 수 있으며 그것을 취하고 못 취하고는 사주팔자도 문제지만 대운의 영향이라고 할 수 있다. 간혹 운에 상관없이 사주팔자만으로도 충분히 살아갈만한 정도의 좋은 사주들도 있다. 하지만 대부분 그렇지 못하고 좋은 팔자를 타고 나더라도 대운이 좋지 못하면 꽃을 피우지 못하는 경우가 많다. 사주팔자에서 재성과 관성의 중요성은 더 이상 설명을 하지 않아도 충분히 알았을 것이다.

(4) 사업 성공의 조건

사업을 할 때 점검해야할 세 가지가 있다. 업종과 대운 그리고 출입문 방위이다.

가. 사주팔자의 발달된 인자를 사용하여 제조, 유통, 임대업 등 본인에 맞는 업종선택이 중요하다. 힘 있는 육친에 어떤 형태로 간섭을 하는 글자가 있는지를 살피고 어느 간지인가를 글자 그대로 분석을 한다.

나. 대운의 흐름을 관찰하여 업종변환이나 삶의 방식을 바꾼다.

다. 방위를 참고하는 것이 중요하다. 손님이 오는 방위는 조상과 소통하는 방위와 같으므로 조상과 관계된 육해살 방위를 정문출입구로 사용해야 한다.

제 1 1 장

상담의 기술

1. 전문용어를 사용하지 말라

초보자와 전문가의 차이는 오랜 시간을 거쳐서 실전에 많은 경험과 실패를 통하여 상담 실력을 갖춘 전문가와 아직 경험이 부족한 초보의 차이라고 볼 수 있다. 방문자가 많은 상담자는 그 이유가 분명히 있을 것이고 방문자가 없는 상담자 또한 분명한 이유가 있을 것이다. 물론 실력에 차이가 성패를 좌우하지만 그렇지 않은 경우도 많이 있다는 것을 알아야 한다. 실력차이가 없는데도 불구하고 방문자가 없다는 것은 사주학적인 차원에서 보면 당연히 운이 좋지 않다는 원인이 있을 것이고 그 다음으로는 상담기법 자체에 문제가 있다고 본다. 그 이유는 의외로 아주 작은 차이에서 프로와 아마추어가 결정 된다는 것이 필자의 생각이다. 여기서 오랜 시간 수많은 실수를 거치지 않고 빠른 시간 안에 상담기법을 바로 잡는다면 곧바로 프로의 길로 입문하는 길이 될 것이다.

사주를 보러 오는 방문자 중에는 본인 사주에 비견이 많아서 인덕이 없다고 하던데 맞느냐고 묻거나 본인 사주의 용신이 무엇이냐고 묻는 사람들을 볼 수가 있다. 물론 그 사람들은 사주를 공부한 사람이 아니다. 그럼에도 불구하고 그런 질문을 한다는 것은 사주를 보러 다니면 상담사들이 그런 전문용어들을 많이 사용 한다고 볼 수 있다. 그 단어의 뜻을 정확히 이해하는 방문자는 별로 없을 것이지만 많이 들었다는 것이다.

여기에 전문가와 초보자의 차이가 있는데 초보자들은 본인의 입장에서 방문자를 상담하고 전문가는 방문자의 입장에서 상담을 한다는 것이다. 어느 입장에서 상담을 하느냐는 언어를 구사하는 방법을 보면 알 수가 있다는 것이다. 상담사의 입장에서 상담을 한다면 식상이 없고 재성이 약하여 돈 복이 없다고 설명을 할 것이고 방문자의 입장에서 상담을 한다면 당신의 금전 복은 크지 않다고 설명을 할 것이다. 알아듣지도 못하는 전문용어를 사용하면 듣는 방문자는 답답하게 느낄 것이고 자세한 뜻도 알기 어려워진다. 어떤 경우로 인하여 금전 복이 없는지 방문자에게 용어를 설명할 필요는 없으며 방문자가 듣고 싶어 하지도 않는다. 그것은 단지 초보자가 방문자를 배려하지 않는 자신의 입장에서 하는 상담이라는 것이다. 전문가는 항상 방문자의 입장에서 상담을 해야 한다는 것이다. 항상 방문자의 입장에서 가장 알아듣기 쉬운 용어로 상담을 하는 것이 가장 효과적인 상담이라고 하겠다.

2. 희망을 주는 상담을 하라

방문자가 아무런 문제가 없고 살아가는 데 지장이 없다면 대체로 사주상담을 필요로 하지 않을 것이다. 방문자의 대부분이 살기가 어렵고 일이 풀리지 않아서 궁여지책으로 방문을 하는 경우가 많다. 물론 10명 중에서 8~9명은 파격사주일 것이고 딱히 뭔가 길이 보이지 않는 경우도 많다는 것이다.

그럼 여기서 상담의 기준을 무엇으로 삼아야 하느냐가 문제가 되는데 두 가지의 경우가 있다. 첫 번째 방법으로는 원칙적으로 일일이 파격의 원인과 사주의 급수를 솔직히 설명하고 당신의 사주는 형편이 없고 좋은 글자도 없으니 사회에 봉사하는 마음으로 욕심을 버리고 팔자려니 하고 사는 것이 현명하다고 말하는 것이다. 두 번째로는 팔자의 특성을 파악하고 사용할 글자가 없더라도 세월의 흐름에 맞춰서 열심히 살아갈 수 있도록 작은 희망을 주는 상담을 하는 것이다. 물론 첫 번째는 초보자들이 사명감에 사로 잡혀서 사용하는 상담기법이다. 두 번째는 전문가들이 사용하는 방법으로 처음 초보 때의 실수를 통해서 터득한 상담기법이다.

처음부터 방문자의 입장을 충분히 배려했다면 초보적인 상담은 하지 않았을 것이다. 행복과 불행은 한 생각 안에 존재하므로 입장차이가 매우 크고 느끼기 나름인지라 쉽게 단정할 수가 없다. 아무리 보잘 것 없는 사주일지라도 한 사람의 소중한 삶의 설계도이고 분명히 거기에 맞는 일이나 행복은 있게 마련이다. 우리는 그것을 긍정적인 시각으로 분석하고 찾아서 방문자에게 제공하면 되는 것이다. 사주팔자의 좋고 나쁨과 급수는 필요가 없고 다만 방문자의 앞길에 상담사의 희망 섞인 말 한마디면 방문자는 꿈과 기대를 안고 돌아가게 될 것이다.

3. 방문자가 원하는 것

요즘 시장에서 흔히 보이는 광고 문구에 이런 말이 있다. “고객이 만족 할 때까지" "사랑합니다. 고객님" 빠른 속도로 변하는 현대사회에서 사주상담의 기법은 그야말로 옛날 그대로이거나 전혀 현실감각에 맞지가 않고 전략이나 마케팅도 전무한 상태이다. 상담업이라는 것도 엄연히 서비스업이고 사업을 한다는 것은 뭔가 계획적이고 마인드가 있어야 한다고 생각한다. 현재 상담업을 하는 상담사들에게 가장 중요한 것은 방문자들에게 무엇을 제공할 것인가를 생각해야 한다고 본다. 그냥 주먹구구식으로 아무런 대책도 없이 사주공부만 열심히 하고 무조건 운영을 한다는 것은 시대착오적인 생각인 것 같다. 물론 현재 방문자가 줄을 서고 있다면 아무 문제가 없겠지만 그렇지 못하다면 뭔가 대안이 필요하다고 본다.

과연 방문자가 원하는 것이 무엇인가를 생각해 보자는 것이다. 족집게처럼 대단한 실력만을 원하는 것일까? 아니면 본인에게 거짓 없이 진실만을 말할 것을 원하는 것일까를 생각해 보자. 방문자가 그토록 절실히 원하는 말이 무엇일까를 생각해 보고 상담에 임해야 한다고 본다. 정답을 알고 접근 하는 것과 모르고 접근 하는 데에는 큰 차이가 있다고 보는데 정답을 모르고서는 고객만족을 시킬 수 없다는 것이다.

방문자들 중에는 미리 본인이 모든 것을 결정하고 찾아와서 묻는 경우도 있는데 예를 들자면 무슨 수를 써서라도 장사를 하겠다고 결정을 내리고 와서는 상담자에게 묻는다는 것이다. 운이 좋지 않아서 하지 말라고 하면 그럼 이렇게 하면 어떻겠냐고 다시 묻고 그래도 안 된다면 그럼 이러면 안 되겠냐는 식으로 결코 뜻을 접으려 하지 않는 경우를 말한다. 말려도 듣지 않는다면 도리가 없는 것이지만 그런 경우를 제외 하고는 "고객만족 경영"을 목적으로 삼는 것이 좋겠다. 상담 후에 방문자가 속이 시원하다거나 답답한 마음이 풀렸다고 말하는 것을 보면 상담사도 같이 기분이 좋아지는 것을 느낄 수 있을 것이다.

방문자들이 가장 듣고 싶은 말은 의외로 단순한데 그것은 "앞으로 잘 풀리겠다."는 희망 섞인 말 한마디라는 것이다. 그 말을 해주는데 상담사들은 그렇게도 인색할 수가 없다. 왜냐하면 앞으로 일이 잘 풀릴 수가 없는 사주이기 때문일 것인데 그렇다고 무조건 거짓말로 둘러 대라는 것은 아니다. 일단 방문자가 원하는 것이 무엇인지를 알았다면 거기에 중점을 두고 상담을 이끌어 나가고 마지막으로 거기에 도달 할 수 있도록 상담을 마무리해야 한다는 것이다.

그것이 고객만족 경영이고 방문자에게 한줄기 희망을 심어 주는 명쾌한 해답이 아니겠는가 말이다. 그리고 또 한 가지는 방문자의 이야기를 정중하게 끝까지 들어 줘야하고 그 내용이 어떻든지 무조건 위로를 해주라는 것이다. 상담사들은 보통 방문자의 신세타령을 중간에 자르거나 훈계를 하려고 한다. 이것은 매우 위험한 상담법이다. 사실 가장 좋은 상담법은 상대방의 이야기를 들어주는 것이다. 힘든 사회생활에서 마음의 상처를 입고 한 마리 새처럼 찾아온 방문자에게 상담사의 따듯한 위로 한마디보다 더 이상 훌륭한 상담이 어디 있겠는가.

4. 맞추는 것과 상담의 차이

모든 술사들의 목표가 족집게 도사처럼 무슨 문제로 왔으며 과거에 어떤 일이 있었고 직업은 무엇이며 앞으로 어떤 사건이 벌어질 것이라는 것을 맞추는 상담을 지향하는지도 모른다. 하지만 상담은 그런 것이 아니고 방문자의 사주구조가 어떤 특성을 가지고 있으며 앞으로의 운이 상승기인가 하락기인가를 살펴서 길 안내를 해주는 것이라고 생각한다. 지나간 과거에 방문자가 운이 나빠서 어떤 잘못된 선택을 했는가를 맞추는 것이 상담이 아니라는 것이다.

래정법을 터득하여 무엇 때문에 왔는가를 족집게처럼 맞추고 무슨 직업에 종사하는지 또는 부인이 무슨 띠인가를 맞추는 일 따위는 어느 상담사나 한번쯤 연습해보지 않은 사람이 있겠는가 말이다. 그것을 신기하게 여기는 방문자도 물론 많고 인기를 끌기에도 좋은 방법이기는 하지만 그것이 장기적으로 볼 때는 좋은 상담법이 아니라고 생각한다. 그것은 마치 날마다 시험을 치르는 외줄타기 인생에 불과한 것으로 사주의 본질을 바로 알지 못하여 벌어지는 어리석은 장난에 불과 하다는 것을 뒤늦게 알게 된다.

사실은 잘 맞추는 것보다 방문자의 입장에서 방문자의 푸념을 열심히 들어주고 장단을 맞춰주는 편이 훨씬 훌륭한 상담이 된다는 것을 알게 된다. 점쟁이가 아닌 이상 맞추기 논쟁에서 오래 장수하는 상담사를 본적이 없다. 사주라는 학문의 본질을 제대로 파악하지 못한데서 오는 실수라고 본다. 한두 가지를 잘 맞추는 것과 족집게도 물론 필요하고 대단한 일이지만 우리 사회는 전문 상담사를 원한다. 많은 사람들이 자기 나름의 아픔을 보듬어 주고 위로해 주는 말 한마디를 절실하게 요구하는 사회에서 상담사들의 역할도 이제는 변화의 요구에 응답해야 한다고 보는 데 후학들도 깊게 고민하기 바란다. 점쟁이와 상담사조차 구분하지 못하는 방문자들의 요구에 따라 맞추는 공부에 매달릴 것이 아니라 차라리 점술과 사주라는 학문의 차이점을 방문자에게 잘 설명을 해주고 납득을 시키는 것이 더 좋은 방법이라고 생각한다.

5. 상담자의 자세

상담자는 항상 본인의 몸과 마음을 바르게 하여 감정을 조절하고 개인의 감정에 의하여 그릇된 행동을 하는 것을 경계해야 한다. 본인 스스로의 감정을 다스리지 못하고 평상심을 잃는다면 방문자를 대하는 데 기복이 생기는 경우가 많다. 상담자의 기본적인 덕목이 자기 자신을 항상 먼저 돌아보고 평상심을 잃지 않도록 노력해야 할 것이다. 방문자를 대할 때는 항상 나의 입장이 아닌 방문자의 입장에서 생각하여야 하고 상처받을 만한 말은 하지 말아야 할 것이다. 또한 항상 긍정적인 생각으로 방문자에게 꿈과 희망을 잃지 않도록 조언을 해 주고 격려 또한 잊지 말아야 한다. 방문자가 나를 찾아 주는 것에 감사한 마음을 갖고 상담사의 배려와 호의에 감동하여 돌아가도록 노력해야 할 것이다.

방문자가 사실 그대로 말해 달라고 하여 융통성 없이 있는 사실을 그대로 여과 없이 말한다면 눈앞에서는 고개를 끄덕이지만 다시는 그 방문자를 못 보게 될 것이다. 금전에 눈이 멀어서 당장의 이익을 취하려 하지마라. 그러면 분명히 방문자는 줄어들고 결국 망하는 지름길임을 알아야 한다. 상담은 실력이 전부가 아니고 운영의 묘가 중요하지만 실력향상을 위하여 하루도 학문을 게을리 해서는 안 될 것이다. 학문은 기본이고 상담기법을 배우고 익혀서 많은 사람들에게 꿈과 희망을 나누어 주는 상담사가 되어야 할 것이다. 이 사회에서 소외되고 상처받은 사람들을 감싸주고 그들에게 희망을 주는 책임감 있는 상담사로서 사회에 꼭 필요한 인재가 되기를 바란다.

제 1 2 장

서해강론

사주분석의 연구에서는 일반적인 사주공부의 차원을 넘어서 보다 깊이 있는 공부를 위해서 오행과 육친의 연구를 통해 간지론의 참 뜻을 배우는 시간이라고 하겠다. 눈으로만 사주공부를 하면 발전이 없고 실제연습을 통해서 지식을 자신의 것으로 만드는 시간을 갖게 하기 위해서 마련한 장이라고 할 수 있다. 오행과 육친에 대한 심도 있는 공부를 함으로 인해서 진정한 간지학파의 일원이 될 수 있기 때문에 물상론으로 확장연습을 게을리 하지 말아야 할 것이다. 기존 명리공부와 차별화를 위해서 가장 중점을 두고 집필을 한 부분이 바로 물상론이라고 부르는 오행과 육친의 연구 부분이라고 하겠다. 이 부분을 얼마나 집중적으로 연습하고 자기 것으로 만드느냐에 따라서 간지론의 고수가 되느냐 못 되느냐가 결정이 된다고 해도 과언이 아닐 것이다. 이점을 명심하고 한 치의 소홀함도 있어서는 안 될 것이다.

래정법과 운명 개선법은 새로운 것은 아니지만 어느 정도 중요한 대목이라고 인정이 되어 기재하게 되었고 궁합은 사주공부에 매우 중요한 부분을 차지하여 여러 가지 관점에서 접근하고 분석을 하였으니 많은 활용을 바란다. 공망과 삼합의 연구는 앞에서도 언급을 한 부분이지만 그 뜻을 정확하고 깊이 있게 인식할 수 있도록 한 차원 높은 단계에서 기술하였다.

필자가 책을 꾸밈에 있어서 대부분 한 가지 주제를 가지고 기초부터 중급, 고급, 연구과정을 거쳐서 단계적으로 반복심화 학습단계를 거치도록 내용을 배치하였으니 그런 점을 알고 공부를 하면 더 많은 지식을 습득하게 될 것이다. 사주학의 오해와 진실 그리고 상담의 기술은 누구도 가르쳐 주지 않는 경험자들만이 알 수 있는 내용을 수록하였다. 가볍게 읽고 넘어가는 부분이 아니고 사주공부와 직접적인 관련은 없지만 오랜 기간 경험을 통해서 얻을 수 있는 소중한 경험담이기 때문에 매우 가치가 있는 내용이라고 생각한다. 직접 경험을 통해서 얻는 지혜도 있지만 간접경험을 통해서 얻는 지혜도 있는 것이기 때문에 괜한 시간을 낭비하지 않으려면 명심해야할 대목이라고 본다. 사주분석의 연구에서 사주분석 순서는 간지론으로 사주감명을 할 때 지금까지 배운 사주분석 도구들을 어떻게 사주에 대입을 해서 감명을 해야 하는가를 알려주는 것으로 실전감명에 있어서 가장 중요한 부분이라고 생각한다.

간지론에서 사용하는 사주분석의 도구들을 요즘에는 격용론을 공부하는 사람들도 채용을 해서 책에 수록을 하고 있는 것으로 알고 있다. 그런데 자세히 살펴보면 어떻게 사용을 하는지를 잘 몰라서 실제 감명에는 사용을 못하고 있는 것으로 보인다. 대표적으로 12운성을 채용하는 사람들이 많아졌지만 사주감명에 사용하는 것을 보면 전혀 엉뚱하게 사용을 하는 것을 볼 수가 있다.

근묘화실이나 물상론도 비슷하게 흉내는 내고 있지만 정확한 사용법은 모르고 그냥 책에 수록만 하는 것으로 보인다. 그래서 필자는 정확하게 사주분석 순서에서 간지론 감명 방법은 어떤 방식으로 어떻게 분석을 해야 하는지를 하나하나 나열하면서 분석을 하도록 기재를 하였다. 그 과정을 통해서 직접 연습을 해 보는 실전경험을 많이 쌓아야 할 것이다. 이 부분을 능숙하게 할 수 있을 때까지는 오직 연습만이 필요할 뿐이다. 사주공부를 하는 가장 좋은 방법은 우선 확실한 이론을 선택하는 것이다. 그 후에 많은 시간과 노력을 통해서 연습과 훈련으로 지식을 자기 것으로 만드는 과정이 필요하다. 공부는 본인이 스스로 해야 하는 것이지 가만히 있는데 선생이 알아서 해주는 것이 아니라는 것이다.

정리를 하자면 간지론에서 가장 중요한 핵심은 두 가지로 요약이 된다. 첫 번째 오행과 22간지 그리고 육친의 물상론이고 두 번째 사주분석의 순서이다. 물상론을 바탕으로 삼고 실제사주 분석을 간지론 감명방법으로 통변을 해보는 것이다. 이 두 가지가 가장 중요한 대목이라고 필자는 생각한다. 이 부분은 선생이 아무리 많이 가르쳐 주어도 소용이 없고 학인 스스로 연습이 필요한 대목이라고 본다. 얼마나 많은 반복과 연습을 하느냐에 따라서 실력이 결정 된다고 할 수 있다. 그것은 누구도 대신 해줄 수 있는 것이 아니고 본인 스스로 해야 할 몫이다. 가만히 앉아 있으면 선생이 도사를 만들어 주는 것이 아니다. 선생이 해야 할 부분과 본인이 직접 해야 할 부분이 따로 있는 것이다. 그 점을 바로 알고 학업에 임하기를 바란다.

무엇을 중심으로 사주공부를 해야 하며 무엇이 중요하고 무엇이 필요 없는지 그리고 어떤 방법이 좋은지 공부의 방향을 알려주는 것이 선생의 할 일이고 학인들은 그 지시에 따라서 부지런히 반복하고 연습을 해서 자기 것으로 만드는 시간을 가져야 한다. 모든 공부가 마찬가지겠지만 특히 사주공부는 방법과 방향이 중요하다. 방향이 틀리면 아무리 오랜 시간을 공부해도 끝내 이루기 어려운 것이 사주공부다.

누구나 할 수는 있어도 아무나 할 수 없는 공부가 바로 사주공부다. 아니 공부는 할 수 있지만 쉽게 깨치기가 힘든 공부라고 해야 맞겠다. 사주공부는 한번 시작하면 중단하기 어려운 마약 같은 중독성도 가지고 있다. 대부분 학인들은 사주공부가 좋아서 한다. 혼자 독학을 하는 경우 만족할 만한 성과를 거두기가 매우 힘들고 오랜 시간동안 공부를 하다가 중단하고 또 시작하고를 반복하는 경우가 많다. 공부에 방향이 맞는지 중요한 것이 무엇이고 불필요한 것이 무엇인지를 알 수가 없고 중간에 잘하고 있는지 점검을 할 방법이 없어서 시간낭비가 많을 것이라고 본다. 또한 고서에는 여러 가지 학설들이 많은데 무엇을 채택해야 하는지도 큰 고민이 될 수 있다. 그런 저런 이유로 자꾸 시간만 흘러가는 것이 아니겠는가.

필자가 여러 학인들을 가르쳐 본 경험에 의하면 甲, 乙, 丙, 丁도 모르던 사람이 주1회 2시간 수업을 기초과정 2개월과 정규과정 6개월을 배우고 나서 8개월 만에 아주 유창하게 사주를 감명하는 학인들을 보았다. 물론 모든 이들이 그런 것은 아니고 아주 열심히 예습과 복습을 한 결과일 것이다. 하지만 상식적으로 사주학을 아무것도 모르던 사람이 8개월 수강하고 통변이 가능하다는 것이 믿겨지는가 말이다. 그런 학인이 한두 사람이 아니고 여러 사람이라면 더더욱 믿기 어려울 것이다. 하지만 그것은 사실이고 누구 말대로 기네스북에 오를만한 일이 아닌가 생각한다. 그런 결과를 낳게 한 것은 사주공부의 방향을 잘 잡았다는 점과 열심히 따라준 학인들의 노력에 의한 결과라고 본다.

필자의 책과 인연이 되어 사주공부를 하게 된 학인들은 우선 『월인천강 新사주학』을 수십 번 정독을 해야 하고 공부에 방향을 바로 잡는 것이 매우 중요하다. 사주 책은 원래 처음 읽을 때와 두세 번 읽을 때 그리고 대여섯 번 읽을 때마다 새로운 것이 계속 보이는 법이다. 『월인천강 新사주학』도 「종합편」 이외에 「입문편」과 「강의록」도 있으니 참고하면 좋은 결과가 있을 것이라고 믿는다.

제 5 부
건강론

제 1 장

고전의 건강론

1. 10천간의 분류

甲(木): 쓸개, 머리

乙(木): 간, 목

丙(火): 소장, 어깨

丁(火): 심장

戊(土): 위장, 갈비

己(土): 비장, 배

庚(金): 대장, 배꼽

辛(金): 폐, 다리

壬(水): 방광, 정강이

癸(水): 신장, 발

2. 12지지의 분류

子(水): 방광, 귀, 생식기

丑(土): 위장, 비장, 다리

寅(木): 쓸개, 머리카락, 두 손

卯(木): 간, 열 손가락

辰(土): 피부, 어깨, 가슴

巳(火): 얼굴, 치아, 목구멍, 항문

午(火): 눈, 정신

未(土): 위장, 등뼈

申(金): 대장, 폐

酉(金): 소장, 피

戌(土): 넓적다리, 복사뼈

亥(水): 머리, 음낭, 다리

3. 질병의 분류

(1) 오장육부(五臟六腑)

무릇 질병(疾病)은 모두 오행의 불화에서 기인한 것이요, 즉 사람의 오장(五臟)이 화하지 못하는데서 질병이 생기는 것이다. 대개 오행(五行)은 오장육부(五臟六腑)에 통(通)해져 있으니 10천간에 해당하는 병은 육부(六腑)에 속하고 12지지에 해당하는 병은 오장(五臟)에 속한다.

(2) 질병의 위치

丙, 丁과 巳, 午 화국(火局)은 주로 병이 상체 쪽에 생기고, 壬, 癸와 亥, 子

수국(水局)은 하체 쪽에 생기며, 甲, 乙과 寅, 卯는 좌측에 생기며, 庚, 辛과 申, 酉는 주로 병이 우측에 생기며, 戊, 己와 辰, 戌, 丑, 未는 주로 병이 비장과 위장 및 중완(中脘)에 생긴다.

(3) 오행별 증상분류

가. 木

甲, 乙, 寅, 卯가 약하면 나타나는 증상으로는 각종 풍(風)으로 인한 어지럼증, 눈의 공채가 흐리다, 앞이 캄캄하다, 혈기가 막힌다, 머리털이 빠진다, 핏대가 선다, 손톱이 마른다, 허풍이 많다는 것은 모두 간에 속하는 병이다.

나. 火

丙, 丁, 巳, 午가 약하면 나타나는 증상으로는 피고름이 난다, 옴이나 부스럼, 火로 인한 병은 심장에 속하는 병이다.

다. 土

戊, 己, 辰, 戌, 丑, 未가 약하면 나타나는 증상으로는 몸이 붓고 다리가 붓는다, 입에서 냄새가 난다, 토한다, 학질, 명치가 덥다, 공상, 망상이 많다, 눕기를 좋아한다, 의심 병은 모두 위장에 속하는 병이다.

라. 金

庚, 辛, 申, 酉가 약하면 나타나는 증상으로는 코가 막힌다, 딸기코, 말을 더듬는다, 우울하다, 기침, 천식, 비염 같은 것은 모두 폐에 속하는 병이다.

마. 水

壬, 癸, 亥, 子가 약하면 나타나는 증상으로는 허리와 발이 약하다, 건망증,

오줌이 뿌옇다, 냉 대하, 방광염, 만성피로, 허리통증, 탈장은 모두가 신장에 속하는 병이다.

(4) 오행의 상극에 의한 분류

가. 金(剋)木

간과 쓸개가 놀라서 가슴이 두근거림, 눈병, 손발 저림, 근육과 뼈의 통증, 수족마비, 현기증, 어지럼증, 중풍, 통풍, 소아 경기, 힘줄과 뼈에 이상, 디스크, 편두통

나. 水(剋)火

심장이 약하고 간질, 급성 경기, 심장병, 혈액순환 장애, 정신질환, 생리불순, 얼굴홍조, 시력감퇴

다. 木(剋)土

위장이 약하여 토하고 회충이 많다, 설사, 우측 손에 병이 난다, 가슴과 배가 답답하다, 소화불량, 하품, 위장병, 야윈다

라. 火(剋)金

폐와 대장이 약하여 치질, 기관지 천식, 폐결핵, 피부건조, 딸기코, 기침, 이질, 피부질환, 숨이 차다

마. 土(剋)水

신장과 방광이 약하여 식은땀을 흘리고 악몽을 꾼다, 이를 간다, 귓병, 장티푸스, 풍치, 허리통증, 설사, 이명증, 야뇨증

(5) 오행의 사절(死絶)에 의한 분류

가. 水

水가 12운성으로 사, 절 되면 신장의 기운과 허리와 발이 약하고 설사를 하며 변을 보기 힘든 병에 걸리기 쉽다.

나. 火

火가 12운성으로 사, 절 되면 장기가 막히고 놀라서 가슴이 두근거리며 건망증과 같이 정신이 불리한 질병에 걸리기 쉽다.

다. 木

木이 12운성으로 사, 절 되면 허풍이 많고 눈이 아프며 현기증이 나고 손톱이 마르고 초췌하며 화를 잘 내고 얼굴이 창백하거나 검게 변하고 음식을 가려 먹는다.

라. 金

金이 12운성으로 사, 절 되면 기가 허하여 기관지 천식이나 기침, 피부와 모발이 건조하고 뼈마디가 아프며 눈물이 나고 대장이 약해서 설사를 하고 피똥을 누는 질병에 걸린다.

마. 土

土가 12운성으로 사, 절 되면 얼굴이 누렇고 구역질에 토하고 사지의 활동이 느려지며 눕기를 좋아하고 망상이나 공상 등 생각하는 것이 많고 건망증이 있으며 활동성이 떨어진다.

(6) 질병 잡론

가. 심장에 병이 오면 말하는 것이 원만하지 못하고 간에 병이 오면 시력이

떨어지고 비장에 병이 오면 식욕이 떨어지고 폐에 병이 오면 냄새를 못 맡고 콩팥에 병이 오면 소리가 안 들린다.

나. 건강은 화합(和合)에서 생기고 질병은 형, 충(刑, 沖)과 상극(相剋)에서 생긴다.

다. 오행의 쇠왕(衰旺)의 이치를 알면 안으로는 오장에 감응하며 밖으로는 사지(四肢)에 속하는 부분까지 모든 병의 겉과 속의 자세한 부분까지도 알 수가 있다.

라. 물이 많아서 木이 뜨게 되면 설사병이 생기고 土가 거듭 있어 金이 묻히면 항상 기운이 넘쳐서 병이 되고 모든 근육이 마비가 되고 풍(風)이 오는 것은 왕한 乙(木)이 쇠약한 辛(金)을 만나기 때문이다.

마. 부스럼 종기로 인하여 가렵고 아픈 것은 丁(火)이 왕 한데 癸(水)의 억제가 약하기 때문이다.

바. 종기가 많은 것은 己(土)가 태과하기 때문이고 병에 시달려서 정서가 우울한 것은 辛(金)이 불급(不及)하기 때문이며 귀와 눈이 총명한 것은 癸(水)가 왕성한 것이다.

사. 木이 土를 극하는데 구(救)함이 없으면 언청이가 되고 火가 金을 극하는데 구함이 없으면 벙어리가 된다.

아. 戊, 己가 칠살을 만나면 위가 약하고 부스럼이나 종기가 생기고 甲, 乙이 칠살을 만나면 목이 짧은 사람이 많고 癸, 己가 상극하면 허리와 무릎에 병이

생긴다.

자. 甲申, 乙酉 일주는 어릴 때 간장병이 생기고 辛卯, 庚寅 일주는 만년에 근육과 뼈에 병이 생긴다.

차. 일(日)과 시(時)가 쇠패(衰敗)하면 병이 낫기 어렵고 간지가 형극하면 작은 병이라도 잘 낳지 않는다.

제 2 장
음양오행 건강법

산업화와 정보화시대를 살아가는 현대인들은 과학의 눈부신 발전과 의술의 발달로 인하여 평균수명이 80세까지 늘어나고 건강에 대한 관심 또한 매우 높아졌다고 하겠다. 의학은 본래 음양오행에 뿌리를 두고 있기 때문에 사주를 공부하는 학인들은 쉽게 의학을 이해하고 사용이 가능함에도 불구하고 어느 때부터인가 사주서적에서 의술에 대한 내용이 사라지거나 고전내용의 일부를 소개하는 데 그치고 있다. 전문성이 중요하기 때문에 사주학에서 의학이 분리 되었는지는 모르겠으나 오행의 상생과 상극의 원리만 알면 어렵지 않게 의학을 공부할 수가 있다. 필자는 사주와 의학을 함께 공부하고 사용을 해온 경험이 있기 때문에 의학에 대한 내용을 사주학적인 차원에서 정리하여 실제 생활에 활용할 수 있게 기재를 하였다. 현대의학이 많이 발전하였다고는 하나 병원에서 고치지 못하는 질병도 매우 많은 것으로 알고 있다. 하지만 간단한 민간요법으로 만성질환의 고통에서 벗어나는 것을 필자는 수도 없이 많이 경험을 하였다. 병원에서 치료가 안 되면 그냥 만성질환이나 신경성이라고 생각하고 치료를 포기하는 경우가 많은데 그것은 잘못된 생각이다. 우리는 현대의학을 너무 맹신하고 있지 않나 하는 생각이다. 현대의학에서 치료가 되지 않는 질병들을 무조건 포기하고 살아가는 것은 옳지 않으며 본인의 병은 본인이 치료를 할 수 있도록 민간요법이나 전통의학을 통해서 쉽게 치료할 수 있는 방법을 찾아보도록 하겠다. 사주학에 대한 시대적 변화와 요구에 맞추기 위하여 필자가 건강론을 새롭게 구성하여 실제로 사용이 가능 하도록 만들어 보았으니 후학들의 많은 이용을 바란다.

1. 사상체질 분류법

(1) 소양인

가. 체형

몸에 비하여 얼굴이 큰 것이 특징이다.

나. 음양의 비율

양기가 60% 정도이고 음기가 40% 정도이다.

다. 성격

활동적이고 진취적이며 남성적이다.

(2) 태양인

가. 체형

몸에 비하여 얼굴이 크고 얼굴 중에서 오관이 얼굴에 비하여 더 큰 사람을 말한다.

나. 음양의 비율

100% 전체가 양기로 순양인이라고 한다.

다. 성격

태양인은 많지 않은데 정열과 용기가 넘쳐흘러서 대체로 큰일을 할 수 있고 무게가 있고 실속이 있는 사람이다.

(3) 양명인

가. 체형

몸보다 얼굴이 크고 얼굴에서 오관이 얼굴 하부에 배치되어 있어서 이마가 넓은 사람을 말한다. 대체로 대뇌가 커서 유명한 과학자가 많다.

나. 음양의 비율

60%가 양기이고 40%가 음기로 구성 되어 있다.

다. 성격

양성적인 성격이고 용기가 있어서 위대한 일을 해낼 수 있다. 소양인과 양명인이 다른 것은 양명인은 순양에서 음으로 변하는 과정이고 소양인은 순음에서 양으로 변하는 중이란 점이다. 과정이 다르긴 하지만 비슷한 경향이 많다.

(4) 궐음인

가. 체형

소양인과 반대로 몸에 비하여 얼굴이 작은 사람이다.

나. 음양의 비율

음기가 60%이고 양기가 40%로 구성되어 있다.

다. 성격

약간 내성적이고 소극적이며 실천력이 부족하다. 궐음인은 대단히 많고 온순하고 얌전하다.

(5) 소음인

가. 체형

얼굴보다 몸이 크고 또 몸보다 사지가 더 큰사람을 말한다.

나. 음양의 비율

100% 전체가 음기로 구성되어 순음인이라고 한다.

다. 성격

팔다리가 크고 튼튼하여 노동이나 운동을 좋아하고 머리 쓰기를 좋아하지 않으며 실천적이며 행동파다. 순음인은 별로 많지 않으며 운동선수가 많다.

(6) 태음인

가. 체형

얼굴보다 몸이 크고 몸에 비하여 손과 발이 큰사람을 말한다.

나. 음양의 비율

음기가 60%이고 양기가 40%로 구성되어 있다.

다. 성격

성실하고 근면하여 저축을 잘하고 쉬지 않고 일하며 숨기는 것이 많고 감추는 것이 많고 태음인은 실제로 별로 많지 않다.

2. 오행체질 분류법

(1) 목(木)형 체질

가. 체형

목형은 얼굴이 긴 사람을 말한다.

나. 성격

간과 담낭이 크며 기능이 강하고 좋으나 토(土)가 약해진다. 인자하고 다정하며 학문적이고 교육하고 양육을 잘하는 성격이다.

다. 질환의 종류

木이 土를 극하므로 간장과 담낭이 너무 강해서 비장과 위장이 약하다. 위궤양, 소화불량, 비만증, 입과 입술 병, 무릎통증 등이 발생하고 공상과 망상이 커져서 쓸데없는 생각을 하고 의심이 많아지고 게으르고 의욕이 없으며 만사가 귀찮아 눕고 싶어 한다.

(2) 화(火)형 체질

가. 체형

이마가 넓고 턱이 뾰족한 사람을 말한다.

나. 성격

심장과 소장이 크고 기능이 강하고 좋으나 금(金)이 약해진다. 예의바르고 용감하며 탐구적인 성격이다.

다. 질환의 종류

火가 金을 극하므로 심장과 소장이 너무 강하여 폐와 대장이 약하다. 숨이 차다, 가슴이 답답하다, 기침, 기관지 천식, 피부가 약하다, 치질, 코에 병, 손목, 비관적이다, 눈물이 많다.

(3) 상화(相火)형 체질

가. 체형

화형과 비슷한데 눈썹이 짙고 관자놀이 부위가 불룩하게 튀어 나온 사람을 말한다.

나. 성격

심포, 삼초가 발달되어 장수하는 사람이다. 천재적이고 다재다능하고 못하는 것이 없는 사람이다.

다. 질환의 종류

신경과민, 초조하다, 불면증, 손발 저림, 뒷목이 아프다, 허리 아래 엉덩이가 아프다, 임파선 암, 식은 땀, 노이로제, 어깨통증 등이 나타난다.

(4) 토(土)형 체질

가. 체형

얼굴이 동그랗게 공처럼 생겼다.

나. 성격

비장과 위장이 크고 기능이 강하고 좋으나 수(水)가 약해진다. 정확하고 철저하여 하나밖에 모르는 외골수이다.

다. 질환의 종류

土가 水를 극하므로 비장과 위장이 강하고 신장과 방광이 약하다. 부종, 요통, 어지럼증, 눈이 빠질 듯이 아프고 귀에 소리가 난다, 종아리가 당긴다, 중이염, 골수염, 신장염, 신부전증 등이 나타난다.

(5) 금(金)형 체질

가. 체형

얼굴 모양이 사각형인 사람을 말한다.

나. 성격

폐와 대장이 크고 기능이 강하고 좋으나 목(木)이 약해진다. 준법정신이 강하고 냉정하며 의리를 지키고 독선적이다.

다. 질환의 종류

金이 木을 극하므로 폐와 대장이 강하고 간과 담이 약하다. 근육경련, 구토,

소화불량, 간경화, 간염, 담석증, 늑막염, 옆구리 통증, 신경질적이고 화를 잘 내며 심술을 잘 부린다.

⑹ 수(水)형 체질

가. 체형

얼굴 모양이 삼각형으로 이마가 좁고 턱이 넓은 사람을 말한다.

나. 성격

신장과 방광이 크고 강하여 좋으나 화(火)가 약해진다. 참고 견디는 것을 잘 하고 비밀을 잘 지키고 저장하고 수학적이다.

다. 질환의 종류

水가 火를 극하므로 신장과 방광이 강하고 심장과 소장이 약하다. 가슴이 두근거린다, 잘 놀란다, 어깨와 팔꿈치 통증, 좌골신경통, 심근경색, 혀와 얼굴에 병, 잘 웃고 버릇이 없다.

3. 육미 분류

⑴ 木 – 간장과 담낭에 좋은 식품

가. 곡식: 팥, 보리, 메밀

나. 야채: 깻잎, 부추

다. 육류: 닭, 계란, 메추리, 개

라. 과일: 사과, 유자, 귤, 매실, 포도, 딸기

마. 차류: 오미자, 유자차, 오렌지, 들깨

⑵ 火 – 심장과 소장에 좋은 식품

가. 곡식: 수수

나. 야채: 상추, 쑥갓, 쑥, 냉이, 취나물, 풋고추

다. 육류: 염소, 칠면조, 곱창

라. 과일: 살구, 은행, 자몽

마. 차류: 영지, 홍차, 작설차, 커피

(3) 土 – 비장과 위장에 좋은 식품

가. 곡식: 기장

나. 야채: 시금치, 미나리

다. 육류: 쇠고기, 토끼

라. 과일: 감, 대추, 참외

마. 차류: 구기자, 인삼, 칡, 두충

(4) 金 – 폐와 대장에 좋은 식품

가. 곡식: 율무, 현미

나. 야채: 배추, 양파, 파, 마늘

다. 육류: 생선, 조개, 말

라. 과일: 복숭아, 배

마. 차류: 율무, 생강

(5) 水 – 신장과 방광에 좋은 식품

가. 곡식: 검은 콩, 약콩(서목태)

나. 야채: 김, 미역, 다시마, 파래

다. 육류: 돼지, 해삼, 새우젓

라. 과일: 수박, 밤

마. 차류: 두유, 베지밀

(6) 상화(相火) - 오행기운을 돌려주는 식품

가. 곡식: 녹두, 옥수수

나. 야채: 콩나물, 양배추, 우엉, 아욱, 고사리

다. 육류: 오리, 꿩

라. 과일: 토마토, 바나나

마. 차류: 넝쿨차, 코코아, 알로에, 화분

4. 오행선식 만들기

(1) 목(木): 간과 쓸개에 좋은 선식

간과 쓸개가 지배하는 신체부위는 근육, 목, 눈, 손, 발, 고관절, 발톱이며 병이 있을 때 증상으로는 화를 잘 내고 신경질적이며 폭력적이다. 피곤하고 결벽증이 있으며 구역질이 난다. 쥐가 잘나고 밤에 소변을 자주 보러 간다. 편두통이 있고 옆구리가 결리고 시력이 저하 된다. 가래가 생기고 목이 쉬며 얼굴이 푸른빛이다. 담석증, 간염, 지방간, 편두통, 간경화, 디스크, 엄지발가락 통풍 등이 발생한다.

섭취하면 좋은 곡류로는 팥, 보리, 밀을 섭취하는데 생식을 하면 익혀먹는 화식보다 6배 정도 영양분이 많다고 한다. 생식의 효과는 대단하지만 생으로 먹기 곤란한 곡류는 냄새만 가시게 약간 볶아서 섭취를 하면 된다. 섭취 방법은 주로 생식이나 선식을 많이 하는데 체질개선 효과가 매우 큰 것으로 알려져 있다. 체질개선 기간은 주로 90일 3개월을 기본으로 시행한다. 간이 좋지 못하여 생기는 증상이 있다면 본인의 체질이나 증세를 살펴서 곡류를 통한 체질개선을 하면 좋아진다. 간이 나빠서 선식으로 체질 개선을 하는 경우 맞춤형 선식은 우선 간에 좋은 팥이나 보리, 밀 중에서 한 가지를 선택하고 두 번째로

간(木)을 돕는 오행인 신장(水)에 좋은 약 콩과 세 번째로 오행을 원활하게 돌려주는 상화에 좋은 옥수수나 녹두 중에서 한 가지를 선택하여 3가지 곡류를 각각 300그램씩 모두 900그램을 분쇄하여 가루로 만들어 30일 동안 섭취하면 된다. 예를 들어서 팥 300그램, 약 콩 300그램, 옥수수 300그램으로 합계 900그램으로 분말을 만든다.

(2) 화(火): 심장과 소장에 좋은 선식

심장과 소장이 지배하는 신체부위는 얼굴, 혀, 피와 혈관, 팔꿈치, 팔뚝의 상부, 땀 등이며 병이 있을 때 증상으로는 가슴이 두근거리고 등이 당긴다. 성질이 급하고 버릇이 없으며 얼굴이 붉다. 잘 놀라고 웃기를 잘하며 헛웃음을 잘 짓는다. 팔꿈치 통증이 있거나 습관성 유산을 한다. 엉덩이가 아프고 좌골 신경통이 있다. 식은땀을 흘리고 혓바늘이 돋는다. 명치 밑이 아프고 소화가 잘 안 된다. 고혈압, 심장병, 심근경색, 심장판막증 등이 발생한다.

섭취하면 좋은 곡류로는 수수이고 심장이 나빠서 선식으로 체질개선을 하는 경우 맞춤형 선식은 우선 심장에 좋은 곡류인 수수와 두 번째로 심장을 돕는 오행인 木간에 좋은 곡류인 팥, 보리, 밀 중에 한 가지 그리고 상화인 옥수수나 녹두를 넣으면 된다. 각각 양은 같은 비율로 넣고 곡류 특유에 비린내는 살짝 볶으면 없어지므로 먹기 좋게 분말로 만들고 식사 중간에 간식으로 하루 두 번 이상 섭취를 한다.

(3) 토(土): 비장과 위장에 좋은 선식

비장과 위장이 지배하는 신체부위는 복부, 입술, 무릎, 허벅지 등이며 병이 있을 때 증상으로는 입병이 잘나고 수족이 떨리며 수전증이 있다. 무릎 관절염이나 대퇴부에 통증이 있다. 의심이 많아 의처증이나 의부증이 있다. 말이 많고 중얼거리며 거짓말을 잘한다. 큰소리를 치고 공상과 망상을 한다. 몸이 무겁고 게으르고 귀찮아한다. 얼굴빛이 노랗고 개기름이 흐른다. 입맛을 잘 모르고 식탐이 많아서 비만이 되기 쉽다. 당뇨병, 위암, 위궤양, 비장 암, 위염, 위산과다증이 발생한다.

섭취하면 좋은 곡류로는 기장이며 위장이 나빠서 선식으로 체질개선을 하는 경우 맞춤형 선식은 우선 위장에 좋은 기장과 土기운을 돕고 火심장에 좋은 수수와 상화에 필요한 옥수수를 넣으면 된다. 선식은 주로 방앗간에서 가루를 내어서 미숫가루처럼 만들어서 물에 타서 섭취를 하는 것이 좋다.

(4) 금(金): 폐와 대장에 좋은 선식

폐와 대장이 지배하는 신체부위는 가슴, 피부, 코, 손목관절, 몸에 난 털이며 병이 있을 때 증상으로는 숨이 차고 헐떡이며 기침이나 재채기를 한다, 손목이 시리고 아프며 얼굴이 창백하다, 피부병이 잘 걸리고 알레르기 비염이나 축농증이 있다. 염세주의적이고 비관을 잘하며 눈물이 많다. 설사를 자주하고 대변이 무르다. 치질, 대장암, 대장염, 폐병, 폐결핵 등이 발생한다.

섭취하면 좋은 곡류로는 현미, 율무이며 폐가 나빠서 선식으로 체질개선을 하는 경우 맞춤형 선식은 우선 폐에 좋은 현미나 율무 중에서 하나를 택하고 폐를 돕는 오행인 土 위장에 좋은 기장을 넣고 상화인 옥수수나 녹두를 넣는다. 폐가 약하게 태어났다면 밥을 지을 때 현미를 섞어서 하는 방법도 좋은 방법이라고 하겠다.

(5) 수(水): 신장과 방광에 좋은 선식

신장과 방광이 지배하는 신체부위는 발목 관절, 귀, 허리, 뼈와 골수, 힘줄, 정강이며 병이 있을 때 증상으로는 얼굴이 검은색이고 붓는다. 반항하고 감추고 무조건 반대한다. 공포증이 있어서 무서워한다. 뒷골이 아프고 귀에서 소리가 난다. 허리가 굽고 아프고 척추 뼈가 아프다. 머리 정상이 아프고 근시가 된다. 발목이 시리고 저리다. 소변이 자주 마렵고 색깔이 탁하다. 오금이 당기고 종아리 통증이 있다. 꼬리뼈 부위 아래 허리가 아프다. 신장염, 방광염, 생리통, 냉증, 대하증, 하복통 등이 발생한다.

섭취하면 좋은 곡류로는 약콩이며 신장이 나빠서 선식으로 체질개선을 하는 경우 맞춤형 선식은 우선 신장에 좋은 약콩과 신장을 돕는 오행인 金 폐장에 좋은 현미 그리고 상화에 좋은 옥수수를 넣는다. 세 가지를 분말로 만들어서 하루에 두 번 이상 섭취하면 된다.

체질에 상관없이 모든 가족이 건강식으로 만들어서 함께 먹기 위해서는 6가지 곡류 모두를 골고루 넣고 만들어서 섭취하면 된다.

(6) 상화(相火): 심포와 삼초에 좋은 선식

심포와 삼초가 지배하는 신체부위는 신경, 손, 임파선, 어깨 관절, 마음, 신진대사이며 병이 있을 때 증상으로는 걱정이 많고 초조하고 우울증이 있다. 헛것이 보이고 신경이 예민하다. 두통이 있고 신경성 소화불량이다. 손바닥에 땀이 많고 허물이 벗겨진다. 어깨 관절이 아프거나 팔이 올라가지 않는다. 전립선 이상이나 등이 아프다. 손발이 저리고 쥐가 난다. 목에 무엇이 걸린 듯 간질거린다. 임파액이 뭉쳐서 밤톨같이 잡힌다. 가슴 통증이 있고 신경통이 있다.

섭취하면 좋은 곡류로는 옥수수, 녹두, 조이며 심포, 삼초가 나빠서 선식으로 체질개선을 하는 경우 맞춤형 선식은 우선 심포에 좋은 옥수수나 녹두 또는 조를 적당량 가공하여 섭취를 한다. 심포, 삼초는 오행의 기운이 잘 돌지 못해서 생기는 병이고 이를 돕는 오행이 따로 있는 것은 아니다.

실제사례: 곡류를 이용하여 선식이나 생식을 만들어서 질병을 치료하는 분야는 이미 시중에 널리 이용이 되고 있는 것으로 알고 있다. 고서 의학 책에도 곡류를 이용한 죽으로 병을 치료 하는 방법이 소개 되어 있는 것을 본적이 있다. 필자가 오랜 동안 고질병으로 앓아온 질병이 있는데 만성 어깨통증이 그것이다. 학창시절부터 어깨가 아프고 팔을 들어 올리지도 못하여 수많은 병원과 약국을 찾아다녔으나 낫지를 않아 포기하고 평생 안고 가야하는 고질병으로 알고 살아 왔었다. 한 달에 절반 정도는 어깨통증으로 인한 고통에 시달리며 20여년을 살았고 어깨가 어디에 닿기만 해도 아플 정도였다.

그러던 중에 우연히 만난 것이 음양오행 건강법이었다. 음양오행 건강법을 공부하던 중에 가장 눈에 띄는 부분이 몸에 기운이 잘 돌지 않아서 생기는 어깨 통증이었고 상화(相火)에 속하는 질병이라는 것을 알았다. 믿기지는 않았지만 별다른 해결방법이 없어서 밑져야 본전이라는 생각으로 말린 옥수수를 가루 내어 하루에 세 번씩 물에 타서 먹었다. 그런데 한 달 정도가 지난 후에 어깨가 아프지 않는 것이다. 너무나 신기했다. 직접 경험해 보지 않으면 누구도 믿을 수 없겠지만 내가 효과를 보니까 믿을 수밖에 없었다. 3개월을 복용하고 일부러 옥수수 먹는 것을 중단해 보았다. 그 후로 3개월 뒤에 다시 어깨 통증이 재발을 하였고 또 다른 대책이 필요 했다. 그렇다고 옥수수 가루를 평생 먹자니 그렇고 해서 반찬으로 대용해서 먹을거리를 찾아보았다.

그러던 중에 콩나물이 식품으로 상화에 해당하여 오행의 기운을 돌려주는 역할을 한다는 것을 알게 되었다. 구하기도 쉽고 별로 질리지도 않을 것 같아서 김칫국에 콩나물을 넣어서 며칠간 먹었더니 통증이 다시 사라졌다. 그 후로 지금까지 약 15년 넘게 콩나물 김칫국을 자주 먹고 있는데 단 한 번도 어깨통증이 재발하지 않았다. 그런 연휴로 지인들은 필자가 콩나물을 좋아해서 매일 먹다시피 하는 줄로 알고 콩나물을 자주 사들고 오는데 사실은 그런 사연이 있었던 것이다.

한 달이면 보름간을 왼쪽 일주일, 오른쪽 일주일씩 양쪽 어깨를 들어 올리지도 못하게 20년을 아팠으니 그 고통이 이루 말로 표현할 수 없을 정도로 심했다. 그런데 옥수수 가루나 콩나물로 그 고질병을 낫게 하니 이게 말이나 되느냐 말이다. 고도로 발달된 현대의학과 첨단과학이 이런 어깨통증 하나도 못 낫게 한다는 것에 헛웃음이 나왔다. 과연 무슨 이유에서 이렇게 간단한 치료법을 의사들이나 약사들이 모르는지 알 수가 없다.

진리는 간단하다는 말이 생각이 나는데 어느 방송에서 당뇨병을 치료하기 위해서 인도에 있는 병원을 찾아서 서양 사람들이 많이 몰려든다는 보도를 본 적이 있다. 인도 병원에서 당뇨병을 치료하는 방법은 매우 간단했다. 머리에는 차가운 올리브기름을 한 방울씩 떨어뜨리고 아래에서는 한 사람이 발을 열심히 주무르고 있었다. 머리는 차게 발은 뜨겁게 하고 있는 듯했다. 음양의 이치를 이용한 치료법으로 주로 중한 병은 음양의 기운이 어긋나서 생기는 질환으로 판단하여 치료를 하는 것이다. 그런 방식으로 3개월 만에 당뇨병을 모두 치료하고 돌아간다는 방송이었다.

놀라운 과학기술의 발전도 우수한 현대의학도 나의 병을 낫게 하지 못하면 아무런 쓸모가 없다. 우리가 하찮게 생각하는 민간요법이나 토종약초를 통한 불치병 치료나 고질병 치료의 사례는 무수히 많다. 무조건 현대의학을 믿는 것도 좋은 생각이 아니고 그렇다고 무조건 민간요법을 믿는 것도 옳은 생각은 아니라고 본다. 중요한 것은 불치병이나 고질병이라고 포기하지 말고 본인이 직접 여러 가지 방법을 찾아서 치료할 방법을 모색해 보아야 한다는 것이다. 그중에 음양 오행건강법도 꼭 참고해 보기를 바란다.

5. 맛에 의한 분류

(1) 목 – 신맛

신맛이 있는 식품은 간장과 담낭에 영양을 주어 건강하게 하고 영양이 과다하면 비장과 위장을 상하게 한다. (木 剋 土)

(2) 화 – 쓴맛

쓴맛이 있는 식품은 심장과 소장에 영양을 주어 건강하게 하고 영양이 과다하면 폐와 대장을 상하게 한다. (火 剋 金)

(3) 토 – 단맛

단맛이 있는 식품은 비장과 위장에 영양을 주어 건강하게 하고 영양이 과다하면 신장과 방광을 상하게 한다. (土 剋 水)

(4) 금 – 매운맛

매운맛이 있는 식품은 폐장과 대장에 영양을 주어 건강하게 하고 영양이 과다하면 간장과 담낭을 상하게 한다. (金 剋 木)

(5) 수 – 짠맛

짠맛이 있는 식품은 신장과 방광에 영양을 주어 건강하게 하고 영양이 과다하면 심장과 소장을 상하게 한다. (水 剋 火)

(6) 상화(相火) – 떫은맛

떫은맛이 있는 식품은 심포와 삼초에 영양을 주어 건강하게 하고 심포장과 삼포부는 전신을 관장하는 무형의 장기이므로 좀처럼 영양과다는 없다고 하겠다. 상화는 오행의 기운을 순조롭게 돌려주는 역할을 한다.

실제사례: 맛으로 질병을 치료한다는 것에 대한 확신을 갖게 하는 하나의 경험을 이야기 해 보도록 하겠다. 필자가 평소 병원 진단명으로 신경성 위장병에 시달리며 살아 온 세월이 십수 년은 될 것이다. 병원에서 신경성이나 만성이라는 말이 들어가면 약이 없다는 말과 같다는 것은 누구나 잘 알고 있을 것이다. 신경성 위장병을 낫게 하기 위해서 안 가본 곳이 없을 정도로 찾아다닌 것은 물론 좋다는 비방도 여러 가지 시도를 해 보았지만 모두 효과가 없어서 치료를 포기하고 속 쓰림을 방지하는 일회성 약만 복용하면서 지내던 차에 음양오행 건강법에서 맛으로 치료하는 방법이 있다는 것을 알게 되었다. 위가 좋지 않으면 대게 입 냄새를 동반하는데 단맛으로 치료가 된다니 시험 삼아서 입 냄새도 제거할 겸해서 박하사탕을 먹어 보기로 하였다. 박하사탕으로 정한 이유는 단맛이 덜하고 입안이 개운해져서 그런 것이고 수시로 사탕을 들고 다니면서 하루에 10여개 정도씩을 매일 한 달 정도를 먹으니 속이 편안해지고 속 쓰림이 어느 정도 좋아졌다. 계속해서 두 달 정도를 먹었더니 입 냄새가 사라지고 속 쓰림이나 위장병이 치료 되는 놀라운 경험을 한 적이 있다.

참 이상한 것은 어렵게만 생각하던 질병이 이렇게 쉽고 간단한 오행논리로 치유가 된다는 것이었다. 위에 좋다는 양약의 종류가 얼마나 많고 또 민간요법 처방이나 약초가 얼마나 많은가. 하지만 간단하게 맛으로 치유를 한다는 논리에 입각한 방법으로 병을 치유한다는 것이 놀라울 따름이었다. 필자는 이 세상에서 가장 훌륭한 명약은 내 병을 낫게 해주는 약이라고 생각한다. 백 마디 말이 무슨 소용인가 한 번의 경험이 소중할 따름이다. 강조하고 싶은 것은 현대의학이든 민간요법이든 어느 한쪽을 너무 맹신하지 말고 필요에 따라서 적당히 응용을 할 줄 아는 것이 중요하다는 것이다. 후학들은 "월인천강 新사주학" 건강론을 열심히 공부하여 상담자들에게 양질의 건강정보를 제공해 주기를 바란다.

6. 음식에 의한 분류

질병의 원인은 타고난 체질의 문제로부터 생활습관 그리고 어떤 음식을 섭취하는가에 따라서 발생을 한다고 하겠다. 여기서 음식은 병을 발생시키기도 하지만 가장 좋은 치료법이 되기도 한다는 것이다. 병이 나면 약국이나 병원에 가서 전문가와 상담을 하는 것은 당연한 일이지만 정도가 심각하지 않거나 또는 병원에서 치료하지 못하는 병은 포기하지 말고 음양오행의 논리에 입각해서 스스로 치료를 해야 한다고 생각한다. 우리가 날마다 아무 생각 없이 섭취하는 음식물들은 모두 음양오행의 기운을 담고 있으며 몸속으로 들어와 작용을 하게 된다.

그것을 아느냐 모르느냐에 따라서 독을 약으로 알고 먹을 수도 있고 병을 키우기도 하는 것이다. 이제 밥상에서 약과 독을 구별하여 체질에 맞는 음식을 섭취 할 줄 아는 지혜로운 사람이 되어야 할 것이다. 저마다 타고난 체질을 바로 알고 어떤 기운이 부족한 줄을 알면 음식을 통해서 미리 사전에 부족한 부분을 채워줌으로 해서 질병을 예방하는 차원이 될 수 있는 것이다. 무엇이 건강에 좋다는 소리를 들으면 너나 할 것 없이 누구나 그것을 취하려고 하는데 그것은 아주 잘못된 생각이다. 예를 들어서 인삼이 건강에 좋다는 것은 누구나 아는 상식이다. 하지만 인삼이 누구에게나 맞는 것은 아니다. 오히려 인삼을 섭취하면 독이 되는 사람들도 많다. 체질이나 증상에 따라서 음식을 섭취하는 것이 건강을 유지하는데 매우 중요한 역할을 하기 때문에 여기서 음식을 오행으로 분류하여 이해를 돕도록 하겠다.

(1) 木: 간과 담에 좋은 음식

식초 / 참기름 / 들기름 / 건포도 / 땅콩 / 들깨 / 참깨 / 잣 / 호도 / 깻잎 / 부추 / 신 김치 / 동치미 / 동물 간 또는 쓸개

(2) 火: 심장과 소장에 좋은 음식

자장 / 술 / 면실류 / 더덕 / 도라지 / 산나물 / 익모초 / 고들빼기 / 쑥 / 샐러리 / 해바라기 씨 / 동물의 염통 / 곱창

(3) 土: 위장과 비장에 좋은 음식

꿀 / 설탕 / 잼 / 엿 / 포도당 / 엿기름 / 고구마 / 연근 / 칡뿌리 / 동물의 위장 / 토끼 / 고구마 줄기 / 미나리 / 시금치

(4) 金: 폐와 대장에 좋은 음식

무우 / 양파 / 고추 / 후추 / 생강 / 박하 / 고추장 / 와사비 / 겨자 / 생선 / 조개류 / 동물의 대장 / 말고기 / 수정과

⑸ 水: 신장과 방광에 좋은 음식

천마 / 산마 / 마 / 된장 / 간장 / 소금 / 콩 떡잎 / 굼뱅이 / 개구리 / 동물의 생식기 / 명란젓 / 조개젓 / 젓갈류 / 해삼

⑹ 상화(相火): 심포, 삼초에 좋은 음식

콩나물 / 송이버섯 / 우무 / 양배추 / 우엉 / 고사리 / 감자 / 토란 / 죽순 / 당근 / 도토리 / 번데기 / 오리 알 / 오이 / 가지 / 요구르트 / 토마토 / 케찹 / 마요네즈 / 로열 젤리

제 3 장

질병의 근본원인 찾기

우리가 알고 있는 질병들 중에서 고혈압이나 당뇨병과 같은 질환들을 자세히 살펴보면 그 원인이 한 가지가 아니고 여러 가지 원인으로 나누어진다. 고혈압에도 심장이 문제가 되는 고혈압과 신장이 문제가 되는 고혈압이 있고 심포나 삼초가 문제가 되는 고혈압 그리고 본태성 고혈압으로 나누어진다. 그런데 보통 고혈압에 좋다고 하는 약들은 문제가 되는 장기를 구분하지 않고 무조건 고혈압에 좋다는 식으로 말한다는 것이다. 병원에서는 어느 장기가 문제가 되어서 고혈압이라는 질병이 발생을 했는가를 구분하지도 않고 무조건 혈압을 적정 수치에 맞추는 것에만 신경을 쓴다. 그런 문제로 인해서 고혈압은 불치병이 되었고 문제가 되는 장기를 방치한 결과로 더 많은 합병증이 발생하게 되는 것이다.

현대의학은 질병의 근본원인이 되는 장기를 치료하는 것이 아니고 증상치료만을 하기 때문에 완전한 치료가 되지 못하고 시간이 지남에 따라서 더 큰 질병을 낳게 되는 것이다. 혈압이나 당뇨가 문제가 아니고 모두가 합병증으로 인해서 큰 문제가 발생하게 되는데 그것은 증상치료에만 치중하고 근본원인을 알지 못한 것이 문제라고 볼 수 있다. 인체의 모든 질병의 근본원인은 오장육부라고 하는 장기이며 그것들에 이상이 생기면 사지 팔다리나 머리 같은 외부로 신호를 보내게 된다. 각각의 장기가 담당하는 신체 부위가 모두 따로 있다는 것이다.

한 가지 예로 무릎이 아프고 물이 차는 것은 단순한 관절에 문제일 수도 있지만 그 곳을 담당하는 장기는 위장이라는 것으로 근본원인은 위장이라고 볼 수 있다. 보통 이럴 때 병원에 가면 주사기로 무릎에 물을 빼는 시술을 하는데 좀처럼 좋아지지 않는다. 이것이 바로 증상치료라는 것이다. 오장육부와 각 관절들의 연관성을 안다면 당연히 위장을 치료할 것이고 그렇게 해야만 완전한 치료가 되는 것이다. 모든 질병의 뿌리는 오장육부라는 것을 알고 어느 장기에 문제가 생겨서 질병이 생겼는지를 바로 알 때 진정한 치료의 길이 보일 것이므로 여기서 그 내용을 자세히 알아보도록 하겠다.

1. 고혈압

(1) 심장이 원인(火가 약한 경우)

심장성 고혈압의 특징은 얼굴이 붉고 가슴부위부터 열기가 얼굴로 올라오는 느낌이 있다. 증상완화에 좋은 음식은 심장에 좋은 쓴맛이 나는 음식으로 과일, 야채, 육류, 조미료, 근과 등을 골고루 섭취하는 것이 좋다. 심장에 좋은 음식들은 육미분류에 나와 있는 내용을 참고하기 바란다. 그중에서 가장 효과가 빠른 것이 생식인데 수수를 분말하여 3숟갈 정도 물에 타서 섭취하면 바로 효과를 볼 수가 있다.

⑵ 신장이 원인(水가 약한 경우)

신장성 고혈압의 특징은 얼굴이 검고 뒷목에서 열기와 통증이 위로 치밀어 오르는 느낌이 있다. 증상완화에 좋은 음식은 신장에 좋은 짠맛이 나는 음식으로 식단을 짜서 섭취를 하면 좋아진다. 그중에서 특히 검은콩을 분말하여 3숟갈 정도를 물에 타서 섭취를 하면 바로 효과를 볼 수가 있다. 콩을 바로 섭취하면 설사가 나는데 비린내를 가시게 하려면 약간 볶아서 가루를 내면 된다.

⑶ 심포, 삼초가 원인(相火가 약한 경우)

심포, 삼초성 고혈압의 특징은 한열 조정능력이 떨어져서 수시로 고혈압에서 저혈압을 오가는 증세가 있다. 심포, 삼초에 좋은 음식으로 떫은맛이 나는 식품을 섭취하는 것이 좋고 과일, 조미료, 견과류, 야채 등을 식단으로 짜서 섭취한다. 이때에 가장 효과적인 방법이 생식으로 옥수수를 분말하여 3숟갈을 물에 타서 섭취를 하면 바로 효과를 볼 수 있고 다른 것은 가능한 먹지 않는 것이 좋다.

⑷ 본태성 고혈압

본태성 고혈압은 혈압수치가 200이 훨씬 넘어도 어떤 증상이나 통증이 없는 것으로 힘이 아주 세고 건강하다. 이런 경우는 특별히 치료를 하게 되면 오히려 병을 얻게 되는 경우가 발생하게 되니 치료를 하면 안 된다.

2. 당뇨병

(1) 비장과 위장에 원인(土가 약한 경우)

비장이 허약하여 인슐린을 생산하지 못해서 혈당을 조절하지 못하고 소변으로 당분이 과다하게 배설되는 것을 말한다. 대체로 췌장에 문제가 발생한 것으로 잘 알려져 있다. 비장이나 위장은 土에 관련한 것이니 모든 반찬이나 과일, 육류, 야채 등도 모두 단맛이 나는 것으로 섭취를 해야 한다. 보다 효과적인 방법은 기장을 분말하여 3순갈 정도를 물에 타서 섭취를 하면 바로 효과가 나타난다. 인삼을 함께 복용하면 火(生)土하여 더욱 좋다.

(2) 신장에 원인(水가 약한 경우)

신장성 당뇨는 소변에서 당분만 검출 되는 것이 아니고 단백질, 지방, 혈액 등이 함께 배설 되어 소변에 침전물이 뿌옇게 생기는 특징이 있다. 신장과 방광은 한번 나빠지면 고칠 수 없다는 말이 있는데 그것은 근거가 없는 말로 사람의 체세포는 20%만 남아 있어도 정상으로 복원할 수 있는 복원기능을 가지고 있다. 짠맛이 나는 식품을 반찬이나 음식으로 섭취하고 반대되는 土에 관련된 음식은 피하는 것이 좋으며 가장 빠른 효과를 보려면 검정콩을 분말하여 하루에 세 번씩 3순갈 정도를 섭취하면 바로 효과를 볼 수가 있다.

(3) 심포, 삼초에 원인(相火가 약한 경우)

심포, 삼초성 당뇨는 한열 왕래증이라고 하여 춥다가 덥다가를 반복하는 특징이 있다. 떫은맛이 나는 식품 중에서 자기 입맛에 맞는 것을 골라서 먹으면 좋고 되도록 다른 종류에 속하는 음식은 삼가 하는 것이 좋다. 가장 좋은 방법은 옥수수나 녹두 또는 조를 분말하여 3순갈 정도를 물에 타서 섭취하는 것이 빠른 효과를 볼 수 있다.

3. 두통

(1) 편두통(木이 약한 경우)

머리 측면에 통증이 있는 증상을 말하는데 그것은 담경맥이 머리 측면을 통과하기 때문에 생기는 증상이다. 신맛이 나는 과일이나 야채 그리고 음식을 골라서 식단을 만들어 섭취하고 종류가 다른 식품은 피하는 것이 좋다. 그중에 가장 좋은 방법은 팥을 분말하여 섭취하는 것이다. 신 것을 과식하면 상대적으로 극을 당하는 것이 위장이니까 상태를 지켜보면서 섭취해야 한다.

(2) 전 두통(土가 약한 경우)

앞이마에 통증을 말하고 그것은 이마 양 옆으로 위경맥이 통과하기 때문에 생기는 증상이다. 단맛이 나는 식품을 먹어야 하고 과일, 야채, 육류, 근과, 조미료 등 모든 음식을 단맛 식단으로 바꾸면 좋다. 기장쌀을 분말하여 사용함이 가장 빠른 효과가 있다. 증세가 없어지면 식단을 중지하고 체질개선용 선식을 섭취하면 된다.

(3) 미릉골 통(相火가 약한 경우)

양쪽 눈썹의 끝부분 즉 관자놀이에서 통증이 시작 되고 심포, 삼초가 냉해질 때 많이 발생하며 무형의 장기라서 현대의학에서 발견이 안 되는 두통이다. 심포, 삼초에 영양을 주는 떫은맛의 식품 중에서 가장 빠른 효과는 옥수수를 분말하여 섭취하는 것이다. 주식이나 부식 그리고 후식과 차를 모두 떫은맛의 식단으로 만들어서 섭취하면 즉시 효과가 나타난다.

(4) 후 두통, 정 두통(水가 약한 경우)

뒷목에서부터 위로 올라오는 통증을 후 두통이라고 하며 머리 상단 중앙에 열이 나면서 나타나는 통증은 정 두통이라고 한다. 검정콩(서목태)을 분말하여 하루에 세 번 3순갈 정도를 물에 타서 섭취하면 바로 효과가 나타난다. 또한 짠맛에 속하는 음식을 주식, 부식, 후식으로 먹고 차 종류까지 짠맛으로 맞춰서 섭취하면 빠른 효과를 볼 수 있다. 火나 土로 분류 된 식품은 피하는 것이 좋다.

⑸ 냉 두통

머리가 차서 생기는 두통이며 머리로 공급되는 혈액의 양이 부족하여 머리가 아픈 경우다. 모자를 쓰거나 그밖에 머리를 따뜻하게 하면 좋아진다.

4. 위장병

⑴ 무 산증(木이 약한 경우)

무 산증은 간과 담낭에서 담즙이나 위산의 분비가 부족하여 음식을 소화시킬 소화액이 분비되지 않는 증상을 말한다. 음식이 모래알 같고 입이 쓰고 백태가 끼며 구토가 발생한다. 신맛이 나는 음식으로 식단을 만들어서 곡식과 과일 그리고 야채나 육류, 차 등을 집중적으로 섭취하면 좋다. 특히 팥을 분말하여 하루에 세 번 3순갈 정도를 물에 타서 섭취하면 효과가 빠르게 나타난다.

⑵ 위궤양, 위암, 산 과다증(土가 약한 경우)

산성식품이나 신맛이나 쓴 것을 많이 섭취하여 산 과다증이 되어 위가 쓰리고 아픈 병으로 발전하게 된 것이다. 단맛의 식품을 섭취하거나 金기의 매운 맛으로 木기의 신맛을 제어하면 된다. 원인을 분석하여 단맛이 나는 식품이나 기장을 생식 하는 것이 좋고 木기가 많아서 병이 발생을 한 것이면 金기에 속하는 매운 맛의 식품을 주식과 부식, 후식 그리고 차 종류를 집중적으로 식단을 만들어 섭취를 하면 좋아진다. 증세가 호전되면 장수선식으로 바꾸어 적용하면 된다.

(3) 위 무력증, 위하수

위가 늘어진 상태를 말하며 식사량을 조절하지 못하여 과식을 자주 하게 되는데 위하수가 있는 사람은 눈 밑이 검고 쳐져 있으며 배꼽 위쪽 명치 밑에 줄이 3개 있다. 음식을 적게 먹고 꾸준히 생식을 하면 좋아진다. 육미 분류표에 있는 모든 종류를 함께 배합하여 만드는 생식을 장수생식이라고 하며 위의 경우 장수생식을 만들어서 6개월 정도 꾸준히 섭취해야 한다. 민간요법으로는 위하수에 옻나무를 달여 먹으면 특효가 있다고 전해진다.

5. 관절염

(1) 고관절(木이 약한 경우)

고관절은 환도 관절이라고도 하며 골반과 허벅지 뼈를 연결하는 부위를 말하며 간과 담이 관장한다. 팥을 분말하여 하루에 세 번 한 끼에 3숟갈을 물에 타서 섭취하고 간에 좋은 신맛이 나는 음식으로 식단을 만들어서 야채, 육류, 근과, 조미료, 과일 등을 섭취하면 빠른 효과를 볼 수 있다.

(2) 팔꿈치 관절(火가 약한 경우)

팔꿈치 관절은 심장과 소장이 지배하는데 그것은 팔꿈치 부위를 심장경맥과 소장경맥이 통과하기 때문이다. 심장과 소장에 영양을 주는 곡류는 수수의 효능이 가장 효과적이며 분말하여 복용하면 빠른 결과를 볼 수 있다. 반찬이나 음료수, 야채, 과일, 조미료 등을 심장에 좋은 쓴맛으로 식단을 짜서 섭취를 해야 하고 증세가 호전 되면 정상으로 섭취한다.

(3) 견 관절과 손 전체 관절(相火가 약한 경우)

어깨관절과 손의 모든 관절은 심포와 삼초가 지배를 하고 그것은 어깨 관절에 심포경맥과 삼초경맥이 지나가기 때문이다. 옥수수를 분말하여 하루 세 번 섭취하고 모든 음식을 떫은맛으로 식단을 짜서 실행을 한다면 빠른 효과를 볼 수 있다. 심포, 삼초에 영양을 주는 것은 좀처럼 과식이 없으나 너무 많이 섭취하는 것은 경계해야 할 일이다.

(4) 무릎 관절(土가 약한 경우)

무릎에 물이 차거나 부종이 생기고 관절이 늘어나는 병인데 비만으로 인해서 발생하는 경우가 많고 위장은 무릎관절을 지배한다. 단맛이 나는 식품을 섭취하면 비장과 위장이 튼튼해지고 무릎의 병도 좋아지는데 가공식품의 섭취는 피하는 것이 좋고 가장 좋은 방법은 기장을 분말하여 섭취 하는 것이 좋다.

(5) 손목 관절(金이 약한 경우)

손목 관절은 폐와 대장이 지배하는 관절이며 이상이 생기면 매운 맛을 많이 섭취하면 증세가 호전됨을 알 수 있다. 현미를 분말하여 복용하는 것이 좋고 반찬이나 기타 음식들도 매운 맛이 나는 것만 섭취하면 효과가 빠르게 나타난다. 통증이 가시면 정상적인 식단으로 조정이 필요하겠다.

6. 요통

(1) 간, 담에 원인(木이 약한 경우)

보통 허리 병이라고 하여 흔히 볼 수 있는 질환이다. 간, 담이 약하면 모든 근육이 긴장을 하고 고관절이 약해져서 허리에 통증이 나타나는데 특히 아침에 허리가 부자연스러워서 고생을 하는 사람들이 여기에 해당한다. 디스크의 근본원인은 주로 간, 담이 약해서 근육과 심줄이 긴장하여 발생하는 경우가 대부분이다. 신맛이 나는 식품으로 간장과 담낭에 영양을 주어야 한다. 팥의 생식이 가장 빠른 것은 두말 할 나위가 없다고 보겠다.

(2) 심잠과 소장에 원인(火가 약한 경우)

심장과 소장에 원인이 있는 요통을 좌골신경통이라고 한다. 처음에는 엉덩이가 아프다가 통증이 다리 아래로 내려가는 증세가 나타나는 것이 특징이다. 쓴맛이 나는 식품 중에서 수수의 생식이 가장 좋고 주식과 부식 그리고 조미료나 차 종류도 심장에 좋은 쓴맛의 식단을 이용하는 것이 좋다. 쓴맛을 과식하면 폐와 대장에 병이 발생하므로 주의해야 한다.

(3) 심포, 삼초에 원인(相火가 약한 경우)

허리 아랫부분에 넓게 통증이 발생을 하게 되는 것이 특징이고 등의 윗부분도 통증이 동반 된다. 떫은 맛 중에서 옥수수가 가장 좋은 곡류이며 야채, 과일, 반찬, 육류, 조미료, 차 등을 심포에 좋은 떫은 것으로 섭취하면 효과가 빠르다. 하지만 과식함이 없어야 하겠다.

(4) 폐와 대장에 원인(金이 약한 경우)

폐와 대장에 원인인 요통은 허리 중간 아래쪽에 움푹 파인 요안이라는 자리가 있고 그곳에 통증을 느낀다. 현미를 생식하는 것이 가장 좋고 과일, 야채, 육류, 근과, 조미료 등을 폐에 좋은 매운 음식으로 식사를 하면 빠른 시간 내에 질병의 고통에서 벗어날 수 있을 것이다.

(5) 신장과 방광에 원인(水가 약한 경우)

"신허요통"이라고도 하며 허리 중앙부위에 통증을 느끼는 것을 말한다. 신장과 방광에 영양이 되는 짠맛의 식단을 짜서 섭취를 해야 하며 야채, 과일, 육류, 조미료, 차 등도 함께 먹는 것이 좋다. 특히 검은콩을 생식으로 분말하여 복용하면 빠른 효과를 보게 될 것이다.

7. 비만증

(1) 위장에 원인(土가 약한 경우)

산이 과다하게 분비되는 체질이거나 위장병 치료를 잘 못한 경우도 있고 약을 과다 복용한 경우에 발생한다. 비만을 치료하기 위해서는 비장과 위장에 좋은 기장쌀을 생식하는 것이 좋고 좀 더 빠른 효과를 위해서는 매운 맛이 나는 것을 섭취하는 것이 빠르다고 보겠다. 매운 맛은 율무나 현미를 분말하여 생식을 하고 매운맛이 나는 고추, 마늘, 파, 생강 등을 섭취하는 것이 좋다. 지나친 과식은 금물이고 효과를 본 뒤에는 정상으로 환원한다. 그러나 이렇게 되면 인체에 지방이 너무 빨리 분해가 돼서 전신이 아프거나 무리가 온다. 무리하지 말고 정상적인 체질개선 처방으로 3~6개월간 복용을 하는 것이 좋다고 보겠다.

(2) 심포, 삼초에 원인(相火가 약한 경우)

심포장이 물질을 흡수하여 세포를 생성 하는데 이상 현상이 발생하여 지방을 과다하게 생산하거나 배설이 원활하지 못한 경우에 발생하는 것이다. 떫은 맛의 대표적인 곡류인 옥수수를 분말하여 하루에 세 번 섭취하는 것이 좋고 떫은맛의 반찬이나 과일, 육류, 조미료, 견과, 야채만을 섭취하면 단시일 내에 큰 효과를 볼 것이다.

(3) 불임 수술이 원인

복강경 수술, 루프, 정관 수술, 자궁제거, 피임약 복용 등은 치료가 불가능한 비만증을 양산하게 된다. 가축도 살을 찌우기 위해서 생식기를 거세하는 것에서 알 수 있듯이 생식기능이 무력해지면 연쇄반응으로 위장의 기능이 항진되어 비만증이 나타나는 것이다. 신장과 방광에 영양을 주는 짠맛의 식품을 섭취하면 생식기능 절단으로 인하여 발생된 허리통증, 종아리 통증, 피로감, 가슴통증 등이 일시적인 효과는 있지만 비만증까지는 효과가 없다. 자연 그대로의 육체를 유지하는 것만이 가장 현명한 방법이라고 보며 과연 시술이 사람을 치료하는 것인지 해치는 것인지 시술 후에 나타날 문제점들을 생각해 보고 치료를 하는 것이 좋겠다.

8. 정신병

(1) 간장과 담낭에 원인(木이 약한 경우)

오행에서 木을 성냄으로 표현했듯이 간이 허약해서 생긴 정신병환자들은 폭력적이고 물건을 부수고 소리를 지르며 잠을 안자며 더럽다고 침을 뱉고 음식을 거절하는 증세를 보인다. 신맛이 나는 식품을 마련하여 주는 것이 좋고 팥을 분말하여 생식을 하면 가장 빠른 효과가 나타 날 것이다. 신맛이 나는 식단을 위주로 장기적으로 섭취를 시키면 분명히 좋은 결과를 보게 될 것이다.

(2) 심장과 소장에 원인(火가 약한 경우)

얼굴과 몸에 붉은 색이 나타나고 헛웃음을 웃고 옷을 벗는데 주로 이성으로부터 실연을 당했을 때 많이 발생한다. 쓴맛이 나는 곡류, 야채, 과일, 육류, 조미료, 차 등을 식단으로 만들어서 집중적으로 섭취시키고 수수를 분말하여 생식을 하면 좋은 효과를 보게 될 것이다.

(3) 비장과 위장에 원인(土가 약한 경우)

망상과 공상에 빠져서 방문 밖으로 잘 나오지 않고 의심이 많아 사람을 잘 믿지 않는 경향을 나타낸다. 비장과 위장에 영양을 주는 식품은 단맛이 있는 식품으로 주식, 부식, 후식, 야채, 차 등 모든 식사를 단맛으로 생식하면 된다. 기장을 분말하여 생식하면 더욱 빠른 효과를 볼 수가 있다.

(4) 폐와 대장에 원인(金이 약한 경우)

잘 울고 동정심이 많아 남을 잘 도와주고 비관하여 자살을 시도하기도 한다. 폐와 대장에 영양을 공급하여 주는 식품은 매운맛으로 주식, 부식, 후식, 차 등을 매운맛 식단으로 구성하고 현미나 율무를 분말하여 생식을 하면 좋은 결과를 볼 수 있다.

(5) 신장과 방광에 원인(水가 약한 경우)

공포에 사로잡혀 무서움증이 있고 누가 본인을 잡으러 온다고 무서워하고 부정적인 말과 행동을 한다. 신장에 좋은 짠맛이 나는 식품으로 식사를 해야 하며 검정콩을 분말하여 꾸준히 섭취 하는 것이 빠른 효과를 볼 수 있다. 음양이나 허실 또는 염증성 질환도 있지만 문제는 영양을 적게 공급 하는데서 문제가 발생 한다는 것이다. 그래서 항상 병보다 영양이 우선이다.

(6) 심포, 삼초에 원인(相火가 약한 경우)

이런 경우에는 상태가 수시로 변하여 울다가 웃다가를 번갈아 가면서 보이며 다섯 가지 증세를 돌아가며 보이는 특징이 있다. 심포나 삼초에 영양을 주는 식품은 떫은맛이 있는 식품으로 주로 옥수수나 녹두를 생식하면 빠른 효과를 볼 것이고 모든 식단을 떫은맛 식단으로 야채, 반찬, 과일, 조미료 등을 섭취하면 좋다. 정신병이 모두 생식이나 약물로 낫는다고는 생각하지 않는다. 물론 오행의 기능이 심하게 기울어져 생기는 정신병도 있겠지만 모든 정신병이 그렇다고는 볼 수가 없다는 것이다. 정신병의 일부는 우리가 알 수 없는 영역인 귀신에 의한 신병인 경우도 적지 않다. 요즘 많이 알려진 퇴마처럼 또 다른 원인에 의하여 발병하는 경우도 있다고 본다. 내가 아는 것이 전부이고 내가 모르는 것을 부정하는 것은 옳지 않다고 생각한다. 세상 모든 것은 다양한 가능성이 있다는 것을 염두에 두고 보다 넓은 안목으로 상황을 판단하기 바란다.

제 4 장

건강에 좋은 토종약초

한약재로 분류된 약초는 독소가 함유되어 있는 경우가 있어서 일반인들이 사용하기에 위험하지만, 식품으로 분류되어 독성이 없는 토종약초는 위험성이 없다. 그래서 요즘은 토종약초에 대한 사람들에 관심이 늘고 있다. 필자가 예전에 포교당을 운영하면서 포교의 수단으로 택한 것이 사주와 건강법이었다. 인연법에 의해서 수많은 사람들과 만나게 되면서 그들의 아픔과 고통을 치유해 주기 위해서 사주상담과 치유를 병행하게 되었다. 쑥뜸이나 지압 그리고 약초 등을 이용해서 수십 년간 치유한 경험이 있기 때문에 그것을 바탕으로 건강법을 소개할 수 있게 되었다. 현재는 시중에서 일반화가 되어 판매되고 있는 함초나 백하수오 분말 등은 필자가 국내 최초로 서울 경동시장 제분소에서 만들었던 것으로 기억한다.

주로 병원에서 치료가 되지 않는 질병들을 상대로 상담을 하다 보니 많은 연구와 노력이 필요하였고 사람들의 아픔을 보고 그냥 넘어가지 못해서 열심히 몸을 아끼지 않고 봉사를 했던 당시의 기억이 아직도 가끔씩 떠오른다. 지금은 필자의 건강상 그만 둔지가 오래 됐지만 그나마 그때 작은 선업이라도 쌓아 둔 것이 얼마나 다행인지 모른다. 여기에 소개하는 토종약초 이용방법도 실제경험을 통한 검증된 방법이니 후학들의 많은 이용이 있기를 바란다. 참고로 얼마 전에 방송에서 민간약초 중에 항암에 좋다는 약초들 10여 종류를 모아서 성분 검사를 해본 결과 느릅나무 뿌리껍질 유근피가 가장 약성이 좋은 것으로 보도되었다. 아래에 토종약초 중에서 가장 약효가 뛰어나고 쉽게 사용할 수 있는 종류들로 기재를 하겠으니 참고하기 바란다.

1. 천연항생제

마늘 / 파 / 생강 / 양파 / 달래 / 초피 / 무

천연항생제는 저항력을 키우고 면역력을 강화시켜 세균성 질환에 효과가 좋고 이들 식품은 온갖 균을 죽이고 몸에 쌓인 독소를 밖으로 내보내는 효능이 있다. 감기와 같은 감염성 질환을 예방하는 역할을 하고 바이러스성 질환에도 탁월한 효과가 있다고 한다. 우리나라는 세계에서 항생제를 가장 많이 쓰는 것으로 알려져 있는데 몸이 항생제를 받아들이면 병원균도 항생제에 저항력을 갖게 되어 더욱 강해져서 결국은 항생제가 전혀 효력을 발휘하지 못하게 된다. 또한 항생제는 몸에 필요한 박테리아까지 모두 죽이므로 저항력을 오히려 떨어뜨리는 작용을 한다. 이런 악순환으로 인한 피해를 줄이기 위해서는 천연 항생제로 면역력을 기르는 방법이 가장 좋은 방법이라고 하겠다. 마늘은 항암효과도 있고 정력제로도 유명하며 생강은 체온을 올려주어 감기예방이나 초기감기에 효과가 좋다. 기침감기가 심해서 폐렴으로 발전하면 대파 뿌리를 달여 마시면 효과가 좋다. 무우는 생선에 독을 해독하고 양파는 콜레스테롤을 제거하고 양질의 식이섬유를 제공하여 요즘 인기가 매우 좋다.

2. 겨우살이

겨우살이는 잎과 줄기가 모두 진한 녹색이고 가지가 두 갈래로 갈라지고 가지에 잎이 마주나기로 난다. 잎은 선인장처럼 물기가 있고 연해서 잘 부러지지만 탄력이 있어서 바람에는 잘 견딘다. 열매는 겨울에 노랗고 투명한 콩알 모양으로 열리는데 이것을 새들이 즐겨 먹는다. 열매에 끈적끈적한 점액이 있어서 새들이 열매를 먹고 부리에 붙은 씨앗을 떼어 내려고 나뭇가지에 부리를 비빌 때 씨앗이 나무에 붙게 된다. 점액이 마르면 씨앗이 나뭇가지에 단단하게 붙어서 그 상태로 겨울을 나고 봄이 오면 씨앗이 나와 그 나무에 뿌리를 내려서 기생을 하는 것이다. 겨우살이는 참나무, 버드나무, 밤나무, 동백나무 등에 기생하는데 말린 가지를 오랫동안 두면 황금빛으로 변한다. 동백나무에 기생하는 겨우살이를 1등으로 치는데 구하기가 어렵고 대부분 참나무에 기생하는 겨우살이를 볼 수가 있다. 유럽에서는 항암제로 널리 사용 되고 있으며 만병통치약으로도 많이 알려져 있다. 국내에서는 고혈압에 특효가 있는 것으로 알려져 있으며 당뇨병에도 좋은 것으로 알고 있다. 겨우살이를 1년간 장복하여 고혈압약을 먹지 않아도 되었다는 사례를 본적이 있다. 혈압약을 대신해서 겨우살이를 먹는 것이 아니고 혈압약을 복용하면서 함께 겨우살이를 먹었는데 약을 점차 줄이라는 병원 처방을 받았고 나중에는 먹지 않아도 될 정도로 좋아졌다는 것이다.

고혈압 / 중풍 / 반신불수 / 관절염 / 신경통 / 협심증 / 두통 / 요통 / 빈혈 / 동맥경화 / 신장염 / 위궤양 / 폐결핵

3. 조릿대

조릿대는 벼과에 딸린 늘 푸른 작은 키 나무이며 키는 1미터에서 2미터쯤 자라고 줄기는 지름 6미리쯤으로 대나무 가운데 가장 작은 나무 종류다. 오랫동안 스트레스를 받거나 억울한 일을 당했을 때 흔히 생기는 화병과 당뇨병에 탁월한 효과가 있으며 열을 낮추는 작용력이 뛰어난 것으로 알려져 있다. 약을 쓰기 어려운 아기의 면역력 강화와 잔병치레를 예방한다. 화병에 최고의 명약이며 당뇨에 탁월한 효과가 있으며 항암작용이 뛰어난 조릿대는 대나무 종류에 속하고 우리나라 산속 그늘에서 흔하게 볼 수 있는 식물이다. 우리나라 여성들에게서 많이 발생하는 화병이라는 질환에 특효가 있는 것으로 알려져 있다. 보통은 당뇨병에 특효로 잘 알려져 있는 것이 조릿대이다. 식량이 부족하던 옛날에는 구황식품으로 사용을 하였다고 한다. 우리나라 산에 가면 물가에서 쉽게 볼 수 있는 식물로 줄기와 잎을 채취하여 차로 끓여 마시면 당뇨나 고혈압 그리고 화병에 좋은 효과를 볼 수가 있다.

당뇨병 / 화병 / 위염 / 기침 / 면역강화 / 부종 / 무좀 / 피부병 / 위암 / 간염 / 황달 / 스트레스 / 고혈압 / 위궤양 / 협심증

4. 천마

우리나라 사망원인 1위가 뇌혈관 질환이며 그중에서 중풍이 가장 많은 것으로 알려져 있다. 암으로 죽는 사람보다 중풍으로 죽는 사람이 더 많은 것이다.

날씨가 싸늘해지는 가을이나 추운 겨울에 중풍 발병률이 높다. 온도가 낮아지면 혈관이 수축되고 혈액이 응고되기 쉬워서 혈액의 흐름에 장애가 되기 때문이다. 고혈압이 아니더라도 날씨가 추워지면 혈압이 조금씩 높아지니 항상 몸을 따듯하게 하고 유의하기 바란다. 중풍, 고혈압, 두통에 명약 천마는 난초과에 딸린 여러해살이 풀이며 뿌리가 고구마처럼 덩이가 져있다. 천마는 뇌질환 계통의 질병에 최고의 명약이라고 한다.

두통 / 고혈압 / 어지럼증 / 중풍 / 심장병 / 손발마비 / 안면신경마비 / 간질 / 불면증 / 우울증 / 정신분열증 / 폐암 / 농약중독 / 신경쇠약 / 피부병 / 가려움증 / 에이즈 / 위암

5. 야관문

부작용 없는 천연 비아그라 야관문은 콩과에 딸린 여러해살이 풀이며 우리말로 "비수리"라고 한다. 야관문은 흔한 풀로 옛사람들은 이 풀을 묶어서 빗자루로 사용했을 정도로 흔하여 천대를 받았는데 사실은 이 풀이 비아그라와 같은 효과를 지녔다고 한다. 여러 가지 남성 질환인 양기부족, 조루, 유정, 음위증 등을 치료하는데 2~3일만 복용해도 그 효과를 확인 할 수 있으며 부작용이 전혀 없다고 한다. 야관문은 달여서 먹거나 가루 내어 먹으면 전혀 효과가 없고 반드시 술로 우려내어 먹어야 효과가 있다. 야관문은 밤에 빗장을 열어주는 약초라는 뜻이다. 식물 중에서 특별히 남자들이 좋아하는 최고의 정력제는 삼지구엽초인데 음양곽이라고도 부른다. 이 약초 또한 술을 담가 먹어야 효과가 있다고 전해진다. 야관문도 삼지구엽초에 못지않은 약효가 있고 구하기 쉽다는 장점이 있겠다.

양기부족 / 음위증 / 조루 / 기침 / 백일해 / 신경쇠약 / 기력부족 / 허약체질 / 당뇨병 / 설사 / 급성위염 / 간에 의한 눈에 충혈 / 타박상 / 천식 / 대하 / 탈항 / 기관지염

6. 생강나무

잎이나 가지를 꺾어서 냄새를 맡으면 생강과 비슷한 냄새가 나는 나무가 "생강나무"라고 부른다. 생강나무는 이른 봄에 꽃이 제일 먼저 피는 나무 중에 하나다. 산수유 꽃을 닮은 노란색 꽃이 개나리, 진달래, 산수유보다 먼저 피어서 봄을 알린다. 녹나무 과에 딸린 잎이 지는 떨기나무이고 개동맥, 황매목, 단향매, 새앙나무, 아기나무 등으로 불리 운다. 모든 산후병의 명약 생강나무는 여성이 아이를 낳은 뒤에 나타나는 병으로 산후조리를 잘 못하여 생기는 병에 특효가 있다. 산후통의 원인은 어혈과 찬 기운이 원인인데 날이 궂으면 더욱 심해지는 병으로 알려져 있다. 생강나무 달인 물을 2주 정도만 복용해도 확실하게 효과가 나타난다. 아주 흔한 나무로 쉽게 구할 수가 있으며 주변에서 산후조리 후 어혈로 인한 병에 시달리는 여성들을 쉽게 볼 수가 있는데 꼭 한번 권해보기 바란다.

냉증 / 산후풍 / 간염 / 간경화 / 골다공증 / 기침 / 마비 / 근육통 / 두통 / 관절염 / 신경통 / 황달 / 지방간 / 멍든 데 / 타박상

7. 호깨나무

호깨나무는 갈매나무 과에 딸린 잎이지는 넓은 잎 큰키나무이다. 헛개나무, 허리깨 나무라고도 부르며 지구, 백석목, 목밀, 현포리라는 이름으로도 불린다.

호깨나무는 간을 비롯하여 몸 안에 쌓인 독을 풀어 주고 간이나 대장의 기능을 높여주는 작용을 한다. 술로 인하여 간이나 위장 폐, 대장, 뇌 등이 나빠진 것을 고치는데 효과가 좋을 뿐 아니라 갈증을 없애고 구토를 멎게 하며 소변과 대변을 잘 통하게 하는 효능이 있다. 일명 "헛개나무"로 잘 알려진 약초로 술로 인한 간질환에 명약으로 알려져 있는데 열매에 약효가 많다. 술을 물이 되게 하는 나무라고 하며 술독을 푸는데 불가사의한 효능이 있는 것으로 전해진다. 요즘은 헛개나무 추출물로 숙취를 제거하는 약을 만들어서 팔고 있는 것으로 알고 있다. 실제로 헛개나무 열매의 술 해독능력은 놀라운데 이것을 달여 먹는 동안에는 주량이 보통 때보다 두 배 정도 많아지는 것을 볼 수가 있다. 술을 마신 다음날 숙취도 없는 것으로 보아서 간 해독능력을 그만큼 높여준다고 볼 수 있다. 술을 가까이 하는 사람들이나 어쩔 수 없이 술을 자주 먹어야 하는 사람들에게 헛개나무 열매를 강력 추천하는 바이다.

술 중독 / 지방간 / 간염 / 술로 인한 온갖 간질환 / 숙취 / 간경화 / 치질 / 부종 / 식중독 / 당뇨병 / 황달 / 관절염 / 헛배

8. 옻나무

암세포를 죽이고 어혈을 없애 주는 옻나무는 가장 훌륭한 방부제이면서 살충제라고 하겠다. 위하수나 자궁암에 많이 사용하는 옻나무는 우리나라 전통 나무 그릇에 칠하는 재료로도 널리 사용 되어 왔다. 가을에 껍질을 채취하거나 5~7월에 진을 받아서 사용한다. 옻은 좋은 약이기도 하지만 독성이 강하여 오리, 염소, 닭 등과 함께 요리를 하여 사용하기도 한다. 옻을 복용하다가 옻이 오르면 백반이나 녹반을 물에 풀어서 바르면서 복용한다. 주의할 것은 옻을 복용하고 나서 옻이 올랐을 때 혈관주사를 맞으면 절대로 안 되는데 부작용으로 목숨을 잃는 수가 있다. 요즘은 독성을 제거한 옻나무 제품들이 많이 나와 있는 것으로 알고 있다. 위하수와 해독작용에 효과를 목격한 적이 있는데 늘어진 위장을 당겨 올려주는 역할을 하는 것으로 알고 있다. 주변에서 옻을 이용해서 암이 나았다는 말은 많이 들었지만 직접 확인을 한 적은 없는데 피부알레르기나 아토피증상에 효과를 본 경우는 여러 번 본적이 있다.

어혈 / 간염 / 간경화 / 신장염 / 부종 / 갖가지 암 / 위염

9. 접골목

사람의 수명은 뼈와 관계가 깊은데 뼈가 튼튼하면 아프지 않고 오래 살고 뼈가 약하면 병이 많고 일찍 죽는다. 살을 찌게하고 근육을 튼튼하게 만드는 음식이나 약초는 많으나 뼈를 튼튼하게 하는 식품이나 약초는 그리 많지 않다. 칼슘이 뼈에 좋다고 멸치나 우유를 많이 먹는다고 뼈가 튼튼해지는 것은 아니다. 뼈를 살찌게 하고 골다공증에 좋은 약초는 바로 접골목이다. 접골목은 뼈를 강하고 튼튼하게 하는 최고의 보약이다. 골다공증과 기미 그리고 주근깨를 없애는 접골목은 뼈를 살찌게 하는 유일한 약초로 알려져 있다. 또한 천연약초 가운데 통증을 가장 빨리 멎게 하는 진통제 역할을 하는 것이 접골목이라고 할 수 있다. 골절, 골다공증, 관절염에 탁월한 효능이 있다고 한다. 나이든 여성에게서 많이 발생하는 골다공증에 좋다고 칼슘이나 철분을 섭취하기 위해서 여러 가지 많은 방법들을 사용하고 있는데 중요한 것은 흡수가 잘 되지 않는다는 점이다. 나이 들어서 구멍이 생기고 약한 뼈를 호랑이 앞발처럼 뼈를 강하게 만들어 주는 유일한 약초가 접골목이다. 나이가 많으면 뼈가 부러져도 잘

붙지가 않는데 접골목은 뼈 속을 채워주기 때문에 좋은 효과를 볼 수가 있다.

골다공증 / 뼈가 부러진 데 / 류머티스 관절염 / 타박상 / 부종 / 복수 / 신장염 / 통풍 / 인후염 / 기미 / 주근깨 / 습진 / 무좀

10. 노박덩굴

여성성인의 60% 이상 생리통으로 고생을 하고 있으며 갈수록 숫자가 늘어가고 있는 상태라고 한다. 그 가운데 10%는 일상생활이 어려울 정도로 심한통증을 느낀다. 생리통은 몸이 차갑거나 콩팥의 기능이 약한 여성들에게 많다. 노박덩굴은 남사등, 금홍수, 지남사, 백룡, 과산룡 등으로 부른다. 생리통과 냉증에 특효가 있는 노박덩굴은 민간에서 널리 쓰이는 익모초, 접시꽃 뿌리, 쑥, 홍화, 당귀 등에 비해서 탁월한 효능이 있는 것으로 알려져 있다. 노박덩쿨 열매가 줄기보다도 더 좋은 효능을 가지고 있으며 주로 생리통은 아랫배가 차서 생기는 질환이다. 평소에 아랫배를 따듯하게 해주는 구절초 같은 약초를 달여서 근본적인 체질개선을 하는 것도 중요하고 온열기구나 쑥뜸을 이용해서 치유를 하는 방법도 있겠다. 의외로 필자에게도 생리통을 앓고 있는 사람들이 많이 찾았던 것으로 기억을 하는데 주로 쑥뜸으로 치유를 해 준 것으로 기억을 하며 낫지 않는 경우는 없었다. 그런데 왜 병원에서는 치료를 못하는지는 이해가 안 된다.

생리통 / 냉증 / 불임증 / 신경통 / 관절염 / 설사 / 탈항 / 양기부족 / 두통 / 요통 / 피부병 / 이질 / 치질 / 사지마비

11. 함초

함초는 식물학적으로 고생식물이며 원시식물의 형태를 고스란히 지니고 있다. 은행나무처럼 원시식물에 가까운 화석식물이라고 할 수 있다. 함초는 지구상에서 기원이 가장 오랜 식물로 모든 식물의 조상이 되는 식물이라 하겠다. 천연 식물소금 함초는 죽염을 대신하여 많은 인기를 끌고 있는 건강식품이 되었다. 가장 우수한 소금을 함유한 식물로 3천 년 전에 중국에서는 함초를 하늘에 바쳐 제사를 지냈고 불로장수하게 하는 풀이라고 하였다. 함초는 50%가 식물성 섬유질로 되어 있고 칼슘은 우유보다 7배가 많고 철은 다시마의 40배가 많으며 칼륨은 굴보다 3배 많다. 숙변을 제거하고 중성지방을 제거하며 각종 필수 미네랄을 골고루 함유하고 있는 종합영양제라고 볼 수 있다. 서해안 갯벌에서 자라고 봄과 가을에 두 번 채취 한다. 필자는 잇몸과 치아가 좋지 못하여 한 달에 한번정도 아팠는데 그 때마다 치통 때문에 진통제에 의지를 해야 했다. 치통은 진통제가 잘 듣지 않아서 2~3시간마다 먹어야 하는 불편도 있었다.

그러다 우연히 함초가루를 먹으면 잇몸염증에 좋다고 하여 먹게 되었는데 하루 두 번 3일간 먹으니 거짓말처럼 아프지 않았다. 벌써 10년째 잇몸통증 때문에 약을 먹는 일은 없고 가끔 잇몸이 부으면 곧바로 함초를 며칠간 먹으면 바로 가라앉는다. 그리고 전에는 위염이 생기면 죽염을 먹었는데 요즘은 함초를 먹는다. 죽염은 인위적으로 바닷물을 가공한 식품이고 함초는 식물 자체 그대로이기 때문에 더 좋다고 생각한다.

잇몸질환 / 치통 / 변비 / 위장병 / 위염 / 위궤양 / 신장염 / 소변 빈삭 / 악성빈혈 / 자궁물혹 / 잦은 악몽 / 요로결석

12. 백하수오

백발머리를 검어지게 하는 자양강장제로 유명하고 중국에서는 인삼, 구기자와 함께 3대 명약이라고 전해져 온다. 예로부터 백하수오는 신장 기능을 튼튼하게 하여 정력을 높이고 머리카락을 검게 하며 병 없이 오래 살게 하는 약초로 이름이 높다. 뼈와 근육을 튼튼하게 하고 심장을 튼튼하게 하며 신경쇠약이나 불면증 같은 데에도 효능이 있다. 백하수오는 노인들의 기력을 돕는데 매우 좋은 약초라고 한다. 머리카락이 빠지지 않고 희어지지 않으며 오래 먹으면 노화를 예방 한다고 한다.

하수오 중에는 백하수오와 적하수오 두 가지 종류가 있는데 그중에 백하수오를 약으로 쓴다. 뿌리를 캐면 쌀뜨물에 담갔다가 꺼내서 말려 사용한다. 백하수오는 주로 허약체질 때문에 생기는 질환들인 악몽을 자주 꾸거나 빈혈, 이명증과 같은 질환에 잘 듣는 것으로 알려져 있다. 실제로도 필자가 가장 많이 사용을 했던 약초 중에 하나도 백하수오였던 것으로 기억한다. 기력이 떨어지면 주로 꿈을 많이 꾸게 되고 귀에서 소리가 나기도 한다. 기운을 북돋아 주는 약초로 또는 정력제로 가장 효과가 좋은 것이 백하수오다. 술을 잘 마시지 못하거나 싫어하는 사람들은 음양곽이나 야관문을 먹기 힘들 것이니 백하수오가 잘 맞는다. 실제로 백하수오 가루를 며칠간만 먹어보면 곧바로 효과를 보게 된다. 몸에 기운이 나고 짧은 시간을 자고서도 피로를 느끼지 않게 된다. 문제는 인삼처럼 몇 년산이냐가 중요하다. 실뿌리 같은 1~2년산보다는 아무래도 5~6년산 정도는 되어야 약효가 좋다고 할 수 있다.

강장 / 빈혈 / 이명증 / 피로회복 / 동맥경화 / 허약체질 / 불면증 / 신경쇠약 / 변비 / 머리를 검게 할 때 / 치질 / 무릎이 아프고 힘이 없을 때 / 건망증 / 병후조리 / 정력 감퇴 / 생리불순

13. 독을 푸는 약초들

오랫동안 몸에 독이 쌓이면 그것으로 인한 질병이 발생하게 되는데 그 병들이 대부분 병명이 없거나 알 수가 없는 불치병, 희귀병이 된다. 방송을 보면 옛날에 궁중에서 몰래 독으로 사람을 해칠 때 사용하던 것이 수은인데 그것을 음식물에 조금씩 넣으면 알 수 없는 이유로 서서히 죽어가는 모습을 보았을 것이다. 병명도 없고 이유도 모르게 사람을 헤지는 것이 독이다. 우리는 평생을 살면서 독을 흡입하고 배출하며 살아가지만 배출이 안 되고 쌓이는 것들도 많다는 것이다. 최근에 문제가 되고 있는 것이 바로 치과치료인데 치아를 때우거나 씌우는 금속 물들이 모두 수은이 들어가지 않으면 제작이 안 되어서 유럽에서는 비싼 비용이 들어가더라도 나라에서 지원금을 주고 수은이 들어가지 않는 치아보형물을 만들도록 법으로 제정하였다고 한다.

필자가 예전에 사람들에게 가장 많이 쌓여 있을 것 같은 독소들을 모두 해독할 수 있는 일명 종합해독제를 만들어서 직접 복용해 보았다. 그런데 몇 날이 지나자 평소에 7시간 정도 잠을 자야 피로가 풀렸다면 2시간 전에 미리 잠에서 깨는 것이었다. 그래서 다시 평소대로 자기 위해서 누워 있었더니 더 자야 할 이유가 전혀 없을 만큼 피로도가 풀려서 누워 있는 것이 더 불편했다. 그것이 일시적인 현상이 아니고 오래도록 이어졌다. 해독제를 먹으면 평생 동안 모여 있던 독들이 모두 빠져 나가는 것이므로 적어도 1년에 한번 정도는 먹는 것이 좋겠다는 생각을 했었다. 생각해 보면 회충약은 1년에 한 번씩 꼭 챙겨 먹으면서 왜 해독제는 평생 한 번도 먹어주지 않는지가 궁금했었다. 아래에 해독에 효과가 좋은 약초들을 기재하겠으니 후학들의 많은 활용이 있기를 바란다.

(1) 일산화탄소 중독 --- 구기자

(2) 방사선 중독 --- 삼지구엽초

(3) 수은중독 --- 청미래 덩굴, 감초, 두릅나무 잎

(4) 식중독 --- 봉선화

(5) 가스중독, 뱀독 (독사) --- 쇠비름

(6) 농약중독, 약물중독 --- 어성초

(7) 항균, 항암 --- 고추냉이

제 5 장

육친과 기, 혈, 정, 신

1. 육친과 신체관계

(1) 비겁

비겁은 신체적으로는 기본적인 원기에 해당되는 체력을 상징하며 척추에 해당이 된다.

(2) 식상

식상은 식물의 꽃에 해당하므로 신체적으로는 생식기나 팔다리와 소화기를 상징한다.

(3) 재성

재성은 연료를 의미하므로 신체적으로는 간에 해당한다.

(4) 관성

관성은 신체를 제어하는 기관으로 머리나 호르몬 그리고 신경계통을 의미한다.

(5) 인성

인성은 휴식을 의미하므로 신체적으로는 신경쇠약이나 정신질환을 의미한다.

2. 육친의 작용력

(1) 비겁

사주에 비겁이 많거나 강하면 재성을 극하여 간질환이나 만성피로 같은 질환에 걸리기 쉽다.

(2) 식상

사주에 식상이 많거나 강하면 관성을 극하여 두통이나 신경계통 그리고 호르몬 이상 등에 노출되기 쉽다.

(3) 재성

사주에 재성이 많거나 강하면 인성을 극하여 정신질환이나 신경쇠약 등에 걸리기 쉽다.

(4) 관성

사주에 관성이 많거나 강하면 비겁을 극하여 척추질환이나 만성피로 등에 노출되기 쉽다.

(5) 인성

사주에 인성이 많거나 강하면 식상을 극하여 생식기나 팔다리 그리고 소화기 등에 문제가 발생하기 쉽다.

건강과 질병을 설명하는 방법으로 오행론이 가장 많이 쓰이고 있는데 조금 더 접근을 한다면 간지론으로도 분석을 할 수 있다. 여기에 육친을 적용하여 좀 더 확장을 하였으니 참조하기 바라며 건강론의 발전은 앞으로도 많은 연구와 검증이 필요하겠다.

3. 기·혈·정·신의 분석

사주팔자를 보아서 태어난 달에 따라 체질을 분류하여 병을 치료하는데 수단으로 삼는다는 것이다. 계절적으로 강함을 얻으면 반대로 약한 요소가 생겨서 병으로 발전한다는 것이다. 질병관계를 보는 방법으로 사주에 태어난 월(月)에 따라 구분하여 참고한다.

(1) 계절과 신체관계

가. 봄

寅(1월), 卯(2월), 辰(3월)에 태어난 사람은 혈(血)과 관련된 간이나 담의 기운이 강하게 태어났다고 본다.

나. 여름

巳(4월), 午(5월), 未(6월)에 태어난 사람은 신(神)과 관련된 심장이나 소장의 기운이 강하게 태어났다고 본다.

다. 가을

申(7월), 酉(8월), 戌(9월)에 태어난 사람은 기(氣)와 관련된 폐나 대장의 기운이 강하게 태어났다고 본다.

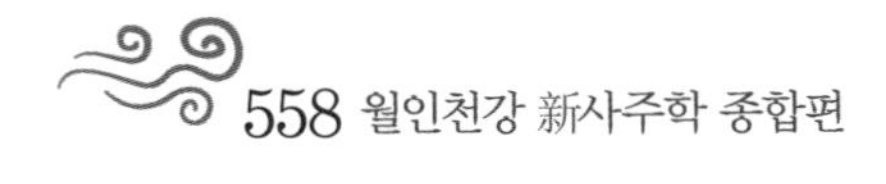

라. 겨울

亥(10월), 子(11월), 丑(12월)에 태어난 사람은 정(精)과 관련된 신장과 방광의 기운이 강하게 태어났다고 본다.

(2) 계절의 영향력

가. 봄 태생

寅, 卯, 辰월에 태어난 사람은 반대기운인 金기의 허약으로 인하여 기(氣)와 관련된 질병인 폐나 대장계통의 질환에 걸리기 쉽다.

나. 여름 태생

巳, 午, 未월에 태어난 사람은 반대기운인 水기의 허약으로 인하여 정(精)과 관련된 질병인 신장과 방광계통의 질환에 걸리기 쉽다.

다. 가을 태생

申, 酉, 戌월에 태어난 사람은 반대기운인 木기의 허약으로 인하여 혈(血)과 관련된 질병인 간과 담 계통의 질환에 걸리기 쉽다.

라. 겨울 태생

亥, 子, 丑월에 태어난 사람은 반대기운인 火기의 허약으로 인하여 신(神)과 관련된 질병인 심장과 소장계통의 질환에 걸리기 쉽다.

제 6 장

대운과 세운의 질병관계

대운에서 병이 오면 만성질환이 많고 세운에서 병이 오면 급성 질환이 많이 오는 것으로 본다. 보통 운세는 대운이 지배적인데 건강은 세운에 영향도 크게 받는 것으로 본다. 먼저 사주팔자의 타고난 체질과 강하고 약한 장기를 구분하여 판단한 후에 대운과 세운을 대입하여 판단하여야 한다. 항상 단식판단을 하지 말고 여러 가지를 고려한 복식판단을 해야 한다는 것을 명심하기 바란다. 질병관계에서도 오랜 기간 대운의 영향력에 의해서 수십 년간 억제되는 반대편 오행이나 육친의 문제점을 파악해서 감명하는 것이 중요하다고 하겠다.

1. 비견 운과 질병

오행적으로 자신을 돕는 글자이므로 건강상 좋은 운이지만 재성을 극하는 운이 되므로 사회적 성취도를 떨어뜨려서 스트레스에 의한 질병이 생길 수 있다.

2. 겁재 운과 질병

본인의 실수에 의한 문제가 발생할 수 있어서 사고나 낙상 등이 일어날 수 있으며 그것은 재물이 나가는 이유가 될 수도 있다. 겁재가 양인에 해당이 되면 피를 보는 인자여서 수술, 입원 등이 발생할 수도 있다고 하겠다.

3. 식신 운과 질병

식신은 보통 수명의 별로도 부르는데 수술과 사고의 별인 편관을 억제시키므로 건강에는 좋은 운이라 하겠다. 건강이 안 좋던 사람도 식신 운에 좋아진다.

4. 상관 운과 질병

법과 질서를 지키지 않고 자유분방을 의미하므로 유흥, 음주로 인한 건강악화를 겪을 수 있으며 속도위반이나 신호위반 등으로 교통사고가 발생할 수도 있다.

5. 편재 운과 질병

일주가 약하면 만성질환으로 오랫동안 고생하는데 신경통이나 협심증 등이 오게 된다. 재성이 인성을 극하므로 도덕을 버림으로 생긴 질병인 스트레스성 질환이 올 수 있다.

6. 정재 운과 질병

일주가 매우 약하거나 사주에 재성이 너무 많은 경우가 아니라면 건강에는 별문제가 없는 시기이다.

7. 편관 운과 질병

건강에 좋지 못한 운이며 신경성질환이나 위장병, 사고, 세균성질환, 수술 등이 있을 수 있으며 건강에 여러 가지 고통을 준다.

8. 정관 운과 질병

건강이나 하는 일에 별다른 어려움은 없는 시기이나 식상이 충을 하면 애로가 따를 수 있는데 대체로 만성피로나 신경쇠약 등이 올 수 있다.

9. 편인 운과 질병

편인은 식신을 극하여 의식주의 방해를 주므로 질병도 발생하면 가장 낫지 않는 시기이다. 만성질환이나 잘못되면 수명을 마감하는 경우도 생긴다. 수족, 생식기, 종양 등에 문제가 생길 수 있다.

10. 인수 운과 질병

만성적인 질병이 올 수도 있으나 인내와 노력으로 극복할 수 있다. 건강에는 좋은 운이 아니지만 인수 운에는 편인 운과 달리 무난하게 잘 보낼 수 있다.

11. 사망 시기 추정

(1) 공망 운

(2) 편인 운

(3) 식상 입묘(入墓)운 – 일반사람

(4) 편재 입묘(入墓)운 – 큰 인물

제 7 장

서해강론

건강론은 일반적으로 사주 책에서 찾아보기 힘든 대목인데 이 부분은 필자가 개인적으로 공부한 부분과 오랜 기간 동안 건강 상담을 직접 경험한 것을 토대로 작성하였다. 수십 년간 직접 건강 상담을 통해서 얻은 산 경험을 그대로 여기에 수록을 하였으니 학인들은 부지런히 익혀서 더 많은 사람들을 이롭게 하는데 사용하기 바란다. 건강론은 병을 치료하는 목적으로 불법 의료행위를 조장하는 것은 아니다. 역학과 의학은 별개가 아니어서 학인들이 음양오행의 상생상극 원리만 알면 쉽게 의학지식을 얻을 수가 있을 터이니 그것을 응용해서 예방의학 차원으로 사용을 하고 또한 의료상식들을 상담자들에게 알려주면 좋겠다는 뜻에서 수록을 한 것이다.

요즘 시대가 건강100세 시대이다 보니까 사람들이 건강에 대한 관심이 매우 높아졌고 역술인들은 역학을 공부하는 사람으로서 학문적으로 동양의학과도 깊은 연관이 있기 때문에 조금만 노력하면 건강 상담정도는 충분히 할 수가 있다. 필자가 상담을 하다보면 누구하나 어디 한 곳이 안 아픈 사람이 없다. 고질병이나 만성질환 하나 정도는 모두 가지고 살고 있다고 해도 과언이 아니다. 그렇게 아픈 사람들에게 작은 도움이라도 주려면 의학상식이 있어야 상담이 가능하지 않을까 해서 이렇게 마지막 장에다 수록을 하게 되었다. 우선 본인이 불편한 부분을 해결해 보는 방법도 좋은 방법이 될 수 있으니 먼저 실천을 해본 다음에 자신감이 생기면 주변 사람들로 확대해서 적용을 해보기를 권한다. 건강론도 수많은 경험을 통해서 자기 것으로 만드는 과정이 필요할 것이다. 처음에는 믿기지 않는 부분도 많을 것이고 의심스러운 것도 당연하리라고 생각한다. 하지만 직접 경험을 해보면 생각이 달라질 것이다. 상담자 대부분이 마지막으로 묻는 질문이 건강에 대한 부분이다 보니 건강론은 필수적으로 알고 있어야 한다. 사주팔자를 보고 어느 장기가 좋지 못하겠다는 식의 상담은 문제만 주고 답이 없는 경우와 같으니 답을 주기 위해서는 건강론을 꼭 공부해야 한다. 사주상담에 있어서 가장 중요한 것이 길을 알려주는 것이니 그 점을 명심하고 상담에 임해줄 것을 당부한다.

마지막으로 간지론에 대해서 몇 가지 이야기를 하기로 하겠다. 필자는 사주공부를 누구에게서 배운 적이 없고 혼자서 독학을 한 사람이다. 보통 학인들과 똑같이 신살론과 격국용신론을 책을 통해서 공부를 했다. 어느 정도 공부를 하고난 후에 상담을 시작하였고 실전에서 많은 상담을 하면서 느낀 것이 공부한 학문과 실제 상담이 잘 맞지 않는다는 것을 알게 되었다. 학문과 현실의 차이가 많다는 것을 느꼈다는 것이다. 그 이유를 몰라서 오랜 시간을 혼란과 좌절의 시기를 보내야만 했다. 그 후로 수십 년이 지난 어느 날 오랜 기간 사주감명을 해주고는 있어도 감명결과에 만족할 수 없는 현실에 회의를 느끼고 그

문제점이 무엇인가를 궁리하게 되었다.

그 결과 수천 년을 이어져 내려온 격국용신론이라는 감명법에 문제가 있는 것 같다는 생각을 하게 되었다. 최근 100년 동안 일어난 세상의 변화는 그 어떤 시대보다도 커다란 변화로서 신분사회 파괴나 직업의 다양화 등 그야말로 사상 유래가 없는 변화가 있었다. 인류역사상 세습되던 신분사회가 없어지고 평등사회가 실현 된 것이 그리 멀지 않은 과거에 있었다. 그래서 상류층의 전유물이던 사주학이 이제 일반인들이 활용을 하게 됨으로 인하여 사주풀이 방식도 바뀌는 것이 당연한 것이라는 생각을 하게 되었다. 사주학도 이제는 현대사회에 맞는 새로운 대안이 필요하다는 결론을 내리고 새로운 방법을 찾지 못하면 더 이상 사주를 볼 수가 없을 것 같아서 그것을 찾기 위해서 최선을 다하기로 결심을 했다.

대안을 찾기 위해서 수년간 사주학 연구에 몰입하던 중 오행과 10천간 그리고 12지지에 모든 비밀이 들어 있다는 결론에 도달하였다. 그것은 어느 날 갑자기 눈앞에 펼쳐지는 하루의 변화와 사계절의 변화로 내게 다가왔다. 22간지가 자연의 현상과 맞물려 돌아가는 모습을 보았고 몸으로도 느꼈다. 우리가 살아가는 하루와 1년의 시간 속에 그리고 우리주변 아주 가까이 바로 코 밑에 진리가 자리하고 있다는 사실을 알게 되었다. 그렇게 공부를 마치고 떠오른 시상을 적어 놓은 것이 바로 필자가 저술한 책의 뒷면에 수록 된 '자유'라는 시이다.

개인적이지만 학문적 자유를 얻은 필자는 여러 가지 학설이나 주장들을 취할 것은 취하고 버릴 것은 버리고 격국용신론을 대체할 감명법을 만들어야겠다는 생각을 했다. 그렇게 해서 만들어진 것이 2010년 최초로 제작된 『월인천강 新사주학』이다. 그 책은 사람들에 의해서 간지론이라는 분야로 분류가 되었다. 아직은 '간지론'이 생소한 학설이지만 큰 틀에서는 그렇게 분류가 되고 있는 것으로 안다. 간지론이라고 확정된 내용이 없기 때문에 많은 시간이 흐른 뒤에 가장 이상적인 내용의 책이 간지론을 대표하는 책으로 자리 잡을 것으로 본다.

격국용신론을 주제로 쓰여진 책들이 천여 종에 달하지만 그 내용은 모두 같지는 않다. 필자마다 취하고 버리는 학설들이 다르고 개인적인 성향이 다르기 때문에 그렇다고 생각한다. 마찬가지로 간지론을 주제로 만들어진 책들도 그 내용이 똑같을 수는 없을 것이다. 고서에서 간지론에 대해서 언급한 내용을 본 적이 있어서 그것을 토대로 간지론이 정통명리학의 한 분야라는 주장을 하게 되었다. 현재 큰 틀에서 간지론을 주장하는 학자들이 일부 있는 것으로 알고 있다. 필자도 그 대열에 합류하여 앞으로 사주감명법의 새로운 대안을 제시하는데 일익을 담당하고자 이 책을 출판하게 되었다. 이 세상에 더 많은 간지론과 관련된 책들과 또 다른 새로운 학설들이 나오기를 바라며 아직도 격국용신론의 한계에 부딪쳐 해매고 있는 수많은 학인들에게 이 책을 대안으로 제시하고자 한다.

참고문헌

『연해자평』

『명리정종』

『삼명통회』

『자평진전』

『적천수』

『궁통보감』

『사주첩경』

『음양오행 의명학』

『명리신해』

『완전풀이 적천수』

『사주학 핵심비결』

『명리보감』

『사주정설』

『오행생식요법』

『묘약기방』

『약이 되는 우리 풀, 꽃, 나무 1.2』

맺음말...

사주팔자[四柱八字]

천간지지 하나 되어 함께 노닐고

본래는 위도 아래도 중간도 없네.

합과 충이 하나 되어 춤을 추나니

흘러가는 모습 그대로가 팔자라네.

丙申年 . 春... **서 해**[西海] **합장_()_**

울산광역시 울주군 상북면 석남로 810-3

[월인천강신사주학] (052) 254-8283